# Qualitätssicherung
# Qualitätsmanagement

**praxisnah – anwendungsorientiert**

Andreas Mockenhaupt

7., durchgesehene Auflage

Registrieren Sie sich auf
www.ht-digital.de und
geben Sie dort den Code
zur Freischaltung ein:

**VHT-CHKB-PFLC-QSK2**

Handwerk und Technik • Hamburg

## Bildquellenverzeichnis:

Verfasser und Verlag danken den genannten Firmen, Institutionen und Privatpersonen für die Überlassung von Vorlagen bzw. Abdruckgenehmigungen zu folgenden Abbildungen:

3M Deutschland GmbH, Neuss: S. 26 oben
Bundesministerium des Innern, Berlin: Leitfaden Krisenkommunikation, Stand: August 2014: S. 30 unten; 31
The W. Edwards Deming Institute®, Ketchum, USA: S. 24 unten
DQS GmbH – Deutsche Gesellschaft zur Zertifizierung von Managementsystemen, Frankfurt am Main: S. 110
EFQM, Brüssel, Belgien: S. 61; 62
Mercedes-Benz Group AG, Stuttgart: S. 52 unten
Andreas Mockenhaupt, Sigmaringen: S. 4; 47; 82
NASA, USA: S. 29
Shutterstock Images LLC, New York, USA: S. 26 unten (360b); 32 (Dima Moroz)
Benedikt Sommerhoff, Deutsche Gesellschaft für Qualität e.V., Frankfurt am Main: S. 73
VDI Verein Deutscher Ingenieure e.V.: CPS - Chancen und Nutzen aus Sicht der Automation, Bild 2 angepasst, Düsseldorf: VDI e.V., 2013, https://www.vdi.de/ueber-uns/presse/publikationen/details/cyber-physical-systems-chancen-und-nutzen-aus-sicht-der-automation: S. 70
Werkzeugmaschinenlabor WZL der RWTH-Aachen: S. 53 oben

Trotz intensiver Bemühungen ist es uns nicht gelungen, die Urheber einiger Abbildungen zu ermitteln. Die Rechte dieser Urheber werden selbstverständlich vom Verlag gewahrt. Die Urheber oder deren Rechtsnachfolger werden gebeten, sich mit dem Verlag in Verbindung zu setzen.

ISBN 978-3-582-64485-5     Best.-Nr. 2421

Die Normblattangaben werden wiedergegeben mit Erlaubnis des DIN Deutsches Institut für Normung e.V. Maßgebend für das Anwenden der Norm ist deren Fassung mit dem neuesten Ausgabedatum, die bei der Beuth Verlag GmbH, Burggrafenstraße 6, 10787 Berlin, erhältlich ist.

Verlag Handwerk und Technik GmbH,
Lademannbogen 135, 22339 Hamburg; Postfach 63 05 00, 22339 Hamburg – 2023
E-Mail: info@handwerk-technik.de – Internet: www.handwerk-technik.de

Satz: Olaf Schlierf, Type & Design, 29331 Lachendorf
Druck: UAB Standart Impressa, 02189 Vilnius, Litauen
Umschlagmotiv: Stock.adobe.com (Thomas Siepmann)

# Vorwort zur 7. Auflage

Dieses Lehrbuch wird nunmehr seit knapp 15 Jahren von mir herausgegeben. Während die vorherigen Auflagen sich zumeist mit den diversen Änderungen der Normen beschäftigten, taucht eine neue Herausforderung beim Thema Qualitätssicherung und Qualitätsmanagement auf, die Einbindung der Künstlichen Intelligenz (KI).

Im Bereich der Qualitätssicherung werden immer mehr Werkzeuge eingebunden, die KI-Tools nutzen. Derzeit findet dies im Sinne einer schwachen KI bzw. ANI (Artificial Narrow Intelligence) fast ausschließlich unter menschlicher Überwachung bzw. in einer durch den Menschen kontrollierten Umgebung, z. B. mit überwachtem Lernen (Supervised Machine Learning), statt. Dies ist insofern unkritisch.

Ziel der KI-Forschung ist es aber, Maschinen selbst unüberwacht lernen zu lassen (Unsupervised Machine Learning). Das stellt das derzeitige Qualitätsmanagement-Konzept vor neue Herausforderungen, lebt es doch von dem Anspruch nach kontrollierten Prozessen.

Um es etwas salopp zu beschreiben, es ist wie in der Erziehung von Kindern: Die ersten 13 Jahre versuchen die Eltern, ihren Kindern alles Wichtige über das Leben, Ethik und Werte beizubringen, um dann zu hoffen, dass die erste Teenagerparty nicht in einer Katastrophe endet. Maschinen sollen mittels Machine Learning lernen, dann aber selbstständig agieren und nach Möglichkeit selbstständig weiter lernen. Die Herausforderung sowohl im Erziehungsbereich als auch beim Qualitätsmanagement ist der Schritt von der idealistischen Simulation über Trainingsdaten in die weniger ideale „schmutzige" Realität, mit allen möglichen Nebenbeeinflussungen. Diese Problematik wird in der KI als **„Simulation Gap"** bezeichnet und liegt bei allen Lernformen vor, verstärkt sich aber, wenn keine zusätzliche Überwachung stattfindet.

Auch im QM muss man „loslassen" lernen, was aber zusätzlich allerlei juristische und Datenschutzproblematiken aufwirft. Manche großen Wirtschaftsnationen haben hier einen Wettbewerbsvorteil, weil sie diese Herausforderungen anders sehen als wir in Europa. Bei der EU-Kommission gibt es, quasi als Gegenentwurf, Leitlinien für eine zertifizierbare „vertrauenswürdige KI". Ob dies auf das Qualitätsmanagement übertragbar ist, wird die Zukunft zeigen. Der Autor ist aber der Ansicht, dass der vermehrte Einsatz von KI im Qualitätsmanagement zu einer Zeitenwende führen wird.

Wie weit KI-Anwendungen außerhalb des Qualitätsbereichs sind, soll das folgende zweite Vorwort (kursiv abgedruckt) zeigen. Es ist vom KI-Bot ChatGPT geschrieben unter Eingabe des Befehls: „Schreibe Vorwort zur neuen 7. Auflage des Buchs „Qualitätsmanagement – Qualitätssicherung":

*Sehr geehrte Leserinnen und Leser,*

*ich freue mich, Ihnen die neue 7. Auflage des Buches „Qualitätsmanagement – Qualitätssicherung" präsentieren zu dürfen. In dieser Neuauflage haben wir das Buch auf den neuesten Stand gebracht und um wichtige Aspekte des Qualitätsmanagements erweitert.*

*Qualitätsmanagement ist heutzutage unerlässlich für den Erfolg eines Unternehmens. Es ermöglicht, Produkte und Dienstleistungen auf höchstem Niveau anzubieten und Kundenbedürfnisse zu erfüllen. Das Buch „Qualitätsmanagement – Qualitätssicherung" bietet eine umfassende Einführung in die Grundlagen und Methoden des Qualitätsmanagements sowie in die Umsetzung in der Praxis.*

*...*

*Ich möchte mich an dieser Stelle bei allen Mitwirkenden bedanken, die durch ihre Arbeit und ihr Feedback zur Verbesserung dieser Auflage beigetragen haben. Insbesondere gilt mein Dank den Leserinnen und Lesern, die uns mit ihren Anregungen und Rückmeldungen unterstützt haben.*

*Ich hoffe, dass das Buch „Qualitätsmanagement - Qualitätssicherung" Ihnen auch in der neuen Auflage eine wertvolle Hilfe bei der Umsetzung von Qualitätsmanagement in Ihrem Unternehmen sein wird.*

*Mit besten Grüßen*

*[Name des Autors/der Autorin]*

*Quelle: https://chat.openai.com/chat am 18. März 2023*

In diesem Sinne schaut der Autor gespannt, aber auch mit Zuversicht in die Zukunft.

Sigmaringen, im Sommer 2023

Andreas Mockenhaupt

# Inhaltsverzeichnis

# 1 Grundlagen des Qualitätsmanagements

## 1.1 Begriffsverständnis

„Qualität" ist im Sprachgebrauch ein vielschichtiger Begriff, der, je nach Situation, unterschiedliche, objektive, aber auch sehr subjektive Bedeutungen haben kann.

*Beispiele:*

- Hat eine Luxusreiselimousine mehr Qualität als ein Kleinwagen oder ein Transporter?
  Nein. Es kommt auf seine Verwendung an, und Statussymbol darf nicht mit Qualität verwechselt werden!

- Hat ein Papierhandtuch schlechtere Qualität als ein Baumwollhandtuch?
  Nein. Es ist zwar nicht so reißfest, aber es ist für den Nutzer hygienischer!

- Ist ein hochgenau gefertigtes Bauteil qualitativ besser?
  Nein! Engere Toleranzen oder verschärfte Anforderungen führen zu einem höheren Qualitätsniveau oder Qualitätsstandard. Dieses als „bessere Qualität" zu bezeichnen, ist irreführend, wenn die Anforderungen für den Einsatzzweck gar nicht benötigt werden.

So kann mit „guter Qualität" Funktionsfähigkeit, Güte, eine lange Haltbarkeit, aber auch ein gefälliges Design gemeint sein. Darüber hinaus dient der Begriff „Qualität" häufig dazu, einen höheren Kaufpreis als gerechtfertigt erscheinen zu lassen. Häufig verbindet der Verbraucher mit dem Qualitätsbegriff auch ein bestimmtes Image – Marken- und No-Name-Produkte sind z. T. sehr ähnlich oder gleich, haben aber trotzdem unterschiedliche Zielgruppen.

Aus diesem Grund existieren auch viele Synonyme für „Qualität", z. B. Beschaffenheit, Eignung, Zuverlässigkeit, Güte(klasse), Wert(-beständigkeit), Hightech, Spitzenklasse u. Ä. Auch bedienen sich verschiedene Unternehmensbereiche des Qualitätsbegriffs mit unterschiedlicher Zielrichtung: In technischen Abteilungen stehen fertigungs- und gebrauchsbedingte Qualitätseigenschaften im Vordergrund. Marketing und Vertrieb nutzen Qualität zur Preisbestimmung und -durchsetzung sowie ein Qualitätsimage für die Erreichung bestimmter Käuferschichten.

Diese oft sehr unterschiedliche Nutzung und Bedeutung von „Qualität" macht eine exakte Darstellung, wie sie im Qualitätsmanagement oder der Qualitätssicherung verlangt wird, schwierig.

Vielen Qualitätsbedeutungen gemein ist die Eignung eines Produktes für einen bestimmten Einsatzzweck. Ist dieser genau spezifiziert, kann auch eine Aussage über die Qualität des Erzeugnisses gemacht werden: Das Produkt erfüllt die Anforderungen vollständig oder nur zum Teil bzw. nicht. Letztlich bestimmt beides, die Anforderungen sowie deren Erfüllung, der Kunde.

> *Qualität ist:*
> *... wenn der Kunde zurückkommt und nicht die Ware.*

# 1.1.1 Der Begriff „Qualität"

**„Qualität ist was Anständiges"**
*Theodor Heuss, 1. Bundespräsident der Bundesrepublik Deutschland*

Das Wort Qualität wurde im 16. Jahrhundert vom lateinischen Begriff 'qualitas' – Beschaffenheit – abgeleitet und ist somit grundsätzlich wertneutral.

Bislang wurde Qualität definiert als[1]:

> „Qualität bezeichnet die Gesamtheit von Merkmalen einer Einheit bezüglich ihrer Eignung, festgelegte und vorausgesetzte Erfordernisse zu erfüllen"
>
> *Definition nach DIN EN ISO 8402: 1995*

Als neuere Entwicklung wird Qualität als Grad der Übereinstimmung zwischen zweckorientierten Anforderungen an ein Produkt (Soll) und dessen tatsächliche Eignung, diese zu erfüllen (Ist), angesehen:

> Qualität:
> Grad, in dem ein Satz inhärenter **Merkmale Anforderungen** erfüllt
>
> *Definition nach DIN EN ISO 9000: 2015*

Qualität = Beschaffenheit zur Zweckerfüllung (festgelegt durch Anforderungen des Kunden sowie interessierter Parteien)

Einfacher ausgedrückt, die realisierte Beschaffenheit soll den Anforderungen genügen, beides legt der Kunde (und nicht der Hersteller) fest.

Weil also letztlich der Kunde bestimmt, was Qualität ist, müssen Unternehmen sich besonders dem Kunden zuwenden. Kundenorientierung (siehe Kap. 1.1.5) ist eines der wichtigsten Grundprinzipien, wenn es um Qualität geht.

Neben diesen formalen Definitionen enthält das Wort „Qualität" aber auch ein Werteversprechen. Der Kunde erwartet ein Produkt, das er gebrauchen kann – auch ohne, dass er genau definieren kann, worin sein „gebrauchen können" liegt.

# 1.1.2 Qualitätsmerkmale

Die Qualitätsmerkmale eines Produktes ergeben sich aus den Anforderungen und Erwartungen des Kunden an ein Produkt. Sie können **handlungs- oder ergebnisorientiert** sein.

---

[1] Die Begrifflichkeiten der DIN EN ISO 8402 wurden in der DIN EN ISO 9000 neu definiert. Zur besseren Verständlichkeit sei hier aber zusätzlich zur neuen Definition auch die ältere Version zitiert.

*Beispiel:*

Ein Fernseher ist defekt. Der gerufene Servicetechniker kam innerhalb von zwei Stunden (handlungsorientiertes Qualitätsmerkmal, hier positiv zu bewerten), konnte den Schaden aber vor Ort nicht beheben (ergebnisorientiertes Qualitätsmerkmal, hier negativ zu bewerten).

Qualitätsmerkmale beinhalten:

- vorgegebene Merkmale (Konformität zu Gesetzen, Normen, Vorschriften u. Ä.)
- vereinbarte Merkmale (Absprachen, Qualitätsvereinbarungen, Verträge, Protokolle)
- erwartete Merkmale (stillschweigend vorausgesetzt)
- dem Kunden unbewusste, aber für die Funktion unabdingbare Merkmale
- die versprochene Funktion für den festgelegten (bekannten) Anwendungszweck unter Beachtung von Unwägbarkeiten und Risiken

*Beispiel:*

Beim Kauf eines Autos vereinbart der Kunde vertraglich Typ, Farbe, Motorisierung sowie einen Liefertermin (vereinbarte Merkmale). Der Automobilhersteller muss über diesen Einzelvertrag hinaus alle spezifischen Normen und Gesetze berücksichtigen (vorgegebene Merkmale). Daneben erwartet der Kunde z. B. eine übliche Lebensdauer des Wagens, ohne diese vertraglich spezifiziert zu haben (stillschweigend erwartete Merkmale). Um die Funktionserfüllung des Autos zu gewährleisten, sind noch eine Vielzahl von technischen Details zu regeln, z. B. die Funktion der Wasserpumpe, ohne dass der Kunde hierfür das entsprechende Wissen haben muss (unbewusste Merkmale).

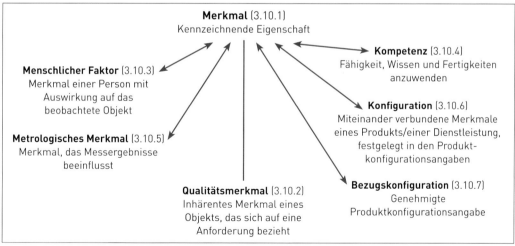

**Merkmalbezogene Begriffe**
(nach DIN EN ISO 9000: 2015 – Nr. = Abschnitt der Norm)

Bei der Ermittlung und Bewertung, ob Qualitätsmerkmale die Anforderungen erfüllen, müssen, je nach Art der Merkmale, unterschiedliche Untersuchungsverfahren angewendet werden. Neben der rein quantitativen Ermittlung von Zahlenwerten und deren Abgleich mit Vorgaben bzw. Toleranzen ist auch ein qualitativer Nachweis auf Eignung für einen bestimmten Anwendungszweck, Angemessenheit und Wirksamkeit wichtig.

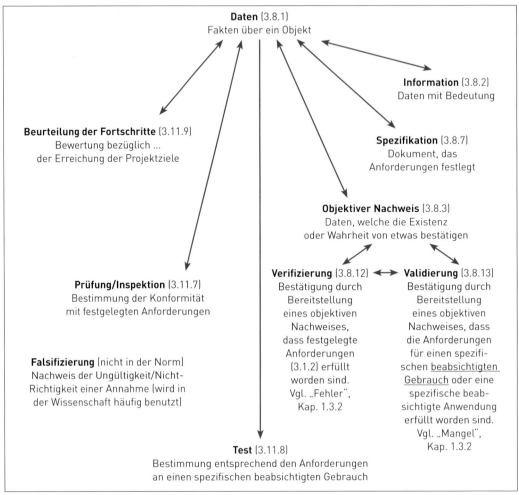

**Daten** (3.8.1)
Fakten über ein Objekt

**Information** (3.8.2)
Daten mit Bedeutung

**Beurteilung der Fortschritte** (3.11.9)
Bewertung bezüglich ...
der Erreichung der Projektziele

**Spezifikation** (3.8.7)
Dokument, das
Anforderungen festlegt

**Objektiver Nachweis** (3.8.3)
Daten, welche die Existenz
oder Wahrheit von etwas bestätigen

**Verifizierung** (3.8.12) ⟷ **Validierung** (3.8.13)

**Prüfung/Inspektion** (3.11.7)
Bestimmung der Konformität
mit festgelegten Anforderungen

**Verifizierung** (3.8.12)
Bestätigung durch
Bereitstellung
eines objektiven
Nachweises,
dass festgelegte
Anforderungen
(3.1.2) erfüllt
worden sind.
Vgl. „Fehler",
Kap. 1.3.2

**Validierung** (3.8.13)
Bestätigung durch
Bereitstellung
eines objektiven
Nachweises, dass
die Anforderungen
für einen spezifi-
schen beabsichtigten
Gebrauch oder eine
spezifische beab-
sichtigte Anwendung
erfüllt worden sind.
Vgl. „Mangel",
Kap. 1.3.2

**Falsifizierung** (nicht in der Norm)
Nachweis der Ungültigkeit/Nicht-
Richtigkeit einer Annahme (wird in
der Wissenschaft häufig benutzt)

**Test** (3.11.8)
Bestimmung entsprechend den Anforderungen
an einen spezifischen beabsichtigten Gebrauch

Daten-, Informations- und dokumentenbezogene Begriffe
(nach DIN EN ISO 9000: 2015 – Nr. = Abschnitt der Norm)

## 1.1.3 Beurteilung von Qualität

Die Beurteilung der Qualität eines Produktes ist mitunter schwierig. Bei technischen Produkten sowie beim Geschäftsverkehr zwischen Unternehmen werden in der Regel harte Kriterien, d. h. genau definierte Eigenschaften, verwendet. Der Endverbraucher definiert Qualität aber häufig über weichere Kriterien wie Bedienungskomfort, Passform oder Gefälligkeit des Designs. Nicht immer kann bei gleichartigen Produkten eine eindeutige Entscheidung getroffen werden. Dann wird die Qualität danach beurteilt, welches Produkt im Vergleich zu Wettbewerbsprodukten re-lativ die besten Eigenschaften besitzt. Im Streitfall zählt letztlich aber immer, was zwischen Lieferant und Kunde vertraglich vereinbart, d. h. spezifiziert wurde.

| objektive Qualität: | messbare, stofflich-technische Eigenschaften (z. B. geom. Abmessungen, Reinheit chemischer Erzeugnisse sowie Funktion) |
|---|---|
| subjektive Qualität: | Abstufung des Eignungswertes gleichartiger Güter für die Befriedigung bestimmter Bedürfnisse (z. B. Passform, Mode/Design, Bedienbarkeit) |
| relative Qualität: | Anforderungserfüllung im Vergleich zu alternativen Produkten |
| vertragliche Qualität: | nur die vertraglich vereinbarten Kriterien werden im (Rechts-) Streitfall berücksichtigt |
| beurteilte Qualität: | Preis-Leistungs-Verhältnis, Güte-, Verbands- und Warenzeichen, Sicherungs- kennzeichen und Handelsklassen, Herkunftsbezeichnungen und Warentests |

Qualitätsarten I (Grundlage der Qualitätsbewertung)

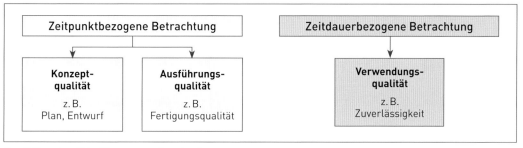

Qualitätsarten II (zeitbezogene Aspekte)

## 1.1.4 Begriffe: Produkt, Dienstleistung, Leistung, Risiko, Entscheidung, Effizienz und Wirksamkeit

Der Begriff Qualität bezieht sich auf Produkte und Dienstleistungen[2].

Produkte erfordern keine Interaktion mit dem Kunden (einfache Herstellung von Waren und Information), bei Dienstleistungen müssen Kunde und Anbieter kommunizieren.

Ein **Produkt** ist üblicherweise **materiell.** Die DIN EN ISO 9000: 2015 definiert ein Produkt als „Ergebnis einer Organisation, das ohne jegliche Transaktion zwischen Organisation und Kunden erzeugt werden kann".

Weiter werden Produktkategorien unterschieden:

- Ware:
  - Hardware – materiell, zählbar (z. B. mechanisches Motorteil)
  - Verfahrenstechnische Produkte – materiell, kontinuierlich (z. B. Treibstoff)
- Information:
  - Software (Computerprogramme, Anwendungen für Mobiltelefone – Apps)
  - Ungeachtet des Liefermediums auch als Software bezeichnet: Bedienungsanweisungen, Wörterbuchinhalte, Fahrerlaubnis, Urheberrechte

---

[2] Im Laufe der verschiedenen Normenrevisionen sind die Definitionen für Produkt und Dienstleistung mehrfach geändert worden. In der operativen Umsetzung ist dies ggf. noch nicht überall berücksichtigt.

**Dienstleistung** umfasst Tätigkeiten an der Schnittstelle zum Kunden und ist üblicherweise **immateriell.** Sie wird nach DIN EN ISO 9000: 2015 definiert als „Ergebnis einer Organisation, mindestens einer Tätigkeit, die notwendigerweise zwischen der Organisation und dem Kunden ausgeführt wird."

Dienstleistungen werden wie folgt unterschieden:

- Tätigkeit an einem materiellen Produkt (z. B. Reparatur)
- Tätigkeit an einem immateriellen Produkt (z. B. Erstellen einer Steuererklärung)
- Lieferung eines immateriellen Produkts (Informationen, auch: Vermittlung von Wissen)
- Schaffung eines Ambientes (z. B. Cocktailbar)

**Leistung** ist ein messbares Ergebnis. Es kann sich beziehen auf das Management von Tätigkeiten, Prozessen, Produkten, Dienstleistungen, Systemen oder Organisationen.

Die **Effizienz** beschreibt dabei das Verhältnis des Ergebnisses zu den eingesetzten Ressourcen (z. B. Mitarbeiter, Zeit, Finanzmittel).

Das **Risiko** beschreibt die Auswirkungen von Ungewissheiten (positive oder negative Abweichung vom Erwarteten). Das Risiko kann Folge des Fehlens von Informationen sowie das Wissen über ein Ereignis, seine Folgen oder seine Wahrscheinlichkeit sein.

Die **Wirksamkeit** beschreibt dabei das Ausmaß, in dem geplante Ergebnisse erreicht werden.

**Entscheidungen** – das Qualitätsmanagement fordert eigentlich eine faktengestützte Entscheidungsfindung – sind komplexe Prozesse, die aufgrund des Risikos immer eine gewisse Unsicherheit aufweisen.

Eine Stärke der neuen Qualitätsnorm ISO 9000: 2015 (siehe Kapitel 2) ist die Einbeziehung des Risikos. Das Risiko entzieht sich der konkreten Planung. Eintreten und Folgen können aber ggf. aufgrund bestimmter Wahrscheinlichkeiten Berücksichtigung finden.

Nicht immer aber liegen alle Informationen zum Entscheidungszeitpunkt vor; oder Informationen haben nicht die gewünschte Validität (Sicherheit). Die Herausforderung an das Management ist aber häufig, dass Entscheidungen auf Basis unzureichender Informationen zu einem bestimmten Zeitpunkt getätigt werden müssen.

*Beispiel aus der Entscheidungstheorie:*

Eine Maus steht vor einer Schlange. Ob Flucht nach rechts oder links besser ist, ist nicht bekannt. Es muss ohne ausreichende Informationsgrundlage schnell gehandelt werden.

Gutes Management versucht in diesem Fall aber das Risiko beherrschbar zu halten. Dies geschieht durch geeignete Berücksichtigung in Form verschiedener Szenarien (was, wenn ...?) und durch das kontinuierliche Beobachten der Entwicklung. Durch das eigene Handeln verändert sich die Umwelt, die Strategie kann kontinuierlich angepasst werden (Albert Einstein: „Nur Querköpfe ändern ihre Meinung nicht.").

*Im Bezug auf die Maus-Schlange-Problematik bedeutet dies:*

Stehenbleiben ist sicher falsch. Eine falsche Entscheidung verschlechtert die Situation nicht (Maus wird gefressen). Also Entscheidung für rechts oder links treffen, weitere Entwicklung beobachten (Reaktion der Schlange? Weitere, andere Feinde? Ganz neue Möglichkeiten?), Strategie ggf. anpassen.

# 1.1.5 Kunde und Kundenorientierung

Unternehmen brauchen Kunden. Kunden kaufen wegen der Qualitätserwartung. Qualität kann auch bedeuten, dass der Kunde wiederkommt und nicht die Ware.

Der Kunde bzw. die externe Kunden-Lieferanten-Beziehung spielen eine zentrale Rolle im Qualitätsmanagement. Deshalb ist die Ausrichtung auf die Wünsche des Kunden, die **Kundenorientierung**, von zentraler Bedeutung für das Qualitätsverständnis.

> Eine auf Qualität ausgerichtete Organisation kümmert sich darum, Kundenerwartungen zu ermitteln, zu verstehen und an alle Mitarbeiter im Unternehmen zu kommunizieren.

Letztlich werden über die Qualitätsanforderungen auch die Kosten beeinflusst. Daher ist es im Sinne der Qualitätsdefinition nicht sinnvoll, die Anforderungen des Kunden unnötig zu übertreffen (vgl. Kap. 1.1.1, Abb.). In diesem Zusammenhang wird oft der Begriff „over engineered" verwendet, der, manchmal von Wettbewerbern abfällig in Bezug auf „Made in Germany" verwendet, ein „Zuviel" an realisierten Eigenschaften meint.

Andererseits postuliert das Marketing im Widerspruch, z. B. im Kano-Modell (siehe nächste Seite), dass nur durch einen Überraschungseffekt in Form von Begeisterungsmerkmalen wahre Kundenzufriedenheit erreicht wird. Dies gilt aber im Wesentlichen für den B-to-C-Markt[3] (Endkundenmarkt). Im B-to-B-Markt[4], insbesondere in der Automobilindustrie, wird genau spezifiziert. „Mehr" oder „Überraschungen" sind im Wissen darum, dass die Kosten doch irgendwo im Preis auftauchen, nicht gewünscht.

Dies gilt insbesondere für Verbesserungen und Innovationen, weil Kunden – mit anderem Focus – häufig kein spezielles Wissen über den Stand von Technik und Forschung haben.

**Wenn ich die Menschen gefragt hätte, was sie wollen,
hätten sie gesagt „schnellere Pferde".**

*(Henry Ford)*

**Es ist wirklich schwer, Produkte für Zielgruppen zu entwerfen.
Meistens wissen die Leute nicht, was sie wollen, bis man es ihnen zeigt.**

*(Steve Jobs, 1998 in der Business Week)*

Bei direkten Kunden spricht man vom **externen Kunden**. Er alleine entscheidet, ob seine Anforderungen erfüllt sind, also ob die Produkte seinen Qualitätsvorstellungen entsprechen. Letztlich bezahlt er nicht nur das gelieferte Produkt, sondern alle direkten und indirekten Abläufe im Unternehmen.

> Kunden bezahlen:
> für das Produkt bzw. die Dienstleistung, aber auch für die Büroeinrichtung, den Betriebsausflug, für das Auto oder den Urlaub des Mitarbeiters.

---

[3] BtoC bzw. B2C, Business to Customer – Handel zwischen Unternehmen und Privatperson
[4] BtoB bzw. B2B, Business to Business – Handel zwischen Unternehmen

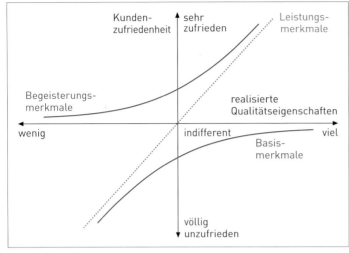

**Kano-Modell** (nach: Dr. Noriaki Kano, Universität Tokio, 1978)

Neben der externen Kundenorientierung stellt die **interne Kunden-Lieferanten-Beziehung** ein zusätzliches Grundprinzip des modernen Qualitätsmanagements dar. Diese vom Japaner Kaoru Ishikawa (1915 – 1989) vorgestellte Denkweise, nach der jeder Mitarbeiter Kunde und Lieferant des anderen Mitarbeiters ist, erweitert die bislang auf externe Kunden beschränkte Kundenorientierung um die internen Kunden.

**Interner Kunde** ist demnach ein Empfänger eines Gegenstandes zur Weiterverarbeitung oder einer Dienstleistung (z. B. einer Information) innerhalb eines Unternehmens.

---

**Aufgaben**

1. Wie wird „Qualität" definiert?

2. Warum ist Kundenorientierung wichtig?

3. Woraus ergeben sich die „Qualitätsmerkmale"?

4. Wie wird Qualität beurteilt?

5. Welche Produktkategorien gibt es?

6. Erläutern Sie anhand der Beispiele die Begriffe Produkt und Dienstleistung:
   a) Waschmaschine (Gerät, Gebrauchsanleitung), Aufstellen der Maschine (einmalig), Wartungsvereinbarung (kontinuierlich)
   b) Eine Reise-Hilfe-Versicherung besteht aus der Einrichtung einer 24-h-Hotline sowie den hierdurch zur Verfügung gestellten Unterstützungen.
   c) Ein Eventmanager und Caterer bietet für eine Hochzeit an: Tischdekoration (geht in den Besitz des Kunden über), Geschirr (wird dem Kunden geliehen), Speisen (werden verzehrt) sowie geeignete Musik und Animation.

7. Beim VW Beatle wurde eine Blumenvase ins Cockpit integriert. Erläutern Sie an diesem Beispiel das Kano-Modell.

8. Warum ist das Kano-Modell im B-to-B-Markt (z. B. Automobilindustrie) nur begrenzt anwendbar?

9. Kann ein Produkt „zu gut" oder „over engineered" sein?
   Diskutieren Sie diese Frage anhand der Definition für Qualität, des Begriffs Kundenorientierung bzw. des Kano-Modells.

# 1.2 Management von Qualität

## 1.2.1 Geschichtliche Entwicklung des Qualitätsmanagements

Das Management von Qualität hat im Laufe der industriellen Entwicklung mehrere Phasen durchlaufen.

Zunächst stand die Einzelperson für das Qualitätsversprechen, z. B. der Handwerksmeister, der Produkte eigenverantwortlich fertigte. Auf die Qualität nahmen die Zünfte einen gewissen Einfluss. Weitergehende Kontrollen, mit Ausnahme der Endkontrolle, erfolgten nicht.

Das änderte sich Anfang des letzten Jahrhunderts mit dem Aufkommen der ökonomischen Aufgliederung von Arbeitsaufgaben in viele, kleine Arbeitsschritte mit einfachen Tätigkeiten[5]. Als Begleiterscheinung der Serienfertigung, u. a. durch Henry Ford, konnten einfache Arbeitsschritte von billigeren, ungelernten Arbeitskräften durchgeführt werden. Material- oder Prozessfehler wurden oft aber erst am Ende des Prozesses erkannt. Um die Fehler frühzeitig erkennen zu können, mussten Zwischenprüfungen organisiert werden. Die **Qualitätskontrolle**, eine systematische Überprüfung und Sortierung, war geboren.

Letztlich war die 100%ige Zwischen- und Endprüfung ineffizient. Dies führte endlich zu **Stichprobenprüfungen** unter Einsatz von **statistischen Verfahren** in der Eingangs- und Prozesskontrolle, die ab ca. 1930, aber insbesondere in den Kriegsjahren aus Arbeitskräftemangel eingeführt wurde. So nutzt sich z. B. beim Drehen das Werkzeug ab, der gedrehte Durchmesser wird also von Werkstück zu Werkstück geringfügig größer. In Kenntnis dieses Vorgangs reicht es aus, nur noch einzelne Teile zu prüfen und damit auf die gesamte Produktion zurückzuschließen.

Mitte der 1950er-Jahre entstand unter japanischem Einfluss die Idee, Fehlerquellen bereits vorbeugend zu betrachten und zu eliminieren. Vorreiter war der in Japan agierende US-Amerikaner William Eduard Deming (1900–1993). Nicht durch nachträgliche Kontrolle, sondern durch vorbeugende Qualitätssicherung und kontinuierliche Verbesserung soll Fehlerfreiheit und damit Qualität garantiert werden.

Dabei erkannte man die herausragende Wichtigkeit der **Kundenorientierung**, der Kunde bestimmt letztlich, ob seine Qualitätsanforderung erfüllt wurde. Damit reichte der Begriff „Qualität" über den eigentlichen Produktionsbereich hinaus in andere Bereiche im Unternehmen, z. B. Entwicklung, Vertrieb und Einkauf.

Aufgrund der Erkenntnis, dass Qualität nicht nur Entwicklung und Produktion, sondern alle Bereiche eines Unternehmens betrifft, kam es seit den 1980er-Jahren zu Bestrebungen, die Qualitätssicherung in die allgemeine Managementlehre zu integrieren. 1985 kam dann die erste **Qualitätsmanagementnorm** unter der Bezeichnung **ISO 9000** heraus. Leider nahmen damals deutsche Vertreter an der Erstellung dieser Norm nicht Teil, mit der Begründung „**Made in Germany**" reiche. Daher hat diese, wie sich nachher herausstellte, sehr wichtige Norm einen angelsächsischen Charakter bekommen, was auch als Begründung für anfängliche Akzeptanzprobleme in Deutschland dienen könnte.

Aktuell geht die Entwicklung der Qualitätssysteme in die Richtung branchenspezifischer Normen, z. B. in der **Automobilindustrie (IATF 16949)** oder in der Luftfahrtindustrie **(ISO 9100)**. Diese Normen bauen auf der ISO-9000-Norm auf und erweitern diese.

---

[5] Aufgrund einer Theorie von Frederick Winslow Taylor (1856–1915) wurde dies auch als **Taylorismus** bezeichnet.

| Zeit | Qualitätsausrichtung |
|------|----------------------|
| vorindustrielle Zeit | Zünfte:<br>Normen, Meister, Gesellen |
| ab 1900 | Arbeitsteilung:<br>nachträgliche Qualitätskontrolle (100-%-Prüfung) |
| ab 1930 | Statistik:<br>Stichprobenpläne |
| 1960er-Jahre | produktionsorientierte Qualitätssicherung:<br>Fehlervorbeugung und -verhütung<br>Qualitätszirkel |
| 1970er-Jahre | integrierte Qualitätssicherung:<br>Ausweitung auf weitere Bereiche<br>(Entwicklung, Verkauf) |
| 1980er-Jahre | Qualitätsmanagement:<br>Integration in die allg. Managementlehre<br>erste Systemnormen (ISO 9000 ff.)<br>Total Quality Management (TQM) |
| seit 1995 | weltweite Verbreitung der ISO 9000 ff. in der Industrie |

Daneben versuchen einige Unternehmen durch ganzheitliche Qualitätsorientierung **(TQM – Total Quality Management)** die Business Excellence zu erreichen. Werkzeuge sind hier z. B. das EFQM-Modell der European Foundation for Quality Management.

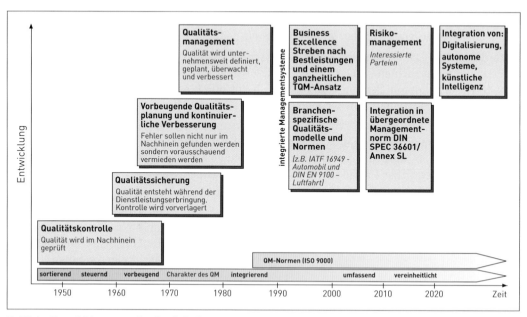

Zeitliche Entwicklung von der Qualitätskontrolle zum branchenspezifischen Qualitätsmanagement

# 1.2.2 Qualitätssicherung (QS)

Die Qualitätssicherung zielt vordergründig auf die operativen Phasen der Produktentstehung, also Entwicklung und Produktion, ab und soll dem Kunden Vertrauen in die zugesagten Qualitätseigenschaften geben[6].

> **Qualitätssicherung**
> Teil des Qualitätsmanagements, der auf das Erzeugen von Vertrauen darauf gerichtet ist, dass Qualitätsanforderungen erfüllt werden
>
> *Definition nach DIN EN ISO 9000: 2015*

> **Qualitätssicherung umfasst**
> alle geplanten und systematischen Tätigkeiten, die innerhalb des Qualitätsmanagement-systems verwirklicht sind und die wie erforderlich dargelegt werden, um angemessenes Vertrauen zu schaffen, dass eine Einheit die Qualitätsforderungen erfüllen wird.
>
> *Definition nach DIN EN ISO 8402: 1995*

In bestimmten Bereichen fordert der Gesetzgeber von Leistungsanbietern, dass sie Maßnahmen zur Qualitätssicherung betreiben. Dies betrifft nicht nur das produzierende Gewerbe, als Beispiel aus einem nicht-technischen Gebiet sei hier der Gesundheitsbereich genannt:

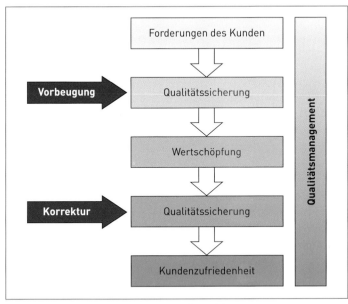

*Sozialgesetzbuch, § 135a: Verpflichtung zur Qualitätssicherung*

*(1) Die Leistungserbringer sind zur Sicherung und Weiterentwicklung der Qualität der von ihnen erbrachten Leistungen verpflichtet. Die Leistungen müssen dem jeweiligen Stand der wissenschaftlichen Erkenntnisse entsprechen und in der fachlich gebotenen Qualität erbracht werden.*

**Vorbeugende und korrigierende Qualitätssicherung vs. Qualitätsmanagement**

---

[6] Die Begrifflichkeiten der DIN EN ISO 8402 wurden in der DIN EN ISO 9000 neu definiert. Zur besseren Verständlichkeit sei hier aber zusätzlich zur neuen Definition auch die ältere Version zitiert.

# 1.2.3 Qualitätsmanagement (QM)

In einem Unternehmen wird zwischen **strategischen und operativen** Aufgaben unterschieden. Strategische Aufgaben bestimmen das Ziel, das erreicht werden soll, operative Aufgaben bestimmen den Weg dorthin. Koordiniert wird dies durch ein geeignetes Management, dies bezeichnet sowohl Leitung als auch das Führungspersonal.

> **Management** *[engl. „mænid¦ment´]*
> 1. *Leitung eines Unternehmens durch Planung, Treffen von Grundsatzentscheidungen, Durchführungs- und Erfolgskontrolle*
> 2. *die Gruppe der leitenden Angestellten, der Manager*

Qualität entsteht nicht von alleine, auch motivierte und qualifizierte Mitarbeiter können ohne eine geeignete Organisation keine Qualitätsprodukte herstellen.

Das **Qualitätsmanagement** sorgt dafür, dass alle Maßnahmen, die zur Erfüllung der Qualitätsanforderung notwendig sind, in geeigneter Weise koordiniert werden. Damit ist das Qualitätsmanagement eine **Führungsaufgabe** und beinhaltet sowohl die operative Lenkung und Durchführung von Aufgaben als auch die strategische Zielsetzung, Planung sowie die Festlegung von Verantwortlichkeiten[7].

> **Qualitätsmanagement genauer definiert nach der alten Norm:**
> aufeinander abgestimmte Tätigkeiten zum Leiten und Lenken einer Organisation bezüglich Qualität
> *Management von Qualität – Definition nach DIN EN ISO 9000: 2015*

> **Qualitätsmanagement umfasst:**
> alle Tätigkeiten der Gesamtführungsaufgabe, welche die Qualitätspolitik, Ziele und Verantwortungen festlegen sowie diese durch Qualitätsplanung, Qualitätslenkung, Qualitätssicherung und ständige Qualitätsverbesserung im  Rahmen des Qualitätsmanagementsystems verwirklichen.
> *Definition nach DIN EN ISO 8402: 1995*

Das Qualitätsmanagement geht demnach weit über das zu fertigende Produkt hinaus und beeinflusst damit sowohl die Unternehmenskultur als Ganzes als auch das Verhalten jedes einzelnen Mitarbeiters. Neben technischen Spezifikationen sind **Motivation** der einzelnen Mitarbeiter sowie intensive **Kommunikation** entlang des gesamten Herstell- und Vertriebspfades von zentraler Bedeutung.

> Zentrales Anliegen des QM ist die Zufriedenheit des Kunden und sein Vertrauen in die Fähigkeit des Lieferanten, diese zu erreichen und zu bewahren.

---

[7] Die Begrifflichkeiten der DIN EN ISO 8402 wurden in der DIN EN ISO 9000 neu definiert. Zur besseren Verständlichkeit sei hier aber zusätzlich zur neuen Definition auch die ältere Version zitiert.

Das QM stellt organisatorisch die Umwandlung von Eingaben (Anforderungen) in Ergebnisse (Produkte) in den Mittelpunkt und legt besonderen Wert auf die Verknüpfung der einzelnen Tätigkeiten, d. h., sie ist nicht mehr phasen-, sondern prozessorientiert.

### Prinzipien des Qualitätsmanagements

Ein Weg hierzu und gleichzeitig ein wichtiges Grundprinzip des Qualitätsmanagements ist die sog. **Prozessorientierung**.

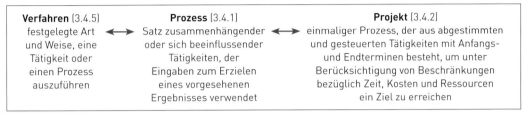

| **Verfahren** (3.4.5) | | **Prozess** (3.4.1) | | **Projekt** (3.4.2) |
|---|---|---|---|---|
| festgelegte Art und Weise, eine Tätigkeit oder einen Prozess auszuführen | ⟷ | Satz zusammenhängender oder sich beeinflussender Tätigkeiten, der Eingaben zum Erzielen eines vorgesehenen Ergebnisses verwendet | ⟷ | einmaliger Prozess, der aus abgestimmten und gesteuerten Tätigkeiten mit Anfangs- und Endterminen besteht, um unter Berücksichtigung von Beschränkungen bezüglich Zeit, Kosten und Ressourcen ein Ziel zu erreichen |

**Prozessbezogene Begriffe**
(nach DIN EN ISO 9000: 2015 – Nr. = Abschnitt der Norm)

Hier steht der Gesamtprozess der Erfüllung der Kundenanforderungen im Vordergrund. Nicht das Denken in Bereichen oder Abteilungen, sondern die Überlegung „Wie bekomme ich das gewünschte Produkt rechtzeitig zum Kunden" bestimmt das Überlegen in der Prozessorientierung. Damit steht die Prozessorientierung im Gegensatz zur **Funktionsorientierung**, bei der jeder nur seinen eigenen Bereich überschaut.

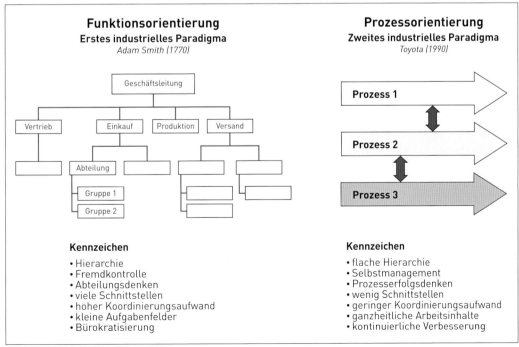

**Funktionsorientierung vs. Prozessorientierung** (nach Binner[8])

---

[8] Binner, Hartmut F., Prozessorientierte TQM-Umsetzung, Hanser Fachbuchverlag, Berlin 2002

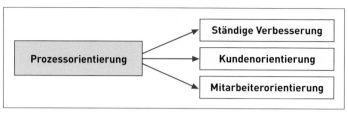

Zielrichtung der Prozessorientierung

## 1.2.4 Qualitätspolitik und Qualitätsziele

Zunächst muss die **Qualitätspolitik** eines Unternehmens bestimmt werden, das, was ein Unternehmen leisten kann und will. Dies ist Aufgabe der Unternehmensleitung. Dabei geht es nicht darum, gute, mittlere oder gar schlechte Qualität zu produzieren, sondern Qualität in welchem Bereich, auf welchem Niveau, für welche Anwendungsfälle und Kundenkreise.

*Beispiele:*

Ein Lebensmitteldiscounter bietet Waren auf einem anderen Preisniveau an als ein Feinkostlieferant. Letzterer bietet eher die geschmackliche Qualität. Trotzdem ist die Qualität der Waren beim Discounter nicht schlecht, sondern er hat andere Qualitätsprioritäten (Jeden-Tag-Essen zu akzeptablem Preis – vgl. Abb. Kap 1.6 – Kostenoptimale Qualität vs. technische Perfektion).

Bei einem MP3-Player mag die Anforderung eher im Bereich kleiner Baugröße, Bedienungskomfort und hoher Akkulaufzeit liegen. Ein Unternehmen, das seine Kompetenz in der highquality Klangwiedergabe sieht, könnte hier die Qualitätsanforderung des Anwenders nicht treffen, obwohl er die Musik naturgetreuer wiederzugeben vermag.

> **Qualitätspolitik – Politik bezüglich der Qualität**
> steht i. A. in Einklang mit der übergeordneten Politik der Organisation (Vision, Mission) und bildet den Rahmen für die Qualitätsziele
>
> *nach DIN EN ISO 9000: 2015*

Die Qualitätspolitik geht über eine externe Sichtweise hinaus und soll auch einen internen Fokus haben. Sie muss auch die Frage beantworten, wie dies intern erreicht werden soll, etwa durch gut qualifizierte und motivierte Mitarbeiter.

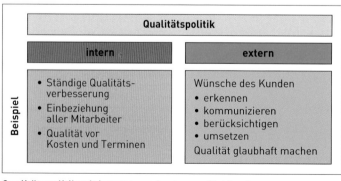

Aus dieser Qualitätspolitik werden dann **Qualitätsziele** für das gesamte Unternehmen abgeleitet. Diese werden für alle Bereiche spezifiziert, sodass jeder Mitarbeiter weiß, welchen Beitrag er persönlich zur Erreichung des „großen" Qualitätsziels leisten kann.

Qualitätspolitik mit interner und externer Sichtweise

Die Qualitätsziele sollen messbar sein, damit klar wird, was erwartet wird, wo ein Bereich bzw. Mitarbeiter steht und wo er hin soll.

> **Qualitätsziel – Ziel bezüglich Qualität**
> beruht auf Qualitätspolitik und wird für Funktionsbereiche, Ebenen und Prozesse der Organisation festgelegt
>
> *nach DIN EN ISO 9000: 2015*

Zur Planung der Qualitätspolitik gehört es demnach auch, geeignete „Messmittel", z. B. für eine ggf. in der Qualitätspolitik benannte „Motivation der Mitarbeiter", zu entwickeln, um festzustellen, ob dieses Ziel erreicht wird.

Im Rahmen eines Qualitätsmanagementsystems muss darüber hinaus belegt werden, dass finanzielle und personelle Ressourcen für die Erreichung der Qualitätsziele vorhanden sind. Diese müssen regelmäßig auf Aktualität überprüft und ggf. nachgesteuert werden.

## 1.2.5 Qualitätsmanagementsystem (QM-System)

Die Einführung eines Qualitätsmanagementsystems dient der klaren und ergebnisorientierten Gestaltung aller Strukturen und Abläufe im Unternehmen. Ein QM-System gilt für ein gesamtes Unternehmen und kann extern überprüft (zertifiziert) werden.

Das QM-System ist so zu optimieren, dass „Qualität" immer und unabhängig davon, was gerade produziert wird, gewährleistet ist. Es geht also weniger um die Qualität des einzelnen Produktes als vielmehr um die Fähigkeit des Unternehmens, Qualitätsprodukte entwickeln, herstellen und liefern zu können.

Ein gutes QM-System dient darüber hinaus nicht nur dazu, die zugesagte Produktqualität und sonstige Kundenforderungen stets zu erreichen und nachzuweisen, sondern es hilft, Schwachstellen in Produktionsverfahren und Betriebsabläufen zu erkennen, zu vermeiden und zu verbessern, um so die Effizienz und Wertschöpfung der Organisation zu erhöhen.

Gerade dieses „weg vom einzelnen Produkt" hin zu der „Qualitätsfähigkeit einer Organisation" ist im Gegensatz zu früheren Vorstellungen ein vollkommen neuer Ansatz.

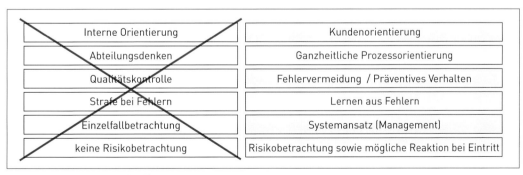

Paradigmenwechsel im Qualitätsmanagement

Als Empfehlung, wie ein QM-System zweckmäßigerweise aufzubauen ist, wurde die Normen-reihe DIN EN ISO 9000 ff. entwickelt (siehe Kap. 2). In der zu dieser Normenfamilie gehörenden Norm DIN EN ISO 9001 werden **Mindestanforderungen** an ein QM-System definiert, die Einhal-tung kann extern geprüft (zertifiziert) werden. TQM (Total Quality Management) und das EFQM-Modell (siehe Kap. 1.7) gehen über diese Mindestanforderungen hinaus.

## 1.2.6 Kontinuierliche Verbesserung

Ein weiteres Grundprinzip des Qualitätsmanagements ist die „kontinuierliche Verbesserung". Die Philosophie dahinter ist die, dass kein Prozess so gut ist, dass er nicht noch verbessert werden könnte. Selbst wenn dies der Fall wäre, so würden sich im Laufe der Zeit durch techno-logische oder wirtschaftliche Veränderungen die Umweltbedingungen ändern, sodass auch das Produkt bzw. der Prozess sich durch Verbesserung anpassen muss.

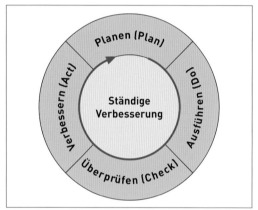

Vorreiter der kontinuierlichen Verbesserung war Edward Deming, sein nach ihm benann-ter „**Deming-Kreis**" gilt als Grundstock der kontinuierlichen Verbesserung – er wird auch **Plan-Do-Check-Act-Zyklus (PDCA)** genannt: Der PDCA-Zyklus ist Grundlage der ISO 9001: 2015.

Qualitätskreis (Qualitätszirkel) nach Deming
(Deming-Kreis, PDCA-Zyklus)

**„We have learned to live in a world of mistakes and defective products as if they were necessary to life. It is time to adopt a new philosophy in America."**

(Wir haben in einer Welt der Fehler und mangelhaften Produkte zu leben gelernt, als ob sie lebensnotwendig wären. Es ist Zeit in Amerika, sich eine neue Philosophie anzueignen.)

**W. Edwards Deming, 1900 – 1993**
(Photo courtesy of The W. Edwards Deming Institute®)

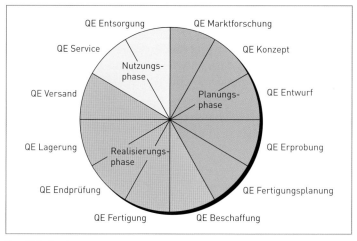

QE Entsorgung
QE Marktforschung
QE Service
QE Konzept
Nutzungs-phase
QE Versand
Planungs-phase
QE Entwurf
QE Lagerung
Realisierungs-phase
QE Erprobung
QE Endprüfung
QE Fertigungsplanung
QE Fertigung
QE Beschaffung

**Qualitätskreis**

Die kontinuierliche Verbesserung ist u. a. anwendbar auf alle Bereiche des Qualitätskreises. Der Qualitätskreis ist dabei eine in sich geschlossene Folge von qualitätswirksamen Maßnahmen, die über den gesamten Produktlebenslauf reichen. Qualität ist also nicht als zeitliche Einmalleistung gemeint, sondern ein fortdauernder Prozess, der von der Planungsphase über die Realisierungs- und Nutzungsphase bis hin zur Entsorgung geht.

**Aufgaben**

1. Welches sind wichtige Grundideen des Qualitätsmanagements?
2. Warum kümmert sich ein QM-System nicht direkt um die Qualität des Produktes, sondern indirekt über die Organisation?
3. Was ist Prozessorientierung?

# 1.3 Fehler, Zuverlässigkeit und Vertrauen

Das Vertrauen des Kunden in die Zuverlässigkeit des Lieferanten sowie das Vertrauen des Lieferanten in seine eigene Qualitätsfähigkeit und Wirtschaftlichkeit wird durch die Überwachung, Feststellung und Dokumentation des Zustandes der Qualität und aller QM-Aktivitäten begründet und vertieft.

**Zuverlässigkeit**
Fähigkeit zur Ausführung in der geforderten Art und zum geforderten Zeitpunkt
*Definition nach DIN EN ISO 9000: 2015*

Damit werden der Aufbau und die Aufrechterhaltung eines dem Produkt und dem Markt angemessenen QM-Systems erforderlich.

## 1.3.1 Vertrauenskultur in der Führung von Mitarbeitern

Eines der Grundprinzipien eines modernen QM-Systems ist das Vertrauen in die Mitarbeiter. Während früher häufig davon ausgegangen wurde, dass Mitarbeiter, wenn nicht kontrolliert, Fehler verbergen, ist heutzutage die Selbstprüfung in der Produktion Standard. Hierzu gehört aber auch ein anderer Umgang mit Fehlern.

Werden Fehler sanktioniert, werden die Mitarbeiter zukünftig versuchen, weitere Fehler zu verheimlichen oder andere vermeintlich Verantwortliche zu beschuldigen. Beides ist kontraproduktiv.

„Fehler wird es immer geben. Aber die Fehler der Mitarbeiter, die meist die richtigen Dinge tun, sind nicht so gravierend wie die, die dadurch entstehen, dass das Management den Verantwortlichen genau vorschreiben will, wie sie ihre Arbeit zu verrichten haben.“

„Ein Management, das überkritisch auf Fehler reagiert, zerstört Eigeninitiative. Doch Mitarbeiter mit persönlichem Engagement sind lebenswichtig, wenn ein Unternehmen weiterwachsen will.“

„Stelle fähige Leute ein und lass sie machen.“

*William McKnight, 3M CEO, 1944*

„Wenn in Amerika jemand mit einer neuen Idee Misserfolg hat, ist das kein großes Problem. In Deutschland ist Misserfolg ein Makel. Aber Misserfolg und Rückschläge sind ganz wichtig beim Experimentieren und gehören einfach dazu.“

*Eric Schmidt, CEO Google, Bild-Interview, 9.9.2010*

Mitarbeitern ist zunächst grundsätzlich zu unterstellen, dass sie bemüht sind, ihre Aufgabe richtig und gut zu erfüllen. Dies vorausgesetzt führt eine Schuldzuweisung zu Abwehrreaktionen, die von der Suche nach der eigentlichen Fehlerursache abhält. Neben den vielleicht zunächst augenfälligen Ursachen können die Gründe für Abweichungen auch in den folgenden Bereichen liegen:

- Kommunikation (Informationsmangel, Verständnis der Information)
- Prioritäten (Wahl des eigentlich Wichtigen bei zeitlich parallelen Anforderungen)
- Qualifikation, Trainingszustand (Über- bzw. Unterforderung)
- Motivation (betriebsinterne Gründe)

Richtig ist, Fehler als Chance zu begreifen, einen Prozess in Zukunft besser zu gestalten und damit diese Fehler für die Zukunft auszuschließen.

Dabei hat die Vermeidung von Fehlern Vorrang vor der Fehlerbeseitigung. **Fehlervermeidung** bedeutet, es soll nicht auf einen Fehler gewartet werden, sondern bereits im Vorfeld sollen Risiken berücksichtigt werden. Ist ein Fehler einmal aufgetreten, so soll über die Beseitigung dieses Einzelvorfalls hinaus überlegt werden, wie sich dieses Problem grundsätzlich so lösen lässt, dass der Fehler in Zukunft nicht mehr auftritt. Beim Auftreten eines Fehlers geht man davon aus, dass das QM-System nicht ausreichend funktioniert hat. Also muss das Managementsystem vorbeugend geändert werden. Dieses Vorgehen heißt **„systemorientierter Ansatz"**.

## 1.3.2 Konformität, Fehler und Mängel

Erfüllt ein Produkt die gesetzten Anforderungen, so ist es konform, tut es dies nicht, so hat es einen Fehler oder einen Mangel. In der neuen Norm ISO 9000: 2015 wird statt „Fehler" der Begriff „Nichtkonformität" genutzt.

„Fehler" beinhaltet einen Schuldvorwurf, worum es nicht gehen sollte. Nichtkonformität verlangt eher ein Suchen nach den Ursachen und ein Vermeiden von Wiederholungen, dies ist Ziel des QMs.

Unter Anforderungen sind nicht nur Qualitätsforderungen, sondern auch Forderungen aus Normen und gesetzlichen Vorschriften sowie Forderungen an Abläufe, Prozesse und Dokumentationen (z. B. Zeichnungen, Pläne, Produktdokumentationen / Bedienungsanleitungen) zu verstehen.

Ein Fehler muss nicht immer die Gebrauchsfähigkeit eines Produktes beeinträchtigen.

Zum Beispiel sind Schlieren im Lack, Kratzer, Bläschen im Glas oder ähnliche Abweichungen je nach Häufigkeit des Auftretens und in eingegrenzten Größen oft unvermeidlich und ohne einen Einfluss auf die Gebrauchsfähigkeit des Produkts.

**Mangel** ist ein juristischer Begriff. Ein Mangel liegt dann vor, wenn die Gebrauchsfähigkeit eines Produktes oder eine „billige Erwartung" an das Produkt nicht vollständig erfüllt wird.

Die Grenzen zwischen Mangel und Nichtkonformität (Fehler) sind manchmal nicht ganz eindeutig.

*Beispiel:*
Der Lack eines Autos hat den „Gebrauchswert", das Metall gegen Korrosion zu schützen.

Er hat aber auch, als „billige Erwartung", dekorative Aufgaben. Damit werden Schlieren oder Pickel an nicht sichtbaren Stellen nur als Fehler, an auffälligen Stellen aber als Mangel einzustufen sein.

| | |
|---|---|
| **Konformität:** | Erfüllung einer Anforderung |
| **Fehler:** | Nichterfüllung einer Anforderung (Nichtkonformität) |
| **Mangel:** | Nichterfüllung einer Anforderung in Bezug auf einen beabsichtigten oder festgelegten Gebrauch |

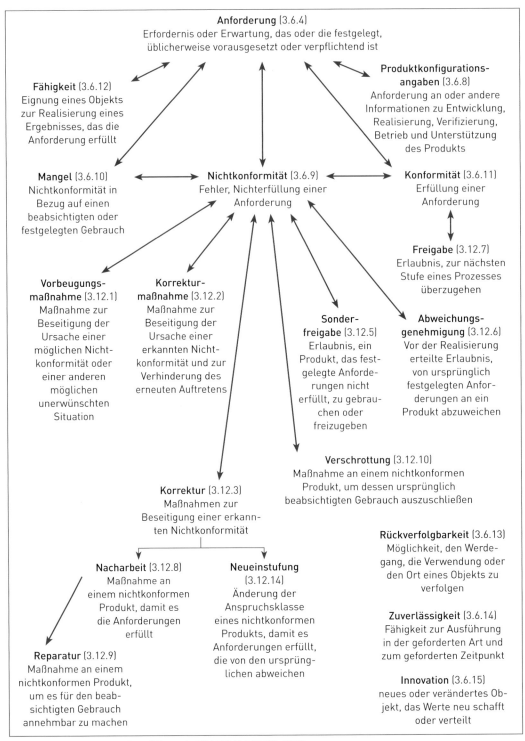

**Anforderung** (3.6.4)
Erfordernis oder Erwartung, das oder die festgelegt, üblicherweise vorausgesetzt oder verpflichtend ist

**Fähigkeit** (3.6.12)
Eignung eines Objekts zur Realisierung eines Ergebnisses, das die Anforderung erfüllt

**Produktkonfigurationsangaben** (3.6.8)
Anforderung an oder andere Informationen zu Entwicklung, Realisierung, Verifizierung, Betrieb und Unterstützung des Produkts

**Mangel** (3.6.10)
Nichtkonformität in Bezug auf einen beabsichtigten oder festgelegten Gebrauch

**Nichtkonformität** (3.6.9)
Fehler, Nichterfüllung einer Anforderung

**Konformität** (3.6.11)
Erfüllung einer Anforderung

**Freigabe** (3.12.7)
Erlaubnis, zur nächsten Stufe eines Prozesses überzugehen

**Vorbeugungsmaßnahme** (3.12.1)
Maßnahme zur Beseitigung der Ursache einer möglichen Nichtkonformität oder einer anderen möglichen unerwünschten Situation

**Korrekturmaßnahme** (3.12.2)
Maßnahme zur Beseitigung der Ursache einer erkannten Nichtkonformität und zur Verhinderung des erneuten Auftretens

**Sonderfreigabe** (3.12.5)
Erlaubnis, ein Produkt, das festgelegte Anforderungen nicht erfüllt, zu gebrauchen oder freizugeben

**Abweichungsgenehmigung** (3.12.6)
Vor der Realisierung erteilte Erlaubnis, von ursprünglich festgelegten Anforderungen an ein Produkt abzuweichen

**Verschrottung** (3.12.10)
Maßnahme an einem nichtkonformen Produkt, um dessen ursprünglich beabsichtigten Gebrauch auszuschließen

**Korrektur** (3.12.3)
Maßnahmen zur Beseitigung einer erkannten Nichtkonformität

**Rückverfolgbarkeit** (3.6.13)
Möglichkeit, den Werdegang, die Verwendung oder den Ort eines Objekts zu verfolgen

**Nacharbeit** (3.12.8)
Maßnahme an einem nichtkonformen Produkt, damit es die Anforderungen erfüllt

**Neueinstufung** (3.12.14)
Änderung der Anspruchsklasse eines nichtkonformen Produkts, damit es Anforderungen erfüllt, die von den ursprünglichen abweichen

**Zuverlässigkeit** (3.6.14)
Fähigkeit zur Ausführung in der geforderten Art und zum geforderten Zeitpunkt

**Reparatur** (3.12.9)
Maßnahme an einem nichtkonformen Produkt, um es für den beabsichtigten Gebrauch annehmbar zu machen

**Innovation** (3.6.15)
neues oder verändertes Objekt, das Werte neu schafft oder verteilt

Anforderungsbezogene Begriffe nach DIN EN ISO 9000: 2015
(Nr. = Abschnitt der Norm)
Anmerkung: „Produkt" beinhaltet i. A. „Dienstleistung".

Ein Fehler wird in der Verifizierung festgestellt, ein Mangel in der Validierung (vgl. Kap. 1.1.2).

Ein **kritischer Fehler** ist ein Fehler, bei dessen Auftreten Gefahren für Leib und Leben von Menschen und erhebliche Umweltschäden herbeigeführt werden können. Bei möglichen kritischen Fehlern ist der Lieferant (Hersteller) zu besonderer Sorgfalt verpflichtet (vgl. hierzu auch die Abschnitte Produkthaftung).

> Eine 100-%-Prüfung ist nicht immer möglich oder sinnvoll, vielmehr müssen alle Möglichkeiten ausgeschöpft werden, dass kritische Fehler erst gar nicht entstehen können!

Durch Prozessoptimierung mit Nachweis der Prozessfähigkeit und Einhaltung der Prozessstabilität mithilfe von Qualitätsregelkarten oder statistischer Prozesskontrolle (vgl. Fertigungsüberwachung) kann der Durchschlupf von Fehlern sicher ausgeschlossen werden. Dies ist darüber hinaus wirtschaftlicher als beispielsweise eine 100-%-Prüfung der fertigen Produkte.

## 1.3.3 Fehlerursache, Fehlerentdeckung und Fehlerbehebung

„Um nach vorne zu kommen und dort zu bleiben, kommt es nicht darauf an,
wie gut du bist, wenn du gut bist, sondern wie gut du bist, wenn du schlecht bist.“

*Martina Navratilowa (*1956), amerikanische Tennisspielerin*

Alles o.k., kein Fehler. Einer Theorie nach geht dieser Ausdruck auf den aus Deutschland stammenden FORD-Mitarbeiter Otto Kaiser zurück. Er soll Leiter der Qualitätssicherung bei Ford Detroit gewesen sein, zu der Zeit, als das berühmte erste Serienauto Modell T (Tin Lizzy) gebaut wurde. Auf jedes von ihm geprüfte und als gut empfundene Fahrzeug schrieb er mit Kreide seine Initialen, OK. Sprachwissenschaftler halten diesen Deutungsversuch allerdings für überholt.

Nichtkonformitäten haben ihre Ursache zumeist recht früh innerhalb der Produktentstehung. Probleme aus diesen Fehlern treten häufig aber erst viel später auf. Dann sind jedoch die Kosten, die im Zusammenhang mit der Fehlerbehebung entstehen, meist wesentlich höher, denn es entstehen Nacharbeits- oder Verschrottungskosten. Ist das Produkt erst einmal an den Kunden ausgeliefert, entstehen darüber hinaus Imageschädigungen durch eine ggf. erforderliche Rückrufaktion.

*Beispiel:*

Die Apollo-13-Mission scheiterte 1969 an einer Explosion an Bord. Nur unter hohem Aufwand konnte überhaupt das Leben der Astronauten gerettet werden, die wissenschaftlichen Ziele wurden nicht erreicht, ein Imageschaden der NASA war die Folge.

Die Fehlerursache war allerdings wesentlich früher: Im Jahr 1965 änderte die NASA die Spezifikationen elektrischer Baugruppen der Sauerstofftanks auf eine höhere Spannung. Ein Zulieferer vergaß, auch die Thermostatschalter auszuwechseln. Ein Thermostatschalter, ausgelegt für niedrige Spannung, explodierte an Bord, als die höhere Spannung angelegt wurde.

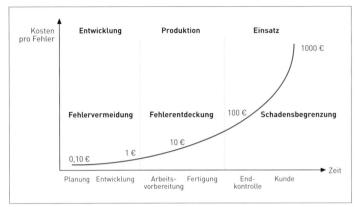

Entwicklung der Kosten für die Korrektur eines Fehlers
in Anlehnung an Zehnerregel nach Daimler AG

## 1.3.4 Krisenkommunikation

Beim Auftreten von Nichtkonformitäten und Unfällen bzw. Katastrophen aufgrund von Produkt-fehlfunktionen, unternehmerischem Fehlverhalten (z. B. VW-Abgasskandal 2015/16) oder orga-nisatorischen Mängeln (z. B. Frage der Flugtauglichkeit des Germanwingspiloten beim Absturz 2015) muss überlegt werden, wie dies geeignet kommuniziert wird. Problematisch dabei sind häufig die chaotische Entwicklung, die ungewisse Faktenlage sowie die im jeweiligen Moment unabsehbaren Konsequenzen.

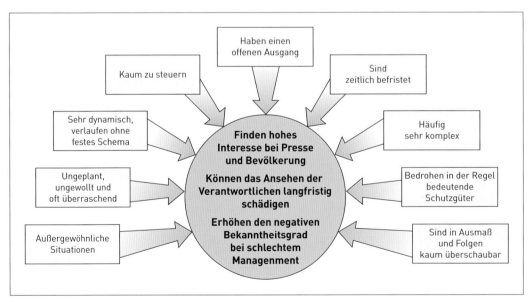

Merkmale und Folgen von Krisen
Quelle: Leitfaden Krisenkommunikation, BMI, Berlin [16]

Vorrangig ist, weiteren Schaden abzuwenden. Dies muss im akuten Notfall durch möglichst frühzeitige Information von Gefährdeten und ggf. Rettungskräften geschehen. Ist die Verbreitung des Produkts bekannt, können Rückrufaktionen eingeleitet werden (z. B. Automobilindustrie oder Lebensmittelhandel).

- **Informieren Sie rechtzeitig!**
  Wer zu lange wesentliche Sachverhalte einer Krise verschweigt, gefährdet seine öffentliche Reputation. Deshalb sollten Sie bereits frühzeitig und ohne unnötige Panik auch über mögliche Risiken informieren, etwa Belastungen für die Umwelt durch Einsickern von Chemikalien in das Grundwasser, gesundheitsgefährdende Ausdünstungen bei einem Brand oder mögliche Datenschutzverletzungen bei einem Informationssicherheitsvorfall.
- **Informieren Sie wahrheitsgemäß!**
  Sie müssen nicht jedes Detail berichten, aber was Sie berichten, sollte stimmen.
- **Informieren Sie sachlich und vermeiden Sie Spekulationen!**
  Wenn ein Vorfall Dritte geschädigt hat, sollten Sie gleichwohl das gebotene Einfühlungsvermögen zeigen.
- **Informieren Sie verständlich!**
  Zu viele Details erschweren das Verständnis und tragen nicht dazu bei, Vertrauen aufzubauen.

*Quelle: Bundesamt für die Sicherheit in der Informationstechnik, www.bsi.bund.de*

Neben dem unbedingt Notwendigen muss auch das weitere Informationsbedürfnis von Betroffenen und der Öffentlichkeit berücksichtigt werden. Hier ist mit Einfühlungsvermögen ein Spagat zu schaffen zwischen Fakten, Vermutungen, Spekulationen sowie der Frage, was wer zu welchem Zeitpunkt wissen muss. Fingerspitzengefühl ist darüber hinaus geboten, weil unbedachte Äußerungen von Betroffenen anders aufgefasst werden oder später einmal rechtlich relevant sein können. Kulturelle Eigenheiten spielen eine Rolle.

Aufgrund einer persönlichen Betroffenheit (Schuld, Schuldgefühle, persönliche Konsequenzen) sollten die direkt Verantwortlichen in dieser Situation nicht öffentlich kommunizieren.

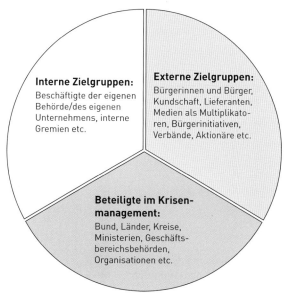

**Interne Zielgruppen:**
Beschäftigte der eigenen Behörde/des eigenen Unternehmens, interne Gremien etc.

**Externe Zielgruppen:**
Bürgerinnen und Bürger, Kundschaft, Lieferanten, Medien als Multiplikatoren, Bürgerinitiativen, Verbände, Aktionäre etc.

**Beteiligte im Krisenmanagement:**
Bund, Länder, Kreise, Ministerien, Geschäftsbereichsbehörden, Organisationen etc.

Zielgruppen der Krisenkommunikation
Quelle: Leitfaden Krisenkommunikation, BMI, Berlin [16]

In diesem Sinne erscheint die Krisenkommunikation der Germanwings/Lufthansa angesichts des tragischen Absturzes im März 2015 als gut:

Die Mitteilungen, anfänglich die Bestätigung des Absturzes, später die zum jeweiligen Zeitpunkt bekannten Fakten, sind klar und verbindlich. Sie lassen aber dennoch die Anteilnahme für die Angehörigen der Opfer und für die eigenen Mitarbeiter deutlich spüren. Neben der sachlichen Information zur Aufklärung der Katastrophe wird Hilfe für die Betroffenen angeboten. Die Anteilnahme zeigt sich vor allem in einer sehr direkten, ungekünstelten Sprache sowie der authentischen Betroffenheit des Sprechers.

Weniger gut hat VW nach dem Abgasskandal die US-amerikanische Erwartungshaltung getroffen. Erwartet wurde ein deutliches Eingeständnis mit der Ankündigung einer effizienten Wiedergutmachung, die über den technischen Schaden hinausgeht.

*„VW-Chef Matthias Müller schien (aber) in einem Interview mit dem US-Radiosender NPR den Skandal zu verharmlosen. Der Wolfsburger Konzern bat später um eine Wiederholung des Interviews. ... ‚Ehrlich gesagt, es war ein technisches Problem‘, sagte Müller über die Manipulation von Abgaswerten in dem ersten Interview, das bei einem Presseempfang von VW zur Detroiter Automesse ... geführt wurde. Volkswagen habe ‚nicht die richtige Interpretation der amerikanischen Gesetze‘ gehabt. ... ‚Wir haben nicht gelogen. Wir haben zunächst die Frage nicht verstanden.‘"*[9]

---

**Aufgaben**

1. Wann ist ein Produkt „konform"?

2. Wodurch unterscheidet sich ein „Mangel" von einem „Fehler"?

3. Wie entwickeln sich die Kosten von Fehlern?

4. Was ist ein „kritischer Fehler" und welche Verpflichtung ergibt sich bei der Möglichkeit eines solchen für den Hersteller?

---

# 1.4 Produkthaftung – Regress

> Wer ein Produkt oder eine Leistung in Verkehr bringt, haftet für deren Mangelfreiheit und mögliche Folgeschäden. Dies gilt m. E. auch verschuldensunabhängig.

Dass Menschen für ihre Erzeugnisse haften, ist in der Menschheitsgeschichte ein schon sehr altes Prinzip. Schon in Mesopotamien, 1750 v. Chr., wurde im **Kodex von Hammurabi** festgelegt, wie ein Baumeister für die Standsicherheit der von ihm erstellten Gebäude haften sollte. Über das römische Recht wurden entsprechende Vorschriften im Jahr 1900 mit dem § 823 in das BGB aufgenommen. Der Begriff Produkthaftung wird in Deutschland erst seit ca. 1970 verwendet.

**Stele mit dem Kodex
von Hammurabi**

---

[9] Quelle: Westdeutsche Zeitung Online, 12. 1. 2016

1990 entstand als nationale Umsetzung einer EU-Richtlinie das Produkthaftungsgesetz. Wichtigste Neuerung hier war die **Schadenshaftung ohne Verschulden** und die **Beweislastumkehr**. Ein Kunde (Nutzer) muss nicht mehr den Fehler nachweisen, sondern der Hersteller die Fehlerfreiheit. Dieser Nachweis kann u. a. durch ein funktionierendes Qualitätsmanagement erfolgen. Eine Zertifizierung nach DIN EN ISO 9000 ff. dient also auch der **Abwehr von Regressansprüchen**[10].

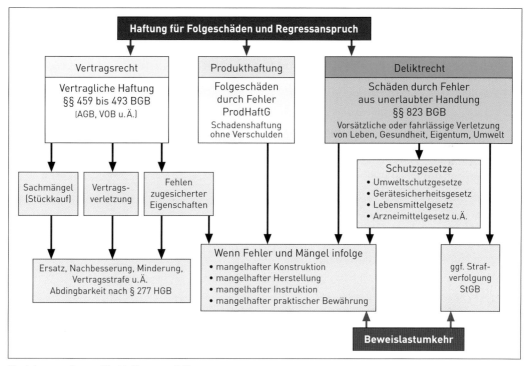

Rechtsgrundlagen für Haftung und Regress

*Beispiel:*

Ein Fahrer eines Autos verunglückt, weil ein Reifen platzt. Der Reifen wurde zusammen mit dem Auto geliefert (Erstausstattung). Haftungsmöglichkeiten (Anspruchsgegner für den Geschädigten):

- **Hersteller** (des Autos)
- **Zulieferer** (der Reifen)
- **Quasi-Hersteller** (Namensschild am Produkt)
- **Importeur** (z. B. von US-Fahrzeugen)
- **Händler** (als Vertragspartner)

Zusätzlich entsteht die Frage, ob der Geschädigte einen Fehler nachweisen muss oder ob die Anspruchsgegner die Fehlerfreiheit belegen müssen (Beweislastumkehr).

---

[10] Alle Ansprüche aus Gewährleistung und Produkthaftung werden auch unter der Bezeichnung „Regressanspruch" zusammengefasst.

# 1.4.1 Gewährleistung und Garantie

**Gewährleistung**, eine zeitlich befristete Nachbesserungsverpflichtung ausschließlich für Mängel, die zum Zeitpunkt des Verkaufs bereits bestanden, ist gesetzlich geregelt. Sie kann nicht entfallen.

**Garantie**, die dem Käufer eine Schadensersatzleistung zusichert, ist eine freiwillig vereinbarte Zusatzleistung zwischen Käufer und Verkäufer. Sie gehört zum Vertragsrecht und geht über die Gewährleistung hinaus.

**Produkthaftung** bezeichnet eine Haftung aus Schadensersatz für die Lieferung eines fehlerhaften Produkts und für Schäden, die dadurch an anderen Rechtsgütern entstehen. Sie kann nicht vertraglich ausgeschlossen werden.

Der Lieferant[11] haftet dafür, dass die zugesicherten Eigenschaften, bei Trivialprodukten auch die „allgemein zu erwartenden" Eigenschaften und die Vertragsbedingungen erfüllt werden, sowie für die Mängelfreiheit des Produktes.

Die Gewährleistungsbedingungen können geregelt sein:

- im Rahmen des BGB (Bürgerliches Gesetzbuch),
- durch „Allgemeine Geschäftsbedingungen" (AGB),
- durch die VOB (Verdingungsordnung für Bauleistungen),
- durch individuelle Vertragsvereinbarung.

# 1.4.2 Haftung

Haftung für ein Produkt durch den Hersteller setzt ein, wenn ein Fehler vorhanden ist.

*(nach § 1 ProdHaftG)*

Ein Produkt hat einen Fehler, wenn es nicht die Sicherheit bietet, die unter Berücksichtigung aller Umstände berechtigterweise erwartet werden kann, insbesondere
a) seiner Darbietung,
b) des Gebrauchs, mit dem billigerweise gerechnet werden kann,
c) des Zeitpunkts, in dem es in den Verkehr gebracht wurde.

*(nach § 3 ProdHaftG)*

Demnach löst allein die Schadensverursachung durch ein fehlerhaftes Produkt die Schadensersatzpflicht des Produktherstellers aus. Dies ist unabhängig von einer Verschuldung (Gefährdungshaftung). Der Hersteller trägt die Beweislast, dass er nicht ersatzpflichtig ist (Beweislastumkehr).

---

[11] Hersteller; wenn dieser außerhalb der EU liegt, haftet der Importeur. Quasi-Hersteller ist der, dessen Logo auf dem Produkt erscheint, rechtlich hier kritisch bei Fälschungen.

> **Fehlerkategorien:**
>
> **Konstruktionsfehler**
> (z. B. nicht dem Stand der Technik entsprechend, Verstoß gegen Normen, Gesetze etc.)
> **Fabrikationsfehler**
> (z. B. keine Fehlererkennung mangels QM-System)
> **Instruktionsfehler**
> (z. B. fehlerhafte / unverständliche Bedienungsanleitung oder Einweisung)
> **Produktbeobachtungsfehler**
> (z. B. Bekanntwerden von Fehlern oder fehlerhaftem Gebrauch wird ignoriert,
> auch: Pflicht zur Produktbeobachtung)

Produkthaftung aus ProdHaftG

- betrifft Schäden an Personen oder anderen Sachen (Folgeschäden),
- ist unabhängig vom Verschulden (Gefährdungshaftung),
- kann nicht durch Vertrag ausgeschlossen werden.
- Es gilt Beweislastumkehr.

Haftung bei Verschulden nach BGB und ggf. StGB

- betrifft Schäden an Personen oder Sachen (Folgeschäden),
- auch Schäden am Produkt,
- Schmerzensgeld ist möglich,
- Strafverfolgung ist möglich.
- Es gilt Beweislastumkehr.

Beweislastumkehr bedeutet:

*Der Geschädigte weist nur den Schaden und die Kausalität (den Zusammenhang) zum Fehler nach.*

*Im Gegensatz zum sonst üblichen Recht muss der Schädiger (Hersteller, Importeur) den Nachweis des Haftungsausschlusses erbringen.*

*Liegt der Verdacht des Verschuldens vor, muss der Schädiger den Nachweis der ausgeübten Sorgfaltspflicht führen.*

Finanzielles Haftungsrisiko kann durch Haftpflichtversicherung abgedeckt werden, Strafe aus vorsätzlicher oder fahrlässiger Handlung kann nicht versichert werden.

> Nach dem ProdHaftG haftet der Hersteller für Schäden
> durch unverschuldete Fehler am Produkt.

Nicht nach dem ProdHaftG, sondern nach Anwendung anderer Gesetze, besonders des BGB, haftet der Hersteller für Schäden durch:

- das Produkt selbst (Gefährdungshaftung),
- Produkte für gewerbliche Produktion (Geräte für technische Nutzung),

- naturbelassene Produkte,

- Arzneimittel,

- Nichteinhaltung zwingender Rechtsvorschriften.

> Die Haftpflicht nach dem ProdHaftG ist unabdingbar, sie kann nicht durch Vertrag ausgeschlossen werden.
>
> *(nach § 14 ProdHaftG)*

Als Hersteller und damit als Anspruchsgegner des Geschädigten gelten nach § 4 und 5 Prod-HaftG

- **tatsächlicher Hersteller**
  auch mehrere Haftende möglich

- **Quasi-Hersteller**
  der sich durch das Anbringen seines Namens, seiner Marke oder anderer unterscheidungskräftiger Kennzeichen als Hersteller (auch auf Verpackung oder Beipackzettel) ausgibt (§ 4 Abs. 1 Satz 2 ProdHaftG)

- **Importeur**
  der ein Produkt in den Europäischen Wirtschaftsraum importiert; haftet wie ein Hersteller (§ 4 Abs. 2 ProdHaftG). Aufgrund des Verbraucherschutzes soll einem Geschädigten nicht zugemutet werden, seine Rechte in einem Drittstaat geltend machen zu müssen.

- **Lieferant**
  wenn der Hersteller nicht bekannt ist oder außerhalb des Europäischen Wirtschafts-raums angesiedelt ist.

Zum Ausschluss der Haftung muss der Hersteller nachweisen, dass

- er das Produkt nicht in den Verkehr gebracht hat,

- der Fehler später entstanden ist,

- das Produkt nicht zum Verkauf hergestellt wurde,

- das Produkt zur Zeit des Inverkehrbringens den gültigen Rechtsvorschriften entsprochen hat oder

- der Fehler zur Zeit der Herstellung nach dem Stand der Wissenschaft und Technik nicht erkannt werden konnte.

Verjährung:

- Gewährleistung:  2 Jahre ab Ablieferung der beweglichen Sache (5 Jahre bei Bauwerken oder Sachen für Bauwerke)

- Produkthaftung:  3 Jahre ab Schaden bzw. 10 Jahre ab Inverkehrbringen

- Deliktrecht:  bis zu 30 Jahre nach der Handlung, die den Anspruch begründet hat

Hersteller sind im Rahmen der Produktüberwachung gehalten, bei Problemen, die erheblich die Produktsicherheit berühren, alle Produkte zurückzurufen, bei denen ein ähnlicher Fehler auftreten kann.

Rückrufkategorien:

- Korrektiv:
  Vorliegender Fehler zwingt den Hersteller, diesen an Produkten zu beseitigen
- Präventiv:
  Erkannte, aber noch nicht aufgetretene Fehlermöglichkeit bringt den Hersteller dazu,
  Produkte zu verbessern, um potenzielle Fehler zu verhindern

| | BGB Haftung bei Verschulden | ProdHaftG seit 1. 1. 1990 |
|---|---|---|
| Wer haftet? | Hersteller/Zulieferer | Hersteller/Zulieferer Händler, EU-Importeur oder Lieferant, der den Hersteller nicht benennt |
| Wofür? | Hersteller: • Konstruktionsfehler Zulieferer: • Fabrikations- und Konstruktionsfehler • Instruktionsfehler • Verletzung der Produktbeobachtungspflicht Händler: • Fehler des Produkts, soweit bekannt oder erkennbar | Hersteller/Zulieferer/ Importeur/Lieferant (Verkäufer, Händler): Fehler des Produkts |
| Umfang | Schäden am Produkt, Folgeschäden Schmerzensgeld | Schäden an „anderen Sachen" und Personen, Folgeschäden (Selbstbehalt 500 €) Höchstsummen 85 Mio. €, kein Schmerzensgeld |
| Wofür nicht? | Ausreißer | naturbelassene Produkte, Arzneimittel, gewerblich genutzte Produkte, Nichteinhaltung von zwingenden Rechtsvorschriften |
| Beweislast | Geschädigter: • Fehler • Schaden • Kausalität • Verschulden Schädiger (Beweislastumkehr): Kein Verschulden, weil • Stand der Technik • unvorhersehbares Versagen von Mensch/Maschine trotz ordnungs- gemäßer Auswahl, Anleitung und Überwachung | Geschädigter: • Fehler • Schaden • Kausalität Schädiger: • Nachweis des Haftungs- ausschlusses (s.o.) **Zahlpflicht auch ohne Verschulden!** |
| Verjährung | 3 Jahre ab Schaden, Anspruch erlischt nach 30 Jahren | 3 Jahre nach Schaden, Anspruch erlischt nach 10 Jahren ab Inverkehrbringen |
| Abdingbarkeit (vertraglicher Ausschluss) | Haftungsausschluss durch AGB/Individualvertrag | unabdingbar (also nicht möglich) |

Produkthaftung mit/ohne Verschulden im Vergleich

In den USA gelten im Automobilbereich verschärfte Gesetze durch die amerikanische Sicherheitsbehörde NHTSA (National Highway Traffic Safety Administration):

**TREAD = Transportation Recall Enhancement Accounterbility and Documentation**

Diese beinhalten u.a. eine Berichtspflicht (Zero Reports). Auch wenn in einem Quartal keine meldepflichtigen Vorfälle bekannt geworden sind, muss ein Negativbericht abgegeben werden. Feldberichte und Auswertungen zur Kundenzufriedenheit müssen der Behörde in regelmäßigen Abständen ausgehändigt werden.

# 1.4.3 Anforderungen aus der Produkthaftung an das QM-System

Produkthaftung und der Nachweis der Verkehrssicherungsverpflichtung fordern Nachweise der Wahrnehmung von Organisationspflichten:

- Transparenz der Organisation, z.B. durch ein Qualitätsmanagementsystem
- geeignete Verfahrens- und Arbeitsanweisungen
- Verantwortungen und Kompetenzen der Mitarbeiter

Die Normenfamilie ISO 9000 ff. sind Normen, die sich nur auf die organisatorischen Maßnahmen und nicht auf das Produkt beziehen. Produktbezogen sagen sie nur, dass die Maßnahmen und Verfahren den gesetzlichen und normativen Forderungen angemessen sein müssen.

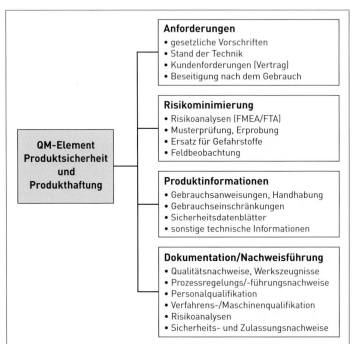

**QM-Element Produktsicherheit und Produkthaftung**

**Anforderungen**
- gesetzliche Vorschriften
- Stand der Technik
- Kundenforderungen (Vertrag)
- Beseitigung nach dem Gebrauch

**Risikominimierung**
- Risikoanalysen (FMEA/FTA)
- Musterprüfung, Erprobung
- Ersatz für Gefahrstoffe
- Feldbeobachtung

**Produktinformationen**
- Gebrauchsanweisungen, Handhabung
- Gebrauchseinschränkungen
- Sicherheitsdatenblätter
- sonstige technische Informationen

**Dokumentation/Nachweisführung**
- Qualitätsnachweise, Werkszeugnisse
- Prozessregelungs-/-führungsnachweise
- Personalqualifikation
- Verfahrens-/Maschinenqualifikation
- Risikoanalysen
- Sicherheits- und Zulassungsnachweise

Einzuführende Maßnahmen und Verfahren zur Produktsicherheit und Haftung (ISO 9004)

Dazu gehört auch die angemessene Berücksichtigung der Belange von **Umweltschutz/Umwelthaftung und Arbeitssicherheit**, die in der Rechtsprechung einen hohen und wachsenden Stellenwert einnehmen.

Wegen der Beweislastumkehr und der strafrechtlichen Produktverantwortung kann ein QM-System nur dann vollständig sein, wenn – **produktbezogen, unter Berücksichtigung des Gefahrenpotenzials** – die Einführung, Durchführung, Prüfung und Dokumentation der in der vorgenannten Übersicht dargestellten Kriterien und Maßnahmen angemessen berücksichtigt sind.

In diesem Zusammenhang gehören auch die **Sorgfalts- und Aufsichtspflicht** mit Nachweisführung über die erforderliche **Personalqualifikation** der ausführenden Mitarbeiter, die Erstellung von **Arbeits- und Verhaltensanweisungen** mit Unterweisungen und Beaufsichtigung.

> Bei der strafrechtlichen Verfolgung kann jeder, der an der Herstellung des Schadensproduktes beteiligt war, zur Verantwortung gezogen und persönlich bestraft werden.

## 1.4.4 Pflichten des Kunden

> § 377 Handelsgesetzbuch (HGB) verpflichtet den Abnehmer zur Wareneingangsprüfung und zur unverzüglichen Anzeige aufgefundener Mängel an den Verkäufer.

Dieser Paragraph steht, wörtlich genommen, jedoch im Widerspruch zur Wirtschaftlichkeit:

* doppeltes Prüfen (beim Lieferanten und Kunden),
* Verzögerungen der Weiterverarbeitung („just in time") sollen doch möglichst vermieden werden.

Es müssen mithilfe des Qualitätsmanagements Wege gefunden werden, die sicherstellen, dass

* fehlerhafte Produkte nicht weiterverarbeitet werden,
* unnötige Prüfkosten vermieden werden,
* die Haftung des Lieferanten gesichert bleibt.

> Zusagen und Werkszeugnisse des Lieferanten allein
> bieten noch keine Abbedingung des § 377 HGB.

Zur **Minimierung der Wareneingangsprüfung** müssen vertraglich die Rechte und Pflichten von Lieferant und Kunde vereinbart werden, und zwar unter Berücksichtigung von:

* Auswahl und Freigabe von Lieferanten (Lieferfähigkeit und Zuverlässigkeit, QM-System),
* regelmäßiger Bewertung des Lieferanten (Audits, Auswertung der Wareneingangs-Stichprobenprüfung, Beobachtung/Auswertung der Waren bei der Verarbeitung),
* Vereinbarungen über Abnahmebedingungen (AQL, sonstige Stichprobenprüfung),
* Vereinbarungen über QM-Maßnahmen beim Lieferanten (Prüfungen, Prozessüberwachung und deren Dokumentationen, ggf. Vereinbarungen über Fertigungsabläufe, Abnahme beim Lieferanten durch Kunde oder beauftragten Experten).

Wenn diese Vereinbarungen in Umfang und Ausübung dem Produkt angemessen geregelt sind, kann damit die Wareneingangsprüfung auf einzelne Qualitätsmerkmale entfallen; der **Abnehmer erhält verlässliche Kenntnis von der Warenbeschaffenheit.**

Dann beschränkt sich die Wareneingangsprüfung auf die in § 278 HGB geforderte Prüfung auf Identifikation, Vollständigkeit und Unversehrtheit der Lieferung.

Weitere Vereinbarungen, insbesondere auch bezüglich Schadensersatz (z. B. Produktionsausfall, Werkzeugbeschädigung usw.), können per Individualvertrag oder nach den gesetzlichen Regelungen der AGB (Allgemeine Geschäftsbedingungen) geregelt werden.

Verschuldet der Lieferant den Fehler oder verschweigt er ihn arglistig, muss er nach §§ 635, 463 BGB Schadensersatz leisten.

### Aufgaben

1. Was unterscheidet Produkthaftung, Gewährleistung und Garantie?
2. Was heißt „verschuldensunabhängig"?
3. Welche Konsequenzen ergeben sich aus der Beweislastumkehr?
4. Welche Pflichten hat der Kunde?
5. Wie kann der Hersteller (Inverkehrbringer) dem Vorwurf der strafrechtlich relevanten Fahrlässigkeit begegnen?

# 1.5   Einflüsse auf die Qualität

## 1.5.1   Qualitätsbeeinflussende Faktoren

Das materielle oder immaterielle Produkt soll in allen Lebensphasen (s. Qualitätskreis Kap. 1.2.6) die festgelegten Voraussetzungen (Qualitätsmerkmale) immer und zuverlässig erfüllen.

In allen Phasen von der Planung bis zur Entsorgung ist es Einflüssen und Prozessen ausgesetzt, die eine Qualität des Produktes positiv oder negativ beeinflussen können.

Qualitätsfähigkeit eines jeden Prozesses heißt, die **zugesagte Qualität zuverlässig zu erzeugen und zu erhalten.**

Alle entscheidenden Einflussgrößen zur Erzeugung und Erhaltung der Qualität lassen sich mit den so genannten 5-M-Voraussetzungen (z. T. auch auf 7-M erweitert) beschreiben:

- **M**ensch         → qualifiziertes und motiviertes Personal
- **M**aschine       → geeignete technische Einrichtungen
- **M**ethode        → geeignete (Fertigungs-)Verfahren
- **M**aterial       → geeignete Werkstoffe
- **M**ilieu         → geeignetes klimatisches und soziales Umfeld
- **M**essbarkeit    → faktenorientierte Entscheidungen
- **M**anagement     → der Aufgabe angepasste Organisation

Die weitere Aufgliederung dieser Einflussgrößen wird auch zur Problemanalyse nach Ishikawa (vgl. auch Kap. 4.4.5) angewendet.

# 1.5.2 Innovation

In einer Welt mit ständig wachsender Bevölkerung, die am Wohlstand und Luxus teilhaben will, drängen auch immer mehr Entwicklungsländer auf den Markt.

Dies bedeutet besonders für die deutsche Wirtschaft nicht nur die Suche nach neuen Produkten und Märkten, sondern in erster Linie, dass unsere Produkte zuverlässiger sein müssen als die der anderen sowie Rohstoffe und Kapazitäten optimal ausgenutzt werden.

> Innovation bedeutet Neuschöpfung von Ideen, Produkten,
> Techniken, Prozessen oder Verhaltensweisen.

**Innovation bedarf der Kreativität (vgl. Kap. 1.5.3)**

Für das Unternehmen hat Innovation die Ziele

- Markterhaltung,
- Markterweiterung,
- Gewinnerhöhung bzw. Kostensenkung.

Betriebswirtschaftlich ist Innovation eine Managementaufgabe, die sich wegweisend oder reaktiv am Markt orientiert und alle Unternehmensbereiche betreffen und umfassen kann.

Existenzsichernde und -erweiternde Innovation eines Unternehmens kann sich beziehen auf

**Diversifikation (Erweiterung):**
- Planung, Entwicklung und Einführung neuer Produkte
- Eintritt in neue Branchen
- Eingang in neue Märkte

**Verbesserung (auch von Details):**
- Produkte
- Technologien und Verfahren
- Prozesse, Strategien und Organisationen

Voraussetzungen für erfolgreiche Innovationsaktivitäten sind:
- Zielsetzung
- Planung
- Information
- Kreativität
- Koordination
- Projektkontrolle (mit Zwischenbewertungen)

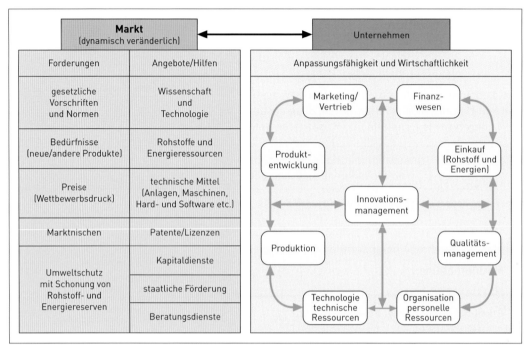

Marktabhängige Innovation im Unternehmen mit den wichtigsten Einflüssen und Verknüpfungen

| Innovations-planung | Anlass | planerische Voraussetzungen | Nachteile/ Risiken |
|---|---|---|---|
| kurzfristig | Reaktion auf akute Situationsänderungen | Geschäftsführungs-entscheidung Kostenprüfung | scharfe Einschnitte, investitionsintensiv, Arbeitsplatzverluste |
| mittelfristig | Anpassung an absehbare Situationsänderungen | Marktforschung Innovationsmanagement Entwicklungsdienste | Personal- und/oder Zeitaufwand |
| langfristig | vorbeugende, wegweisende Einstellung auf künftige Situationsänderungen | Marktforschung Innovationsmanagement FuE-Dienste | Irrtumsmöglichkeit bei Einschätzung der künftigen Situation |

Innovationsplanung und Risiken für Unternehmen

Ein besonderer Stellenwert ist der Information beizumessen. Dies gilt sowohl für Informationen von außen, z. B.:

- Ergebnisse von Marktuntersuchungen,
- Patentinformationen,
- Weiterbildung (Fachliteratur, Seminare, Symposien),
- Technologietransfer aus öffentlicher Forschung, Forschungszentren und -einrichtungen, Fachverbänden und Kammern und Beratungsunternehmen,

- Zusammenarbeit mit Hochschulen oder Zweckverbänden,
- über öffentliche Innovationsförderungsprogramme,

als auch für den internen Informationsfluss zwischen den einzelnen Abteilungen und Experten.

Für die Volkswirtschaft sind Innovation und präventive, wirksame Innovationspolitik wesentliche Voraussetzungen für das Überleben des Staates und den Wohlstand der Bevölkerung.

> Ohne wirksame Innovationspolitik ist kein Staat auf Dauer in der Lage,
> seine sozialen Pflichten zu erfüllen.

Direkte und indirekte Aufgaben des Staates bezüglich Innovation sind z. B.:

- Bildungspolitik, einschließlich Grundlagenforschung,
- regionale Strukturprogramme,
- Innovations- und Technologieförderung auf Landes-, Bundes- und EU-Ebene,
- Förderung des internationalen Technologietransfers und Informationsaustausches.

**Fünf Gruppen von Innovation**

- Neue Produkte
- Neue Produktionsmethoden
- Neue Märkte
- Neue Rohstoffquellen
- Neue Marktstrukturen

*nach Joseph Schumpeter, Wiener Ökonom, 1883–1950*

Im Qualitätsmanagement relevant sind vorzugsweise Produkte, aber auch Produktionsmethoden. Innovation kann die vollkommene Neuentwicklung, aber auch die Verbesserung bestehender Produkte und Prozesse bedeuten.

> Innovation:
> 1. Verbesserung von Produkten und Prozessen
> 2. Entwicklung neuer Produkte und Prozesse

Das Qualitätsmanagementsystem leistet schon bei richtiger Erfüllung der QM-Elemente „**Entwicklung**" und „**Verbesserung**" einen wichtigen Beitrag zur Innovation und Unternehmensstrategie durch

- Verbesserung der Produkte,
- Optimierung der Prozesse,
- Verbesserung der Ausnutzung von Kapazitäten,
- Verbesserung der Ausnutzung von Rohstoffen.

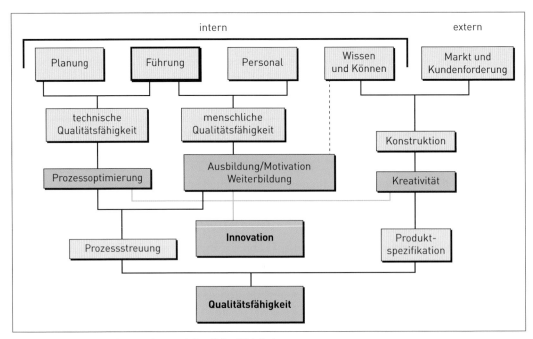

**Voraussetzungen für Innovation und Qualitätsfähigkeit**

## 1.5.3 Kreativität

Innovation bedarf Kreativität (vgl. Kap. 1.5.2)

> Kreativität als „schöpferische Kraft" ist Voraussetzung
> für Innovation, Verbesserungen und strategische Planung.

Graham Wallas beschrieb 1926 den „Kreativen Prozess"[12] wie folgt:

1. **Vorbereitungsphase:** Bewusste oder unbewusste Auseinandersetzung mit problematischen Fragen, weil sie Interesse und Neugier geweckt haben.

2. **Inkubations- oder Reifungsphase:** Ideen geraten unterhalb der Schwelle der bewussten Wahrnehmung in heftige Bewegung. Ungewöhnliche Verknüpfungen sind in dieser Phase besonders häufig. Während der bewussten Bearbeitung eines Problems verarbeitet man Informationen auf lineare, logische Weise, während in der Phase, in der die Gedanken „im Kopf herumschwirren", neue und unerwartete Kombinationen entstehen können.

3. **Die Einsichtsphase bzw. das „Aha-Erlebnis":** Die Teile des Puzzles ergeben plötzlich ein Ganzes. Eine Struktur wird erkannt.

4. **Bewertungsphase:** Handelt es sich um eine wertvolle und lohnende Einsicht? In dieser Phase sind Zweifel und Unsicherheit oft am größten. Hier gewinnen dann auch die ver-

---

[12] Dieses Modell geht zurück auf Beobachtungen des deutschen Physiologen und Physikers Hermann von Helmholtz (1884) und des französischen Mathematikers Henri Poincaré (1908). Graham Wallas hat diese Beobachtungen 1926 zu einer systematischen Theorie des kreativen Denkens zusammengefasst. Heute gelten die von Wallas eingeführten Stichworte als universelle Elemente, die während der Gedankenarbeit fast immer in ähnlicher Weise auftauchten.

innerlichten Kriterien der Domäne und die Meinung der Experten an Bedeutung. Es stellt sich die Frage, ob die Idee wirklich neu ist.

5. **Ausarbeitungsphase:** Sie erfordert die meiste Zeit und größte Anstrengung. (Edison: Kreativität besteht zu 1 % aus Inspiration und 99 % aus Transpiration).

| Problemstellung: | Kreativität:<br>Findung von Ideen und Lösungswegen: | | |
|---|---|---|---|
| neue Produkte<br>neue Prozesse<br>neue Märkte<br>Produktverbesserung<br>Prozessverbesserung<br>Markterweiterung | externe Quellen:<br>Fachliteratur und<br>Weiterbildung,<br>Vorschläge von<br>Kunden, Lieferanten,<br>Fach verbänden,<br>Beratungsdiensten u. Ä. | interne Quellen:<br>Expertenwissen,<br>Qualitätszirkel,<br>betriebliches<br>Vorschlagswesen,<br>Fachgespräche etc. | Kreativitätstechniken:<br>in Teamwork,<br>z. B. Brainstorming<br>oder Brainwriting<br>etc. |
| Quellen:<br>Fehler-, Problem-<br>und Risikoanalysen,<br>Qualitätsberichte, QKZ,<br>Paretoanalysen und<br>Marktanalysen<br>und -trends,<br>Auditergebnisse,<br>Kundenwünsche,<br>geänderte Normen<br>etc. | Sortieren, Zuordnen und Bewerten<br>der Ideen und Lösungsvorschläge | | |
| | Ausarbeitung von Lösungsalternativen | | |
| | Problemlösung: | | |
| | Entscheidung für die beste Alternative<br>z. B. mit Entscheidungsanalyse (EA) | | |
| **Ziel** | Ausführung der Maßnahmen | | |
| | Erfolgskontrolle der Problemlösung | | |

Schritte zur Kreativität und Ideenfindung

Neue Ideen, Lösungswege und alle Veränderungen haben natürliche und gesellschaftlich oder organisatorisch begründete Feinde:

**Tradition und Ordnung**

- Gewohnheit
- Betriebsblindheit (der Blick auf Neues wird durch einseitigen Denkansatz blockiert)
- Trägheit (Angst vor Veränderungen, Schwierigkeiten und zusätzlicher Arbeit)
- Routine (Angst vor Unruhe und Störungen im betrieblichen Ablauf)

**Vorurteile**

- Kritik und Abwertung ohne Prüfung
- Fehleinschätzungen (Traditionen oder mangelnde Erfahrung)
- Überheblichkeit der bewertenden Personen

**Stress und Zeitnot**

- keine Zeit zum „Spinnen" von Ideen
- keine Zeit zum Zuhören
- keine Zeit zum Prüfen von Ideen

### Bürokratie

- Zuständigkeit und Kompetenzen unklar oder zu starr
- zu lange Entscheidungswege

### Autoritäre oder streng hierarchische Führungsstrukturen

- Informationsmangel
- Motivationsmangel
- Angst der Mitarbeiter (vor Kompetenzüberschreitung)
- Blockade, Unterschlagung oder Aneignung der Ideen

Dies führt zu Kreativitätshemmnissen, die es zu vermeiden gilt:

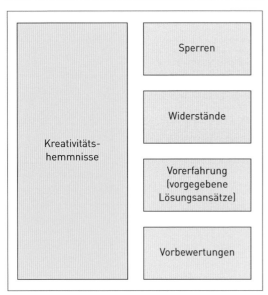

Kreativitätshemmnisse

### Kreativitätshemmnis „Sperren":

- Emotionale Sperren
  - Überaktivierung, zu starker Problemdruck
  - Desinteresse, zu geringer Problemdruck
  - Soziale Ängste
  - Neid
- Kognitive Sperren
  - Informationsmangel
  - Phantasie-Blockaden
  - Analytisch-logische Blockaden
  - Vorgegebene Lösungsansätze
- Ausdruckssperre
  - Unfähigkeit der sprachlichen Vermittlung einer Idee

### Kreativitätshemmnis „Widerstände":

- Widerstände sind (fast) normal, da Innovationen Änderungen bewirken, Routine stören, mit Umbruch verbunden sind usw. Hieraus folgt die Notwendigkeit zum Veränderungsmanagement (Changemanagement)
- Arten von Widerständen
  - Innerbetriebliche: Vorgesetzte, Kollegen, Mitarbeiter
  - Zwischenbetriebliche: Partner, Kunden, Lieferanten
  - Behörden und Prüfungsinstitutionen
- Wirkung
  - Verhindern
  - Verzögern
  - Verändern

### Kreativitätshemmnis „Vorerfahrung":

Vorangegangene Erfahrung kann sich nachteilig auf das Lösen späterer Probleme auswirken:

- Funktionale Fixierung
- Negativer Transfer

Beispiel „Fliegen": Lange bemühten sich Menschen vergeblich, den Vogelflug mit schlagenden Flügeln zu kopieren (funktionale Fixierung). Eine exakte Nachahmung des Vogelfluges, per Muskel- oder Maschinenkraft mit Schlagflügeln Vor- und Auftrieb zu erzeugen (negativer Transfer), führte zu keiner praktikablen technischen Lösung. Erst Otto Lilienthal entwickelte die ersten funktionierenden Fluggeräte, indem er sich bewusst auf den reinen Gleitflug konzentrierte.

### Kreativitätshemmnis „Vorbewertung":

Widerstände und Vorerfahrungen, aber auch ein bestimmtes Weltbild bzw. das ungeprüfte Unterstellen von (Kunden)-bedürfnissen kann zu einer negativen Vorbewertung führen.

> Die planmäßige oder spontane Kreativität lebt von vielen und
> vielfältigen Ideen, die zunächst frei und gleichberechtigt erdacht
> und aufgenommen und dann erst geordnet und bewertet werden.

Auf diesem Grundsatz basieren – so genannte Kreativitätstechniken, die aus dem kreativen Denkvermögen interdisziplinär zusammengesetzter Gruppen schöpfen. Brainstorming und Brainwriting sind die bekanntesten Techniken zur Ideenfindung, sie werden in verschiedenen Varianten angewendet. Beiden gemeinsam sind fünf Regeln der Kreativitätstechniken.

**Fünf Regeln der Kreativitätstechniken:**

1. Keine Kritik an einer Idee (einem Vorschlag)
2. Zuhören und jede Idee aufgreifen
3. Freies, spontanes „Spinnen"
4. Viele Ideen sammeln
5. Ideen zu übernehmen, zu ändern, weiterzuentwickeln, ist erlaubt

**Beim Brainstorming** notiert der Schreiber, gut sichtbar auf Tafel oder Flipchart, die von den Gruppenmitgliedern zugerufenen Ideen. **Jede Idee zählt** und wird fortlaufend nummeriert. Danach erfolgt die Zuordnung und Auswertung entsprechend der Aufgabenstellung. Bei einer Variante des Brainstorming schreiben die Mitglieder ihre Ideen auf Karten, die dann in ihrer zufälligen Reihenfolge an eine Pinnwand geheftet werden. Gleiche Ideen können ausgeschlossen oder in ihrer Häufung berücksichtigt werden.

**Beim Brainwriting** werden, als Kartenumlauf- oder Ideentopftechnik, von jedem Teammitglied die Ideen einzeln auf Karten notiert und diese Karten zur Anregung für neue Ideen an die anderen Mitglieder weitergegeben. Diese Ideensammlung wird nach Bereinigung der Doppelnennungen an eine Pinnwand geheftet. Dabei können sie nach Themen sortiert und beliebig oft, bis zur Stimmigkeit, umgesteckt werden. Mithilfe der so gewonnenen Ideen und Anregungen für Lösungswege können von Experten und/oder Teams Alternativen zur Problemlösung erarbeitet werden.

## 1.5.4 Qualifikation und Motivation der Mitarbeiter

Wie wichtig die angemessene Qualifikation der ausführenden Mitarbeiter in Bezug auf qualitäts- und sicherheitsrelevante Tätigkeiten ist, wurde schon in den bisher behandelten Abschnitten deutlich.

Zum Teil sind für bestimmte Tätigkeiten gesetzlich vorgeschriebene Qualifikationen erforderlich. Der Nachweis, dass das ausführende Personal diese Qualifikation hatte, muss im Haftungsfall noch nach bis zu 30 Jahren zu führen sein, um den Vorwurf der Fahrlässigkeit entkräften zu können.

Qualifikationen können erworben werden durch:

- berufliche Aus- und Weiterbildung (mit Zeugnissen und Zertifikaten),
- interne und externe Schulungen (mit Zertifikaten und Teilnahmebescheinigungen),
- Übung am Arbeitsplatz (ggf. mit Bestätigung durch Vorgesetzte),
- Einweisungen und Unterweisungen (ggf. mit Bestätigung durch Unterweiser und Unterwiesenen).

> Qualifikationsnachweise sollten/müssen in der Personalakte geführt werden.

Die Qualifikation alleine reicht zur Qualitätsfähigkeit menschlicher Tätigkeiten nicht aus, es gehört auch immer die **Motivation der Mitarbeiter** dazu.

| | | |
|---|---|---|
| Leistung | = | Können + Wollen |
| Können | = | Fähigkeiten + Fertigkeiten<br>(Qualifikation + Eignung + Weiterbildung + Übung) |
| Wollen | = | Motivation<br>Identifikation mit der Tätigkeit und dem Produkt;<br>Qualität gehört in jeden Kopf |

Die Motivation wird durch das Betriebsklima und den Führungsstil maßgebend beeinflusst. Motivation wird z. B. gestört durch:

- Über- oder Unterforderung,
- Unklarheit über Sinn der Aufgabe,
- schlechte Arbeitsbedingungen,
- schlechte Arbeitsorganisation,
- schlechte (ungerechte) Arbeitsentlohnung,
- private Schwierigkeiten,
- Schwierigkeiten mit Kollegen/Vorgesetzten,
- fehlende/ungenügende Anerkennung,
- ungerechte oder falsch angebrachte Kritik,
- fehlende Aussicht auf Beförderung.

Motivationsfördernd wirken z. B.:

- Vertrauen, Fairness, Ermutigung, Offenheit,
- Beratung, Unterrichtung, Schulung, Weiterbildung,
- Nutzung des Fähigkeitspotenzials,
- Anerkennung der Leistungen (ohne übertriebenes Lob),
- gerechte Entlohnung,
- Einräumung von Entscheidungsfreiheiten/Befugnissen (im Rahmen der Fähigkeit),
- Förderung des Mitdenkens (z. B. in Qualitätszirkeln),
- zuhörende Vorgesetzte (aktives Zuhören),
- konstruktive Kritik unter vier Augen, kein Tadel vor Kollegen,
- beispielgebende Vorgesetzte.

Für alle Mitarbeiter ist zur Motivation und Mitarbeit in Bezug auf Qualitätssicherung das Wichtigste die:

| |
|---|
| Information über Ziele, Entscheidungen und Ergebnisse. |

Dies muss in einer für den Mitarbeiter verständlichen Art und Weise kommuniziert werden und so dargeboten werden, dass der Mitarbeiter die Information gerne aufnimmt.

Für leitende Mitarbeiter ist nicht nur bezüglich der Motivation, sondern auch wegen der Haftpflicht wichtig:

> Zuständigkeiten, Verantwortung und Befugnisse
> müssen klar und eindeutig festgelegt sein.

# 1.5.5 Qualitätszirkel

Zum Erkennen von Fehlerursachen und Schwachstellen (eines der erklärten Ziele des Qualitätsmanagements) ist die Erfahrung und Hilfe der Mitarbeiter vor Ort von entscheidender Bedeutung.

In vielen Unternehmen hat sich die Einführung von Qualitätszirkeln zur Motivationssteigerung der Mitarbeiter und zur besseren Information der Vorgesetzten bewährt.

Hier werden, im Kreis der Produktionsmitarbeiter und Vorarbeiter, ggf. mit Meister oder unter Leitung des zuständigen Qualitätsverantwortlichen, gleichberechtigt die anstehenden Qualitätsprobleme besprochen und Verbesserungsvorschläge und -maßnahmen erarbeitet.

> Qualitätszirkel arbeiten besonders dann erfolgreich, wenn
> die Verbesserungsmaßnahmen direkt umgesetzt werden können.

In Montagebetrieben, speziell bei Gruppenmontage, wo mehrere Mitarbeiter abwechselnd oder gemeinsam eine Reihe von Arbeitsschritten ausführen, können diese die Schwachstellen sehr gut erkennen und oft auch direkt oder mit geringem Aufwand abstellen.

> Nichts ist motivierender als das Erfolgserlebnis!

Wo Licht ist, ist auch Schatten. Qualitätszirkel sind leider nicht immer und überall erfolgreich. Wenn die erarbeiteten Verbesserungsvorschläge nicht umgesetzt werden können, ist es oft schwer, die Nichtausführung für die Werker einsichtig darzustellen.

Darin steckt eine große Gefahr, denn:

> Nichts ist demotivierender als ein ignorierter Vorschlag zur Verbesserung!

Wenn aufgrund der Unternehmens-, Prozess- oder Produktionsbedingungen die Gefahr besteht, dass die Verbesserungsvorschläge dieser Qualitätszirkel nicht ausgeführt werden können, sollte besser auf diese Methode verzichtet und andere Wege der Informationsgewinnung und -verarbeitung beschritten werden.

In solchen Fällen haben sich auch Einzelgespräche der Meister mit den Werkern als Informationsquelle bewährt. Diese Informationen können dann in Qualitätszirkeln auf höherer Ebene, den „Qualitätsteams", ausgewertet werden.

1. Welche Haupteinflussfaktoren bestimmen die Erzielung der Qualität eines Produktes?
2. Erläutern Sie Kreativitätshemmnisse.
3. Welche Faktoren fördern bzw. zerstören die Motivation von Mitarbeitern?

# 1.6 Qualitätskosten

Qualität, Zuverlässigkeit und Wirtschaftlichkeit sind gleichermaßen die Voraussetzungen für den Markterfolg eines Unternehmens.

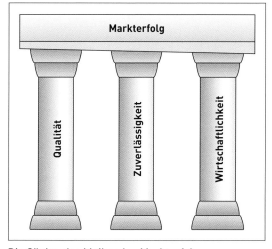

Die Säulen des bleibenden Markterfolges

Dabei zwingt der weltweit wachsende Konkurrenzdruck dazu, Qualität und Zuverlässigkeit so kostengünstig zu erzeugen, dass sie nicht nur wirtschaftlich sind, sondern dass durch die Optimierung aller Prozesse möglichst noch zusätzliche Einsparungen erreicht werden.

Die Vorteile, die die deutsche Industrie noch vor 30 Jahren in die Waagschale werfen konnte – bessere Ausbildung, Zuverlässigkeit und Fleiß der Mitarbeiter auf allen Ebenen – haben sich durch steigende Technisierung und Automation in der Fertigung, aber auch durch den gestiegenen Lebensstandard und die damit verbundenen Personalkosten aufgezehrt.

> Wer heute und morgen den Markterfolg erhalten will, muss Qualitätsmanagement unter zunehmender Selbstverpflichtung des Managements und Einbeziehung aller Mitarbeiter betreiben.
> Qualität muss von Beginn an erzeugt werden, das „Erprüfen" der Qualität am Endprodukt ist wirtschaftlich unsinnig.

Das Weiterverarbeiten von fehlerhaften Produkten oder mit fehlerhaften Unterlagen (Zeichnungen) und Werkzeugen bedeutet bei steigendem Veredelungsgrad einen steiler werdenden Anstieg der dadurch verursachten Kosten.

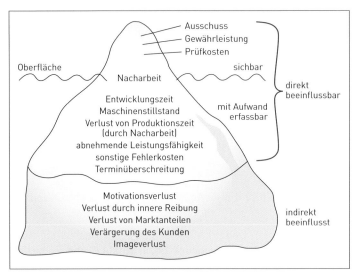

**Eisbergmodell der Qualitätskosten**

Fehler werden zumeist in einer früheren Phase der Entwicklung oder auch zum Beginn der Produktion festgelegt. Hier wären Sie noch schnell und vor allem kostengünstig zu beheben gewesen. Entdeckt werden sie aber häufig erst später, die Behebung ist nun mit höheren Kosten verbunden (vgl. Kap. 1.3.2).

*Beispiel*

„Elch-Test" bei der Mercedes A-Klasse:
Die fertig entwickelte Mercedes A-Klasse wurde 1997 dem Markt vorgestellt. Es handelte sich um einen der ersten Pkws mit erhöhter Sitzposition und damit erhöhtem Schwerpunkt. Wenige Tage nach der Vorstellung führte eine schwedische Automobilzeitschrift den nicht genormten Doppelspurwechseltest (auch „Elch-Test") durch. Dabei kippte die A-Klasse um. Der Imageverlust für den Stuttgarter Hersteller war groß. Die Auslieferung wurde für zwölf Wochen eingestellt, investiert wurden 150 Millionen Euro für eine Überarbeitung und den serienmäßigen Einbau von ESP.

Die Entwicklung eines elektronischen Bauteils für ein Automobil kann ggf. sehr schnell erfolgen. Eventuelle Fehler werden hier bereits festgelegt. Eine Überprüfung der Funktionsfähigkeit erfolgt jedoch oft per Simulation statt in realen Tests unter den unterschiedlichsten Umgebungsbedingungen (Kälte, Hitze, Feuchtigkeit, Verschmutzung, Alterung, etc.). Gründe hierfür sind neben den Kosten auch der zeitliche Aspekt.

Sind erst einmal Fahrzeuge ausgeliefert, müssen beim Auftreten eines kritischen Fehlers alle bereits ausgelieferten Fahrzeuge repariert werden, ggf. durch eine Rückrufaktion. Die hierbei entstehenden Kosten übertreffen die Kosten eines Tests in der Entwicklungsphase um ein Vielfaches, die Negativwirkung auf das Image des Herstellers kommt durch ggf. sinkende Absatzzahlen hinzu.

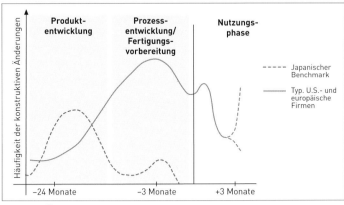

Weniger Änderungen spart Kosten, Vergleich Japan – USA

Dies spricht eigentlich dafür, mehr Zeit für die Entwicklungs- und Planungsphase zu verwenden.

### Der größte Feind der Qualität ist die Eile.

*(Henry Ford)*

Leider ist aber genau das Umgekehrte zu beobachten: Aus Gründen des Wettbewerbs ist es immer notwendiger, ein neues, innovatives Produkt möglichst schnell auf den Markt zu bringen (**Time-to-market**). Ein schneller Markteintritt ist darüber hinaus auch deswegen geboten, weil der Schutz geistigen Eigentums (z. B. durch Patente) schwieriger wird und einige Marktteilnehmer versuchen, diesen komplett zu umgehen. Das Abschöpfen des Gewinns, solange es möglich ist, ist geboten (**Skimming Strategie**).

Fehlerentstehung und -behebung im Produktlebenslauf

Die Qualitätskosten unterteilen sich nach DIN 55350 in:

- Fehlerverhütungskosten
- Fehlerkosten (intern und extern)
- Prüfkosten

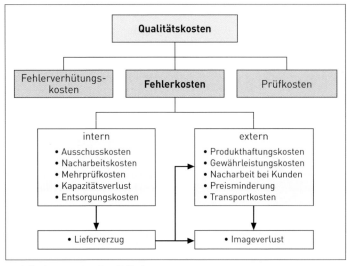

**Aufgliederung der Qualitätskosten**

Mit besser werdender Qualität sinken zwar die Fehlerkosten, der Aufwand für Fehlerverhütung und Prüfung steigt jedoch. Im Sinne einer wirtschaftlichen Fertigung, aber auch in Absprache mit dem internen bzw. externen Kunden sowie in Übereinstimmung mit den Qualitätszielen (vgl. Kap. 2) ist hier das Optimum zu suchen.

Einige Kostenarten lassen sich direkt dem Produkt bzw. dem Prozess zuordnen, z.B. Ausschuss und Nacharbeit. Dies vereinfacht die Begründung des erforderlichen Korrekturaufwands.

Bei anderen Kostenarten, z.B. Fehlerverhütungskosten, ist eine Zuordnung schwieriger. Was rechtfertigt den Aufwand für die Verhütung von Fehlern, die ggf. gar nicht auftreten? Ist die Fehlerverhütung tatsächlich dafür verantwortlich – oder kann sie auch entfallen? Tritt ein Imageverlust tatsächlich auf und wenn ja, mit welchen finanziellen Folgen? In Zeiten der finanziellen Optimierung müssen QM-Verantwortliche belastbare Antworten darauf finden.

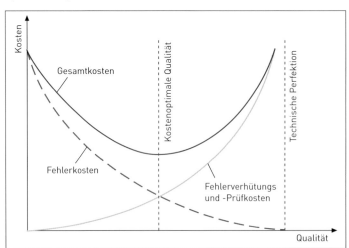

**Kostenoptimale Qualität[13]**

Kostenoptimale Qualität erlaubt Fehler. Dies ist eigentlich nicht im Sinne des Qualitätsmanagements und wirft Fragen bezüglich der Kundenorientierung und der Haftung auf. Zudem wird dieser Umstand selten öffentlich kommuniziert. Neben rechtlichen Fragen entsteht dabei auch ein Werteproblem.

---

[13] Quelle: Schönhart Rudolf: Erfassung und Auswertung qualitätsbezogener Kosten, Graz 2001 [13]

# 1.6.1 Fehlerkosten

Fehlerkosten senken durch frühzeitiges Erkennen und Vermeiden der Fehlerursachen ist ein wesentliches Ziel des Qualitätsmanagements und dringende Voraussetzung für eine wirtschaftliche Fertigung. Gemeinhin wird angenommen, dass sich die Kosten durch Fehler nach jeder Phase, in der sie nicht entdeckt werden, verzehnfachen.

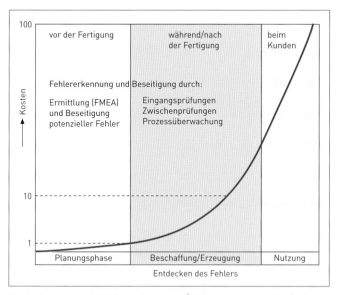

**Fehlerkosten und Fehlererkennung (Zehnerregel der Fehlerkosten)**

> Fehlerkosten sind die Kosten, die direkt oder indirekt durch Fehler verursacht werden.

> Je später ein Fehler entdeckt wird, desto größer werden die Kosten, die er verursacht.

Neben Prüfungen stehen Analyseverfahren zum frühzeitigen Erkennen von Fehlern, schon bei der Konstruktion oder möglichst früh im Fertigungsprozess, zur Verfügung. Hauptvertreter ist die FMEA nach DIN EN 60812: 2006 (früher DIN 25448; neuer Entwurf: DIN EN 60812: 2015).

Beide Analysemethoden basieren im Prinzip auf:

- Aufgliederung des Prozesses in einzelne Schritte,
- Aufstellung aller denkbaren Fehler in jedem Prozessschritt,
- Abschätzen der Häufigkeit des Auftretens, der Auswirkung und der Erkennbarkeit für jeden Fehler.

Das Produkt der abgeschätzten Risikofaktoren ergibt die Risikoprioritätszahl (RPZ) und zeigt auf, welche Fehler unbedingt vermieden werden müssen und welche im Rahmen des unternehmerischen Risikos getragen werden können (vgl. Kap. 4.4.2).

Weitere Erkenntnisse über systematische Fehlerursachen erschließen sich durch die Pareto-Analyse (vgl. Kap. 4.1.6).

# 1.6.2 Prüfkosten

Alle Aufwendungen, die für die Qualitätsprüfung im Wareneingang, in Zwischenprüfungen und bei der Endabnahme erforderlich sind, werden als Prüfkosten bezeichnet. Dazu gehören:

- Personalkosten der Prüfer
- Inventarkosten für Prüfmittel
- Betriebskosten der Prüfbetriebe (Labor) und ggf. Zwischenlager
- Kosten für Prüfmittelüberwachung und -wartung
- ggf. Kosten für Produktionsunterbrechung
- Kosten für bei Tests zerstörte Produkte
- Kosten für externe Prüfungen
- die Kosten für Erstmuster- und Zulassungsprüfungen (werden in der Regel als Entwicklungskosten betrachtet)

> Prüfkosten sind unvermeidlich, aber reduzierbar.

Aus ökonomischen Gründen müssen die Prüfkosten niedrig gehalten werden, ohne die Zuverlässigkeit der Qualität zu vermindern.

Dies kann erreicht werden durch:

- Prozessoptimierung mit Prozessfähigkeit (Cp),
- Stichprobensysteme (statistisch abgesichert),
- Qualitätsregelung und Prozessüberwachung (QRK, SPC),
- Automation (prozessintegrierte Prüfung, CAQ),
- Selbstprüfung (Prüfung durch den Werker),
- Regelung von Abnahmebedingungen (AQL).

Der erforderliche Prüfumfang und -aufwand hängt im Wesentlichen von der Prozessfähigkeit (Cp) ab.

> Wenn die Qualitätsfähigkeit des Prozesses nachgewiesen ist,
> muss nur noch seine Stabilität nachgewiesen werden.
> Die Prüfung einzelner Qualitätsmerkmale wird dann unnötig.

Alle diese Maßnahmen zielen darauf hin, dass die Qualitätsprüfung durch „unproduktive" Spezialisten weitgehend abgebaut und durch die Kontrolle fähiger Prozesse in die Produktion verlagert wird.

Auch wenn in diesem Abschnitt von Kosten die Rede ist, soll doch der Vorteil der Prozessfähigkeit erwähnt werden:

> Die Qualitätsfähigkeit des Prozesses trägt viel mehr zur Zuverlässigkeit
> der Produktqualität bei als die Prüfung der Qualitätsmerkmale.

# 1.6.3 Fehlerverhütungskosten

> Nur nicht vorhandene Fehler verursachen keine Fehlerkosten.

Alle Kosten für Maßnahmen, die das Entstehen von Fehlern vermeiden und das Beseitigen von Fehlerursachen zum Ziel haben, werden als Fehlerverhütungskosten bezeichnet.

Fehlerverhütungsmaßnahmen sind z. B.:

- Aufbau und Erfüllung des QM-Systems,
- Kontinuierliche Verbesserung (KVP), Kaizen,
- Durchführung von Korrektur- und Vorbeugungsmaßnahmen,
- Prozessoptimierung,
- Werkstoffoptimierung,
- Lieferantenauswahl/-überwachung/-auditierung,
- Personalschulung,
- Motivation aller Mitarbeiter (z. B. durch TQM).

> Fehlerverhütungskosten sind Investitionen, die sich durch
> Verminderung der Fehler- und Prüfkosten amortisieren sollen.

*Anmerkung:*

Bei Investitionen im Zusammenhang mit Prozessoptimierung ist der Anteil der Fehlerverhütungskosten nicht immer eindeutig zu berechnen, wenn gleichzeitig Kapazitätserhöhungen und Forderungen zur Toleranzeinengung erfüllt werden.

> Die Fehlerverhütung ( = Beseitigung von Fehlerursachen) ist die zentrale
> Voraussetzung zur Erfüllung  aller übrigen Ziele des Qualitätsmanagements
> und hat demnach im QM-System einen herausragenden Stellenwert.

Die regelmäßige Analyse der Qualitätskosten, mit Ermittlung von Qualitätskennzahlen (QKZ), ist ein probates Mittel zur transparenten Darstellung des wirtschaftlichen Erfolgs und der Erhöhung der Zuverlässigkeit durch Fehlerverhütungsmaßnahmen.

Die Amortisation der Fehlerverhütungskosten (Vertrauen des Kunden – Image – gewinnen und bewahren) ist meist nicht exakt darzustellen und lässt sich besser in seiner Umkehrung ausdrücken:

> Wer nicht in Fehlerverhütung investiert, verliert die wirtschaftliche
> Basis des Unternehmens und das Vertrauen des Kunden.

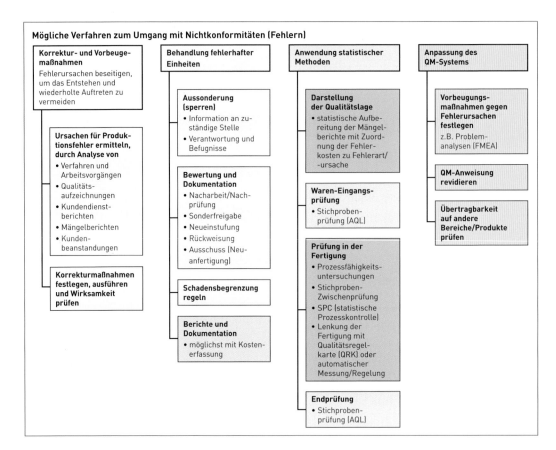

**Mögliche Verfahren zum Umgang mit Nichtkonformitäten (Fehlern)**

**Korrektur- und Vorbeuge-maßnahmen**
Fehlerursachen beseitigen, um das Entstehen und wiederholte Auftreten zu vermeiden

**Ursachen für Produktionsfehler ermitteln, durch Analyse von**
- Verfahren und Arbeitsvorgängen
- Qualitätsaufzeichnungen
- Kundendienstberichten
- Mängelberichten
- Kundenbeanstandungen

**Korrekturmaßnahmen festlegen, ausführen und Wirksamkeit prüfen**

**Behandlung fehlerhafter Einheiten**

**Aussonderung (sperren)**
- Information an zuständige Stelle
- Verantwortung und Befugnisse

**Bewertung und Dokumentation**
- Nacharbeit/Nachprüfung
- Sonderfreigabe
- Neueinstufung
- Rückweisung
- Ausschuss (Neuanfertigung)

**Schadensbegrenzung regeln**

**Berichte und Dokumentation**
- möglichst mit Kostenerfassung

**Anwendung statistischer Methoden**

**Darstellung der Qualitätslage**
- statistische Aufbereitung der Mängelberichte mit Zuordnung der Fehlerkosten zu Fehlerart/-ursache

**Waren-Eingangsprüfung**
- Stichprobenprüfung (AQL)

**Prüfung in der Fertigung**
- Prozessfähigkeitsuntersuchungen
- Stichproben-Zwischenprüfung
- SPC (statistische Prozesskontrolle)
- Lenkung der Fertigung mit Qualitätsregelkarte (QRK) oder automatischer Messung/Regelung

**Endprüfung**
- Stichprobenprüfung (AQL)

**Anpassung des QM-Systems**

**Vorbeugungsmaßnahmen gegen Fehlerursachen festlegen**
z.B. Problemanalysen (FMEA)

**QM-Anweisung revidieren**

**Übertragbarkeit auf andere Bereiche/Produkte prüfen**

**Aufgaben**

1. Welche Kostenarten zählen zu den Qualitätskosten?
2. Wie können Prüfkosten reduziert werden?
3. Wie werden Fehlerkosten reduziert?
4. Warum ist das „Vertuschen" von Fehlern besonders riskant?
5. Warum ist es wichtig, speziell in frühen Phasen der Produktentstehung (z. B. in der Entwicklung) einen besonders hohen Prüfaufwand zu treiben?
6. Die Produktionskosten sollen optimiert werden. Warum ist es einfacher, Aktionen gegen Nacharbeit zu begründen als Aufwand für die Fehlerverhütung?
7. Sie produzieren mit „kostenoptimaler Qualität". Warum ist diese in ihrer Begründung ggf. schwierig?

# 1.7 Total Quality Management (TQM)

## 1.7.1 Grundlagen TQM

Die DIN EN ISO 9000 ff. beschreiben als Qualitätssicherungsnormen die Minimalforderungen, mit denen ein Lieferant seine Fähigkeit zur Erzeugung der geforderten Qualität seiner Produkte darlegt. In DIN EN ISO 9004: 2018 (Qualitätsmanagement – Qualität einer Organisation – Leitfaden zum Erreichen nachhaltigen Erfolgs) wird zwar das Interesse von Lieferant und Kunde an der Wirtschaftlichkeit der Produkterzeugung herausgestellt, die Schwerpunkte liegen jedoch überwiegend im Management.

> Die Erfüllung der QM-Forderungen und Kundenwünsche
> ist zur Selbstverständlichkeit geworden.
> Die Erfüllung der Qualitätsmanagementdarlegung (nach ISO 9000 ff.)
> wird vom Markt allgemein gefordert.
> Die strategische Planung zur Qualitätsverbesserung und Produktivitätssteigerung
> ist eine wichtige Voraussetzung für den anhaltenden Markterfolg.

Total Quality Management (TQM) bedeutet eine über die ISO 9000 weit hinausgehende, vollkommene Ausrichtung aller Unternehmensaktivitäten auf Qualität.

Dies wird vor allem durch eine höhere Mitarbeiterorientierung erreicht: Das bei den Mitarbeitern vorhandene Potenzial an Leistungsbereitschaft soll freigesetzt werden und die Mitarbeiter sollen motiviert werden, für den Produktionsprozess und für die Qualität der Produkte Mitverantwortung zu übernehmen.

Damit ist TQM eher eine Führungsmethode bzw. **Führungsphilosophie.**

> **Totales (umfassendes) Qualitätsmanagement (TQM)** ist eine „auf der Mitwirkung aller Ihrer Mitglieder beruhende Führungsmethode einer Organisation, die Qualität in den Mittelpunkt stellt und durch die Zufriedenheit der Kunden langfristigen Geschäftserfolg sowie auf Nutzen für die Mitglieder der Organisation und für die Gesellschaft zielt."
>
> *Definition TQM nach DIN ISO 8402: 1995*[14]

Hierbei gibt es, im Gegensatz zur Norm DIN EN ISO 9000, keine direkten Vorgaben, sondern Qualität wird zum Merkmal des Verhaltens eines jeden Mitarbeiters und damit der gesamten Unternehmenskultur. TQM basiert dabei auf fünf Säulen:

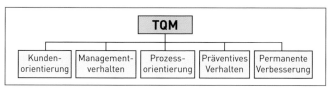

**Säulen des TQM**

TQM hat das übergreifende Qualitätsdenken zum Inhalt, mit dem Ziel:

- zufriedene Kunden bei
- wirtschaftlich guten Ergebnissen.

Dabei wird davon ausgegangen, dass der anhaltende wirtschaftliche Erfolg, also die Verzinsung des Kapitals (Return on Investment), langfristig nur gesichert werden kann, wenn am Anfang jeden Prozesses die Verbesserung der Qualität steht.

Kostenreduzierungsprogramme, die nicht von der Qualitätsverbesserung ausgehen, sind nur kurzfristig wirksam, weil sie weder den Dienst am Kunden berücksichtigen noch zur Motivation der Mitarbeiter beitragen.

> Eine langfristige Wirksamkeit strategischer Maßnahmen ist nur dann
> zu erreichen, wenn alle Organisations- und Produktionseinheiten zur
> Verbesserung des Gesamtprozesses einbezogen werden.

---

[14] Zur besseren Verständlichkeit sei hier die bereits zurückgezogene Norm zitiert.

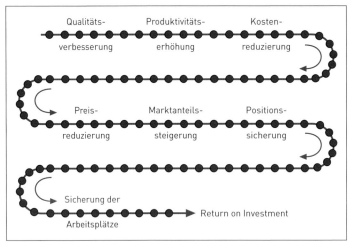

Denkmodell des TQM (nach E. Deming) als Deming'sche Kette

Die Kette ist als Darstellung für das TQM-Prinzip besonders gut gewählt, weil das schwächste Glied einer Kette ihre Stärke bestimmt. Sie macht deutlich:

> Qualität, Produktivität und Kosteneffektivität sind gleichberechtigte, untrennbar verbundene Faktoren.
> Nur reibungsloses Zusammenwirken und ständige Verbesserung aller Faktoren hat in dynamischen Märkten Erfolg.

Die Marktforderungen ändern sich zu steigendem Qualitätsniveau und sinkenden Preisen dynamisch. Mittels Marktanalysen und strategischen Gesamtkonzepten sollte möglichst vorbeugend reagiert werden.

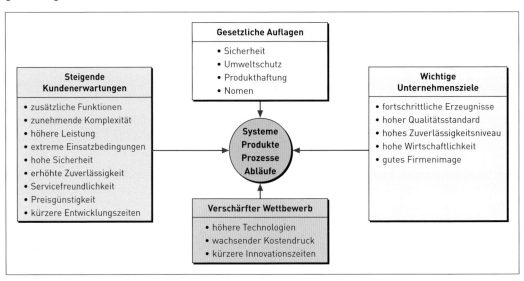

Ursachen für steigende Qualitätsforderungen und Preissenkungen

Es wird viel diskutiert, ob TQM richtig ist und der Qualität ein überhöhter Stellenwert zusteht. Die ganze Diskussion, wer oder was das Erste und Wichtigste ist, ist absolut überflüssig. Für jeden Fachbereich gilt: „Ohne uns läuft nichts!", denn:

> Qualitätsverbesserung im TQM bezieht sich nicht allein auf die Qualität des Produktes, sondern auf den gesamten Entstehungsprozess mit Aufbau- und Ablauforganisation, den Produktionsmitteln, dem Personal und dem Markt, den Kunden

Damit ist auch die Frage nach dem Gegensatz von TQM und ISO 9000 hinfällig. Die überwiegend operativen Forderungen und Maßnahmen der ISO 9000 sind Voraussetzung für das TQM und werden mit vorwiegend strategischen Maßnahmen ergänzt.

Die wichtigsten Ziele und Aktivitäten des TQM:

- Kundenzufriedenheit
- Qualität beginnt im Kopf
- Alle „Glieder" informieren und aktivieren
- Erwartungen des Unternehmens und der Mitarbeiter erfüllen
- Ständige Verbesserung der eigenen Arbeit
- Ziele setzen und verwirklichen
- Ergebnisse sichern
- Wettbewerbsfähigkeit sichern
- Schutz der Umwelt sichern

## 1.7.2 EFQM-Modell

Gute Unternehmen orientieren sich an der Spitzenleistung (**Business Excellence**). Wer (freiwillig) über die Mindestanforderungen der ISO 9000 ff. hinaus sein Qualitätsmanagementsystem weiter entwickeln möchte, kann sich im Rahmen des TQM z. B. am **EFQM-Modell** (Modell der European Foundation for Quality Management) orientieren.

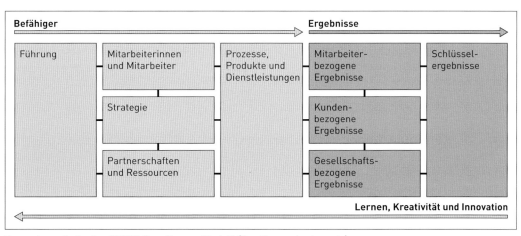

Bewertungskriterien EFQM-Excellence-Modell (Quelle: nach efqm.de)

Das EFQM-Modell steht als Unternehmensmodell für Business Excellence. Ähnlich wie in der ISO 9000 werden, quasi als Blick zurück, die vom Unternehmen erreichten Ergebnisse betrachtet, darüber hinaus wird aber auch überlegt, was ein Unternehmen in Zukunft befähigt ‚Spitzenleistung zu erreichen.

Während die Norm DIN EN ISO 9000 ff. als **„Gut Genug"-Modell** beschrieben werden kann, beschreibt der TQM-Ansatz eine **„Immer-Besser-Werden"** Philosophie.

Die Abbildung Seite 61 zeigt die Erweiterungen des EFQM-Modells gegenüber den Mindestanforderungen nach DIN EN ISO 9001: Im Bezug auf Prozesse sind die Anforderungen fast deckungsgleich, in allen weiteren Bereichen geht das EFQM-Modell wesentlich weiter. Neu hinzu treten Anforderungen an die Mitarbeiterzufriedenheit sowie die Verantwortung eines Unternehmens gegenüber der Gesellschaft.

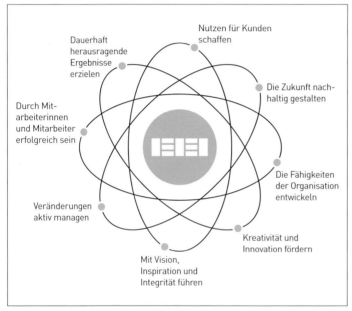

Grundkonzepte der Excellence[15]

Eine Zertifizierung, wie bei der ISO 9000 ff., gibt es im EFQM-Modell nicht, wohl eine Selbstbewertung. Dabei wird auch nicht in vorhanden/nicht-vorhanden bewertet, sondern es wird in der Selbstbewertung ein mit Punkten bemessener Erfüllungsgrad der entsprechenden Kriterien definiert.

Im Sinne des Vergleichs mit den führenden Teilnehmern am Markt (**Benchmarking, Best in Class**), wurden TQM Qualitätspreise ausgeschrieben. Die bekanntesten Qualitätspreise sind der **Deming-Preis,** der in Japan verliehen wird, und in den USA der **„Malcolm Baldrige National Quality Award"** (MBNQA).

Der MBNQA wird seit 1987 jährlich vom amerikanischen Präsidenten persönlich übergeben. Dies zeigt den hohen Stellenwert, den Qualitätsinitiativen dort haben. In Deutschland wird vergleichbar jährlich der **Ludwig-Erhard-Preis** verliehen, der allerdings bezüglich seiner gesellschaftliche Wahrnehmung nicht mit dem MBNQA mithalten kann.

## 1.7.3 Kontinuierlicher Verbesserungsprozess (KVP) und Kaizen

In einer globalisierten Wirtschaft kann ein Unternehmen nicht stillstehen, allzu schnell würde es der Wettbewerb einholen und überholen. Eine ständige Verbesserung der Produkte sowie eine Erhöhung der Produktivität (Verbesserung der Prozesse), d. h. **technischer Fortschritt** plus **wirtschaftliche Anpassung** sind geboten.

---

[15] nach: efqm.de[14]

Grundsätzlich gibt es drei verschiedene Möglichkeiten der Verbesserung:

- **Standardisierung**
  Bei **Prozessen** kommt es zunächst darauf an, den wirksamsten (besten) Ablauf zu finden und diesen dann allgemeingültig einzuführen. Dies vermindert die Streuung und erhöht die Produktivität.
  Bei **Produkten** führt eine Standardisierung von Baugruppen bzw. Bauteilen zu einer Optimierung von Lagerhaltung, Logistik, Qualifikationsanforderungen u. Ä.

- **Kontinuierliche Verbesserung**
  Verbesserung in kleinen Schritten. Die Summe der kleinen Schritte hat dann großen Effekt. Gängige Verfahren im Bereich der Prozessverbesserung sind „**Kaizen**" oder „**KVP**".

- **Sprunghafte Verbesserung**
  Einsatz eines komplett neuen Verfahrens, einer neuen Maschine etc.
  Gängige Verfahren sind „**Innovation**" oder „**Kaikaku**" (siehe auch Kap. 1.5.2).

*Beispiele:*

Bei der Markteinführung eines neuen Autos (Innovation) gelten die ersten ausgelieferten Fahrzeuge gemeinhin als noch störanfällig. Ein Grund hierfür ist die Streuung der Eigenschaften von (neuen) Bauteilen durch (neue) Produktionsverfahren. Dies versucht man durch Standardisierung der Prozesse in den Griff zu bekommen. Anschließend werden über die Produktlebensdauer immer wieder kleinere Verbesserungen durchgeführt. Nach fünf bis zehn Jahren ist eine neue Fahrzeuggeneration (nächster Innovationszyklus) erforderlich.

Besitzer alter Fahrzeuge versuchen häufig durch kontinuierliche Verbesserungen (Nachrüsten mit Abgasreinigung, neue Lackierung, Einbau eines Navigationssystems etc.) ihr Auto dem Stand der Technik anzupassen und dessen Wert zu erhalten. Dies ist gemeinhin preiswerter als der Kauf eines Neuwagens. Letztlich wird dieses Altfahrzeug aber nicht den technischen Stand eines gerade neu auf den Markt gekommenen Kfz bekommen, irgendwann ist die Investition in neuste Technik geboten.

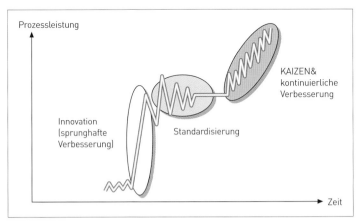

Zusammenhang von kontinuierlicher Verbesserung, Standardisierung und Innovation

Innovation und die Verfahren der kontinuierlichen Verbesserung, KVP und Kaizen, werden in der Literatur oft als Gegensätze dargestellt. Man sollte sie aber besser als sich gegenseitig ergänzende Aktivitäten und Wege zum technischen Fortschritt ansehen.

Während Innovation dabei vorwiegend generalistisch technologie- und funktionsorientiert ist, stellen KVP und Kaizen den Menschen (als Mitarbeiter und Verbraucher) und die Details in den Mittelpunkt.

# 1.7.3.1 Kaizen

Mitarbeiter wissen häufig besser über Ihr persönliches Arbeitsumfeld Bescheid als Führungskräfte, die räumlich, aber auch bezüglich Qualifikation und ggf. Denkungsweise entfernter sind. Kaizen und KVP sind Werkzeuge des Ideenmanagements und des Vorschlagswesens und möchten genau diese Ideen der direkt betroffenen Mitarbeiter nutzen.

Das japanische Kaizen ist geprägt von der asiatischen, besser buddhistischen „Suche nach Vollkommenheit".

Das Kaizen-Konzept entstand, so vermutet man, vor dem Hintergrund einer wirtschaftlichen Krise im japanischen Automobilkonzern Toyota in den 1950er Jahren. **Kai (jap.: Veränderung) und Zen (jap.: gut, zum besseren)** beschreiben zunächst eine japanische Philosophie der **„ständigen Veränderung" in vielen kleinen Schritten,** die zu einer japanischen Lebenseinstellung geworden ist.

Gerade in Japan hat durch die, im Kaizen ihren Ausdruck findende, immer wiederkehrende Hinterfragung von Produktauslegungen, Fertigungsverfahren und organisatorischen Abläufen ein sehr hohes Qualitätsniveau erreicht. Das japanische Wort „Kaizen" hat seinen Eingang in die deutsche und englische Sprache gefunden.

> Kaizen bedeutet umfassende, ständig wiederholte Überprüfung und schrittweise Anpassung und Verbesserung von Produkt, Prozess, Organisation und Personal. Viele kleine Schritte führen zum Ziel der Vollkommenheit.

Kaizen steht zunächst für Ordnung, Sauberkeit und Disziplin (japanisch als fünf S bezeichnet) vom Mitarbeiter und am Arbeitsplatz im Vordergrund:

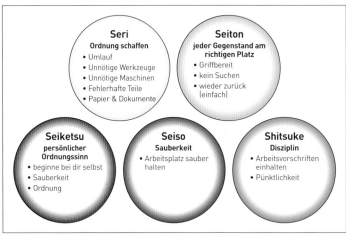

- Seiri (Strukturieren, d. h. Aussortieren)
- Seiton (Systematisierung, d. h. Ordnung schaffen)
- Seisō (Reinigung, d. h. Sinn für Sauberkeit)
- Seiketsu (Standardisierung, d. h. Standards setzen)
- Shitsuke (Selbstdisziplin, d. h. Disziplin halten)

5 S

Daneben beinhaltet Kaizen mehrere Werkzeuge, die den Mitarbeitern helfen sollen, Verbesserungspotenzial aufzuspüren:

### Die Drei-Mu-Checkliste

Die „drei Dämonen" Muda, Muri und Mura gelten als negativ, also zu vermeiden. Sie sind jeweils auf Mitarbeiter, die verwendete Technik, die Arbeitsmethode sowie die Zeit anzuwenden.

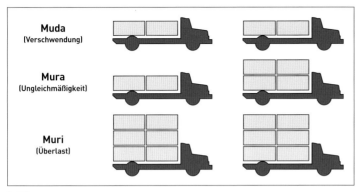

- *Muda*
  (Verschwendung,
  siehe die 7 Formen
  der Verschwendung)

- *Mura*
  (Unregelmäßigkeit
  der Prozesse)

- *Muri*
  (Überlastung der
  Mitarbeiter und
  Maschinen)

3 Dämonen

### Die 7 Formen (Ohno) der Verschwendung (Muda)

Verschwendung passiert durch:

- *Überproduktion*

- *Bestände*

- *Transport, Verpackung*

- *Wartezeiten*

- *Herstellungsprozess* (Overengineering, Overprocessing)

- *unnötige Bewegung*

- *auftretende Fehler*

  Unterschieden wird zusätzlich:

  *Muda Typ 1*
  *alle Tätigkeiten in der Prozesskette, die aus Sicht des Kunden nicht zum Wert des Produktes bei-
  tragen, die aber aufgrund der gegenwärtig angewandten Technologie/Logistik erforderlich sind
  und daher nicht sofort beseitigt werden können.*

  *Muda Typ 2*
  *sind alle Tätigkeiten in der Prozesskette, die aus Sicht des Kunden nicht zum Wert des Produktes
  beitragen und die ohne Schaden sofort beseitigt werden können.*

| **Muda** (Verschwendung) | **Mura** (Abweichung) | **Muri** (Überlastung) |
|---|---|---|
| 1. Mitarbeiter | 1. Mitarbeiter | 1. Mitarbeiter |
| 2. Technik | 2. Technik | 2. Technik |
| 3. Methode | 3. Methode | 3. Methode |
| 4. Zeit | 4. Zeit | 4. Zeit |
| 5. Möglichkeit | 5. Möglichkeit | 5. Möglichkeit |
| 6. Vorrichtung und Werkzeuge | 6. Vorrichtung und Werkzeuge | 6. Vorrichtung und Werkzeuge |
| 7. Material | 7. Material | 7. Material |
| 8. Produktionsvolumen | 8. Produktionsvolumen | 8. Produktionsvolumen |
| 9. Umlauf | 9. Umlauf | 9. Umlauf |
| 10. Platz | 10. Platz | 10. Platz |
| 11. Art zu denken | 11. Art zu denken | 11. Art zu denken |

3-Mu-Checkliste

### Die 6-M-Checkliste

Die Angemessenheit und Wirksamkeit der folgenden sechs Faktoren sollte regelmäßig überprüft werden:

- Mensch
- Maschine/Material
- Messung
- Methode
- Milieu / Mitwelt
- Monetäre Aspekte (Geld)

Die 6 M Methode wurde um einen wichtigen Faktor erweitert:

- Management

### Die 7-W-Checkliste

Diese Fragetechnik geht auf Cicero (106 – 43 v. Chr.) zurück und ist insbesondere in Zusammenhang mit der 6-M Checkliste anzuwenden.

- *Was* – ist zu tun?
- *Wer* – macht es?
- *Warum* – macht er es?
- *Wie* – wird es gemacht?
- *Wann* – wird es gemacht?
- *Wo* – soll es getan werden?
- *Wieso* – wird es nicht anders gemacht?

Diese Werkzeuge werden permanent angewendet. Die Ergebnisse führen zur Verbesserung und Optimierung für das Produkt, den Prozess, die Organisation und die Produktivität.

Eine Anpassung der Prinzipien an unseren Kulturkreis ist erforderlich. Hierzulande werden die Ansätze des Ideenmanagements und des Vorschlagswesens ergänzt durch **Information, Motivation und Verantwortungsbewusstsein** der Mitarbeiter, dem KVP[16].

## 1.7.3.2 Kontinuierlicher Verbesserungsprozess (KVP)

KVP ist dem japanisch geprägten Kaizen recht ähnlich und stellt sozusagen die „westliche" Übersetzung von Kaizen dar. KVP steht für den „kontinuierlichen **Verbesserungsprozess**", kann aber je nach Unternehmen recht unterschiedliche Namen haben. Auch wenn der Begriff erst in den 1980er-Jahren auftauchte, hat KVP seine Ursprünge im „betrieblichen Vorschlagswesen", das bereits 1866 von Friedrich Alfred Krupp (1812 – 1887) unter dem Namen „Unternehmerisches Instrument" eingeführt wurde und später als „**Betriebliches Vorschlagswesen** (BVW)" weiter geführt wurde.

Viele der heutzutage eingesetzten KVP-Verfahren beruhen darauf, dass Mitarbeiter Vorschläge als Gruppen- oder Einzelvorschlag zu Papier bringen und diese dann einreichen. Der Vorschlag wird von einer neutralen Kommission bewertet (häufig ohne Kenntnis der Namen der Einrei-

---

[16] CIP: Continuous Improvement Process

cher, damit der Bewertungsprozess neutral abläuft). Ist ein Vorschlag Nutzen versprechend, so wird er umgesetzt, oft mit einer Prämie für den Einreicher. Diese Aussicht auf eine solche Prämie soll gleichermaßen die Motivation als auch die Leistungsorientierung der Mitarbeiter erhöhen.

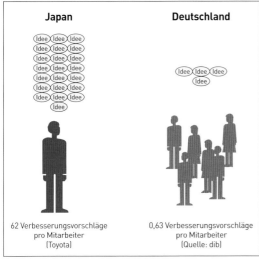

Japan | Deutschland

62 Verbesserungsvorschläge
pro Mitarbeiter
(Toyota)

0,63 Verbesserungsvorschläge
pro Mitarbeiter
(Quelle: dib)

**Anzahl der Verbesserungsvorschläge pro Mitarbeiter in Japan und Deutschland** (Quelle: dib[17])

In der westlichen Welt erscheint die Erwartung der Vollkommenheit an den Mitarbeiter, verbunden mit Kaizen-Einsätzen oft auch nach der regulären Arbeitszeit, als unverhältnismäßig und lässt sich nicht direkt übertragen. Diese kulturelle Problematik zeigt sich u. a. in der Anzahl der Verbesserungsvorschläge, die ein Mitarbeiter macht.

In Europa und den USA hat sich ein System der Prämierung erfolgreicher Vorschläge als Motivationsinstrument durchgesetzt. Hierbei sind nachvollziehbare, transparente Bewertungskriterien wichtig, die gefühlte Ungerechtigkeiten bei den nicht berücksichtigten Mitarbeitern vermeiden (und ggf. einer arbeitsrechtlichen Klage standhalten).

Sinnvoll ergänzt wird KVP häufig durch **Qualitätszirkel (QZ oder QC)** oder durch (teil-)autonome **Gruppenarbeit.** Hierfür bedarf es zunächst des organisatorischen Freiraums – Zeit und Raum müssen zur Verfügung gestellt werden.

Um kreative Ideen zu fördern, ist es wichtig, Informationen in weiten Bereichen zur Verfügung zu stellen. Dies kann z. B. durch Schautafeln mit aktuellen Zielen und Kennzahlen realisiert werden. Anders als in der japanischen Unternehmenskultur werden Informationen aber häufig als Machtinstrument gesehen und daher z. T. wenig kommuniziert. Dies ist ein falscher Weg.

> Wer Ideen sammeln möchte, muss zunächst Informationen sähen.

> Paradigmenwechsel:
> Deutsch: „Alles unter Kontrolle"
> Japanisch: „Jeder weiß Bescheid"

Darüber hinaus sind entsprechende Qualifikationsmaßnahmen bezüglich Kommunikation, Kreativität, Entscheidungsfindung und Projektmanagement für die Mitarbeiter zweckmäßig. Das alles kostet letztlich Geld, die Erfahrung hat aber gezeigt, dass der Aufwand durch die in Qualitätszirkeln bzw. Gruppenarbeit erzielten Ergebnisse mehr als aufgewogen wird.

---

[17]  dib-Report 2006 des Deutschen Instituts für Betriebswirtschaft (dib) Frankfurt am Main: Umfrage bei 315 Unternehmen in Deutschland. Dabei wurden Einsparungen von 1,48 Milliarden Euro erzielt, dem einen an die Mitarbeiter ausgezahlte Prämienleistung von 163 Millionen Euro entgegen steht (183 Euro durchschnittliche Prämie pro Mitarbeiter).

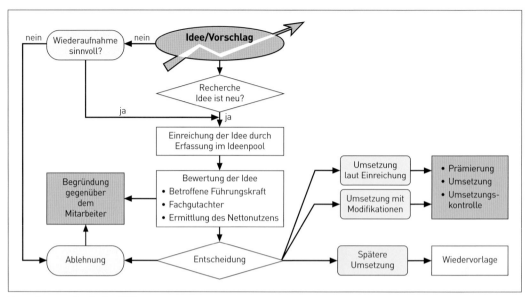

Vorgehensweise beim KVP

Heutzutage sind Verfahren der kontinuierlichen Verbesserung, zumeist verbunden mit einem betrieblichen Vorschlagswesen für die Mitarbeiter, weltweit Standard in produzierenden Unternehmen. Diese habe in den Unternehmen eigene Namen:

| | |
|---|---|
| KVP, (KVP)[2] | Kontinuierlicher Verbesserungs-Prozess (D: VW, Daimler) |
| OIP, CIP | Ongoing / Continuous Improvement Process (USA: Ford, Chrysler) |
| BVW | Betriebliches Vorschlagswesen (D: Krupp) |
| EDIS | Employee-Driven Idea System |
| $6\sigma$ | Six Sigma (USA: Motorola, 3M) |
| Kaizen | Kontinuierliche Verbesserung in kleinen Schritten (M. Imai – Japan) |
| Kaikaku | Revolutionäre Neuordnung (Japan) |
| Zebra | Economic Future Improvement by Realizing Actual Ideas (Skoda) |
| Ideen | Ideenmanagement (D: Audi, VW) |

Beispiele für industrielle Programme zur kontinuierlichen Verbesserung

# 1.8 Qualität 4.0: Auswirkungen von Industrie 4.0 auf das Qualitätsmanagement

Derzeit steht die industrielle Fertigung in einem Umbruch, man spricht von der vierten industriellen Revolution. „Jeder Kunde kann sein Auto in einer beliebigen Farbe lackiert bekommen, solange die Farbe, die er will, Schwarz ist", sagte Henry Ford zu Beginn der zweiten industriellen Revolution. Industrie 4.0 steht heute für Digitalisierung und Vernetzung der Produktion, aber auch für Individualisierung der Produkte. Durch den grundlegenden Wandel in der Digitalisierung können z. B. komplexe Produktions- und Qualitätsdaten in Echtzeit direkt aufs Smartphone gesendet werden und mit aktuell vom Kunden oder aus Netzwerken (auch Big Data) gesendeten Informationen abgeglichen werden. Zusammen mit der Tatsache, dass Maschinen mittlerweile ohne menschliches Zutun miteinander kommunizieren können, eröffnet dies vollkommen neue Möglichkeiten für Produkte und deren Fertigung.

|  | | | **Vierte industrielle Revolution** |
|---|---|---|---|
|  |  | **Dritte industrielle Revolution** | **Virtualisierung, Vernetzung, Individualisierung bzw. Hybridisierung** |
|  | **Zweite industrielle Revolution** | **Einsatz von IT und Elektronik** | • Weitgehende Integration von IT in alle Bereiche des Lebens |
| **Erste industrielle Revolution** | **Fließbandfertigung** | • Digitalisierung<br><br>• Weiterer Ausbau der Automatisierung in der Produktion | • Automatisierte Kommunikation von Systemen untereinander |
| **Mechanisierung** | • Arbeitsteilung<br><br>• Massenproduktion | | • Flexibilisierung bis zur individuellen Losgröße 1 |
| • Dampfkraft<br><br>• Wasserkraft<br><br>• 1769 Patentierung Dampfmaschine durch James Watt | durch Nutzung von<br>• elektrischer Energie<br><br>• 1870 Schlachthöfe von Cincinnati<br><br>• 1913 Ford Autoproduktion | • 1969 erste Speicherprogrammierbare Steuerung (SPS) | • Nutzung von „Big Data" |
| **18. Jhd.** | **Anfang 20. Jhd.** | **ab ca. 1970** | **heute** |

Industrielle Revolutionen

Der Begriff Industrie 4.0 selbst entstand aus einem „Zukunftsprojekt" der deutschen Bundesregierung und tauchte zur Hannovermesse 2011 erstmalig auf. Außerhalb des deutschen Sprachraums ist der Begriff an sich weitgehend unbekannt, in den USA vergleichbar ist „cyber-physical systems (CPS)[18]".

Industrie 4.0 erfordert ein darauf zugeschnittenes Qualitätsmanagement: Qualität 4.0 ergänzt den Industrie-4.0-Ansatz innerhalb der End-to-End-Wertschöpfungskette um den Qualitätsaspekt.

Zentrale Grundprinzipien der Industrie 4.0 sind Dezentralität, Selbstorganisation und Selbstoptimierung – autonom, ohne direktes Zutun des Menschen. Dies stellt veränderte Anforderungen an das Qualitätsmanagement:

* **Datenintegrität**
  d. h. Datenstruktur, Datensicherheit und Durchgängigkeit von Information

* **Datenrückführung (Post-Process-Qualitätssicherung)**
  in Echtzeit zur Verbesserung, Fehlerfrüherkennung, Rückverfolgbarkeit

---

[18] „Cyber-physical systems sind gekennzeichnet durch eine Verknüpfung von realen (physischen) Objekten und Prozessen mit informationsverarbeitenden (virtuellen) Objekten und Prozessen über offene, teilweise globale und jederzeit miteinander verbundene Informationsnetze." In: CPS – Chancen und Nutzen aus Sicht der Automation – VDI 2013)

- **Komplexitätsmanagement**
  Verarbeitung großer Datenmengen (Big Data) in Echtzeit

- **fehlertolerante und -resistente Systeme**
  kein Komplettausfall bei Einzelproblemen

- **autonome Regel- und Entscheidungsprozesse**
  für eine dezentrale bedarfs- und prozessgerechte Steuerung

- **Angriffssicherheit**
  kein unerlaubtes Ändern, Löschen, Nutzen von Daten
  Sicherheit gegen Computerviren – Verfahren bei Virenbefall

- **Transparenz**
  Systementscheidungen klar nachvollziehbar

- **klare Systemgrenzen und Eingriffsregeln**
  Verhinderung eines „Selbstständigmachens" des Systems

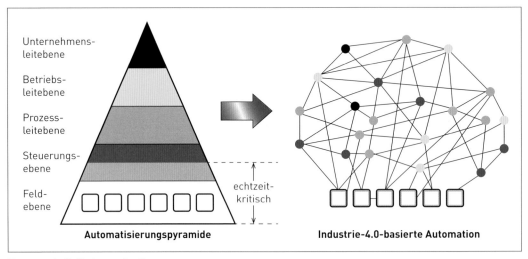

**Dezentrale Selbstorganisation**
(Quelle: VDI Verein Deutscher Ingenieure e.V.: CPS - Chancen und Nutzen aus Sicht der Automation,
Bild 2 angepasst, Düsseldorf: VDI e.V., 2013, https://www.vdi.de/ueber-uns/presse/publikationen/details/
cyber-physical-systems-chancen-und-nutzen-aus-sicht-der-automation)

Haupterausforderung derzeit ist der Umgang mit Daten:

Vor dem Hintergrund riesiger Datenmengen und der nicht immer genau einzuschätzenden Verlässlichkeit des Informationsgehalts ist die Auswahl relevanter Daten sowie deren Ergebnisinterpretation schwierig. Fehlinterpretationen sind möglich, was u. a. Haftungsfragen aufwirft.

Interessenkonflikte entstehen bei unternehmensübergreifendem Datenaustausch sowie der Verwendung von privaten bzw. unbewusst gegebenen Daten von Kunden.

Die Gefahr des nicht autorisierten Datenabzugs (Industriespionage, Whistleblower) besteht genauso wie Risiken durch Computerviren.

Demgegenüber besteht jedoch eine große Chance, das Qualitätsmanagement weitaus effizienter zu gestalten als derzeit überhaupt denkbar. Damit ist Qualität 4.0 einer der Schlüsselfaktoren zur Umsetzung von Industrie 4.0.

# 1.9 Zukünftige Entwicklungen im Qualitätsmanagement

## 1.9.1 Agiles Qualitätsmanagement

„Agile" Vorgehensweisen werden seit den 1950iger Jahren diskutiert und stammen aus der Systemtheorie für Organisationen[19]. Neuen Aufwind bekamen die Überlegungen zunächst in der schnelllebigen Softwareentwicklung. Im Zuge der Digitalisierung bzw. von Industrie 4.0 wurden dann auch andere industrielle Bereiche, wie Produktentwicklung und Produktion mit einbezogen.

Agilität beschreibt die Fähigkeit eines Systems, sich veränderten äußeren Bedingungen bezüglich Volitität, Unsicherheit, Komplexität und Ambiguität (VUCA)[20] anzupassen:

- **Volatility/Volatilität:**
  zunehmende Häufigkeit, Geschwindigkeit und Reichweite von Veränderungen

- **Uncertainty/Unsicherheit:**
  abnehmende Möglichkeit, Ereignisse und Entwicklungen vorauszusagen

- **Complexity/Komplexität:**
  zunehmende Anzahl relevanter Variablen, deren Wirkungsweise aufeinander nicht berechenbar ist

- **Ambiguity/Ambiguität:**
  zunehmende Viel- oder Mehrdeutigkeit von Informationen

### 1.9.1.1 Agile Organisationstypen

Es gibt verschiedene Arten, Organisationen aufzubauen bzw. zu strukturieren. Die drei wesentlichen sind die Prozess-, die Projekt- und die Agile Organisation.

- **Prozessorganisation:**
  Typischerweise wird die Prozessorganisation immer dort angewendet, wenn sich Abläufe *wiederholen,* z.B. in der (Serien-) Produktion und im Dienstleistungssektor. Die DIN EN ISO 9000 unterstützt dies durch ihren prozessorientierten Ansatz. Da wiederholt durchgeführt, lohnt es sich, die Prozesse genauer zu betrachten und zu optimieren, z.B. durch KVP oder Kaizen.

- **Projektorganisation:**
  Dort, wo Abläufe bzw. Prozesse *nur einmal* durchlaufen werden, bietet sich die Projektorganisation an. Dies ist z.B. in der (Produkt-) Entwicklung und bei Innovationsprojekten der Fall. Natürlich sind auch hier bestmögliche Prozesse von Bedeutung, wichtiger ist aber der Ablauf: Was muss bis wann zur Verfügung stehen bzw. erledigt sein, damit das Endergebnis zeitlich und inhaltlich erfüllt wird. Bei Großprojekten ist oft eine Planung über Jahre hinweg erforderlich, wodurch eine Grenze der genauen Planbarkeit erreicht wird.

---

[19] Nach: Fischer, Stephan: Definition: Agilität als höchste Form der Anpassungsfähigkeit, haufe.de, 2019

[20] Andreas Aulinger : Whitepaper Die drei Säulen agiler Organisationen, www.steinbeis-iom.de, 2019

- **Agile Organisation:**

  Viele Abläufe erfordern heute eine *erhöhte Flexibilität,* um auf Veränderungen reagieren zu können. Gerade bei zeitlich langen Projekten kommen Unsicherheiten bezüglich von technologischem Fortschritt, Marktveränderungen oder politische getriebener Entwicklungen (Brexit, Protektionismus, ...) hinzu. Eine starre Organisation wird dem nicht gerecht. In der Agilen Organisationen gibt es kaum Standardprozesse. Prozesse werden immer aktuell den Bedürfnissen angepasst. Daher wird kein klassisches, sondern agiles Projektmanagement gewählt. Die ersten Vertreter waren Softwareentwickler.

  Während sich sowohl Prozess- als auch Projektmanagement gut in das Qualitätsmanagement integrieren lässt, kann die Agile Organisation zu einer Herausforderung für das QM werden. Denn Agilität erlaubt *chaotische Ansätze.* Deshalb erfordert agiles Arbeiten ein höheres Maß an Disziplin sowie klare Regeln.

> Chaostheorie:
> Wenn Chaos auf Ordnung trifft, gewinnt das Chaos, weil es höher organisiert ist.
>
> *nach dem „Philosophen" Ly Schwatzmaul[21]*

Agile Organisationskonzepte wirken sich über die Art der Entscheidungsfindung und -umsetzung auch auf die Führungskultur aus:

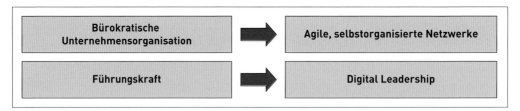

Werkzeuge in agilen Organisationen sind beispielsweise **SCRUM** und **Design Thinking.**

## 1.9.1.2 Sieben Grundsätze für Agiles Qualitätsmanagement

Das klassische Qualitätsmanagement, geformt von stabilem Umfeld und langen Zyklen, findet mit der Geschwindigkeit des Wandels durch Industrie 4.0, Digitalisierung, Vernetzung und künstlicher Intelligenz etc. seine Grenzen. Im Sinne eines agilen Ansatzes muss sich das Qualitätsmanagement wandeln. Weg von starren Prozessen hin zu flexiblen, beweglichen Abläufen.

Die Deutsche Gesellschaft für Qualität (DGQ) hat hier zusammen mit dem Experten Benedikt Sommerhoff analog zu den sieben Grundsätzen der DIN EN ISO 9000 ein Manifest mit sieben neue Grundsätzen für Agiles Qualitätsmanagement entwickelt:

---

[21] aus: TERRY PRATCHETT in seinem Buch „Echt zauberhaft"

| Grundsätze der ISO 9001 | Grundsätze des agilen QM |
|---|---|
| Kundenorientierung | Kundeninteraktion |
| Führung | Dienende Führung |
| Einbeziehung von Personen | Interdisziplinäre Vernetzung |
| Prozessorientierter Ansatz | Evolutionärer Ansatz |
| Verbesserung | Iteration |
| Faktengestützte Entscheidungsfindung | Knackpunktbasierte Lösungsfindung |
| Beziehungsmanagement | Menschenzentrierung |

Quelle: Benedikt Sommerhoff: Agilität und Qualitätsmanagement

## 1.9.2 Künstliche Intelligenz (KI) und autonome Systeme

Bisherige Verfahren der Fehlervermeidung setzen voraus, dass Fehlerursachen bzw. -wirkungen zumindest ansatzweise vorab bekannt sind, um strukturell berücksichtigt zu werden. Definierte Prozesse, manuelle und automatisierte Kontrolle sowie statistische Verfahren sind keine vollkommene Absicherung gegen Fehler.

Die Künstliche Intelligenz (KI) – englisch: Artificial Intelligence (AI) – geht andere Wege:

- Die Systeme können auf riesige Datenmengen zurückgreifen und lernen selbstständig. (Stichworte: Deep Learning, Big Data, etc.). Auch können Systeme untereinander selbstständig kommunizieren (Internet of Things).

- KI ist in bestimmten Bereichen sehr erfolgreich. So wird Hautkrebs durch selbstlernende KI-Bildverarbeitungssysteme bereits deutlich besser erkannt als durch Experten. Auch KI-unterstützte OP-Roboter erbringen in bestimmten Bereichen bessere Resultate als menschliches Handeln.

- Die umfangreichen Daten (Big Data) hierzu werden während der Benutzung eines Produktes ermittelt und in Echtzeit übermittelt (z. B. über 5G-Mobilfunk). Das KI-System kann vorrausschauend Entscheidungen treffen und diese wieder in Echtzeit an die Produkte übermitteln (Internet of Things).

Neben der Informationssicherheit wirft dies weitergehende Fragen bezüglich der Daten auf. Wem gehören diese Informationen, inwiefern kann der Nutzer die Erhebung bzw. Verwendung der Daten unterbinden? Unter dem Stichwort **informelle Selbstbestimmung** können letztlich Freiheitsrechte betroffen sein.

> **Mensch weiß nicht immer, was die Maschine warum tut**
>
> Das Google-Forschungszentrum Deep Mind hat einen Computer für das hochkomplexe Spiel Go entwickelt. AlphaGo Zero lernte nicht mehr durch menschliche Spielpartner, sondern autodidaktisch, nach Eingabe nur der Spielregeln, durch Spiel gegen sich selbst. Nach 72 Sunden Lernzeit gewann er alle weiteren Spiele (100 : 0).
> Nur, was der Computer genau macht, weiß man nicht mehr.

Gerade bei selbstlernender KI gibt es darüber hinaus eine vollkommen neue Problematik: Die Maschinen entscheiden selbst und letztlich wenig transparent. Entscheidungsvorgänge sind von außen nicht einsehbar. Das kann Risiken bergen und wirft Fragen zu Verantwortlichkeit auf.

Dies stellt insgesamt völlig neue Anforderungen an den *Rechtsrahmen.*

Zunächst wird hier zwischen personenbezogenen Daten und Maschinendaten unterschieden:

- *Personenbezogene Daten* sind hierbei alle die Angaben, die über ein menschliches Verhalten Auskunft geben. Diese sind besonders sensibel und werden über Regelungen des Bundesdatenschutzgesetzes oder der neuen EU-DSGVO erfasst. Der Übergang zu Maschinendaten ist fließend: So können aus Daten beispielsweise aus dem Smart Home Rückschlüsse zum Aufenthaltsort, über die Stimmungslage (z.B. durch Musikauswahl) bis hin zum Gesundheitszustand gezogen werden.

- *Maschinendaten* werden durch Computer generiert und weisen keinen Personenbezug auf. Dennoch sind sie nicht weniger sensibel, liegt im Produktionsprozess doch das Know How eines Unternehmens.

Die rechtliche Umsetzung gestaltet sich derzeit noch als sehr komplex. Dies liegt u.a. daran, dass *Ethik und Werte* betroffen sind. Beides ist abhängig von einer kulturellen Einordnung. Hier haben westlich geprägte Volkswirtschaften eine z.T. sehr unterschiedliche Sichtweise im Vergleich mit anderen Kulturkreisen, insbesondere mit China.

Auch wenn das Ziel der KI eine komplette Autonomie ist (z.B. Autonomes Fahren der Stufe 5), industriell wird KI eher als Unterstützung eingesetzt: Künstliche Intelligenz hilft dem Produkt- bzw. Prozessverantwortlichen, indem sie datenbasiert mögliche Problemlösungen aufzeigt.

> **Offene Fragen:**
>
> Ein autonom fahrendes Auto muss in einem unabwendbaren Notfall entscheiden, einen Menschen zu töten.
> Wen? Ein Fahrzeug, das den Fahrer opfert, wäre vermutlich unverkäuflich. Sind die Leben zweier alter Menschen (Restlebenszeit 2 mal 10 Jahre) mehr/weniger wert als das eines Kindes (kann noch 90 Jahren leben)?
> Wer ist verantwortlich – Programmierer, Hersteller, höhere Gewalt?

Zu dieser Problematik lässt die EU-Kommission in einer Pilotphase seit April 2019 ethische Leitlinien testen. Sieben Voraussetzungen müssen dabei erfüllt werden, damit KI auch wirklich vertrauenswürdig sind:

- Vorrang menschlichen Handelns und menschlicher Aufsicht … keinesfalls aber sollten sie die Autonomie der Menschen verringern, beschränken oder fehlleiten.

- Robustheit und Sicherheit: Eine vertrauenswürdige KI setzt Algorithmen voraus, die sicher, verlässlich und robust genug sind, um Fehler oder Unstimmigkeiten in allen Phasen des Lebenszyklus des KI-Systems zu bewältigen.

- Privatsphäre und Datenqualitätsmanagement ...

- Transparenz: Die Rückverfolgbarkeit der KI-Systeme muss sichergestellt werden.

- Vielfalt, Nichtdiskriminierung und Fairness ...

- Gesellschaftliches und ökologisches Wohlergehen ...

- Rechenschaftspflicht: Es sollten Mechanismen geschaffen werden, die die Verantwortlichkeit und Rechenschaftspflicht für KI-Systeme und deren Ergebnisse gewährleisten.

## 1.9.2.1 KI im Qualitätsmanagement

Das Qualitätsmanagement ist derzeit noch klassisch aufgestellt, von Planung über Steuerung bis zur Überwachung – alles muss vorhersehbar und unter Kontrolle sein.

QM-Systeme fordern transparente und kontrollierte Prozesse, dies ist bei der künstlichen Intelligenz mit selbstlernenden Systemen nur sehr eingeschränkt möglich. Selbstverständlich laufen KI-Prozesse nicht vollständig frei. Unter den Stichworten „vertrauenswürdige KI" oder „TruthGPT" werden derzeit Verfahren entwickelt, die eine notwendige Transparenz und Kontrolle sicherstellen sollen. Diese Verfahren befinden sich aber noch im Aufbau und unterscheiden sich stark von denen, die derzeit im QM verwendet werden. Klassische QM-Systeme haben noch Probleme mit selbstlernenden Verfahren. Momentan ist die Problematik aber noch nicht zentral, da im Produktionsbereich zumeist nur eine „schwache KI" eingesetzt wird. Dies wird sich ändern, wenn auch im industriellen Umfeld autonome Systeme der „starken KI" Einzug halten.

Die Reaktionen von starken KI-Systemen lassen sich nicht eindeutig voraussagen, weil sie eigenständig agieren. Dies ist für den gesamten KI-Lebenszyklus zu bedenken und erschwert das Qualitätsmanagement mittels KI. Der Programmierer kann nicht vorab sagen, wie ein System reagiert, weil es selbst dazu lernt, gerade das ist ja Sinn der Eigenständigkeit.[22]

Kontrolle und Verantwortlichkeit müssen daher bei autonomen Systemen neu definiert werden. Der Weg im Qualitätsmanagement geht von „Anweisung und Kontrolle" hin zu „Absicht und übergeordneten Prinzipien"

**„Purpose & Principle"**

statt

**„Command & Control"**

Zwar fehlt es derzeit noch an rechtlichen und ethischen Vorgaben, um dies im QM vollständig umzusetzen, KI ist aber laut einer Umfrage des IFS-Instituts auch im QM bereits auf dem Vormarsch.

Quelle: https://www.qz-online.de/news/uebersicht/nachrichten/
kuenstliche-intelligenz-fuers-qualitaetsmanagement-beliebt-6639713.html
IFSworld.com/de

---

[22] Quelle: https://ec.europa.eu/germany/news/ki20190408_de (gekürzt)

Künstliche Intelligenz wird das Qualitätsmanagement verändern. Stichworte sind: Smart Quality, Production Process Mining & Predictive Maintenance oder Predictive Quality.

**Predictive Quality** bezeichnet die Voraussage von qualitätsrelevanten Größen auf Grundlage von Daten, die während der Benutzung eines Produkts erhoben werden. Beispielsweise können in Kraftfahrzeugen erfasste Betriebsdaten Informationen über die Funktionsfähigkeit oder Restlebensdauer bestimmter Bauteile geben.

Beim **Predictive Maintenance** werden Daten aus KI u. a. für die statistische Prozessregelung sowie Reduzierung von Inspektionskosten bei gleichzeitiger Risikominimierung genutzt.

Insgesamt bedarf es aber noch vieler Schritte: Die Technik des Deep Learning und der künstlichen Intelligenz beruht auf dem Prinzip des Lernens der Intelligenz durch Fehler.

„Einer Produktionsanlage, die selbstständig lernen und sich verbessern soll,
müsste gestattet werden, Fehler zu machen. Und das heißt gegebenenfalls
auch Ausschuss zu produzieren, denn Fehlentscheidungen gehören zu einem
Lernprozess dazu. Das können wir uns in einer realen Produktion aber
meistens nicht leisten."

Quelle: D. Zühlke, Deutsches Forschungszentrum für Künstliche Intelligenz (DFKI), 2018
https://www.produktion.de/technik/der-maschinenbau-ist-reif-fuer-kuenstliche-intelligenz-115.html

## 1.9.3 Künstliche Intelligenz – Life Cycle Prozesse und (DIN SPEC 92001)

Bedingung für eine widerstandsfähige, nachvollziehbare, sichere und vertrauenswürdige Nutzung von Künstlicher Intelligenz im Qualitätsmanagement ist, dass die KI selbst entsprechende Anforderungen erfüllt[23].

Hierfür wird derzeit die DIN SPEC 92001-Reihe (Artificial Intelligence – Life Cycle Process and Quality Requirements) in einem besonderen PAS-Verfahren (Publicity Available Specification) entwickelt. Das Ziel ist es, eine sichere und transparente Entwicklung von KI-Modulen zu ermöglichen sowie deren Einsatz anhand eines einheitlichen Konzepts sicherzustellen.

Die DIN SPEC 92001-1 beschäftigt sich mit dem Qualitäts-Meta-Model. Darunter werden diejenigen Aspekte im Aufbau eines KI-Models verstanden, die relevant für die Qualität sind. Dadurch werden für die Modelle strukturelle Grundlagen und spezifische Anforderungen an die Qualität geschaffen, die im zweiten Teil der Spezifikation DIN SPEC 92001-2 (Quality Requirements) behandelt werden.

---

[23] Quelle: www.din.de/go/spec

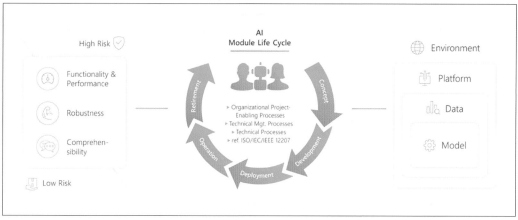

AI Qualitäts-Meta-Model[24]

Zunächst einmal müssen KI-Systeme umfassend und funktional sein. Darüber hinaus ist eine gewisse Robustheit, d.h. die Toleranz gegenüber Fehlern und unvollständigen Daten, wichtig.

Ein weiterer interessanter Aspekt dabei ist, inwiefern sich autonome Entscheidungsprozesse von Vorgaben entfernen dürfen.

Ein Beispiel hierzu aus dem Bereich des Autonomen Fahrens: Es gibt das Straßenverkehrsgesetz, dass es einzuhalten gilt. Besonders im großstädtischen Verkehr gibt es aber Situationen, die bei absolut korrekter Umsetzung nicht funktionieren. So blockiert beispielsweise ein Paketdienst die Spur. Ein Umfahren bedingt vielleicht das Überfahren einer durchgezogenen Linie oder die leichte Nötigung des Gegenverkehrs zum Ausweichen. Wenngleich nicht erlaubt wird, dies doch geduldet, solange keine wirkliche Gefahr entsteht. Im Schadensfall ist aber die Rechtslage und Schuldfrage dann wieder eindeutig geregelt. Ein solches „sportlich nehmen" von Vorgaben ist für autonome Entscheidungssysteme nicht einfach abzubilden.

Für diese Problematik schlägt die DIN SPEC 92001 eine Kategorisierung von Risikoeinschätzung und Verpflichtungen bzw. Empfehlungen vor (derzeit nur in Englisch):

| AI Module class<br>Requirement class | High risk | Low risk |
|---|---|---|
| Mandatory | No deviation from requirements allowed | No deviation from requirements allowed |
| Highly recommended | Deviation from requirements with justification only | Deviation from requirements with justification only |
| Recommended | Deviation from requirements with justification only | Deviation from requirements without justification allowed |

Hoch / Niedrig-Risiko vs. Pflicht/Empfehlung[25]

---

24 Quelle: DIN SPEC 92001-1, DIN SPEC 92001-2
25 Quelle: DIN SPEC 92001-1, DIN SPEC 92001-2

KI-Module können relevant sein hinsichtlich Sicherheit, Datenschutz oder Werten. Dabei wird das Risiko eingestuft:

- „Hoch – High",   Abweichungen nicht gestattet oder zu begründen

- „Niedrig – Low" Vorgaben weniger streng, z. T. auch ohne Rechtfertigung

Letztlich werden KI-basierte Systeme sich nur durchsetzen, wenn sie das Vertrauen der Nutzer auf Seiten der Hersteller wie auch auf Seiten der Kunden erhalten. Hierzu ist eine Nachvollziehbarkeit der Vorgänge und Entscheidungen sowie die Sicherheit gegen unbefugte Einsicht in und Nutzung /Veränderung der Daten zentral.

Laut Internet Security Threat Report 2019 sind die Angriffe auf Unternehmen um 12 % gestiegen. Gerade die mediale Berichterstattung über Angriffe auf die Daten von Großkonzernen haben das Vertrauen und die Akzeptanz von Industrie 4.0 beeinflusst. Es gibt wirksame Schutzmechanismen, dennoch wird es keine 100 %ige Sicherheit geben.

Wichtig ist hierbei, den Status der Informationssicherheit zu überwachen sowie Entwicklungen in Prozessen zu messen. Hilfreich ist die Einführung entsprechender KPIs (Leistungsindikatoren – Key Performance Indicators) für diesen Bereich. Solche KPIs sind z.B.:

- Reported small/large Incidents (Anzahls der kleinen/großen) Angriffe

- Kosten pro Angriff

- MTTD (Mean Time to Detect): Zeit vom Auftreten bis zum Erkennen einer Bedrohung

- MTTR (Mean Time to Resolve): Zeit von der Entdeckung bis zur Abwehr der Bedrohung

- Appropriate Management of Customer Impact (Auswirkungen auf den Kunden)

Weiter sei hier auf die ISO/EC 27001 (Informationstechnik – IT-Sicherheitsverfahren – Informationssicherheits-Managementsysteme – Anforderungen) verwiesen.

Auch bieten Spezialunternehmen Unterstützung an, z.B. mit verschiedenen Tests. Beispielsweise können Angriffe simuliert und mittels einer Phishing Test Success Rate ausgewertet werden. Die DIN EN ISO 9001: 2015 hat unter anderem in Kapitel 4, dem „Kontext der Organisation", und insbesondere unter dem Punkt 4.4 „Qualitätsmanagement und dessen Prozesse" der Herausforderung Rechnung getragen. Diese Ansätze, insbesondere die Anpassung des QMs an die Normen zur Informationstechnik, müssen aber noch weiter entwickelt werden.

# 2 Qualitätsmanagementnorm DIN EN ISO 9000 ff.

## 2.1 „Genormte Qualität"

Für einen dauerhaften Geschäftserfolg, also die Marktsicherung eines Unternehmens, ist Qualität das Erste und Wichtigste.

Bei einfachen Produkten im Direkthandel, z. B. auf dem Markt oder im Geschäft, lässt sich die Produktqualität einfach überprüfen. Was ist aber bei komplexen Produkten, wie z. B. ein Auto, oder dann, wenn es das Produkt im eigentlichen Sinne noch nicht gibt, z. B. bei einem Haus, das noch gebaut werden muss? In diesem Fall spielt das **Vertrauen** in ein Unternehmen, Qualität zu produzieren, eine große Rolle. Dort, wo Vertrauen gegeben ist, werden Aufträge einfacher und häufiger vergeben, es lassen sich höhere Verkaufspreise erzielen.

*Beispiel:*

Markenartikel oder Artikel von besonders bekannten Unternehmen werden deshalb häufiger zu höheren Preisen verkauft, weil sich mit der Marke bzw. mit dem Namen ein Qualitätsversprechen verbindet, dem der Kunde vertraut.

Dies gilt auch, wenn Produkte zwar von verschiedenen Quasi-Herstellern[1] angeboten werden, aber letztlich aus der gleichen Fabrik stammen. Hierdurch erklären sich etwa unterschiedliche Verkaufspreise von Vans, die baugleich von SEAT, VW und Ford bzw. Peugeot, Citroen und Fiat angeboten werden.

Eine immer größer werdende internationale Verflechtung von Industrie und Wirtschaft hat zu einer hohen gegenseitigen Abhängigkeit der Marktteilnehmer geführt. Langjährige Lieferverpflichtungen müssen ggf. eingegangen werden. Die Komplexität von Produkten und Logistik erschwert den Überblick. Wie entsteht also das möglichst überprüfbare Vertrauen, dass ein Lieferant die vereinbarte Qualität auf Dauer gewährleisten kann?

Lange Zeit wurde in Deutschland hierbei auf die Bezeichnung „Made in Germany", neuerdings „German Engineering", verwiesen. Dies war bzw. ist allerdings eine sehr allgemeine, auf Erfahrung beruhende Behauptung, deutsche Produkte seien gut. Sie ist weder messbar noch auf ein bestimmtes einzelnes Unternehmen bzw. Produkt direkt übertragbar. Im Gegenteil kann ein universelles Qualitätsversprechen wie „Made in Germany" auch Gefahren beinhalten: Negative Ereignisse, z. B. Probleme beim Bau des Berliner Großflughafens, können ohne direkten Zusammenhang auf andere Produkte oder Branchen übertragen werden. So leidet beispielsweise die gesamte deutsche Automobilindustrie vom VW-Abgasskandal 2015/16, auch Unternehmen, die nachweislich nicht betroffen sind.

Hintergrund ist, dass viele qualitätsrelevante Faktoren nur schwierig quantifizierbar, d. h. in Zahlen messbar sind. Hinzu kommen ggf. kulturell unterschiedliche Interpretationen. „Vertrauen" ersetzt die Messbarkeit. Eine globalisierte Zusammenarbeit benötigt daher ein weltweit vergleichbares System mit **vereinheitlichten messbaren Bewertungen**.

---

[1] Nach Produkthaftungsgesetz (ProdHaftG) ist ein Quasi-Hersteller jemand, der sich durch Anbringen seines Namens, seiner Marke oder eines anderen unterscheidungskräftigen Kennzeichens als Hersteller ausgibt.

Bezüglich des Qualitätsmanagements wurde hierzu die Normenreihe DIN EN ISO 9000 ff.[2] entwickelt. Dabei beschreibt die DIN EN ISO 9000 selbst die Grundlagen und Begriffe des Qualitätsmanagements, also die Idee, die hinter dem System steht. Die DIN EN ISO 9001 beschreibt die Anforderungen als Basis für eine normenkonforme Anwendung der DIN EN ISO 9000. Seit Mitte der 1990er-Jahre hat sich die ISO 9000 ff. praktisch als Standard im produzierenden Bereich international durchgesetzt und weltweit stark verbreitet. Der Dienstleistungsbereich folgte mit einer gewissen Verzögerung ca. ab dem Jahr 2000.

> **Normen = einheitliche Regeln zur Umsetzung von Anforderungen**

Unternehmen können sich gemäß der ISO 9001 (dem Anforderungskatalog der ISO-9000-Reihe) überprüfen lassen, diese externe Überprüfung heißt „Zertifizierung". Als Zertifizierer fungieren hierfür zugelassene (akkreditierte) Unternehmen[3].

Besonders rasant ist derzeit die Entwicklung in Asien. Weltweiter Vorreiter bei Zertifizierungen ist China, vor Italien und Deutschland. Die Top-Länder in der ISO Survey mit den meisten Zertifizierungen sind:

- China (426 716 Zertifikate)
- Italien (92 664 Zertifikate)
- Deutschland (49 298 Zertifikate)
- Japan (40 834 Zertifikate)
- Vereinigtes Königreich Großbritannien und Nordirland* (39 682 Zertifikate)
- Indien (36 505 Zertifikate)

- Spanien (31 318 Zertifikate)
- Vereinigte Staaten von Amerika (25 561 Zertifikate)
- Frankreich (21 818 Zertifikate)
- Brasilien (16 268 Zertifikate)
- Korea (14 339 Zertifikate)
- Thailand (12 711 Zertifikate)

Quelle: iso.org

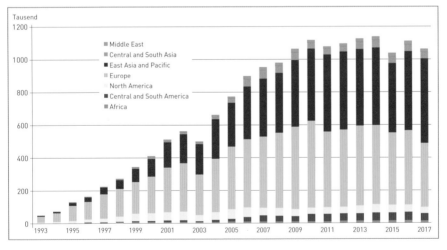

Zertifikate nach ISO 9001, weltweit
Quelle: ISO Survey 2018

---

[2] ISO bezeichnet die internationale Norm (International Standardization Organization), diese wurde wörtlich übersetzt und als Europäische Norm (EN) sowie als deutsche Industrienorm (DIN) übernommen. Für Zertifizierungen in Deutschland muss es daher heißen: DIN EN ISO 9000 ff.

[3] Die Anerkennung einer Zertifizierungsstelle in Form einer Akkreditierung wird durch eine anerkannte Akkreditierungsstelle vergeben, in Deutschland ist dies die Deutsche Akkreditierungsstelle (DakkS), http://www.dakks.de.

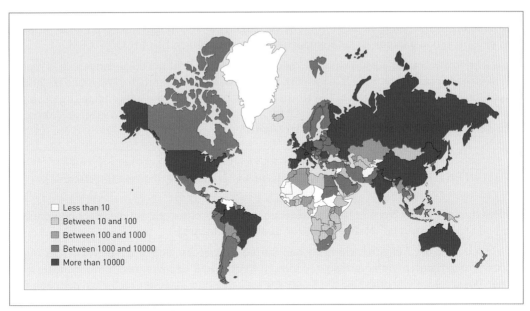

**Verteilung der Zertifikate weltweit**
Quelle: ISO Survey 2014

Die ISO Survey 2018 verzeichnete ein Sinken der ISO-9001-Zertifizierungen, 2017 um 4 %. Für Deutschland führt die ISO dies allerdings auf eine veränderte Erfassung zurück, allerdings tritt der Trend auch anderswo auf, z. B. in den USA.

Bei anderen Managementsystemen (vgl. Kap. 2.5) sieht es anders aus. Besonders gefragt sind Energiemanagement-Zertifikate, diese stiegen 2017 weltweit um 13 %, europaweit um 12 %.

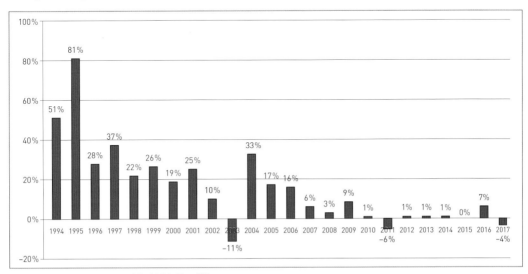

**Jährliche Zunahme von ISO-9001-Zertifikaten**
Quelle: ISO Survey 2018, https://www.iso.org/the-iso-survey.html

In der Normenreihe ISO 9000 ff. wird eine Organisationsform (Qualitätsmanagementsystem) beschrieben, die „Qualität" umsetzen kann. Unternehmen, die diese Norm befolgen, haben nachgewiesen, dass ihre Organisation grundsätzlich fähig ist, Qualität zu liefern. Dies gilt als Vertrauensbasis für den Abnehmer. Kunden verlangen daher von ihren Lieferanten den Nachweis eines funktionsfähigen Qualitätsmanagementsystems nach DIN EN ISO 9000 ff.

Dabei wird in der Norm selbst nicht auf Produkte bzw. deren Prüfung eingegangen; dies regeln produktspezifische Vorschriften. Sie ist keine Prüfnorm, das gelegentlich in Werbung gesehene „geprüft nach ISO 9000" ist falsch. Die Norm beschreibt vielmehr die notwendige Organisation (Management). Die Philosophie dahinter ist: Wenn eine Organisation weiß, was sie tut, kann sie auch die gegebenen (Qualitäts-)Versprechen einhalten.

> Qualitätsanforderungen an das Produkt sind nicht Gegenstand der Normen
> DIN EN ISO 9000 ff., sie gehören jeweils zu den produktspezifischen Regelungen.

Die Regelungen dieser Normenfamilie beziehen sich also immer nur auf das **Managementsystem** und die Darlegung der **Maßnahmen zur Qualitätssicherung.**

Der Umfang und die Tiefe der erforderlichen Darlegung werden jedoch von den Anforderungen an das Produkt, durch Liefervertrag, technische Regeln und Gesetze bestimmt. Insbesondere bei der Designverantwortung sind die Sicherheitsgesetze und -normen zusätzlich geltende Regelungen.

Aber nicht nur die Kundenanforderungen sollten der Antrieb für den Aufbau eines QM-Systems sein. Einsparung von Reklamations- und anderen Fehlerkosten, Übersicht über und Vertrauen in die Qualitätsfähigkeit, auch im Hinblick auf Gewährleistung und Haftung, bieten ausreichend Grund, ein geeignetes QM-System aufzubauen und aufrechtzuerhalten. Während früher noch ein Imagegewinn als Grund für eine Ausrichtung nach DIN EN ISO 9000 ff. hinzukam, ist dies nun so Standard geworden, dass im Gegenteil ein Imageverlust eintritt, wenn ein Unternehmen nicht nach dieser Norm arbeitet, denn:

> Prüfen reicht heute nicht mehr aus, die Qualität muss vielmehr geplant werden
> und durch Qualitätsfähigkeit in allen Prozessschritten erzeugt werden.

Der Autor vor einem ISO-9001-zertifizierten Unternehmen in China

## 2.2 Normenreihe ISO 9000 ff.

> Zentrales Anliegen der ISO 9000 ff. ist die Zufriedenheit des Kunden und sein Vertrauen in die Fähigkeit des Lieferanten, diese zu erreichen und zu bewahren.

Die Normenreihe ISO 9000 ff., auch „ISO-9000-Familie" genannt, beschreibt **Empfehlungen** und Richtlinien zum Aufbau, zur Aufrechterhaltung und ständigen Verbesserung von QM-Systemen. Dabei ist die Norm **ISO 9000**[4] selbst eine übergeordnete Norm, die das dem QM-System zugrunde liegende Konzept beschreibt; es folgen Unternormen. Für den betrieblichen Alltag wichtiger sind die Anforderungen an ein QM-System, die in der **ISO 9001** niedergeschrieben sind. Diese Anforderungen nach ISO 9001 können durch eine neutrale Stelle überprüft und ggf. zertifiziert werden. Die ISO 9001 ist die einzige Norm dieses Portfolios, nach welcher zertifiziert werden kann, denn nur sie stellt explizit Anforderungen an ein QM-System. Die Überprüfung selbst (genannt „Audit") wird nach der Norm **ISO 19011** durchgeführt. Die **ISO 9004** stellt eine Ergänzung der ISO 9001 dar und enthält Leitlinien, die, über die Mindestanforderungen der ISO 9001 hinausgehend, Methoden für eine Selbstbewertung darlegen, mit denen Organisationen den Reifegrad des eigenen QM-Systems beurteilen können. Darüber hinaus gibt es weitere branchenspezifische Normen, die in Kapitel 2.4 behandelt werden, sowie Excellence-Modelle, z.B. TQM (Kap. 1.7).

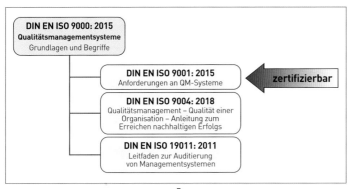

Kernnormen der ISO-9000-Familie[5]

| Reifegrad in Bezug auf den nachhaltigen Erfolg | | | | | |
|---|---|---|---|---|---|
| **Hauptelement** | **Grad 1** | **Grad 2** | **Grad 3** | **Grad 4** | **Grad 5** |
| Element 1 | Kriterium 1 Standardreifegrad | | | | Kriterium 1 Beste Praktiken |
| Element 2 | Kriterium 2 Standardreifegrad | | | | Kriterium 2 Beste Praktiken |
| Element 3 | Kriterium 3 Standardreifegrad | | | | Kriterium 3 Beste Praktiken |

---

[4] Der einfacheren Lesbarkeit wegen wird DIN EN ISO ... im Folgenden nur als ISO ... bezeichnet.

[5] Die z.T. noch erwähnten Normen (z.B. auf LKW-Planen usw.) ISO 9002 und 9003 sind im Jahr 2000 in die Norm ISO 9001 aufgegangen und ungültig, ab 2016 vollständig neu: ISO/TS 9002 Qualitätsmanagementsysteme – Leitfaden für die Anwendung von ISO 9001: 2015.

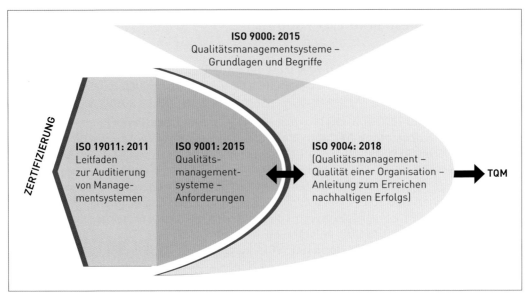

**ISO 9000: 2015**
Qualitätsmanagementsysteme –
Grundlagen und Begriffe

ZERTIFIZIERUNG

**ISO 19011: 2011**
Leitfaden
zur Auditierung
von Manage-
mentsystemen

**ISO 9001: 2015**
Qualitäts-
management-
systeme –
Anforderungen

**ISO 9004: 2018**
(Qualitätsmanagement –
Qualität einer Organisation –
Anleitung zum Erreichen
nachhaltigen Erfolgs)

TQM

Zusammenhang der Normen innerhalb der ISO-9000-Familie

DIN EN ISO 9000: 2015

- DIN: Deutsches Institut für Normung
- EN:  Europäische Norm
- ISO: Internationale Norm (International Organization for Standardization)
- Normen-Nummer
- Erscheinungsjahr

Erläuterung der Namensgebung der Norm

In der Normenreihe ISO 9000 ff. werden weltweit gültige einheitliche **Mindestanforderungen** an die Aufbau- und Ablauforganisation sowie deren Nachweisführung festgelegt.

- Die Normengruppe ISO 9000 ff. ist eine **internationale** und **branchenübergreifende** Normengruppe.
- Sie definiert **Mindestanforderungen** an ein Qualitätsmanagementsystem
- zum Nachweis der Fähigkeit, ein Produkt entwickeln, herstellen und liefern zu können.
- Eine Organisation (Unternehmen) ist **zertifizierbar** durch ein unabhängiges, hierfür zugelassenes (akkreditiertes) Unternehmen.
- Dadurch entstehen weltweit gleiche und überprüfbare Anforderungen an QM-Systeme von Unternehmen.

Ziele der Normengruppe DIN EN ISO 9000 ff.

Die Norm ISO 9000 selbst ist allgemeingültig, also nicht branchen- und produktspezifisch.

Das erklärte Ziel der Normenreihe DIN EN ISO 9000 ff., durch Vereinheitlichung der QM-Systeme eine allgemeingültige Zertifizierung zu erreichen, kann sich deshalb nur auf das QM-System und nicht auf spezielle Forderungen an das Produkt beziehen.

Im EU-Markt wird in vielen Wirtschaftsbereichen ein Zertifikat nach DIN EN ISO 9000 ff. gefordert. Ob sich die relativ teure Zertifizierung lohnt oder erforderlich wird, ist branchen- und marktbedingt.

In einigen Branchen sind auch die Haftpflichtversicherer sehr an einem zertifizierten QM-System ihrer Klienten interessiert.

Die Normenreihe ISO 9000 ff. wurde im Laufe der Zeit mehrfach weiterentwickelt und angepasst. Dies betrifft insbesondere die in der ISO 9001 dokumentierten Anforderungen:

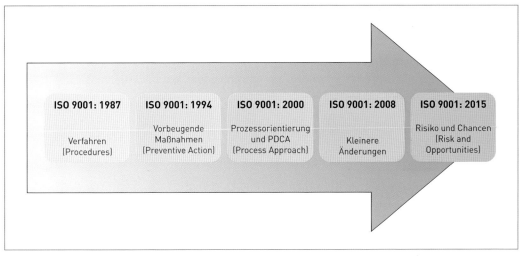

Evolution der ISO 9001

Neben der Normenreihe ISO 9000 ff. haben sich mehrere andere Managementsysteme entwickelt, z.B. im Umweltmanagement. Hier gibt es Tendenzen, die Anforderungen zu vereinheitlichen. Die neuen Normen ISO 9000 ff. bauen bereits auf die Vorschläge für **einheitliche Managementsysteme**[6] auf (vgl. Kap. 2.5.2).

Die Änderungen der aktuellen Anforderungsnorm ISO 9001: 2015 gegenüber der Version aus dem Jahr 2008 sind im Kapitel 2.3.2 gegenübergestellt.

## 2.2.1 Inhalte der DIN EN ISO 9000: 2015

Die DIN EN ISO 9000:2015 erklärt als übergeordnete Norm die dem Qualitätsmanagement zugrunde liegende Philosophie. Darüber hinaus verweist sie auf andere Managementnormen (vgl. Kap. 2.5) und definiert für das Qualitätsmanagement erforderliche Begriffe.

> Die ISO 9000: 2015 zielt darauf ab, das Bewusstsein für Pflichten und Verpflichtungen zu schärfen, die Erfordernisse und Erwartungen der **Kunden und interessierter Parteien** zu erfüllen sowie Zufriedenheit mit den Produkten zu erreichen.
>
> *Quelle: nach DIN EN ISO 9001: 2015*

---

6  DIN SPEC 36601 und Annex SL

Ein Qualitätsmanagementsystem nach ISO 9000: 2015 beruht demnach auf neuen **grundlegenden Konzepten** (vgl. Abschnitt 2.2 der Norm) sowie sieben **Grundsätzen des Qualitätsmanagements** (vgl. Abschnitt 2.3 der Norm):

### Grundlegende Konzepte nach DIN EN ISO 9000: 2015, Abschnitt 2.2

**1. Qualität**
- Förderung von Kultur, Einstellungen, Verhaltensweisen bezüglich Kundenzufriedenheit
- Qualität geht über reine Funktion hinaus
- Wahrgenommener Wert und Nutzen

**2. Qualitätsmanagementsystem (QMS)**
- Das QMS organisiert das Erreichen der gewünschten Qualitätsergebnisse
- Das QMS steuert dabei u. a.
  - Wechselwirkungen der Prozesse
  - Führungsprozesse zum Ressourceneinsatz
  - Mittel für beabsichtigte und unbeabsichtigte Folgen

**3. Kontext einer Organisation**
- Interne Faktoren (Werte, Kultur, Wissen und Leistung)
- Externe Faktoren (Gesetze, Technologie, Wettbewerb, Kultur, soziales Umfeld)

**4. Interessierte Parteien**
- Neben dem Kunden werden noch Erwartungen/Erfordernisse relevanter interessierter Parteien berücksichtigt

**5. Unterstützung:**
- 5.1 durch die oberste Leitung
  - Ressourcen, Prozesse, Ergebnisse, Risiken und Chancen
- 5.2 Personen
  - Die Leistung einer Organisation ist von den dort arbeitenden Personen abhängig
  - Gemeinsames Verständnis der Qualitätspolitik und der angestrebten Ergebnisse
- 5.3 Kompetenz
  - Möglichkeiten zur Entwicklung der notwendigen Kompetenzen schaffen
- 5.4 Bewusstsein
  - Personen sollen verstehen, wie ihre Verantwortlichkeit und Handlung zur Zielerreichung beitragen
- 5.5 Kommunikation
  - Geplante und wirksame interne und externe Kommunikation zur Erhöhung von Engagement und Verständnis

Die ISO 9000 enthält nun sieben Qualitätsmanagementgrundsätze.

Zur Erinnerung: Die acht Qualitätsmanagementgrundsätze der **alten ISO 9001: 2008** lauteten:

1. **Kundenorientierung**
   Kundenanforderungen verstehen, erfüllen, übertreffen

2. **Führung**
   Übereinstimmung herstellen zwischen Zweck und Ausrichtung der Organisation

3. **Einbeziehung der Personen**
   Mitarbeitermotivation, Einsatz ihrer Fähigkeiten zum Nutzen der Organisation

4. **Prozessorientierter Ansatz**
   Tätigkeiten und Ressourcen als Prozess zu leiten und lenken,
   erhöht Wirksamkeit und Effizienz

5. **Systemorientierter Managementansatz**
   Erkennen, Verstehen, Leiten und Lenken von wechselwirkenden Prozessen als System

6. **Sachbezogener Ansatz zur Entscheidungsfindung**
   Wirksame Entscheidungen beruhen auf Analyse von Daten und Informationen

7. **Ständige Verbesserung**
   der Gesamtleistung als permanentes Ziel der Organisation

8. **Lieferantenbeziehungen zum gegenseitigen Nutzen**
   erhöhe Wertschöpfungsfähigkeit beider Seiten

Die folgende Abbildung zeigt die **neuen** Grundsätze nach der **ISO 9000: 2015.**

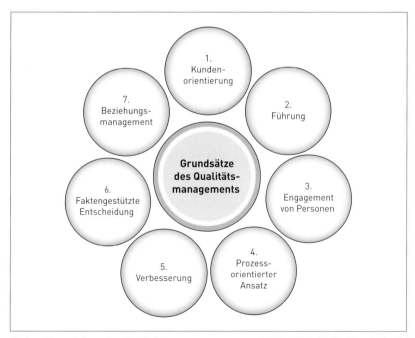

Sieben Grundsätze des Qualitätsmanagements nach ISO 9000: 2015, Abschnitt 2.3

Darüber hinaus sind zwei wesentliche Neuerungen wichtig:

Die neue ISO 9000: 2015 erweitert den Kundenbegriff um **interessierte Parteien** bzw. **Anspruchsgruppen** (vgl. Abschnitt 2.2.3 der Norm). Diese sind Personen bzw. Organisationen, die von Entscheidungen beeinflusst sind bzw. sich davon beeinflusst fühlen können. Auch hängt der Erfolg des eigenen Unternehmens von der Unterstützung bzw. Ablehnung durch die interessierten Parteien ab. So sind z. B. aktuell die Energiekonzerne EON und RWE wirtschaftlich stark von der hiesigen Ablehnung der Energiegewinnung durch Kohle oder Atomkraft betroffen. In anderen Staaten, z. B. Frankreich oder China, sind die Anspruchsgruppen anders, dort wird die Problematik anders gesehen.

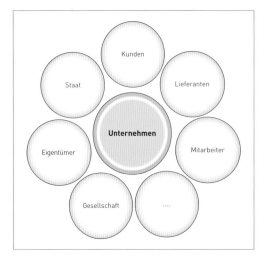

Interessierte Parteien bzw. Anspruchsgruppen

Beispiele von interessierten Parteien und deren Erfordernissen und Erwartungen

Neben den interessierten Parteien wird neu die Berücksichtigung des **Risikos** (ISO 9000) bzw. des **risikobasierten Denkens** (ISO 9001) gefordert.

> **Risiko** ist die Auswirkung des Ungewissen bzw. die Abweichung vom Erwarteten in positiver wie negativer Hinsicht.
>
> *nach DIN EN ISO 9000: 2015*

Das **Risiko** beschreibt die unerwartete Abweichung von Zielen oder die Konsequenzen der Nicht-Erfüllung von Anforderungen. Oft wird der Begriff Risiko allerdings nur auf negative Auswirkungen (Gefahr) bezogen, ein möglicher Nutzen (Chancen) bleibt im Sprachgebrauch i. d. R. außen vor.

Beim **risikobasierten Denken** sollen diejenigen Ereignisse berücksichtigt werden, durch die geplante Ergebnisse vom Ziel abweichen können. Die ISO 9001 verlangt, dass Maßnahmen geplant und umgesetzt werden, mit denen Risiken und Chancen behandelt werden. Dazu gehört die Einschätzung der Häufigkeit (Eintrittserwartung), der Auswirkungen mit den entsprechenden Wahrscheinlichkeiten sowie mögliche Reaktionen (z. B. durch Szenarien: „Was, wenn …?"). Das Konzept der vorbeugenden Maßnahmen aus der alten Norm wird durch die Anwendung des risikobasierten Denkens ersetzt und geht über die bislang üblichen vorbeugenden Maßnahmen hinaus. Denn wenn es zu einem nicht vorhergesehenen Ereignis kommt, sollen die Auswirkungen minimiert werden. Dies ist bereits vorab so weit wie möglich zu planen und zu berücksichtigen.

Risikobeurteilung nach FMEA (vgl. Kap. 4.4.2)

Bei positiven Folgen unerwarteter Abweichungen sollte die Übertragbarkeit auf andere Bereiche oder Produkte erwägt werden. Die Auswirkungen von negativen nicht erwarteten Ereignissen können zu einfachen Korrekturmaßnahmen bis hin zur Krisenintervention führen.

## 2.2.2 Inhalte der DIN EN ISO 9001: 2015

Die Norm ISO 9000 erklärt das dem Qualitätsmanagement zugrunde liegende Konzept, quasi die theoretische Grundlage. Demgegenüber ist es die ISO 9001, die konkrete Anforderungen stellt, nach der ein Qualitätsmanagementsystem aufgebaut werden soll.

Die DIN EN ISO 9001 mit der aktuellen Revision aus dem Jahr 2015 legt die **Mindestanforderungen** an ein Qualitätsmanagement fest. Sie ist Basis für eine Zertifizierung und daher von zentraler Bedeutung für Unternehmen. Im Gegensatz zu den Vorläufernormen, z. B. der ISO 9001: 2008, verfolgt die aktuelle Norm eine stark veränderte Struktur (vgl. Kapitel 2.3.2).

---

**Struktur der ISO 9001: 2015**
(siehe auch Kap. 2.3.1)

1. Anwendungsbereich
2. Normative Verweisungen
3. Begriffe
4. Kontext der Organisation
5. Führung
6. Planung
7. Unterstützung
8. Betrieb
9. Bewertung der Leistung
10. Verbesserung

---

Der ISO 9001 liegt ein **prozessorientierter Ansatz** zugrunde, der das Planen-Durchführen-Prüfen-Handeln-Modell (vgl. Deming-Kreis: PDCA = Plan-Do-Check-Act) sowie das risikobasierte Denken umfasst.

**Plan**
Setzen von Zielen des Systems sowie der Teilprozesse und Bestimmen von Ressourcen, welche zum Erfüllen der Kundenanforderungen nötig sind

**4 Kontext der Organisation**
4.1 Verstehen der Organisation und ihres Kontextes
4.2 Verstehen der Erfordernisse und Erwartungen interessierter Parteien
4.3 Festlegen des Anwendungsbereichs des QM-Systems
4.4 QM-System und dessen Prozesse

**5 Führung**
5.1 Führung und Verpflichtung
5.2 Qualitätspolitik
5.3 Rollen, Verantwortlichkeiten und Befugnisse in der Organisation

**6 Planung für das QM-System**
6.1 Maßnahmen zum Umgang mit Risiken und Chancen
6.2 Qualitätsziele und Planung zu deren Erreichung
6.3 Planung von Änderungen

**7 Unterstützung**
7.1 Ressourcen
7.2 Kompetenz
7.3 Bewusstsein
7.4 Kommunikation
7.5 Dokumentierte Information

**Act**
Ergreifen von Maßnahmen, um die Prozessleistung zu verbessern

**10 Verbesserung**
10.1 Allgemeines
10.2 Nichtkonformität und Korrekturmaßnahmen
10.3 Fortlaufende Verbesserung

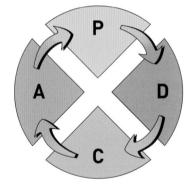

**Do**
Umsetzung der Planung

**8 Betrieb**
8.1 Betriebliche Planung und Steuerung
8.2 Bestimmen von Anforderungen an Produkte und Dienstleistungen
8.3 Entwicklung von Produkten und Dienstleistungen
8.4 Kontrolle von extern bereitgestellten Produkten und Dienstleistungen
8.5 Produktion und Dienstleistungserbringung
8.6 Freigabe von Produkten und Dienstleistungen
8.7 Steuerung nichtkonformer Prozessergebnisse, Produkte und Dienstleistungen

**Check**
Messen und Überwachen von Prozessen sowie Produkten/Dienstleistungen einschließlich einer Berichterstattung

**9 Bewertung der Leistung**
9.1 Überwachung, Messung, Analyse und Bewertung
9.2 Internes Audit
9.3 Managementbewertung

Anmerkung: Die Zahlen beziehen sich auf die Abschnitte in dieser internationalen Norm.

**Aufbau und Anwendung des PDCA-Zyklus nach DIN EN ISO 9001: 2015**

Das Denken in Prozessen ermöglicht dabei eine gute Übersicht über das, **was** zu tun ist und was dafür **wann** an Ressourcen, Information u. Ä. notwendig ist. Darüber hinaus können **Wechsel-wirkungen** zwischen einzelnen Prozessen beurteilt werden. So beeinflussen sich z. B. die Prozesse „Liefertermin feststellen" und „Urlaubsplanung der Mitarbeiter" und müssen miteinander abgestimmt werden.

Dies ermöglicht insgesamt:

- Verstehen der Anforderung eines Prozesses
- Einhaltung der Bedingungen
- Beachtung der Wertschöpfung
- Erreichen einer wirksamen Prozessleistung
- Verbesserung aufgrund der Bewertung von Daten und Informationen
- Einbeziehung des Risikos

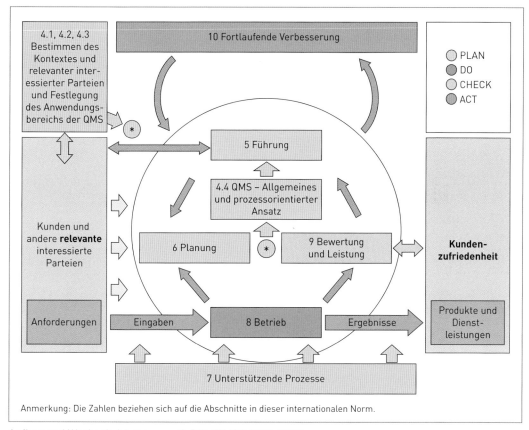

**Aufbau und Wechselwirkungen nach DIN EN ISO 9001: 2015**

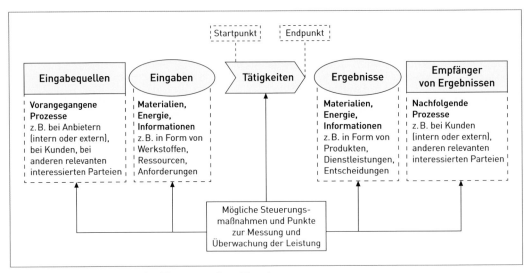

Schematische Darstellung der Elemente eines Einzelprozesses
Quelle: DIN EN ISO 9001: 2015

---

**Aufgaben**

1. Welche Normen umfasst die Normenreihe DIN EN ISO 9000 ff.?

2. Was regelt die Normenreihe ISO 9000 ff. (und was wird nicht geregelt)?

3. Benennen und erläutern Sie die grundlegenden Konzepte des Qualitätsmanagements.

4. Was sind die sieben Grundsätze des Qualitätsmanagements?

5. Was sind interessierte Parteien und warum ist es wichtig, diese zu berücksichtigen?

6. Was ist Risiko und was muss aus Sicht des QM hier berücksichtigt werden?

7. Was ist „Zertifizierung" und nach welcher Norm kann zertifiziert werden?

8. Welche Norm enthält eine Liste der Anforderungen an ein Qualitätsmanagementsystem?

---

## 2.3 Aufbau eines QM-Systems nach DIN EN ISO 9000 ff.

Um die Ziele des Qualitätsmanagements erfüllen zu können, sind als erste Schritte die

- Definition der Kunden und der interessierten Parteien
- Definition der Qualitätspolitik
- Entwicklung von daraus folgenden Qualitätszielen auf die untergeordnete Organisation
- Unterscheidung in
  - Kernprozesse (Vertrieb, Entwicklung, Produktion, Logistik, ...)
  - Unterstützungsprozesse (Messen, Analysieren, Verbessern)
  - Führungsprozesse

- Schaffung einer Aufbau- und Ablauforganisation (Festlegung der Strukturen, Zuständigkeiten und Abläufe im Unternehmen)
- Schaffung der notwendigen Kunden- und Prozessorientierung
- Einbeziehung der Risiken

durchzuführen und zu dokumentieren. Wenn diese grundsätzlichen Voraussetzungen für das QM-System erfüllt sind, müssen für die einzelnen QM-Forderungen, d. h. Abläufe und zugehörige Dokumentation, Zuständigkeiten und Ausführungsanweisungen festgelegt und beschrieben werden. Dabei erfolgt der Aufbau des QM-Systems parallel zu den Anforderungen der ISO 9001.

Eine zentrale Rolle in den Anforderungen an ein Qualitätsmanagementsystem ist die Festlegung einer Strategie (Qualitätspolitik und Qualitätsziele) sowie die Verantwortung bzw. die Vorbildfunktion der Geschäftsleitung (oberste Leitung) hierfür. Nur wenn beides, Ziele und Handeln auf der obersten Ebene, übereinstimmen, ist auf der operativen Ebene eine Umsetzung möglich.

Aus diesem Grund legt die Norm viel Wert auf Führungsprozesse insgesamt und die Verpflichtung der obersten Leitung zur Qualität im Besonderen. Denn wenn die Leitung sich nicht kompromisslos hinter ihr eigenes Qualitätsversprechen (Q-Politik, Q-Ziele usw.) stellt, werden es die Mitarbeiter erst recht nicht tun.

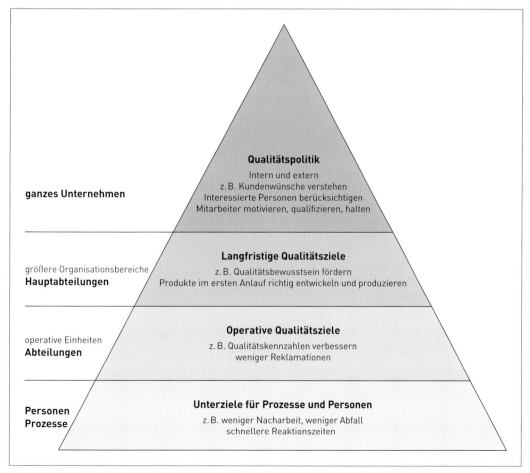

Qualitätspolitik und Qualitätsziele

### 10 Schritte zur Einführung eines QM-Systems

1. ISO 9000-Projekt bilden
   - Q-Verantwortliche (Projektleiter), Größe des Projektteams dem Unternehmen angemessen
   - Notwendige Qualifikationen, im Unternehmen vorhanden?
     Wenn nein:    – Schulungen
                     – externe Beratung
   - Vorauswahl Zertifizierer / Auditor
                     – Branchenkenntnisse
                     – anerkannte Referenzen

2. Qualitätspolitik und -ziele festlegen
   - Wer ist der Kunde, wer sind die interessierten Parteien?
   - Was sind deren grundsätzlichen Wünsche und Anforderungen?
   - Was möchte das Unternehmen erreichen?
     z. B.: Technologieführer, Preis-/Leistung, Grundanforderung im Massenmarkt erfüllen, …

3. Grobstruktur der Prozesse erstellen
   - Kernprozesse (Produktrealisierung: Vertrieb, Entwicklung, Produktion, Logistik, …)
   - Unterstützungsprozesse (Messen, Analysieren, Verbessern)
   - Führungsprozesse
   - Prozesse zur Risikobeurteilung und zur Verbesserung

4. Grobstruktur der Organisation erstellen (z. B. Organigramm)
   - Verantwortlichkeiten in der internen Organisation
   - Dezentralisierung und Eigenverantwortung
   - Schnittstellen (gegenseitige Abhängigkeiten), intern und extern
   - Kommunikation, intern und extern

5. Dokumentierte Information festlegen
   Die neue ISO 9000 macht hierbei keine genauen Vorgaben, jedoch mindestens:
   - Qualitätspolitik
   - Anwendungsbereiche
   - Qualitätsziele
   - Überwachung
   - Entwicklung
   - Rückverfolgbarkeit
   - Managementbewertung
   - QM-Arbeits- und Prüfanweisungen (konkreter Ausführungsplan, bereichsintern)
   - Lenkung der dokumentierten Information

6. Alle Mitarbeiter für ISO 9000 ff. ausbilden, Q-Teams für jeden Bereich bilden

7. System starten und verbessern

8. Internes Audit

9. Absprache und Klärung mit Zertifizierer bzw. Auditor, ggf. Vor-Zertifizierungsaudit

10. Zertifizierung

## 2.3.1 Anforderungen nach DIN EN ISO 9001: 2015

Nach den Anforderungen der ISO 9001: 2015 kann ein Unternehmen überprüft und zertifiziert werden. Dabei gilt die Wortwahl in der Norm:

- „muss" ist eine Anforderung, die es unbedingt zu erfüllen gilt

Demgegenüber schwächer sind:

- „sollte" ist eine Empfehlung
- „darf" gibt eine Zulässigkeit an
- „kann" gibt eine Möglichkeit an

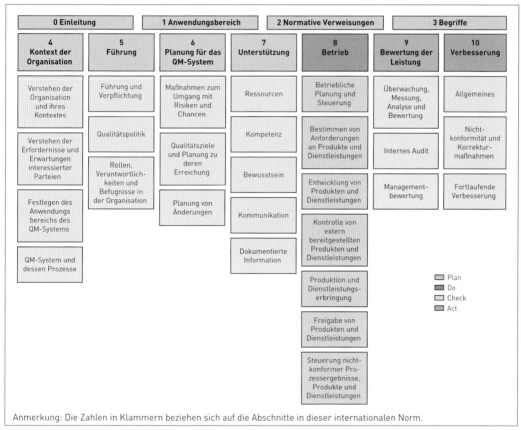

Anforderungen an QM-Systeme nach DIN EN ISO 9001: 2015 (High Level Structure)

Die Auflistung der Anforderungen ist eine Übersicht der wichtigsten Intentionen der DIN EN ISO 9001, der genaue Wortlaut ist ggf. der Norm selbst zu entnehmen[7].

---

[7] Weiterer Text des Kapitels 2.3.1 in Anlehnung an die DIN EN ISO 9001: 2015, DIN Deutsches Institut für Normung e. V. Maßgebend für das Anwenden der Normen sind deren Fassungen mit dem neuesten Ausgabedatum, die bei der Beuth Verlag GmbH, Burggrafenstraße 6, 10787 Berlin, erhältlich sind.

**0 Einleitung**
(Grundsätze des QM, Prozessorientierung, PDCA, Verweis auf ISO 9000 und ISO 9004)

**1 Anwendungsbereich**
(Anforderungen sind allgemeiner Natur und auf alle Organisationen anwendbar)

**2 Normative Verweise**
(auf die ISO 9000: 2015)

**3 Begriffe**
(Hier wird nur auf die ISO 9001: 2015 verwiesen, es werden keine Begriffe aufgelistet)

**4 Kontext der Organisation**

**4.1 Verstehen der Organisation und ihres Kontextes**
- Einflussfaktoren (externe und interne Themen) bezüglich der strategischen Aus-richtung und der Fähigkeit, die beabsichtigten Ergebnisse zu erreichen, zu bestimmen, zu überprüfen und zu überwachen. Dies können z. B. sein:
  - intern: Mitarbeiterzufriedenheit, Mitarbeiterqualifikation, Wachstum, Infrastruktur
  - extern: Innovation, Kundenzufriedenheit, Wettbewerbssituation, gesellschaftliches Engagement (aktuell z. B. für Flüchtlinge), Umwelt
- Es ist sinnvoll, Bewertungsmaßstäbe für diese Themen zu entwickeln

**4.2 Verstehen der Erfordernisse und Erwartungen interessierter Parteien**
- Für das QM-System relevante interessierte Parteien und deren Anforderungen be-stimmen, dies beinhaltet auch gesetzliche und behördliche Anforderungen
- Gesammelte Informationen sowie deren Anforderungen überwachen und überprüfen Beispiele hierfür sind:
  - Kunden: anforderungsgerechtes Produkt
  - Eigentümer: Gewinnerwartung
  - Lieferanten: Planungssicherheit
  - Mitarbeiter: Arbeitsplatzsicherheit, kein gesundheitsschädliches Arbeitsumfeld
  - Staat: Steueraufkommen, Einhaltung der Gesetze
  - Gesellschaft: Umweltschutz, Arbeitsplätze, soziale Verantwortung

**4.3 Festlegen des Anwendungsbereichs des QM-Systems**
Grenzen und Anwendbarkeit des QM-Systems unter Berücksichtigung der externen und internen Themen sowie der relevanten interessierten Parteien bestimmen

**4.4 QM-System und dessen Prozesse**

**4.4.1 Aufbauen, Umsetzen, Aufrechterhalten und Verbessern des QM-Systems**
- Notwendige Prozesse festlegen durch Bestimmung von
  - erforderlichen Eingaben und prognostizierten Ergebnissen
  - Abfolge und Wechselwirkung der Prozesse
  - Kriterien, Methoden und Messungen (inklusive Leistungsindikatoren) für eine wirksame Durchführung, ebenso deren Anwendung

- Ressourcen einschließlich Gewährleistung der Verfügbarkeit
- Verantwortungen und Befugnissen
- Chancen und Risiken; diese sind analog zu Normabschnitt 6.1 zu behandeln
- Prozesse bewerten, notwendige Änderungen umsetzen

### 4.4.2 Dokumentation und Aufbewahrung von Informationen

## 5 Führung

### 5.1 Führung und Verpflichtung

### 5.1.1 Führung und Verpflichtung für das Qualitätsmanagementsystem
- Rechenschaftspflicht für ein wirksames QM-System
- Sicherstellung der Vereinbarkeit von strategischer Ausrichtung mit Qualitätspolitik und Qualitätszielen
- Förderung des prozessorientierten Ansatzes und risikoarmen Denkens
- Sicherstellen der Verfügbarkeit notwendiger Ressourcen
- Vermittlung der Bedeutung eines wirksamen QM-Systems
- Erreichung der beabsichtigten Ziele
- Einsetzen, Anleiten und Unterstützen von Personen
- Förderung von Verbesserungen
- Unterstützung weiterer relevanter Führungskräfte

### 5.1.2 Kundenorientierung
- Sicherstellung der Kundenorientierung durch oberste Leitung
- Ermittlung und Erfüllung der Kundenanforderungen wie auch gesetzlichen und behördlichen Anforderungen
- Risiken und Chancen in Bezug auf Erfüllung der Anforderungen (Konformität)
- Aufrechterhaltung des Fokus auf Verbesserung der Kundenzufriedenheit

### 5.2 Politik

### 5.2.1 Festlegung der Qualitätspolitik
- Festgelegt, überprüft und aufrechterhalten durch die oberste Leitung
- Geeignet und angemessen
- Einen Rahmen für Qualitätsziele bietend
- Zu einer Erfüllung zutreffender Anforderungen sowie zur ständigen Verbesserung verpflichtet

### 5.2.2 Bekanntmachung der Qualitätspolitik

### 5.3 Rollen, Verantwortlichkeiten und Befugnisse in der Organisation
Die oberste Leitung muss Verantwortlichkeiten und Befugnisse regeln:
- Sicherstellen, dass das QM-System die Norm erfüllt
- Sicherstellen, dass die Prozesse die beabsichtigten Ergebnisse liefern
- Berichte über die Leistung des QM-Systems sowie Verbesserungsmöglichkeiten
- Förderung der Kundenorientierung
- Integrität (Intaktsein) bei Änderungen des QM-Systems

## 6 Planung

### 6.1 Maßnahmen zum Umgang mit Risiken und Chancen
- Geplante Ergebnisse bzw. Verbesserungen werden erreicht
- Erwünschte Auswirkungen werden verstärkt, unerwünschte vermieden/verringert
- Maßnahmen zum Umgang mit Risiken werden geplant und bewertet

### 6.2 Qualitätsziele und Planung zu deren Erreichung
- Für relevante Funktionen, Ebenen und Prozesse Qualitätsziele festlegen, die
  - der Qualitätspolitik entsprechen
  - messbar sind
  - bezüglich Konformität und Kundenzufriedenheit relevant sind
  - überwacht werden
  - vermittelt werden
  - aktualisiert werden, wenn nötig
  - dokumentierte Informationen enthalten
- Bei der Planung zum Erreichen der Qualitätsziele muss bestimmt werden:
  - was getan wird
  - Ressourcen
  - Verantwortlichkeit
  - wann es abgeschlossen wird
  - Bewertung der Ergebnisse

### 6.3 Planung von Änderungen
Bei notwendigen Änderungen am QM-System muss Folgendes berücksichtigt werden:
- Zweck und mögliche Konsequenzen der Änderung
- Integrität (Intaktsein) des QM-Systems
- Verfügbarkeit der Ressourcen
- Verantwortlichkeiten und Befugnisse

## 7 Unterstützung

### 7.1 Ressourcen

#### 7.1.1 Allgemeines
Ressourcen für Aufbau, Verwirklichung, Aufrechterhaltung des QM-Systems müssen (intern oder extern) bestimmt und bereitgestellt werden

#### 7.1.2 Personen
Bereitstellung von Personen für wirksames Umsetzen, Betreiben und Steuern des QM-Systems

#### 7.1.3 Infrastruktur
Die für Prozesse notwendige Infrastruktur (Gebäude, Hardware, Software, Transporteinrichtungen, Informations- und Kommunikationstechnik) muss bestimmt, bereitgestellt und instandgehalten werden.

### 7.1.4 Prozessumgebung

Umgebung zur Umsetzung der Prozesse muss bestimmt, bereitgestellt sowie aufrechterhalten werden, eingeschlossen:
- soziale Faktoren (diskriminierungsfrei, nichtkonfrontativ, ruhig)
- physikalische Faktoren (Wärme, Feuchtigkeit, Licht, Lärm, Hygiene, Luftführung)
- psychologische Faktoren (Stress, Prävention, emotional schützend)

### 7.1.5 Ressourcen zur Überwachung und Messung
- Geeignete Ressourcen für die Gewährleistung gültiger und zuverlässiger Überwachungs- sowie Messergebnisse müssen bestimmt werden
- Messtechnische Rückführbarkeit, das Messmittel muss
  - auf eine Normale zurückgeführt sein
  - in bestimmten Abständen dokumentiert kalibriert und verifiziert werden
  - entsprechend dem Status gekennzeichnet sein
  - geschützt werden vor Beschädigung, Verstellung oder Verschlechterung

### 7.1.6 Wissen der Organisation
- Das notwendige Wissen muss aus internen bzw. externen Quellen zur Verfügung gestellt werden
- Es muss bestimmt werden, wie Zusatzwissen oder eine Aktualisierung des Wissens erlangt werden kann

### 7.2 Kompetenz
- Nötige Kompetenz für Personen festlegen, die Einfluss auf Qualitätsleistung ausüben
- Kompetenz dieser Personen sicherstellen
- Gegebenenfalls Maßnahmen zum Erwerb nötiger Kompetenz einleiten
- Nachweise dokumentieren

### 7.3 Bewusstsein

Sämtliche Personen müssen ein Bewusstsein haben für
- Qualitätspolitik
- relevante Qualitätsziele
- ihren Beitrag zu einem wirksamen QM-System
- Folgen einer Nichterfüllung von Anforderungen des QM-Systems

### 7.4 Kommunikation

Die interne und externe Kommunikation bezüglich des QM-Systems muss geregelt werden und beinhaltet: worüber, wann, mit wem, wie und wer

### 7.5 Dokumentierte Information

### 7.5.1 Allgemeines
- Das QM-System muss dokumentierte Information enthalten, welche
  - von der Norm gefordert wird
  - als notwendig für die Wirksamkeit des QM-Systems angesehen wird
- Der Umfang der Dokumentation richtet sich nach
  - Größe der Organisation
  - Art der Prozesse
  - Komplexität und Wechselwirkungen
  - Kompetenz der Person

### 7.5.2 Erstellen und Aktualisieren

Bei dokumentierter Information muss angemessen sichergestellt werden:
- Kennzeichnung (Referenznr. oder Datum, Titel, Autor)
- Format bzw. Medium (Sprache, Papier, IT)
- Überprüfung (Eignung, Angemessenheit) und Genehmigung

### 7.5.3 Lenkung dokumentierter Information

- Die für das QM-System erforderliche Information muss
  - verfügbar sein
  - geeignet für die Verwendung vor Ort sein
  - angemessen geschützt sein (Geheimhaltung, unsachgemäßer Gebrauch, Verlust der Integrität/Aktualität)
- Zur Lenkung von dokumentierter Information muss berücksichtigt werden:
  - Verteilung, Zugriff, Auffindung und Verwendung
  - Speicherung, Erhalt der Lesbarkeit
  - Änderungsüberwachung
  - Aufbewahrung, weiterer Verbleib
  - bei Konformitätsnachweisen: Schutz gegen Änderung
  - analog für externe Dokumente

## 8 Betrieb

## 8.1 Betriebliche Planung und Steuerung

Es müssen geplant, verwirklicht, gesteuert und überwacht werden:
- Anforderungen an Produkte und Dienstleistungen
- Kriterien für Prozesse sowie für die Annahme von Produkten und Dienstleistungen
- Ressourcen
- Dokumentation

## 8.2 Bestimmen von Anforderungen an Produkte und Dienstleistungen

### 8.2.1 Kommunikation mit den Kunden

- Bereitstellung von Information
- Umgang mit Anfragen, Verträgen, Aufträgen und deren Änderungen
- Rückmeldungen vom Kunden, inkl. Reklamationen
- Notfallmaßnahmen

### 8.2.2 Bestimmen von Anforderungen in Bezug auf Produkte und Dienstleistungen

Sicherstellen, dass Anforderungen an das Produkt festgelegt sind, inkl. gesetzlicher und als notwendig erachteter Forderungen

### 8.2.3 Überprüfung von Anforderungen in Bezug auf Produkte/Dienstleistungen

Sicherstellen, dass Zusagen erfüllt werden können

## 8.3 Entwicklung von Produkten und Dienstleistungen

### 8.3.1 Allgemeines

### 8.3.2 Entwicklungsplanung
- Art, Dauer und Umfang der Entwicklung
- Prozessphasen, inkl. Überprüfung
- Verantwortung und Befugnisse
- Ressourcenbedarf
- Schnittstellen
- Einbindung von Kunde und Anwender
- Von Kunden oder interessierten Parteien erwartete Steuerung
- Dokumentation

### 8.3.3 Entwicklungseingaben
- Funktions- und Leistungsanforderungen
- Bekannte Informationen aus vergleichbaren Entwicklungen
- Gesetzliche und behördliche Anforderungen sowie Normen usw.
- Mögliche Konsequenzen aus Fehlern

### 8.3.4 Entwicklungssteuerung

- Überprüfung, ob Ergebnisse die Anforderungen erfüllen
- Verifizierung
- Validierung
- Dokumentation

### 8.3.5 Entwicklungsergebnisse

- Überprüfung, ob Entwicklungseingaben eingehalten wurden
- Anforderungen an die Überwachung und Messung
- Festlegen von Eigenschaften, die für den sicheren Betrieb und vorgesehenen Zweck von wesentlicher Bedeutung sind
- Dokumentation

### 8.3.6 Entwicklungsänderungen
Dokumentation über
- Entwicklungsänderung
- Ergebnis von Überprüfungen
- Autorisierung der Änderung
- Vorbeugung nachteiliger Auswirkungen

### 8.4 Steuerung von extern bereitgestellten Produkten und Dienstleistungen

### 8.4.1 Allgemeines
Sicherstellung, dass externe Leistungen den Anforderungen entsprechen

### 8.4.2 Art und Umfang der Steuerung
- Steuerung im Rahmen des eigenen QM-Systems
- Externe Fähigkeit, Anforderungen (Kunde, Gesetze usw.) zu erfüllen
- Wirksamkeit der vom externen Anbieter angewendeten Maßnahmen
- Verifizierung

### 8.4.3 Informationen für externe Anbieter
- Bereitzustellende Prozesse, Produkte und Dienstleistungen
- Genehmigung und Freigaben
- Zusammenwirken von Personen und Organisation
- Steuerung, Verifizierung und Validierung

### 8.5 Produktion und Dienstleistungserbringung

### 8.5.1 Steuerung der Produktion und der Dienstleistungserbringung
Die Produktion muss unter beherrschten Bedingungen erfolgen, dazu gehört:
- Verfügbarkeit von Informationen
- Verfügbarkeit von Ressourcen und geeigneter Infrastruktur
- Überwachungs- und Messtätigkeit
- kompetente Personen inkl. erforderlicher Qualifikation
- regelmäßige Validierung, ob Ergebnisse erreicht werden können
- Maßnahmen gegen menschliche Fehler
- Freigabetätigkeiten

### 8.5.2 Kennzeichnung und Rückverfolgbarkeit
- Status von Überwachungs- und Messtätigkeit
- Eindeutige Kennzeichnung, wenn Rückverfolgbarkeit gefordert
- Dokumentation

### 8.5.3 Eigentum der Kunden oder der externen Anbieter
- Sorgfältiger Umgang
- Kennzeichnung des überlassenen Eigentums, Verifizieren, Schützen, Sichern
- Information des Kunden bei Verlust und Beschädigung

### 8.5.4 Erhaltung
- Kennzeichnung
- Schutz vor Verunreinigung
- Verpackung, Lagerung usw.

### 8.5.5 Tätigkeiten nach der Lieferung
Überwachung nach Lieferungen, unter Berücksichtigung
- gesetzlicher und behördlicher Anforderungen
- unerwünschter Folgen
- von Nutzung und Lebensdauer
- von Rückmeldungen

### 8.5.6 Überwachung von Änderungen
Steuerung und Dokumentation von Änderungen

### 8.6 Freigabe von Produkten und Dienstleistungen
- Freigabe zum Kunden erst nach zufriedenstellender Umsetzung
- Ggf. durch den Kunden genehmigt
- Dokumentation (Konformitätsnachweis, autorisierende Personen)

### 8.7 Steuerung nichtkonformer Prozessergebnisse, Produkte und Dienstleistungen
- Kennzeichnung zur Verhinderung unbeabsichtigten Gebrauchs
- Korrektur, Aussonderung, Sperrung, Rückgabe, Aussetzung der Lieferung

- Dokumentation (Beschreibung, eingeleitete Maßnahmen, Sofortfreigaben, Entscheidungsstelle)

## 9 Bewertung der Leistung

### 9.1 Überwachung, Messung, Analyse und Bewertung

#### 9.1.1 Allgemeines
- Festlegung, was überwacht und gemessen werden muss
- Methoden zur Überwachung, Messung, Analyse, Bewertung
- Zeitliche Abfolge von Messung, Überwachung und Analyse

#### 9.1.2 Kundenzufriedenheit
Kundenwahrnehmung über den Erfüllungsgrad der Erfordernisse und Erwartungen einholen und überwachen

#### 9.1.3 Analyse und Beurteilung
Daten analysieren und bewerten:
- Konformität
- Grad der Kundenzufriedenheit
- Leistung und Wirksamkeit des QM-Systems
- Wirksamkeit des Umgangs mit Chancen und Risiken
- Leistung externer Anbieter
- Bedarf an Verbesserungen des QM-Systems

### 9.2 Internes Audit
- Interne Audits müssen innerhalb geplanter Abstände durchgeführt werden
- Gegenstand: Erfüllung von Anforderungen der Norm und an das QM-System
- Ergebnisse müssen dokumentiert und der zuständigen Leitung berichtet werden
- Korrekturmaßnahmen
- Verweis auf DIN EN ISO 19011

### 9.3 Managementbewertung

#### 9.3.1 Allgemeines

#### 9.3.2 Eingaben für die Managementbewertung
Geplante Bewertung des QM-Systems auf Eignung, Angemessenheit und Wirksamkeit durch die oberste Leitung mit folgendem Inhalt:
- Status der Maßnahmen vorheriger Bewertungen
- interne und externe Veränderungen mit Einfluss auf das QM-System
- Informationen bezüglich Leistung und Wirksamkeit des QM-Systems (Kundenzufriedenheit, Prozessleistung, Erfüllungsgrad, Nichtkonformität, Korrekturmaßnahmen, Auditergebnisse)
- Angemessenheit von Ressourcen
- Wirksamkeit von Maßnahmen für den Umgang mit Chancen und Risiken

#### 9.3.3 Ergebnisse der Managementbewertung
- Änderungsbedarf am QM-System
- Verbesserungsmöglichkeiten
- Ressourcenbedarf

10 Verbesserung

10.1 **Allgemeines**
Es müssen Chancen zur Verbesserung und Erhöhung der Kundenzufriedenheit gesucht sowie Maßnahmen eingeleitet werden

10.2 **Nichtkonformität und Korrekturmaßnahmen**
Bei Reklamation:
- reagieren, Maßnahmen ergreifen
- Ursache herausfinden
- Sorge tragen, damit das Problem nicht an anderer Stelle erneut auftritt
- Wirksamkeit der Korrekturen prüfen
- das QM-System entsprechend ändern
- Dokumentation

10.3 **Fortlaufende Verbesserung**
Wirksamkeit, Angemessenheit und Eignung des QM-Systems fortlaufend verbessern

## 2.3.2 Änderungen der ISO 9000 bzw. 9001: 2015 gegenüber den alten Versionen

Die neuesten Revisionen der DIN EN ISO 9000 bzw. 9001 haben große Änderungen mit sich gebracht. Der grundsätzlich neue Aufbau (vgl. Kap. 2.2.1) erfolgt in

- **neuen grundlegenden Konzepten**

> - Qualität
> - Qualitätsmanagementsystem (QMS)
> - Kontext der Organisation
> - Interessierte Parteien
> - Unterstützung

sowie

- **sieben Grundsätzen des Qualitätsmanagements**

| alt (ISO 9000: 2005) | neu (ISO 9000: 2015) |
|---|---|
| • Kundenorientierung | • Kundenorientierung |
| • Führung | • Führung |
| • Einbeziehung Mitarbeiter | • Einbeziehen von Personen |
| • Prozessorientierter Ansatz | • Prozessorientierter Ansatz |
| • Systemorientierter Ansatz | • Verbesserung |
| • Ständige Verbesserung | • Faktengestützte Entscheidungs- |
| • Sachbezogener Ansatz zur Entscheidungsfindung | findung |
| • Lieferantenbeziehungen zum gegenseitigen Nutzen | • Beziehungsmanagement |

Zusätzlich gibt es u. a. folgende weitere, wichtige Änderungen:

- Integration der **interessierten Parteien**
- Berücksichtigung von **Risiken und Chancen**
  - risikobasiertes Denken
  - Risikomanagement
  - Überwachung des **Kontextes der Organisation**
  - Annahme möglicher Ereignisse und Szenarien
  - Bewertung der zugehörigen Auswirkungen und Eintrittswahrscheinlichkeiten
- Reduzierte und flexibilisierte formale Anforderungen bei der **dokumentierten Information,** abhängig von
  - Größe der Organisation
  - Art der Prozesse und Dienstleistungen
  - Komplexität, Wechselwirkungen, Risiko
  - Kompetenz der Personen

**Nicht mehr explizit gefordert**[8] werden u. a.:

- **Sechs Pflicht-Verfahrensanweisungen;**
  dafür aber andere Anforderungen an die Dokumentation (vgl. Kap. 5.2)
- Beauftragter der obersten Leitung (**QMB – Qualitätsmanagementbeauftragter**)
  Letztlich unterstreicht die neue Norm aber die Führung und Verpflichtung der obersten Leitung in Bezug auf das QM-System. Daher müssen die Aufgaben des QMB weiterhin geregelt werden, dies kann organisatorisch aber anders, z. B. auf mehrere Personen verteilt, erfolgen.
- **Qualitätsmanagement-Handbuch (QM-H)**
  Die Dokumentation kann flexibler und vorwiegend IT-gestützt erfolgen. Bei einem bestehenden QM-System (so wie in den meisten Unternehmen vorhanden) wird es aber sinnvoll sein, das QM-H auf die neue Norm hin anzupassen und weiterhin als Informations- und Motivationsinstrument bzw. übergeordnetes QM-Dokument zu nutzen (siehe Kapitel 5.2). Gleiches gilt für die untergeordneten Verfahrens- und Arbeitsanweisungen.

Die **wichtigsten Änderungen** der ISO 9000 bzw. 9001 beziehen sich also auf:

- strategische Ausrichtung der Organisation (interne und externe Belange)
- erweiterte Zielgruppe (interessierte Parteien)
- erweitertes Prozessmanagement (Ergebniserwartung, Leistungsindikatoren)
- Flexibilisierung der Verantwortlichkeiten
- neu: Risikomanagement
- neu: Wissensmanagement
- Dokumentation (weniger Papier, mehr Qualität 4.0)

Die ISO 9001: 2015 orientiert sich nun an der Grundstruktur für einheitliche Managementsysteme (High Level Structure, siehe auch Kap. 2.5.2). Statt der alten acht Abschnitte gibt es nun zehn, wie der folgende Überblick über die **Korrelation der Kapitel im Versionswandel** zeigt.

---

[8] Falsch ist aber die Behauptung, QMB sowie QM-Handbuch seien abgeschafft und die Dokumentation müsse komplett umgebaut werden.

| DIN EN ISO 9001: 2008 | DIN EN ISO 9001: 2015 ■ PLAN ■ DO ■ CHECK ■ ACT | |
|---|---|---|
| Nicht vorhanden | 4.1 Verstehen der Organisation und ihres Kontextes | 4 Kontext der Organisation |
| Nicht vorhanden | 4.2 Verstehen der Erfordernisse und Erwartungen interessierter Parteien | |
| 4.2.2 Qualitätsmanagementhandbuch<br>1.2 Anwendung | 4.3 Festlegen des Anwendungsbereichs des QM-Systems | |
| 4.1 Allgemeine Anforderungen | 4.4 QM-System und dessen Prozesse | |
| 5.1 Selbstverpflichtung der Leitung<br>5.3 Qualitätspolitik<br>5.4.2 Planung des Qualitätsmanagementsystems | 5.1.1 Führung und Verpflichtung für das QM-System | 5 Führung |
| 5.2 Kundenorientierung | 5.1.2 Kundenorientierung | |
| 5.3 Qualitätspolitik | 5.2 Qualitätspolitik | |
| 5.5.1 Verantwortung und Befugnis<br>5.5.2 Beauftragter der obersten Leitung<br>4.1 Allgemeine Anforderungen | 5.3 Rollen, Verantwortlichkeiten und Befugnisse in der Organisation | |
| 8.5.3 Vorbeugungsmaßnahmen | 6.1 Maßnahmen zum Umgang mit Risiken und Chancen | 6 Planung für das QM-System |
| 5.4.1 Qualitätsziele | 6.2 Qualitätsziele und Planung zu deren Erreichung | |
| 5.4.2 Planung des QM-Systems | 6.3 Planung von Änderungen | |
| 6.1 Bereitstellung von Ressourcen | 7.1.1 Allgemeines | 7 Unterstützung |
| 6.1 Bereitstellung von Ressourcen<br>6.2.1 Allgemeines (Personelle Ressourcen) | 7.1.2 Personen | |
| 6.3 Infrastruktur | 7.1.3 Infrastruktur | |
| 6.4 Arbeitsumgebung | 7.1.4 Umgebung zur Durchführung von Prozessen | |
| 7.6 Lenkung von Überwachungs- und Messmitteln | 7.1.5 Ressourcen zur Überwachung und Messung | |
| Nicht vorhanden | 7.1.6 Wissen der Organisation | |
| 6.2.2 Kompetenz, Schulung und Bewusstsein | 7.2 Kompetenz | |
| 6.2.2c) Kompetenz, Schulung und Bewusstsein | 7.3 Bewusstsein | |
| 5.5.3 Interne Kommunikation | 7.4 Kommunikation | |
| 4.2 Dokumentationsanforderung | 7.5 Dokumentierte Information | |
| 7.1 Planung der Produktrealisierung | 8.1 Betriebliche Planung und Steuerung | 8 Betrieb |
| 7.2.3 Kommunikation mit dem Kunden | 8.2.1 Kommunikation mit dem Kunden | |
| 7.2.1 Ermittlung der Anforderungen in Bezug auf das Produkt | 8.2.2 Bestimmen von Anforderungen in Bezug auf Produkte und Dienstleistungen | |
| 7.2.2 Bewertung der Anforderungen in Bezug auf das Produkt | 8.2.3 Überprüfung von Anforderungen in Bezug auf Produkte und Dienstleistungen | |
| 7.3.1 Entwicklungsplanung | 8.3.1 Allgemeines | |
| 7.3.1 Entwicklungsplanung | 8.3.2 Entwicklungsplanung | |
| 7.3.2 Entwicklungseingaben | 8.3.3 Entwicklungseingaben | |
| 7.3.4 Entwicklungsbewertung<br>7.3.5 Entwicklungsverifizierung<br>7.3.6 Entwicklungsvalidierung | 8.3.4 Entwicklungssteuerung | |
| 7.3.3 Entwicklungsergebnisse | 8.3.5 Entwicklungsergebnisse | |
| 7.3.7 Lenkung von Entwicklungsänderungen | 8.3.6 Entwicklungsänderungen | |
| 7.4.1 Beschaffungsprozess | 8.4.1 Allgemeines | |
| 7.4.3 Verifizierung von beschafften Produkten | 8.4.2 Art und Umfang der Kontrolle von externen Bereitstellungen | |
| 7.4.2 Beschaffungsangaben | 8.4.3 Informationen für externe Anbieter | |
| 7.5.1 Lenkung der Produktion und der Dienstleistungserbringung<br>7.5.2 Validierung der Prozesse zur Produktion und zur Dienstleistungserbringung | 8.5.1 Steuerung der Produktion und der Dienstleistungserbringung | |
| 7.5.3 Kennzeichnung und Rückverfolgbarkeit | 8.5.2 Kennzeichnung und Rückverfolgbarkeit | |
| 7.5.4 Eigentum des Kunden | 8.5.3 Eigentum der Kunden oder externen Anbieter | |
| 7.5.5 Produkterhaltung | 8.5.4 Erhaltung | |
| 7.5.1f) Lenkung der Produktion und der Dienstleistungserbringung | 8.5.5 Tätigkeiten nach der Auslieferung | |
| Nicht vorhanden | 8.5.6 Überwachung von Änderungen | |
| 8.2.4 Überwachung und Messung des Produkts | 8.6 Freigabe von Produkten und Dienstleistungen | |
| 8.3 Lenkung fehlerhafter Produkte | 8.7 Steuerung nichtkonformer Prozessergebnisse, Produkte und Dienstleistungen | |
| 8.2.3 Überwachung und Messung von Prozessen<br>8.2.4 Überwachung und Messung des Produkts | 9.1.1 Allgemeines | 9 Bewertung der Leistung |
| 8.2.1 Kundenzufriedenheit | 9.1.2 Kundenzufriedenheit | |
| 8.4 Datenanalyse | 9.1.3 Analyse und Beurteilung | |
| 8.2.2 Internes Audit | 9.2 Internes Audit | |
| 5.6 Managementbewertung | 9.3 Managementbewertung | |
| 8.5.1 Ständige Verbesserung<br>8.5.2 Korrekturmaßnahmen<br>8.5.3 Vorbeugungsmaßnahmen | 10.1 Allgemeines | 10 Verbesserung |
| 8.5.2 Korrekturmaßnahmen | 10.2 Nichtkonformität und Korrekturmaßnahmen | |
| 8.5.1 Ständige Verbesserung | 10.3 Fortlaufende Verbesserung | |

Korrelation der Kapitel im Versionswandel

Dabei kommt es zu neuen bzw. verschärften Anforderungen sowie der Verschiebung des Fokus in bereits bekannten Anforderungen:

### Überarbeitung der ISO 9001 – Abgrenzung bzw. Zusammenfassung der Schwerpunkte

**Neue oder verschärfte Anforderungen in der ISO 9001: 2015**

- Kontext und Anwendungsbereich
- Risikobasierter Ansatz/Prozesse
- Qualitätsplanung und -bewertung
- Änderungssystematik
- Externe Bereitstellungen
- Wissen und Kommunikation

**Themenbereiche mit verändertem Fokus in der ISO 9001: 2015**

- Dokumentierte Information
- Führungsrollen (Beauftragter der Leitung)
- Ressourcen und Qualitätsbewusstsein
- Anforderungen an Produkte und Dienstleistungen
- Besonderheiten der Dienstleistung
- Analyse und Beurteilung

Einige Begriffe und Definitionen haben sich ebenfalls verändert, sind weggefallen oder neu hinzugekommen:

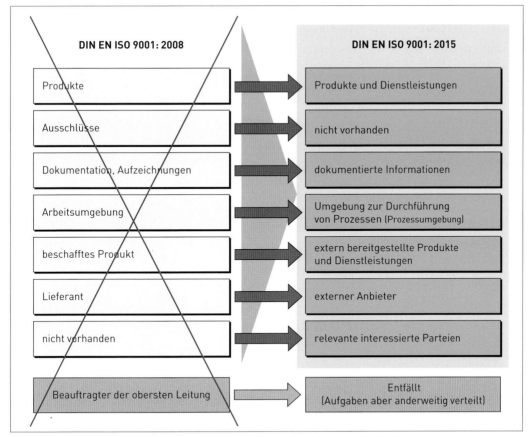

Unterschiede in der Terminologie der Versionen 2008 und 2015 (nach DIN EN ISO 9001)

Für die Umstellung der zertifizierten QM-Systeme auf die neuen Normen ISO 9000: 2015 und ISO 9001: 2015 ist die Frist von drei Jahren im September 2018 abgelaufen; weitere Informationen unter http://www.dakks.de).

Bei der Neuerung ist insbesondere zu klären:

- wer die interessierten Parteien sind und welche Anforderungen sie stellen
- ob das QM-Handbuch sowie die Verfahrens- und Arbeitsanweisungen angepasst und in bekannter Form beibehalten werden sollen
- wo und in welchem Umfang dokumentierte Information notwendig ist
- wie die Dokumentation angemessen durch IT-Systeme unterstützt werden kann, inkl. Anforderungen an zukünftige Lesbarkeit (bei Soft- und Hardwareänderungen) sowie Sicherheit vor nicht-zulässigen Änderungen (Dateien können unauffälliger geändert werden)

**Aufgaben**

1. Warum legt die Normenreihe ISO 9000 ff. so viel Wert auf Führung und die Verantwortung der Leitungsebene?
2. Unterscheiden Sie die Formulierungen „muss" und „sollte" in der Norm.
3. Unterscheiden Sie Kern-, Unterstützungs- und Führungsprozesse.
4. Ein Qualitätshandbuch ist nicht mehr explizit gefordert – aber nicht verboten. Diskutieren Sie das Für und Wider eines QM-H.
5. Wer sind die „interessierten Parteien" in Ihrem Unternehmen und wie werden die entsprechenden Anforderungen berücksichtigt?
6. Risiken sind z. T. unvorhersehbar. Überlegen Sie, wie Sie Unvorhersehbares dennoch berücksichtigen können.
7. Welche zusätzlichen Herausforderungen (Probleme) können durch computergestützte Dokumentation – im Gegensatz zur Papierform – entstehen?

# 2.4 Weitere QM-Normen

## 2.4.1 Allgemeingültige Qualitätsnormen

Die Normen ISO 9002 und 9003 sind im Jahr 2000 in der Norm ISO 9001 aufgegangen und existieren nicht mehr.

Die Gesichtspunkte Wirtschaftlichkeit werden in der **ISO 9004: 2018 (Qualitätsmanagement – Qualität einer Organisation – Anleitung zum Erreichen nachhaltigen Erfolgs)** behandelt. Hierbei handelt es sich aber im Gegensatz zu den Mindestanforderungen der ISO 9001 um Empfehlungen.

**ISO 9004** **(Qualitätsmanagement – Qualität einer Organisation - Anleitung zum Erreichen nachhaltigen Erfolgs)**

**ISO 19011** **Leitfaden für Audits von Qualitätsmanagement- und/oder Umweltmanagementsystemen**

**ISO 10001** **Kundenzufriedenheit –**
**Leitfaden für Verhaltenskodizes für Organisationen**

**ISO 10002** **Kundenzufriedenheit –**
**Leitfaden für die Behandlung von Reklamationen**

**ISO 10003** **Kundenzufriedenheit –**
**Leitfaden für Konfliktlösung**

**ISO 10014** **Qualitätsmanagement – Leitfaden zur Erzielung finanziellen und wirtschaftlichen Nutzens**

Weitere allgemeine QM-Normen (Auswahl)

## 2.4.2 Branchenspezifische Qualitätsnormen

Viele Branchen und Organisationen, z. B. die Automobil- und Elektrobranche, die Luftfahrtindustrie, der Gesundheitssektor sowie bestimmte staatliche Institutionen bestehen über die DIN EN ISO 9000 ff. hinaus auf einer eigenen Zertifizierung bezüglich der Zuverlässigkeit von Produkten und Verfahren.

Dies ist dann sinnvoll, wenn es sich um einen in sich geschlossenen Wirtschaftszweig handelt, mit globalisiert vereinheitlichten Verfahren und Terminologien (Sprachgebrauch). Die Anforderungen branchenspezifischer Normen gehen in der Regel weit über die ISO-9001-Mindestanforderungen hinaus. Weil nur für einen bestimmten Anwendungsbereich gedacht, können die Forderungen aber wesentlich konkreter formuliert werden.

Für die **Automobilindustrie** wichtig ist die **IATF 16949: 2016**. Sie ist hervorgegangen aus der amerikanischen **QS 9000**[9]. Die IATF 16949 wird neben der International Automotive Task Force (IATF), vertreten durch die europäische und amerikanische Automobilindustrie, auch durch die Japan Automobile Manufacturers Association, Inc. (JAMA) unterstützt. Dadurch wird die weltweite Akzeptanz weiter gestärkt.

Daneben existieren europäische Automobil-QM-Vorgaben, z. B. für Deutschland vom VDA im Band **VDA 6**[10].

---

[9]  QS 9000 ist eine QM-Anforderung der „großen drei" US-Automobilkonzerne GM, Ford und Chrysler, also im engeren Sinne eine Kundenanforderung und keine Norm.

[10]  VDA: Verband der Automobilindustrie – weitere Verbände: AVSQ (Italien), FIEV (Frankreich), SMMT (Großbritannien).

Zertifikat nach DIN EN ISO 9001

Für **Hochschulen** gibt es im Rahmen des Bologna-Prozesses ein sehr ähnliches Qualitätsnachweisverfahren. Der Bologna-Prozess betreibt die europäische Harmonisierung der Hochschulabschlüsse (Bachelor, Master, Promotion). Hierbei gibt es keine strukturierende Norm, jedoch Vorgaben des Akkreditierungsrates. Hochschulen müssen sich „akkreditieren", ein Prozess mit gewisser Ähnlichkeit zur ISO-9001-Zertifizierung. Zusätzlich gibt es für die Weiterbildung die QM-Norm DIN ISO 29990: 2010.

| Automobilindustrie | |
|---|---|
| IATF 16949 (2016) | Qualitätsmanagementsysteme – Besondere Anforderungen bei Anwendung von ISO 9001: 2015 für die Serien- und Ersatzteilproduktion in der Automobilindustrie |
| VDA Band 6.X | Qualitätsmanagement in der Automobilindustrie 2016 & 2017 |
| QS-9000 (1998) (ungültig) | Quality System Requirements (QM-System-Forderungen) wird durch die IATF 16949 (2016) ersetzt |
| QS-9000TES (1998) (ungültig) | Quality System Requirements Tooling and Equipment Supplement (QM-System-Forderungen – Ergänzungen bezüglich Werkzeuge und Ausrüstungen) wird durch die IATF 16949 (2016) ersetzt |
| **Medizinprodukte** | |
| DIN EN ISO 13485 (2016) | Medizinprodukte – Qualitätsmanagementsysteme – Anforderungen für regulatorische Zwecke |
| **Luft- und Raumfahrtindustrie** | |
| DIN EN 9100 (2018) | Qualitätsmanagementsysteme – Anforderungen an Organisationen der Luftfahrt, Raumfahrt und Verteidigung |
| **Schienenfahrzeugindustrie** | |
| ISO/TS 22163 (2017) | Bahnanwendungen – Qualitätsmanagementsystem – Besondere Anforderungen für die Anwendung der ISO 9001: 2015 im Eisenbahnsektor |
| **Telekommunikationsindustrie** | |
| TL 9000 (2017) | TL 9000 Quality Management System Requirements |

Beispiele für branchenspezifische Normen auf Basis der ISO 9001

Wichtiger Bestandteil bei allen Managementnormen ist das sog. Audit. Hier wird vor Ort die Funktionsfähigkeit eines QM-Systems begutachtet. Geregelt wird ein Audit in der **ISO 19011: 2018** „Leitfaden zur Auditierung von Managementsystemen". Auf Einzelheiten wird im Kapitel 6 eingegangen.

## 2.5 Einheitliche Strukturen für Managementsysteme

Managementsysteme in Unternehmen, auch wenn sie keinem normierten System unterliegen, folgen derselben Grundstruktur:

- Grundsätze und Strategie
- Führung
- Aufbauorganisation
- Ablauforganisation

Häufig fehlt es aber an:

- Transparenz
- strukturiertem Aufbau
- Dokumentation
- Einbindung der Mitarbeiter
- Geschlossenheit

Die DIN EN ISO 9000 war die erste Norm, die „Managementsysteme" berücksichtigte und sich in weiten Bereichen verbreitet hat.

Getrennt hiervon haben sich ähnliche Systeme im Umwelt-, Energie- und Sicherheitsmanagement entwickelt. Diese basieren alle auf vergleichbaren Verfahren, wie z. B. der Verantwortung der Leitung, Prozessorientierung und der kontinuierlichen Verbesserung. Gleichzeitig wurden einige branchenspezifische Normen mit der Normenreihe DIN EN ISO 9000 ff. harmonisiert.

| | |
|---|---|
| **DIN EN ISO 9001: 2015** | Qualitätsmanagementsysteme (zusätzlich harmonisierte branchenspez. Normen: Automobil IATF 16949, Luftfahrt DIN 9100, Medizinprodukte DIN 13485, Telekom TL 9000, Schienenverkehr IRIS) |
| **DIN EN ISO 14001: 2015** | Umweltmanagementsysteme |
| **DIN EN ISO 13485: 2016** | Medizinprodukte – Qualitätsmanagementsysteme |
| **DIN EN ISO 22000: 2018** | Management für die Lebensmittelsicherheit |
| **DIN EN ISO 22301: 2019 (Entwurf)** | Informationstechnik – Sicherheitsverfahren – Informationssicherheitsmanagementsysteme – Anforderungen |
| **DIN ISO/IEC 27001: 2017** | Informationstechnik – Sicherheitsverfahren – Informationssicherheitsmanagementsysteme – Anforderungen |
| **DIN ISO 45001: 2018** | Managementsysteme für Sicherheit und Gesundheit bei der Arbeit – Anforderungen mit Anleitung zur Anwendung (früher BS OHSAS 18001) |
| **DIN EN ISO 50001: 2018** | Energiemanagementsysteme – Anforderungen mit Anleitung zur Anwendung (früher DIN EN 16001) |
| Zusätzlich: | |
| **DIN EN ISO 19011: 2018** | Leitfaden zur Auditierung (jeglicher) Managementsysteme |

Ähnlich aufgebaute Managementsysteme

| Norm | Anzahl Zertifikate in 2014 | Anzahl Zertifikate in 2013 | Steigerung | Steigerung in % |
|---|---|---|---|---|
| ISO 9001 | 1 138 155 | 1 126 460 | 11 695 | 1 % |
| ISO 14001 | 324 148 | 301 622 | 22 526 | 7 % |
| ISO 50001 | 6 778 | 4 826 | 1 952 | 40 % |
| ISO/IEC 27001 | 23 972 | 22 349 | 1 623 | 7 % |
| ISO 22000 | 30 500 | 26 847 | 3 653 | 14 % |
| IATF 16949 | 57 950 | 53 723 | 4 227 | 8 % |
| ISO 13485 | 27 791 | 25 655 | 2 136 | 8 % |
| ISO 22301 | 1 757 | | | |
| Gesamt | 1 609 294 | 1 561 482 | 47 812 | 3 % |

Zertifizierungen in den verschiedenen Managementsystemen
Quelle: ISO Survey 2014

Zum einen bringt die vergleichbare Handhabung der verschiedenen Managementnormen Vorteile. Andererseits werden die einzelnen Normen nur mit Zeitverzögerung angeglichen, da im Normungsprozess unterschiedlichen Normungsbereichen zugeteilt. Letztlich kam es aufgrund kleiner Unterschiede in den Normen, unterschiedlicher Zuständigkeit im Unternehmen und zeitlich auseinanderliegender Audittermine zu Einzel- bzw. Insellösungen. Dies war der Akzeptanz der Systeme nicht förderlich, fehlten doch klare, einheitliche Strukturen.

Aus dieser Problematik heraus kam es zu Überlegungen, eine übergeordnete Norm über allgemeine Anforderungen an Managementsysteme zu entwickeln (Zielfindung, Verantwortung der Leitung, Überwachungsprozesse, Prozessorientierung, kontinuierliche Verbesserung usw.). Dem untergeordnet wären spezifische Fachnormen (Qualität, Umwelt, Sicherheit usw.).

## 2.5.1 Integrierte Managementsysteme (IMS) nach VDI 4060 (Blatt 1)

In diesem Sinne wurde bereits 2005 vom VDI die Richtlinie 4060 (Blatt 1) „Integrierte Managementsysteme (IMS)" herausgegeben.

> Man spricht vom „Integrierten Managementsystem" (IMS), wenn Anforderungen aus verschiedenen Bereichen (z. B. Gesundheit, Sicherheit, Umwelt, Qualität) in einer einheitlichen Struktur zusammengefasst werden.
>
> *Quelle: VDI 4060 Blatt 1 (2005)*

Im angelsächsischen Raum wird statt IMS von HSEQ-Systemen gesprochen (Health, Safety, Environment and Quality Systems).

| | Qualitäts-management | Umwelt-management | Arbeitsschutz-management |
|---|---|---|---|
| Ziel | Kundenzufriedenheit | Schutz der Umwelt | Gesundheit + Arbeitsschutz |
| Zielgruppe | Kunde | Gesellschaft | Mitarbeiter |
| Gegenstand | Produkte/Leistungen | Verfahren/Produkte | Arbeitsplatz |

Vergleich der Managementsysteme

Vorreiter neben der erwähnten VDI-Richtlinie 4060 ist hier beispielsweise die DIN EN ISO 19011: 2011, die sich mit der einheitlichen Auditierung jeglicher Managementsysteme beschäftigt (vgl. auch Kap. 6). Hier werden zusätzlich zu den normativen Vorgaben auch gesetzliche oder vertragliche Rahmenbedingungen mit berücksichtigt:

| Gesetzlich | Normativ | Vertraglich |
|---|---|---|
| Produkthaftungsgesetz, Geräte- und Produktsicherheitsgesetz, EU-Richtlinien | DIN EN ISO 9001: 2015 | Leistungsvereinbarungen |

*Prozessorientierte Rahmenbedingungen*
*Umweltschutz – Beispiele*

| Gesetzlich | Normativ | Vertraglich |
|---|---|---|
| EU-Öko-Audit Verordnung (EMAS), Bundes-Immissionsschutzgesetz, Wasserhaushaltsgesetz | DIN EN ISO 14001 | Verantwortungsvereinbarungen |

*Prozessorientierte Rahmenbedingungen*
*Arbeitsschutz – Beispiele*

| Gesetzlich | Normativ | Vertraglich |
|---|---|---|
| Arbeitsschutzgesetz, Arbeitssicherheitsgesetz, Betriebssicherheitsverordnung | ILO Guidelines, Nationaler Leitfaden AMS OHRIS | Tarifvertrag, vertragliche Regelungen für Fremdfirmen |

Rahmenbedingungen im IMS – Beispiele
*Nach: Integriertes Managementsystem für KMU [15]*

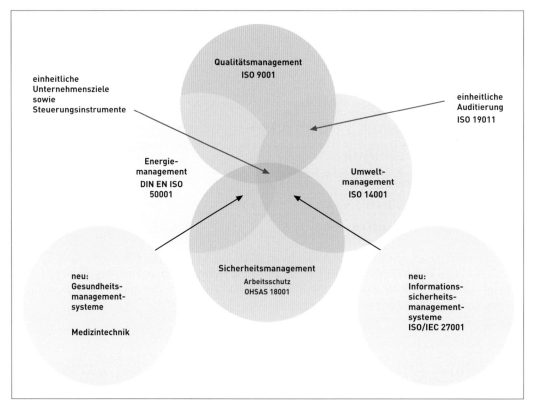

Zukünftige Entwicklung von integrierten Managementsystemen (IMS)
in Anlehnung an VDI 4060 Blatt 1 (2005) und DIN EN ISO 19011 (2011)

Auch ohne dass das o. g. Konzept bereits normativ vollständig umgesetzt ist, können bereits jetzt Synergieeffekte des integrierten Managements genutzt werden:

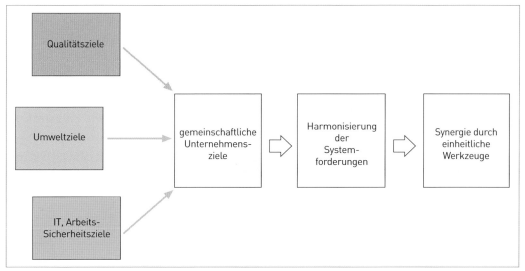

**Beispiel für Synergieeffekte durch Integrierte Managementsysteme (IMS)**

Nutzen von integrierten Managementsystemen (IMS):

- Schlanke Organisation durch
  - Synergieeffekte
  - einheitliche Strukturen in Managementsystemen
  - dort wo möglich einheitliche Prozesse

- Verringerung des Aufwands:
  - Dokumentation des Managementsystems
  - Audits (vereinheitlichter Ablauf, die einzelnen Systeme werden allerdings getrennt geprüft)
  - Bürokratieabbau
  - weniger Schulungsaufwand

## 2.5.2 Leitfaden für die Entwicklung und Überarbeitung von ISO-Standards (DIN SPEC 36601 und Annex SL)

Neben diesem auf der deutschen VDI-Richtlinie basierenden Ansatz hat sich im internationalen Bereich ein neuer Ansatz für **einheitliche Strukturen im Management** entwickelt: die ISO/IEC-Direktiven, Teil 1, Konsolidierte ISO-Ergänzungen, 2013, Anhang SL (genannt „**Annex SL**")[11, 12]. Damit hat die International Organization for Standardization (ISO) einen Leitfaden für die Entwicklung neuer Normen entwickelt, der die Struktur und Anforderungen weitgehend vereinheitlicht. Für Anwender bedeutet dies: einheitliche Strukturen für alle XXX-Managementsysteme. Dadurch können sie ihre Systeme künftig einfacher integrieren und entsprechend ihren eigenen Strukturen weiterentwickeln.

Dieser allgemeine Managementsystemansatz ist auch bei der Akkreditierung (= Zulassung) von Zertifizierungsstellen und z.B. in der DIN EN ISO/IEC 17021-1: 2015 (Konformitätsbewertung – Anforderungen an Stellen, die Managementsysteme auditieren und zertifizieren) berücksichtigt.

Alle Managementnormen sollen künftig dieselbe Struktur haben

Hierfür vorgegeben wird als sogenannte **High Level Structure** ein Vorschlag mit identischen Textbausteinen, gemeinsamen Begriffen und Definitionen. Wann immer Normen aktualisiert werden sollen (z.B. ISO 9001, ISO 14001), soll der Managementkern gemäß Annex SL abgebildet werden:

---

[11] www.iso.org/directives

[12] Im Deutschen: DIN-Fachbericht DIN SPEC 36601: 2014-12: Grundstruktur, einheitlicher Basistext, gemeinsame Benennungen und Basisdefinitionen für den Gebrauch in Managementsystemnormen

**High Level Structure als Grundstruktur für einheitliche Managementsysteme**
DIN SPEC 36601: 2014-12 (D), so bereits in der ISO 9001: 2015 angewendet

**1 Anwendungsbereich**

**2 Normative Verweisungen**

**3 Begriffe**

**4 Kontext der Organisation**

    4.1 Verstehen der Organisation und ihres Kontextes

    4.2 Verstehen der Erfordernisse und Erwartungen interessierter Parteien

    4.3 Festlegen des Anwendungsbereichs des XXXmanagementsystems

    4.4 XXXmanagementsystem

**5 Führung**

    5.1 Führung und Verpflichtung

    5.2 Politik

    5.3 Rollen, Verantwortlichkeiten und Befugnisse in der Organisation

**6 Planung**

    6.1 Maßnahmen zum Umgang mit Risiken und Chancen

    6.2 XXXziele und Planung zu deren Erreichung

**7 Unterstützung**

    7.1 Ressourcen

    7.2 Kompetenz

    7.3 Bewusstsein

    7.4 Kommunikation

    7.5 Dokumentierte Information

    7.5.1 Allgemeines

    7.5.2 Erstellen und Aktualisieren

    7.5.3 Lenkung dokumentierter Information

**8 Betrieb**

    8.1 Betriebliche Planung und Steuerung

**9 Bewertung der Leistung**

    9.1 Überwachung, Messung, Analyse und Bewertung

    9.2 Internes Audit

    9.3 Managementbewertung

**10 Verbesserung**

    10.1 Nichtkonformität und Korrekturmaßnahmen

    10.2 Fortlaufende Verbesserung

**Aufgabe**

1. Warum werden branchenspezifische Normen benötigt?

2. Warum ist es sinnvoll, eine übergeordnete Managementnorm sowie spezifische Normen (Qualität, Umwelt usw.) zu haben?

# 3 Qualitätsprüfung und Prüfmittelüberwachung

Die Qualitätsprüfung führt die im Rahmen der Qualitätsplanung festgelegten Maßnahmen zur Erfassung von Qualitäts-Istwerten durch und vergleicht diese mit den vorgegebenen Sollwerten.

Qualitätsprüfungen sind demnach Soll-Ist-Vergleiche, die immer in qualitätsentscheidenden Phasen der Produktentstehung vorgenommen werden, also als:

- **Eingangsprüfung** von Rohstoffen, Einbauteilen und Hilfsstoffen mit Einfluss auf die Qualität des Produktes,

- **Zwischenprüfung** (oder Fertigungsprüfung) im Rahmen der Prozessüberwachung oder als Eingangsprüfung für den nächsten Arbeitsschritt,

- **Endprüfung** am fertigen Produkt, dazu können auch Funktionstests und vertraglich geregelte Abnahmebedingungen gehören.

Typische Aktivitäten sind die Erfassung von Messdaten über Messwerkzeuge (bei quantitativ messbaren Größen) oder die Abarbeitung von Prüflisten (Checklisten bei nur qualitativ festgelegten Eigenschaften). Bei komplexeren Überprüfungen spricht man von Reviews oder Audits.

> **Prüfung;** Inspektion
> Konformitätsbewertung durch Beobachten und Beurteilen, begleitet – soweit zutreffend – durch Messen, Testen oder Vergleichen
>
> *Def. nach DIN EN ISO 9000: 2015*

Die Durchführung der Qualitätsprüfung kann als Eigen- oder Fremdprüfung geplant werden.

**Eigenprüfung** heißt, dass diejenigen Arbeitskräfte, die die Arbeitsaufgaben durchführen, diese auch selbst überprüfen. Das setzt qualifizierte Arbeitskräfte und ein hohes Maß an Verantwortlichkeit voraus. Auch ist der Umgang der Leitung mit „Fehlern" sehr wichtig: Wenn „Schuldige" gesucht und abgestraft werden, ist die Motivation für eine korrekte Eigenprüfung eher gering.

**Fremdprüfung** ist die Prüfung der Fertigung durch eine externe Qualitätsstelle. Diese Prüfung kann in zwei Formen durchgeführt werden:

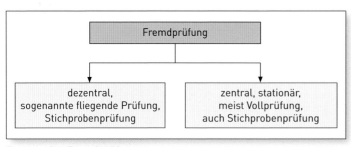

Formen der Fremdprüfung

Theoretisch kann jeder Prüfwert mit absoluter Genauigkeit ermittelt werden. In der Praxis stehen dem aber sowohl technische Beschränkungen, Kostenaspekte und menschliche Unzulänglichkeiten entgegen. Die Prüfungen sollen dem Produkt und dessen Einsatzzweck angemessen sein, d.h. solange die Funktion sicher gestellt ist, können im Rahmen der Wirtschaftlichkeit Ungenauigkeiten (Streuung, Toleranzen) akzeptiert werden.

> Prüfmittel, die für Qualitätsprüfungen eingesetzt werden, müssen auf ihre Eignung geprüft und angemessen auf etwaige Veränderungen überprüft werden (= Prüfmittelüberwachung).

Ein Messvorgang beinhaltet Streuungen, jeder ermittelte Messwert besteht aus

- dem wahren Wert
- einer Messabweichung.

Die Messabweichung wird hervorgerufen durch

- Streuungseinflüsse des Messmittels
- Streuungseinflüsse der Messmethode
- Streuungseinflüsse des Prüfers

Die Messabweichung setzt sich zusammen aus

- der systematischen Komponente (systematic error)
- der zufälligen Komponente (random error)

Zentrale Anforderung an die Qualitätsprüfung ist die Möglichkeit der Wiederholung einer Messung, z.B. durch andere Personen oder an anderen Orten, mit vergleichbaren Ergebnissen. Trotz normierter Messbedingungen ist eine Streuung der Ergebnisse aber nicht vermeidbar.

Die **Wiederholbarkeit** gibt die Streuung von Messergebnissen an, die sich bei der wiederholten Anwendung ergibt:

- eines festgelegten Messverfahrens
- am identischen Objekt
- durch *denselben* Beobachter (Prüfer)
- mit derselben Geräteausstattung

Die **Vergleichspräzision** gibt die Streuung von Messergebnissen an, die sich bei der wiederholten Anwendung ergibt:

- eines festgelegten Messverfahrens
- am identischen Objekt
- durch *verschiedene* Beobachter (Prüfer)
- mit derselben Geräteausstattung

Die Qualitätsprüfung an sich gilt dem Vergleich des Ist-Zustands mit den Vorgaben, also der Konformität. Dies geschieht i.A. durch Prüfung.

# 3.1 Grundlagen der Prüftechnik

Auf einzelne Prüftechniken und Prüfmittel soll und kann hier nicht eingegangen werden. Ihr branchenspezifischer Einsatz, ihre Anwendungsgebiete und die Durchführung sind weitgehend genormt.

## 3.1.1 Prüfmittel für materielle Produkte

Mithilfe der Prüfmittel wird entweder gemessen oder verglichen. Die verwendeten Hilfsmittel, wie Stative, Aufbauten, Energien, Antriebe, Software usw., können dabei maßgeblich das Prüfergebnis beeinflussen.

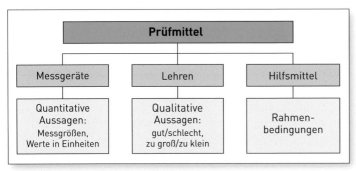

Gliederung der Prüfmittel und ihre Aussagen

## 3.1.2 Toleranzen und Abweichungen

Kein Produkt ist absolut genau, kein (Fertigungs-)Prozess absolut wiederholbar. Alle Fertigungsverfahren, aber auch die Prüfung selbst beinhalten systematische und zufällige Abweichungen:

- **Systematische Fehler**
  entstehen dadurch, dass z. B. eine Apparatur falsch eingestellt bzw. kalibriert (geeicht) ist oder die Proben immer gleich verunreinigt sind.

  *Beispiel:*
  Zwischen 2007 und 2009 suchte die Polizei das „Heilbronner Phantom": Bei ca. 40 Straftaten waren die gleichen DNA-Spuren sichergestellt worden. Es stellte sich heraus, dass diese DNA auf den verwendeten Wattestäbchen einer Verpackungsmitarbeiterin der Herstellerfirma gehörten.

- **Zufällige Fehler**
  entstehen durch zufällige Prozesse während des Messens (z. B. das thermische Rauschen des Sensors, das Quantisierungsrauschen), aber auch durch außerhalb der Kontrolle stehende Ereignisse (z. B. zufällig vorbeifahrende Autos, irgendwo im Gebäude zuschlagende Türen oder Zugluft).

- **Ausreißer**

  sind zufällige Fehler, die aber einzeln auftreten und weit außerhalb der sonst üblichen Messwerte liegen. Außer bei streng wissenschaftlichen Untersuchungen können diese i. A. manuell aus dem Datensatz entfernt werden.

In den technischen Vorgabedokumenten, z. B. Zeichnungen, werden Sollwerte, z. B. das **Sollmaß,** angegeben. Welche Toleranzen und Abweichungen davon geduldet werden können, bestimmt der Anwendungszweck.

> Wenn keine Toleranzen angegeben sind, gelten neben den produktbezogenen Normen für alle Maßeinheiten, Maßzahlen und die erforderliche Genauigkeit der Messmittel die Regelungen der DIN 1333. [1]

Da in der Fertigung i. A. nicht so lange gewartet werden kann, bis ein Prozess die Toleranzgrenzen (OGW: Obere Grenzwert bzw. UGW: Untere Grenzwert[2]) erreicht, gibt es sog. **Eingriffsgrenzen** (UEG: Untere Eingriffsgrenze bzw. OEG: Obere Eingriffsgrenze), bei denen auf das Auswandern eines Messwertes reagiert werden muss.

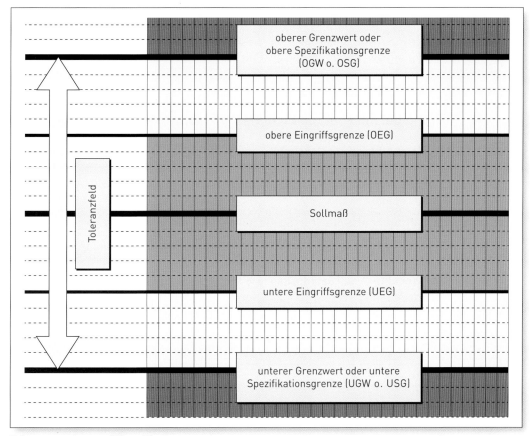

Toleranzgrenzen und Eingriffsgrenzen

---

[1]  Im Anhang sind die Grundsätze der Genauigkeits- und Rundungsregeln mit einem Beispiel erklärt (vgl. Kap. 7.6).

[2]  Teilweise werden auch benutzt: OSG: Obere Spezifikationsgrenze, USG: Untere Spezifikationsgrenze.

## 3.1.3 Prüfung von Informations-Produkten (Software, Apps)

Für die Prüfung von Dienstleistungen und Software, oft auch bei komplexen Produkten wie Anlagen, Steuerungen u.Ä., stehen meist keine klassischen Prüfmittel für Messwerte oder eine objektive Aussage zur Verfügung.

Wenn dazu überhaupt Normen vorhanden sind, stellen diese meist nur Mindestanforderungen dar, die sich oft auch nur auf Details beziehen oder nur subjektiv auf „angemessene Erfüllung" geprüft werden können, oder sie sind Leitfäden für das Vorgehen.

Anstelle von Prüfmitteln werden für den Soll-Ist-Vergleich

* Mindestanforderungen aus Normen,
* vereinbarte Leistungsnachweise,
* vereinbarte Pflichtenhefte oder
* Checklisten

herangezogen, deren Erfüllung geprüft oder nachgewiesen wird.

Ein Beispiel für ein Prüfverfahren eines ideellen Produktes ist das Qualitätsaudit, mit dem „Dienstleistungsprodukt QM-System".

Hierbei wird die Norm als Vergleichsbasis für die Mindestanforderungen herangezogen, die dann für die Überprüfung der Durchführung als Pflichtenheft dienen.

## 3.1.4 Prüfung bei am Produkt nicht nachweisbaren Merkmalen

Bei Produkten der chemischen und metallurgischen Verfahrenstechnik, beim Schweißen und Löten, bei der Oberflächenbehandlung, aber auch bei mechanischen Produkten ist es nicht selten, dass die exakte Prüfung auf die eigentlichen Qualitätsmerkmale technisch und/oder wirtschaftlich nicht (mehr) möglich ist.

In solchen Fällen kann und muss die Prüfung ersetzt werden durch:

* fähige Prozesse, oft auch für eingesetzte Rohstoffe, mit Rückverfolgbarkeit der Prozessführung,
* Verfolgung der Produkte in der Gebrauchsphase mit statistischer Auswertung, z. B. der Lebensdauer,
* Durchführung indirekter Prüfungen (z. B. erlaubt die elektrische Leitfähigkeit Rückschluss auf die Reinheit von Kupfer).

### Aufgaben

1. Mit welchen Prüfmittelarten werden materielle Produkte geprüft?
2. Wovon hängen Richtigkeit und Genauigkeit der Prüfergebnisse ab?
3. Wie kann Sicherheit erreicht werden, wenn der Nachweis eines Qualitätsmerkmales am Produkt nicht direkt geprüft werden kann?

# 3.2 Prüfmittelüberwachung

## 3.2.1 Aufgaben und gesetzliche Grundlagen

> Die Qualitätsprüfung macht nur Sinn, wenn Kunde und Lieferant die festgelegten Merkmale auch mit vergleichbaren Prüfmitteln und -methoden prüfen.

Für den amtlichen und geschäftlichen Verkehr sind von alters her staatliche Maßeinheiten und Messmethoden festgelegt worden, die mit zunehmender Wissenschaft und Technisierung verfeinert und den Bedürfnissen der internationalen Verflechtung der Wirtschaft angepasst wurden.

Die Umstellung auf die SI-Einheiten, die internationalen Maß- und Gewichtseinheiten, ist ein zäher Prozess, der besonders in den USA noch nicht vollzogen ist. Für diese Einheiten sind Umrechnungsfaktoren festgelegt.

Die für Deutschland gültigen Gesetze, das Gesetz über Einheiten im Maßwesen und das Eichgesetz, entsprechen dem EU-Recht und sind im Bundesgesetzblatt, Teil I (BGBl I) festgelegt.

Flankiert werden diese Gesetze von den Schutzgesetzen, von branchenspezifischen Regelungen und Richtlinien sowie nationalen und internationalen Normen, die auch besonders die erforderlichen Genauigkeits- und Verfahrensvorschriften enthalten.

Über die weitgehenden Regulierungen von Maßeinheiten, Prüfmitteln und -verfahren hinaus können auch noch vertragliche Vereinbarungen getroffen werden.

Als Konsequenz aus diesen Regelungen ergibt sich nicht nur die Vereinheitlichung von Maßeinheiten, Messgeräten und Prüfverfahren, sondern auch die vorgeschriebene Kontrolle der Prüfmittel.

> Die Prüfmittelüberwachung sichert die Einsatzfähigkeit, Genauigkeit und Instandhaltung aller für die Prüfung und Überwachung der Qualität eingesetzten Prüf- und Messmittel.

# 3.2.2 Prüftechnische Begriffe

### Eichen
ist die amtliche Prüfung und Stempelung (Kennzeichnung) eines Prüfmittels bezüglich der Forderungen der Eichvorschrift.

### Kalibrieren
ist die Feststellung der systematischen Messabweichungen ohne die Veränderung des Prüfmittels (ggf. mit deren Dokumentation).

### Justieren
ist die Minimierung der systematischen Messabweichungen durch eine Veränderung des Prüfmittels (in der Regel nach einer Kalibrierung).

### Genauigkeitsklasse
ist die genormte Klasse der Höchstmessunsicherheit, der ein Prüfmittel zugeordnet werden kann.

### Messunsicherheit
ist ein Maß für die Genauigkeit des Messergebnisses. Sie ergibt sich aus systematischen und zufälligen Messabweichungen.

### Prüfstandards
sind gebräuchliche, nicht genormte Prüfmittel oder Prüfhilfsmittel zum Kalibrieren und/ oder Justieren. Prüf- oder Justierstandards werden oft vom Hersteller der Mess- und Prüfgeräte gestellt oder, z. B. im Lehrenbau, vom Lieferanten hergestellt oder auch vom Kunden beigestellt.

### Normale
sind zum Eichen, Kalibrieren und/oder Justieren benötigte Maßverkörperungen, Messgeräte oder Messeinrichtungen. Sie verkörpern oder repräsentieren die als richtig vorausgesetzten Werte, die zum Vergleich des Prüfmittels herangezogen werden. Vom Gebrauchsnormal bis zum absolut maßgeblichen nationalen oder Primärnormal unterliegt die Prüfmittelüberwachung mit und von Bezugsnormalen einer festgelegten Hierarchie.

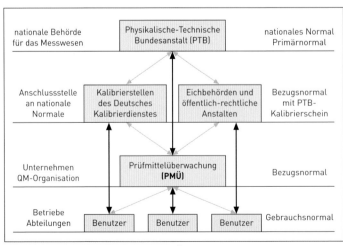

**Hierarchie der Normale bei der PMÜ**

# 3.2.3 Aufbau der PMÜ im QM-System

Zum QM-System gehört die planmäßige Auswahl, Registrierung und Überwachung aller Prüfmittel.

### ■ Qualifikationsprüfung der Prüfmittel

Für die einzelnen Qualitätsmerkmale in der Qualitätsprüfung und/oder jede Mess- und Regelstelle im Fertigungsprozess mit qualitätsrelevanter Aufgabe müssen alle verfügbaren Zahlen, Daten, Fakten und Erfahrungen berücksichtigt werden, um die Anforderungen an das Prüfverfahren und die Qualifikation des jeweiligen Prüfmittels festzulegen.

Zur Qualifikationsprüfung gehören:

- Forderungen von Kunden[3], Behörden, Normen und Design;
- Feststellung des erforderlichen Prüfverfahrens und ggf. möglicher Alternativen;
- Messunsicherheit des Prüfmittels, bezogen auf die Toleranz des Prüfmerkmals;
- Empfehlungen und Richtlinien des Prüfmittelherstellers;
- Garantiezeiten und Überwachungsvorgaben des Prüfmittelherstellers;
- Anfälligkeit – Einsatzbedingungen und Umgebungseinflüsse;
- Erfahrungen mit ähnlichen Prüfmitteln und Prüfbedingungen[4];
- Erfahrungen mit dem Prüfmittelhersteller;
- Abschätzung der Folgen bei Änderung der Einsatzbedingungen;
- Anforderungen an das Benutzer- und PMÜ-Prüfpersonal, mit Berücksichtigung der Handhabung und Ablesbarkeit;
- Abschätzung der Folgen bei Ausfall des Prüfmittels. Das Ergebnis der Qualifikationsprüfung führt zu:
- Liste der Prüfmittel[5] für die verschiedenen Prüfmerkmale mit ihren Toleranzbereichen und Einsatzgebieten;
- Festlegung der Prüfintervalle[6] für die Prüfmittel unter Berücksichtigung der Einsatzgebiete;
- Ergänzungen zu den PMÜ-Prüfanweisungen in der Eingangs-[7] und Intervallprüfung;
- QM-Liefervorschriften und Kriterien der Lieferantenüberwachung für die Beschaffung der Prüfmittel.

---

[3] Oft schreibt der Kunde in seinen Liefervorschriften das Prüfverfahren und auch das zu benutzende Prüfmittel vor.

[4] Erfahrungen aus den laufenden PMÜ-Prüfungen können und sollen ggf. zu Korrekturmaßnahmen führen.

[5] Diese Liste erleichtert die Aufgabe der Prüfplanung für die einzelnen Aufträge.

[6] Die Prüfintervalle für Bezugsnormale sind oft in Normen und gesetzlichen Vorschriften festgelegt.

[7] Bei Standardprüfmitteln reicht meist die eigene Eingangsprüfung aus, für Messmaschinen und -anlagen empfiehlt sich die Abnahme durch den Hersteller oder durch amtliche Gutachter.

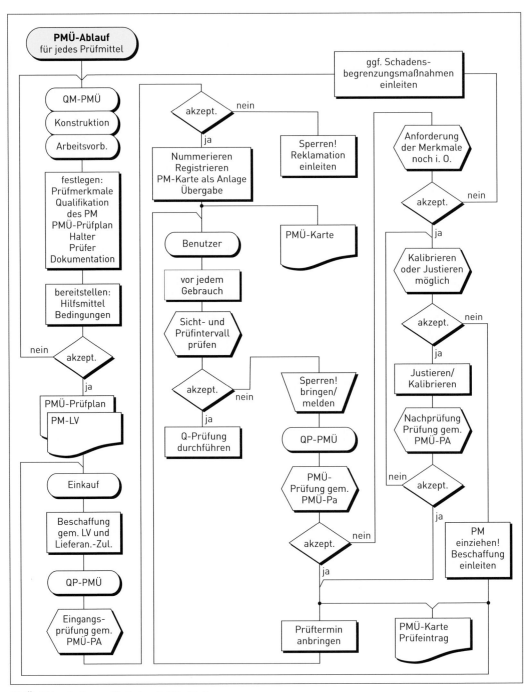

PMÜ-Ablaufschema für jedes Prüfmittel

Der Aufwand für die Qualifikationsprüfung von Mess- und Prüfmitteln ist je nach der Art des Qualitätsmerkmals, des Einsatzgebietes und des Prüfmittels selbst sehr unterschiedlich.

Standardisierte und typisierte Prüf-/Messmittel und Geräte werden in der Regel mit einem Zertifikat vom Hersteller oder einem amtlichen Zertifikat, z. B. des Deutschen Kalibrierdienstes (DKD), geliefert. Aus ihnen gehen Genauigkeitsbereich, Messunsicherheit und ggf. Einsatzbedingungen hervor.

Für spezielle Prüfmittel, -aufbauten und Messketten müssen, ggf. unter Einbeziehung von Experten, Qualitätsfähigkeits- und Risikoanalysen (z.B. Cp, FMEA) durchgeführt werden. Relevante Normen: **DIN EN ISO 10 012 und DIN EN ISO/IEC 17 025 und 45 011.**

■ **Registrierung und Kennzeichnung der Prüfmittel**

> Bevor ein Prüfmittel registriert und benutzt werden darf,
> muss es eine planmäßige Eingangsprüfung bestehen.

Für die Registrierung empfiehlt sich ein Nummernsystem aufzubauen, das einerseits DV-geeignet ist und, bei großer Vielfalt von physikalisch verschiedenen Prüfmitteln, auch mit der Nummer gleich Aufschluss über die Art, die Maßeinheit und die Genauigkeit des Prüfmittels gibt (s. auch „Datenorganisation und -archivierung", Kap. 5.1.2). Relevante Normen: **DIN 1301, DIN 6763, DIN 32 705.**

Weiterhin empfiehlt sich, die Registrierung aller Prüfmittel von einer zentralen Stelle zu organisieren, um sicherzustellen, dass Übersichtlichkeit, Eindeutigkeit und Einheitlichkeit gewahrt werden.

Jedes Prüfmittel erhält eine PMÜ-Karte (PMÜ-Datei), in der aufgeführt werden:

- Bezeichnung des Prüfmittels
- Ordnungsnummer
- Kennzeichnung / Identifikations-Nr.
- Lieferant/Hersteller mit Geräte-Nr.
- Maßeinheit, Messbereich, Grenzwerte
- Genauigkeitsklasse, Fehlergrenzen, ggf. Zulassungs-/Zertifikat-Nr.
- Zubehör
- Eingangs-/Inbetriebnahme-/Ausschlussdatum
- Halter, Einsatzort, Einsatzbedingungen
- Prüfintervall, ggf. Angaben zum Wartungsvertrag
- Überwachungsort (Melde-/Bringpflichten-Regelung)
- PMÜ-Prüfanweisungs-Nr.
- Spalten für PMÜ-Prüfungen mit:
  – Prüfdatum und Name des Prüfers
  – Prüfbefund und ggf. Maßnahme
  – nächster Überwachungstermin

> Jedes Prüfmittel muss unverwechselbar gekennzeichnet sein.

Die Prüfmittelkennzeichnung wird nach der Erstabnahme auf jedem Prüf- und Messmittel angebracht.

Wegen der unterschiedlichen Art und Größe der Prüfmittel ist eine einheitliche Kennzeichnung oft nicht möglich.

Die unverwechselbare Identifizierbarkeit kann hergestellt werden durch:

* Anbringen eines Nummernschildes mit der Ordnungs-Nr.,

* Eingravierung der Ordnungs-Nr.,

* Verwendung der Geräte-Nr. des Herstellers,

* Eingravierung der letzten Ziffer(n) der Ordnungs-Nr., wenn wenig Platz vorhanden ist (notfalls auch Farbmarkierungen).

> Die Kennzeichnung des Prüfmittels wird immer in die PMÜ-Karte eingetragen.

Außer der Identitätskennzeichnung sollte möglichst am Prüfmittel deutlich sichtbar der nächste PMÜ-Termin angebracht werden.

Als Überwachungskennzeichnung werden im Fachhandel Plaketten angeboten (analog den TÜV-Plaketten an Kraftfahrzeugen). Man kann aber auch Farbmarkierungen oder Banderolen verwenden.

Bei kleinen Prüfmitteln, z. B. Lehren, kann die Überwachungskennzeichnung am Aufbewahrungsplatz/-behältnis angebracht werden.

Anmerkung: Dem hohen Stellenwert der Qualitätsprüfung und der Prüfmittelüberwachung in der Qualitätssicherung entsprechend, wird bei allen Qualitätsaudits besonderes Augenmerk auf die Einhaltung beider Kennzeichnungsarten gelegt.

Analog zur Registrierung und Kennzeichnung von Prüfmitteln zur Qualitätsprüfung wird auch mit den Mess- und Regelgeräten in der Fertigungs- und Prozessüberwachung verfahren. Deren Registrierung, Kennzeichnung und Durchführung der Prüfungen wird in der Regel von den Instandhaltungsabteilungen durchgeführt.

### ■ Durchführung und Dokumentation der PMÜ-Prüfungen

> PMÜ-Prüfungen werden nach Prüfanweisungen durchgeführt.

Das bedeutet: Für jede PMÜ-Prüfung muss eine entsprechende Prüfanweisung vorhanden sein. Für eine große Anzahl von Standardmessgeräten, einschließlich für Sonderlehren und Prüfvorrichtungen, können fertige PMÜ-Prüfanweisungen und Prüfvorschriften bezogen werden, und zwar die **VDI/VDE/DGQ-Richtlinien-Nr. 2618 (Blatt 1 bis 27)** und die **PTB-Prüfregeln (Schriftenreihe mit 30 Bänden)**.

Andere Quellen, auf die in den PMÜ-PA verwiesen werden kann, sind

* einschlägige Prüfnormen,

* Bedienungs-/Prüfanleitung des Herstellers,

* PMÜ-PA vergleichbarer Prüfmittel.

Es muss also nicht für jede Prüfung eigens eine ausführliche Prüfanweisung geschrieben werden. Der angemessen qualifizierte Prüfer muss jedoch die Bezugsanweisungen kennen und darauf Zugriff haben.

Die PMÜ-Prüfung erfolgt gemäß Anweisung mit vorgeschriebenen und überprüften (Prüf-) Hilfsmitteln.

> Die für die PMÜ-Prüfungen verwendeten Hilfsmittel sind
> auch Prüfmittel und müssen ebenso überwacht werden.

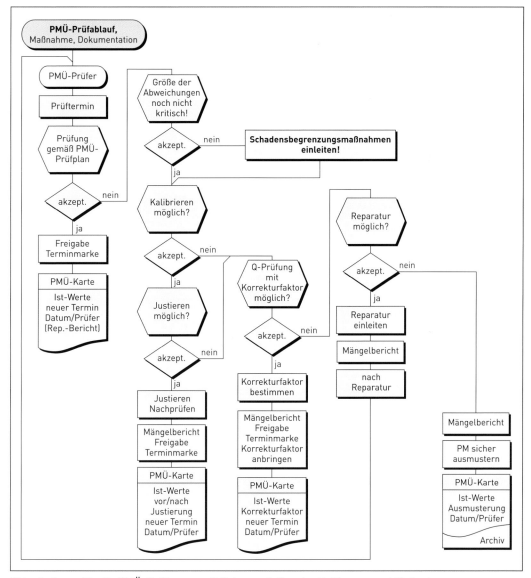

Ablaufschema für die PMÜ-Prüfungen mit Dokumentation der Prüfungen und Maßnahmen

Die Durchführung der PMÜ-Prüfung wird in der PMÜ-Karte eingetragen und vom Prüfer quittiert mit

- dem Prüfdatum und der Prüferidentifikation,
- dem Prüfergebnis mit Ist-Werten,

- Auflistung der bei Abweichungen (Toleranz-Überschreitung) durchgeführten Maßnahmen, wie
  - Justierung (mit Nachprüfung und neuem Ist-Wert),
  - Kalibrierung (mit neuem Kalibrierfaktor),
  - Reparatur (mit Reparaturbericht, neuer Eingangsprüfung und Wiederinbetriebnahmedatum),
  - Halterwechsel (mit Ausgabedatum bei Geräteaustausch),
  - Abweichungsmeldung[8] (z. B.: Mängelbericht erstellt),
  - Meldung an vorgesetzte Benutzer-Stellen bei Überschreitung von kritischen Toleranzwerten,
- dem nächsten Prüftermin (Prüfplakette angebracht?),
- Ausmusterung mit Ausmusterungsdatum.

> Ausgemusterte Prüfmittel oder Messgeräte müssen
> sicher aus dem Verkehr gezogen werden!
> Die PMÜ-Karten werden nach der Ausmusterung des Prüfmittels
> entsprechend der Gewährleistungszeit aufbewahrt.

Die PMÜ-Prüfung von betrieblichen Mess- und Regelgeräten wird meist im Rahmen der vorbeugenden Instandhaltung durchgeführt. Dabei ist streng zu beachten, dass entsprechende Prüfanweisungen vorliegen müssen und die Dokumentation analog der PMÜ-Karte durchgeführt wird. Anstelle des Halters sind die genauen Anlagen-(Anlagenteil-)Bezeichnungen einzutragen.

Auch hier muss immer die Überwachungskennzeichnung des Messgerätes (nächster Prüftermin) am Gerät oder der Anlage deutlich sichtbar angebracht sein.

Die PMÜ-Prüfung im Rahmen von Wartungsverträgen durch den Prüfmittelhersteller oder zugelassenen Spezialisten wird oft leichtfertig als die einfachste und sicherste Methode der PMÜ angesehen.

> Bei PMÜ-Prüfung im Rahmen von Wartungsverträgen muss durch Vertragsprüfung
> sichergestellt werden, dass die Prüfberichte die o. g. Kriterien erfüllen.

## Aufgaben

1. Welche Prüfmittel und Geräte müssen in die PMÜ aufgenommen werden?

2. Wer darf Eichungen vornehmen?

3. Wie ist die Hierarchie der Normale aufgebaut?

4. Wovon hängt der Überwachungszyklus für ein Prüfmittel ab?

5. Welche Angaben sollten in der PMÜ-Karte aufgenommen werden?

6. Wie können Prüfmittel gekennzeichnet werden?

7. Was geschieht mit PMÜ-Karten ausgemusterter Prüfmittel?

8. Kapitelübergreifende Frage: Muss das Verfahren für die PMÜ im QM-Handbuch und in einer QM-VA beschrieben werden? Begründen Sie Ihre Antwort.

---

[8] Zur Erfüllung der QM-Anforderungen 8.7 „Steuerung nichtkonformer Prozessergebnisse, Produkte und Dienstleistungen" und 10 „Verbesserungen" sollen in PMÜ-Prüfanweisungen immer auch Toleranzgrenzen angegeben sein, bei deren Überschreitung
a) ein Mängelbericht geschrieben werden muss und
b) als „kritische" Toleranz Schadensbegrenzungsmaßnahmen ergriffen werden müssen, weil dann damit zu rechnen ist, dass fehlerhaft produziert, geprüft und ausgeliefert wurde.

# 4 Methoden und Werkzeuge des Qualitätsmanagements

## 4.1 Grundlagen statistischer Methoden

Im Qualitätsmanagement werden statistische Methoden angewendet, um Daten effizienter zu erheben und zu beurteilen. Dies ist sinnvoll, wenn die Gesamtheit aller Daten nicht ermittelbar ist (z. B. bei unendlich vielen Daten) oder wenn es zum Erkenntnisgewinn ausreicht, nur einen Teil der Daten zu erheben.

Bei dieser sog. Stichprobenprüfung muss aber ein Modell hinter den Daten stehen, welches eine Analyse mit nur wenigen Daten erlaubt. So wissen wir z.B., dass sich während des Drehprozesses das Werkzeug abnutzt und das Werkstück damit auf Dauer größer wird. Das Modell ist also der größer werdende Werkstückdurchmesser. Mit diesem Modell reichen eine Anfangsmessung und eine Endmessung des Durchmessers aus. Liegen beide innerhalb der Toleranz und ist der Enddurchmesser größer als der Anfangsdurchmesser, kann davon ausgegangen werden, dass auch alle dazwischen liegenden Durchmesser gem. Modell in Ordnung sind. Genaueres ist im Probenentnahmeplan zu regeln.

Bei einer statistischen Probenentnahme im Audit (vgl. Kap. 6) soll sich gem. DIN EN ISO 19011 der Probenahmeplan auf die Auditziele stützen und darauf, was über die Merkmale der Grundgesamtheit, aus der die Stichproben zu entnehmen sind, bekannt ist.

> Statistik ist eine Zusammenfassung von Methoden, die es ermöglicht,
> vernünftige Entscheidungen angesichts von Ungewissheit zu treffen.

Nach Zweck und Ziel der angewandten Statistik werden unterschieden:

- beschreibende Statistik: Auswertung von empirisch erhaltenen Werten für eine geordnete, aussagefähige Wiedergabe in Tabellen und Grafiken, um das zutreffende Verteilungsgesetz und die Kennwerte dieser Verteilung zu bestimmen (z. B. Pareto-Analyse)

- analytische Statistik: Rückschluss auf zukünftige oder wahrscheinliche Ereignisse aufgrund von empirisch ermittelten Werten mithilfe von bekannten oder vorausgesetzten Verteilungsfunktionen (z. B. Stichprobenprüfung).

### ▉ Zufall:

Ein Werkstück oder eine Charge, jedes Ding: Nichts fällt jemals genau so aus wie das andere.

Die Größe der Unterschiede der einzelnen Merkmalswerte, die Fertigungsstreuung, ist abhängig von zufälligen und ggf. systematischen Abweichungen innerhalb der Entstehungsprozesse und Materialeigenschaften.

Auch bei fähigen Prozessen sind Fertigungsstreuungen innerhalb von gegebenen Grenzwerten unvermeidlich. Die Einhaltung der Soll-Werte (Toleranz) ist von der Qualitätsfähigkeit des Prozesses oder der Maschine abhängig.

> Wenn keine systematische Abweichung vorliegt, sind die Ist-Werte der
> einzelnen Einheit im Rahmen der Fertigungsstreuung ein zufälliges Ergebnis.

■ Häufigkeit:

> Häufigkeit ist die Anzahl der gleichen Merkmale
> oder Ereignisse innerhalb einer Ereignisfolge.

Die absolute Häufigkeit $Z_i$ oder $Z(i)$ (sprich: $Z$ von $i$), mit der das interessante Merkmal (oder Ereignis) i auf- oder eintritt, ist eine Zwischensumme, die für die statistische Betrachtung nur wenig Aussagekraft hat.

Einen aussagefähigen Wert erhält man, wenn der Bezug zur Gesamtzahl der betrachteten (der möglichen) Ereignisse, z. B. einer Stichprobe $n$, hergestellt wird. Wir betrachten dann die relative Häufigkeit $h_i$ oder $h(i) = Z(i) / n$ bzw. $100 \cdot Z(i) / n$ [%].

Zur grafischen Darstellung dient das Häufigkeitsschaubild, es wird in der Regel als Balken- oder Stabschaubild ausgeführt. Nur stetige Verteilungen werden als Kurvendiagramm dargestellt.

**Beispiel für Balkendiagramme: relative Häufigkeit $h_j$ und relative Häufigkeitssumme $H_j$ im Vergleich**

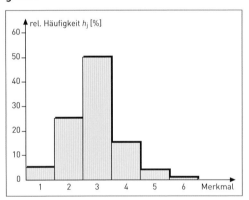

rel. Häufigkeitsverteilung $h_j$                rel. Häufigkeitssumme $H_j$

Anmerkung zur Symbol- und Indexverwendung:

In der Fachliteratur zur Statistik werden die Symbol- und Indexbezeichnungen nicht einheitlich gewählt.

Im Qualitätswesen sind gebräuchlich: „$i$" für die laufenden Einzelwerte (z. B. $i = 1$ für den ersten Wert, $i = 2$ für den zweiten etc.);

„$j$" für laufende Messreihen oder klassierte Werte (z. B.: $H_j$ ist die fortlaufende Summe der relativen Häufigkeiten von Messwertklassen).

Die relative Häufigkeitssumme $H_i$ wird auch oft im Balkendiagramm verwendet, sie ist besonders für die Auswertung von Messreihen im Wahrscheinlichkeitsnetz von Bedeutung. Die relative Häufigkeitssumme ergibt sich durch Aufaddieren der einzelnen relativen Häufigkeiten $h_i$, z. B.: $H_1 = h_1$; $H_2 = h_1 + h_2$ ; $H_3 = h_1 + h_2 + h_3$ usw.

■ **Wahrscheinlichkeit:**

> Wahrscheinlichkeit ist eine quantitative Aussage
> über das Eintreffen eines bestimmten Ereignisses.
> Die Größe der Wahrscheinlichkeit P, mit der ein bestimmtes Ereignis zufällig eintritt,
> ist abhängig von der Anzahl der möglichen Ereignisse.

Die Wahrscheinlichkeit $P$ für das Eintreten eines interessierenden Ereignisses $E$ wird $P(E)$ genannt (sprich: $P$ von $E$) und wird aus dem Verhältnis der Zahl der interessierenden Ereignisse $Z_i$ und der Gesamtzahl aller möglichen Ereignisse $\sum Z$ berechnet.

$$P(E) = \frac{Z_i}{\sum Z}$$

Die Wahrscheinlichkeit ergibt bei der Rechnung immer eine absolute Zahl, die gleich oder kleiner eins ist ($P < 1$), und wird deshalb auch oft als Prozentwert angegeben:

$$P(E)\ \% = 100 \cdot P(E)$$

*Beispiel 1:*

Wie groß ist die Wahrscheinlichkeit, mit einem Spielwürfel die Augenzahl „4" zu würfeln?
Der Würfel hat insgesamt sechs Augenzahlen, also ist die Gesamtzahl der möglichen Ereignisse $\sum Z = 6$.
Das interessierende Ereignis $E$ ist die „4", sie kann einmal auftreten, also ist $Z_i = 1$.
$P(\text{„4"}) = 1/6 = \underline{0,167}$ (oder 16,7 %)
Unter der Voraussetzung, dass der Würfel absolut gleichmäßig ist, hat jede Seite, also jede Augenzahl von eins bis sechs, die gleiche Chance, oben zu liegen.
Jeder einzelne Wurf ergibt ein Zufallsergebnis.
Unter der Voraussetzung, dass das Eintreten der Ereignisse zufällig ist, wird bei einer hinreichend großen Folge von Prüfungen das interessierende Ereignis mit der berechneten Wahrscheinlichkeit eintreffen.
Eine begrenzte Folge von Ereignissen (Anzahl von Würfen) ergibt eine Zufallsfolge. Die beobachteten Eintreffen der Ereignisse werden von der berechneten Wahrscheinlichkeit abweichen, sie liegen in einem Zufallsstreubereich.

> Das reale Eintreten zufälliger Ereignisse liegt in einem Zufallsstreubereich,
> der von der Anzahl der Proben abhängig ist.

Eine signifikante Abweichung liegt dann vor, wenn die Ergebnisse einer begrenzten Folge außerhalb des statistisch zu berechnenden[1] Zufallsstreubereichs liegen.

> Durch den Vergleich der theoretischen und beobachteten Wahrscheinlichkeitswerte
> können verborgene, systematische Eigenschaften und Zusammenhänge erkannt werden.

*Beispiel 2:*

Es soll untersucht werden, ob ein Spielwürfel symmetrisch ist, d. h., ob alle Augenzahlen innerhalb des Zufallsstreubereiches mit gleichmäßiger Häufigkeit erscheinen.

---

[1] In diesem Buch soll die Berechnung der Zufallsstreuung von Zählwerten nicht näher behandelt werden.
Für normal verteilte Messwerte wird ein einfaches Verfahren zur Ausreißerbestimmung vorgestellt

Dazu wurde $n = 200$-mal gewürfelt.

Theoretische Wahrscheinlichkeit: $\quad P_i = P_1 = P_2 = P_3 = P_4 = P_5 = P_6$

Aus Beispiel 1 wissen wir: $\qquad\qquad P_i = 1/6 = 0{,}167$

Demnach ist zu erwarten, dass jede Augenzahl etwa

$Z_i = n \cdot P_i = 200 \cdot 0{,}167 = \underline{33{,}3\text{-mal}}$ erscheinen müsste.

| Augen-zahl | beobachtete Häufigkeit | | |
|---|---|---|---|
| | absolute | | relative |
| | Strichliste | $Z_i$ | $h_i$ |
| 1 | ЖЖ ЖЖ ЖЖ ЖЖ ЖЖ ЖЖ | 30 | 0,15 |
| 2 | ЖЖ ЖЖ ЖЖ ЖЖ ЖЖ ЖЖ IIII | 34 | 0,17 |
| 3 | ЖЖ ЖЖ ЖЖ ЖЖ I | 21 | 0,11 |
| 4 | ЖЖ ЖЖ ЖЖ ЖЖ ЖЖ ЖЖ ЖЖ ЖЖ ЖЖ II | 47 | 0,24 |
| 5 | ЖЖ ЖЖ ЖЖ ЖЖ ЖЖ ЖЖ ЖЖ I | 36 | 0,18 |
| 6 | ЖЖ ЖЖ ЖЖ ЖЖ ЖЖ ЖЖ II | 32 | 0,16 |

**Beobachtete Werte: Strichliste einer Würfelkontrolle**

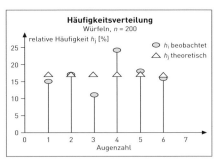

**Beobachtete Werte: Stabdiagramm einer Würfelkontrolle**

Wir erkennen aus diesem Ergebnis, dass bei diesem Würfeltest die „3" deutlich seltener und die „4" deutlich öfter aufgetreten ist als die anderen Augenzahlen, die dicht am theoretischen Wert liegen.

Dieser Würfel könnte eine systematische Abweichung haben, also fehlerhaft sein, was jetzt noch durch einen Signifikanztest bestätigt werden müsste.

> Durch den Vergleich der theoretischen und beobachteten Wahrscheinlichkeitswerte werden verborgene, systematische Eigenschaften und Zusammenhänge erkannt.

Anmerkung: Es ist ein landläufiger Irrtum, dass ein Ereignis mit einer größeren Wahrscheinlichkeit eintreffen müsste, wenn es in einer Folge lange nicht eingetreten ist. Zum Beispiel beim Würfel, der keine systematischen Abweichungen hat, bleibt bei jedem Wurf für jede Zahl die gleiche Chance und Wahrscheinlichkeit, dass die „6" kommt, auch wenn die gewünschte „6" lange nicht gekommen ist.

Die Wahrscheinlichkeit, dass sie im nächsten Wurf fällt, bleibt genau so wie für jede andere Zahl und wie für jeden anderen Wurf.

Die seltenen Erfolge der „Spielbankknacker" beruhen entweder auf Glück oder darauf, dass mit viel Geduld eine signifikante systematische Abweichung am Spielgerät entdeckt und ausgenutzt wird.

> Wenn keine systematische Abweichung vorliegt, hat jedes mögliche Ereignis bei jedem Ablauf die gleiche Chance.

Wenn das Eintreffen mehrerer Ereignisse interessant ist, wird danach unterschieden, ob das Eintreffen des einen oder des anderen Ereignisses zu betrachten ist bzw. ob das eine und das andere Ereignis möglich ist.

> Die Wahrscheinlichkeit für das Eintreffen mehrerer
> interessanter Ereignisse wird berechnet nach den Regeln:
>
> Das eine **oder** das andere $\Rightarrow$ Additionsregel $\qquad P(A$ oder $B) = P(A) + P(B)$
>
> Das eine **und** das andere $\Rightarrow$ Multiplikationsregel $\qquad P(A$ und $B) = P(A) \cdot P(B)$

*Beispiel 3:*

Wie groß ist die Wahrscheinlichkeit, mit einem Würfelwurf eine „1" oder eine „6" zu werfen?

$P(x = 1$ oder $x = 6) \qquad \Rightarrow$ Additionsregel: $P(x = 1) + P(x = 6)$

$\qquad\qquad\qquad\qquad\quad \Rightarrow 1/6 + 1/6 = 1/3 = \underline{0,333}$ $(= 33,3\,\%)$

*Beispiel 4:*

Wie groß ist die Wahrscheinlichkeit, mit einem Würfel in zwei aufeinander folgenden Würfen jedes Mal eine „6" zu werfen?

$P(x_1 = 6$ und $x_2 = 6) \qquad \Rightarrow$ Multiplikationsregel: $P(x_1 = 6) = P(x_2 = 6)$

$\qquad\qquad\qquad\qquad\quad \Rightarrow 1/6 \cdot 1/6 = 1/36 = \underline{0,0278}$ $(= 2,78\,\%)$

*Beispiel 5:*

Wie groß ist die Wahrscheinlichkeit, mit zwei Würfeln in einem Wurf eine „3" und eine „5" zu würfeln?

Die Zahlenkonstellation „3 und 5" kann in zwei Möglichkeiten eintreffen:

a) Würfel Nr. 1 mit „3" und Würfel Nr. 2 mit „5" $(P_{3,5})$

*oder*

b) Würfel Nr. 1 mit „5" und Würfel Nr. 2 mit „3" $(P_{5,3})$

$P_3 = 1/6$ und $P_5 = 1/6$

Schritt 1 $\Rightarrow$ Multiplikationsregel:

$P_{3,5} = P_3 \cdot P_5 = 1/6 \cdot 1/6 = 1/36$

$P_{5,3} = P_5 \cdot P_3 = 1/6 \cdot 1/6 = 1/36$

$P_{3,5}$ oder $P_{5,3}$

Schritt 2 $\Rightarrow$ Additionsregel:

$P_{3,5}$ oder $_{5,3} \qquad = P_{3,5} + P_{5,3}$

$\qquad\qquad\qquad = 1/36 + 1/36 = 1/18 = \underline{0,06}$

### ■ Stichprobe:

> Eine Stichprobe ist der Teil einer Gesamtheit, der zu ihrer Beurteilung herangezogen wird.

Der Stichprobenumfang n ist die Anzahl von Elementen (Proben), die für die statistische Untersuchung herangezogen werden, um mit den erhaltenen Mess- oder Zählwerten Rückschlüsse auf die Eigenschaft der Gesamtheit zu ziehen.

Die Grundgesamtheit $N^*$ ist oft unendlich oder unbekannt groß. Um trotzdem abgesicherte Aussagen machen zu können, müssen hinreichend viele Teilgesamtheiten betrachtet werden.

Das Kollektiv $N$ (z. B. ein Los oder eine Charge) ist die Teilgesamtheit, die in ihrer Größe fassbar ist und somit zur statistischen Berechnung herangezogen werden kann. Sie wird oft einfach als Gesamtheit $N$ bezeichnet.

Die Stichprobenprüfung wird durchgeführt,

- um den Prüfaufwand (die Prüfkosten) gering zu halten,
- wenn zerstörend geprüft wird,
- wenn die Gesamtheit nicht fassbar ist (z. B. Wetter).

> Die einzelnen Elemente der Stichprobe müssen immer zufällig entnommen werden.
>
> Das Vertrauen in die Aussage einer Stichprobenprüfung ist umso größer,
> je größer der Stichprobenumfang n im Verhältnis zur Gesamtheit *N* ist.
>
> Es gilt immer, das Optimum aus Prüfaufwand (Stichprobenumfang)
> und Aussagefähigkeit (Vertrauen) zu finden.

In der Qualitätsprüfung, egal ob bei der Wareneingangskontrolle, den Zwischenprüfungen während der Fertigung oder der Endprüfung, ist es nicht immer möglich oder sinnvoll, eine 100-%-Prüfung durchzuführen. Unter der Voraussetzung, dass die Fertigung unter kontrollierten Bedingungen abläuft und die Prozess- und Maschinenfähigkeit für die geforderte Qualität gegeben ist, ergeben Stichprobenprüfungen sehr gute Aussagen über die Zuverlässigkeit der Qualität von Losen und Liefermengen.

Für die Qualitätssicherung bedeutet die Stichprobenprüfung in erster Linie, dass sich die Vertragspartner auf eine Prüfschärfe einigen müssen, bei der die Risiken für den Hersteller und den Abnehmer gleichmäßig verteilt sind, auf die **annehmbare Qualitätsgrenzlage (Acceptance Quality Line, AQL).** Die Stichprobenanweisungen nach AQL sind genormt, für Zählwerte in **DIN ISO 28 59** und für Messwerte in **DIN ISO 39 51-1.**

Die Aussagefähigkeit einer Stichprobenprüfung wird mathematisch bestimmt und als Vertrauensbereich angegeben (s. „Vertrauensbereich und Signifikanz").

■ **Lagewert (Mittelwert):**

> Lagewerte sind statistische Kennwerte, durch die
> die Mittenlage einer Messwertereihe dargestellt wird.

Die Lagewerte werden nach ihrer Herkunft und Ermittlungsart unterschieden. Üblich sind:

**Durchschnitt:**     $\bar{x}$ arithmetischer Mittelwert (gesprochen: x quer), also der aus einer Stichprobe errechnete Mittelwert ($\bar{x} = \sum x_i / n$) (n: Anzahl der Werte)

**Median/Zentralwert:**     $\tilde{x}$ (gesprochen „*x* Tilde"): mittlerer Wert von den der Größe nach geordneten Messwerten einer Stichprobe. Der Wert wird im Gegensatz zum arithmetischen Mittel tatsächlich von einem Datensatz erreicht. Dies hat insbesondere in der Datenverarbeitung Vorteile, wenn auf ein spezielles Feld (das auch vorkommt) gesprungen werden muss. Bei einer geraden Anzahl n von Werten muss entschieden werden, welcher der beiden in der Mitte stehenden Werte gilt (oder der Durchschnitt) *Beispiel:* Eine Frau bekommt 1,47 Kinder (arithmetisches Mittel), tatsächlich aber 0, 1 oder 2 Kinder (Median = 1)

**Gesamtdurchschnitt:**     $\bar{\bar{x}}$ (auch Generalmittel): Durchschnitt von Durchschnittswerten mehrerer Stichproben.

**Grunddurchschnitt:** $\mu$ Mittelwert der Grundgesamtheit. Solange die Anzahl untersuchter Stichprobenreihen noch nicht genügend abgesichert ist, wird sein Schätzwert $\hat{\mu}$ berechnet/angegeben.

Anmerkung: Lagewerte werden immer mit der Dimension angegeben und in der Regel eine Stelle genauer als ihre Messwerte.

*Beispiel 6:*

Ermittlung des Durchschnitts und des Medians:

Messwerte: 7; 9; 6; 8; 9; 5; 7; 9; 6 [mm]

Anmerkung: Durchschnitt : $\bar{x} = \sum x_i / n = (7+9+6+8+9+5+7+9+6)$ mm : 9 = <u>7,3 mm</u>

Median: Die Messwerte müssen der Größe nach geordnet werden:
5; 6; 6; 7; **7**; 8; 9; 9; 9 $\Rightarrow \tilde{x} = $ <u>7 mm</u>

Der mittlere Wert der geordneten Reihe ist der Zentralwert. Bei Wertereihen mit gerader Anzahl sind zwei Werte im Zentrum: Es wird von den beiden Werten der Durchschnitt angegeben.

> Lagewerte haben aber nur dann eine Aussagekraft für eine statistische Beurteilung der Grundgesamtheit, wenn die Streuung der Einzelwerte um die Mitte bekannt ist.

*Beispiel 7:*

Vergleicht man die Wertereihe aus Beispiel 6 mit dieser:

5; 18; 6; 8; 5; 10; 3; 7; 4 [mm]

erkennt man schon an der Größendifferenz der Einzelwerte, der Streuung, dass sie wahrscheinlich aus einer anderen Gesamtheit stammt, obwohl sie den gleichen Durchschnitt hat:

$x = \sum x_i / n = (5+18+6+8+5+10+3+7+4)$ mm $/ 9 = $ <u>7,3 mm</u>

### ▓ Streumaße:

> Streumaße sind statistische Kennwerte, die Aussagen über die Abweichungen der Einzelwerte vom Mittelwert geben.

Die Streuung der Einzelwerte um die Mittelwerte kann durch unterschiedliche Streumaße angegeben werden, die in der Regel den verschiedenen Lagewerten zugeordnet werden.

Als Streumaße in der Stichprobe werden angegeben:

- Standardabweichung $s$ mit dem Durchschnittswert $x$
- Spannweite (Range) $R$ mit dem Zentralwert $x$

Das Streumaß in der Grundgesamtheit ist die

- Standardabweichung $\sigma$ mit dem Grunddurchschnitt $\mu$.

Eine hohe Streuung kann bei gleichem Mittelwert für einen Prozess sprechen, der nicht „im Griff" ist. Man spricht von schlechter **Prozessfähigkeit** (siehe Kap. 4.3.2). Umgekehrt ist es einfacher, bei geringer Streuung, aber einem Mittelwert, der nicht im Sollbereich ist, nachzukorrigieren. Hier spricht man von **Prozesspotential**.

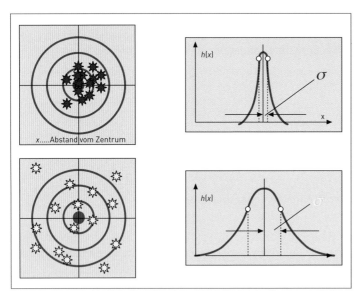

Hohe und niedrige Streuung $\sigma$ bei gleichem Mittelwert $x$

Für einige Berechnungen ist die quadrierte Standardabweichung von Bedeutung. Je nachdem, ob eine Stichprobe oder die Gesamtheit betrachtet wird, ist die

- Varianz $V = s^2$ oder $\sigma^2$.

Die Standardabweichung $\sigma$ bzw. s ist das gebräuchlichste Streumaß. Die **Standardabweichung** ist ein Maß für den durchschnittlichen Abstand aller Messwerte zum arithmetischen Mittelwert. Die Varianz ist ein Maß für den quadrierten durchschnittlichen Abstand aller Messwerte zum arithmetischen Mittelwert.

$\sigma$ wird verwendet, wenn es sich um die Standardabweichung der **Grundgesamtheit** handelt (z.B.: alle Teile wurden vermessen).

Standardabweichung der Grundgesamtheit:

$$\sigma = \sqrt{\frac{1}{n} \cdot \sum_{i=1}^{n} (x_i - \bar{x})^2}$$

s wird verwendet, wenn die Standardabweichung aus einer **Stichprobe** ermittelt wurde (z. B.: nur eine Auswahl – Stichprobe – der Teile wurde vermessen).

Standardabweichung einer Stichprobe:

$$s = \sqrt{\frac{1}{n-1} \cdot \sum_{i=1}^{n} (x_i - \bar{x})^2}$$

Anmerkung 1: Der Grund, warum (n-1) verwendet wird liegt in der sogenannten „**Bessel-Korrektur**" (Finite-Sample-Bias-Korrektur). Die Korrektur soll bewirken, dass die Schätzfunktion erwartungstreuer wird.

Anmerkung 2: Da in der Qualitätssicherung zumeist mit Stichproben gearbeitet wird, ist die Formel mit (n-1) die häufiger verwendete Gleichung. Diese etwas umfangreiche Rechnung wird von den üblichen Taschenrechnern mit statistischen Funktionen mühelos gelöst. Meist muss die Funktionstaste „(n–1)" gewählt werden. Die Taste „(n)" führt bei kleinem n zu großen Abweichungen. Merkhilfe: Für $\bar{x}$ wurde bereits ein n verbraucht, daher (n – 1)!

*Beispiel 8:*

Aus der Wertereihe von Beispiel 6 ergibt eine Standardabweichung s = 1,50 mm.
Die Wertereihe von Beispiel 7 gibt mit der Standardabweichung s = 4,58 mm eine sehr viel größere Streuung an.
Anmerkung: Streumaße werden auch immer mit der Dimension angegeben und meist auch eine Stelle genauer als ihre Messwerte.

> Standardabweichung und Varianz werden nur bei normal verteilten
> Merkmalswerten verwendet. Um Fehlentscheidungen zu vermeiden,
> muss die Messreihe auf Normalverteilung der Messwerte geprüft werden.

Ein einfacher Test auf Normalverteilung einer Wertereihe ist als Ausreißertest im Kapitel 4.1.4 beschrieben.
Die Spannweite R (R kommt von Range) ist das absolute Streumaß aus der Differenz zwischen dem größten und dem kleinsten Wert der Messreihe und wird gemeinsam mit dem Median (Zentralwert) x und so auch in der Regel nur bei Stichproben $n \le 10$ angewendet.

Spannweite $R = x_{max} - x_{min}$

*Beispiel 9:*

Aus der Wertereihe von Beispiel 6 ergibt sich eine Spannweite R = 9 – 5 = <u>4 mm</u>
Die Wertereihe von Beispiel 7 gibt mit der Spannweite R = 18 – 3 = <u>15 mm</u> eine sehr viel größere Streuung an.

### ■ Vertrauensbereich und Signifikanz:

Die Kennwerte einer Stichprobenprüfung mit normal verteilten Messwerten, Mittelwert und Standardabweichung s, sind nicht mit dem Mittelwert $\mu$ und der Standardabweichung s ihrer Gesamtheit identisch, sondern können innerhalb eines bestimmten Bereiches zufällig jeden Wert annehmen. Je größer der Stichprobenumfang n ist, desto kleiner ist der Bereich, in dem die Kennwerte der Stichprobe um die der Grundgesamtheit streuen.

> Der Vertrauensbereich ist vom Stichprobenumfang n abhängig
> und nur mit Angabe des Vertrauensniveaus aussagefähig.

Aus einer Stichprobenprüfung mit dem Kennwert x und s und einem Stichprobenumfang n kann der Vertrauensbereich berechnet werden. Dieser gibt an, in welchen Bereichen der Mittelwert $\mu$ und die Standardabweichung $\sigma$ der Gesamtheit wahrscheinlich liegen.
Die Wahrscheinlichkeit, mit der anzunehmen ist, dass $\mu$ und $\sigma$ in dem berechneten Vertrauensbereich liegen, heißt **Vertrauensniveau P**.
Das Vertrauensniveau wird gewählt oder festgelegt, es sollte aber immer angegeben werden.
Anmerkung: Im Qualitätsmanagement sind die Vertrauensniveaus von 95 % und 99 % gebräuchlich.
Die **Vertrauensbereiche von $\mu$ und $\sigma$** sind kompliziert zu berechnen, aber mithilfe von Tabellen, aus denen die Beiwerte $\kappa$ (Kappa) und t entnommen werden, wird die Berechnung vereinfacht (s. Tab. 1, Kap. 7.1)

Es gelten die Formeln:

- **für den Mittelwert:**  $\overline{x} - t \cdot \dfrac{s}{\sqrt{n}} \leq \mu \leq \overline{x} + t \cdot \dfrac{s}{\sqrt{n}}$
- **für die Standardabweichung:**  $s \cdot \kappa_u < \sigma < s \cdot \kappa_o$

Anmerkung: Tabellen der Statistik gehen oft vom Freiheitsgrad $f$ (auch $n^*$) aus, weil er mathematisch richtiger ist als der Stichprobenumfang; $f = (n-1)$.

*Beispiel 10:*

Die Werte aus Beispiel 6 und 8 ($x = 7{,}33$ mm; $s = 1{,}50$ mm) ergeben im Vertrauensniveau 99 % für den Mittelwert (Tab. 1) $\mu$:

$$7{,}33 - 3{,}36 \cdot \frac{1{,}5}{\sqrt{9}} \leq \mu \leq 7{,}33 + 3{,}36 \cdot \frac{1{,}5}{\sqrt{9}}$$
$$5{,}65 \leq \mu \leq 9{,}01$$

für die Standardabweichung $\sigma$:

$$1{,}5 \cdot 0{,}6 \leq \sigma \leq 1{,}5 \cdot 2{,}44$$
$$0{,}9 \leq \sigma \leq 3{,}66$$

*Beispiel 11:*

Der Vergleich zum Beispiel 10 mit dem Vertrauensniveau 95 % macht deutlich, dass die Bereiche für $P = 99$ % größer sind. Wenn die Kennwerte einer Gesamtheit mit 99-prozentiger Wahrscheinlichkeit von einer Stichprobe beschrieben werden sollen, ist auch ein größerer Bereich zu erwarten als bei nur 95-prozentiger Sicherheit.

$$7{,}33 - 2{,}31 \cdot 1{,}5 / \sqrt{9} \leq \mu \leq 7{,}33 - 2{,}31 \cdot 1{,}5 / \sqrt{9}$$
$$VN = 95\ \%:\ 6{,}18 \leq \mu \leq 8{,}49$$
$$VN = 99\ \%:\ 5{,}65 \leq \mu \leq 9{,}01$$

$$1{,}5 \cdot 0{,}68 \leq \sigma \leq 1{,}5 \cdot 1{,}92$$
$$VN = 95\ \%:\ 1{,}02 \leq \sigma \leq 2{,}88$$
$$VN = 99\ \%:\ 0{,}90 \leq \sigma \leq 3{,}66$$

> Der Vertrauensbereich eines Stichprobenergebnisses wird umso größer,
> je höher das Vertrauensniveau angesetzt wird.

Die mit statistischen Erhebungen festgestellten Abweichungen von gesetzmäßigen Ereignisfolgen werden **signifikant** (lateinisch: bezeichnend; Hauptwort: Signifikanz) genannt. Das **Signifikanzniveau** $\alpha = 1 - P$ (bzw. $\alpha = 100 - P$ [%]) bezieht sich auf den Grundquerschnitt $\mu$ und die Standardabweichung $\sigma$.

Beide Kennwerte von Stichprobenergebnissen derselben Grundgesamtheit müssen sich immer im zugehörigen Vertrauensbereich befinden, oder die Stichprobe weicht signifikant ab.

> Ein Signifikanztest gibt Aufschluss, ob eine betrachtete Teilgesamtheit zu der ihr
> zugeordneten Grundgesamtheit gehören *kann* oder ob mit einem bestimmten
> Signifikanzniveau angenommen werden muss, dass sie *nicht dazugehört*.

Wenn die Kennwerte der Grundgesamtheit $\mu$ und $\sigma$ hinreichend bekannt sind, kann mit einer Stichprobe von einer Teilgesamtheit, z. B. einem Los, mit der Berechnung des Vertrauensbereichs festgestellt werden, ob dieses Los signifikante Abweichungen zu bisherigen Lieferungen hat.

In diesem einfachen Signifikanztest muss das Stichprobenergebnis mit Durchschnitt und Standardabweichung im Vertrauensbereich des angewendeten Stichprobenumfangs und gegebenem Vertrauensniveau liegen, wenn diese Teilgesamtheit nicht aus einer anderen Grundgesamtheit stammt. Das bedeutet:

- Keine signifikante Abweichung ist festzustellen, solange die Kennwerte der Stichprobe im Vertrauensbereich liegen, wenn also gilt:

  $x_{min} \leq \mu \leq x_{max}$

  und/oder

  $s_{min} \leq \sigma \leq s_{max}$

  Die Zugehörigkeit zur Grundgesamtheit kann zwar nicht behauptet, aber auch nicht ausgeschlossen werden.

- Eine signifikante Abweichung liegt vor, wenn ein Kennwert eine der Grenzen überschreitet ⇒ Probe gehört nicht zur Grundgesamtheit.

*Beispiel 12:*

Es soll mit einem Stichprobenumfang $n = 9$ festgestellt werden, ob das Los mit dem Stichprobenergebnis von Beispiel 7 zu einer Grundgesamtheit mit $\mu = 7,33$ mm und $\sigma = 1,50$ mm mit einem Vertrauensniveau (Signifikanzniveau) 99 % gehören kann.

Aus Tabelle 1, Kap. 7.1 , und Beispiel 10 ist bekannt:
für $\mu = 7,33$ mm: 5,65 mm $\leq \mu \leq$ 9,01 mm
für $\sigma = 1,50$ mm: 0,90 mm $\leq \sigma \leq$ 3,66 mm

Aus Beispiel 9 ist bekannt:
$x = 7,33$ mm ist im VB ⇒ keine signifikante Abweichung.

Aus Beispiel 8 ist bekannt:
$s = 4,58$ mm $> 3,66$ mm ⇒ signifikante Abweichung, sogar bei Signifikanzniveau $\alpha = 1$ %.

Diese Teilgesamtheit gehört nicht zur Grundgesamtheit (z. B. falsche Lieferung, fehlerhafte Fertigung o. Ä.).

> Die Übereinstimmung mit der Grundgesamtheit, die Nullhypothese,
> kann grundsätzlich nur widerlegt werden. Es ist unmöglich, sie zu bestätigen.

### ■ Überschreitungsanteile:

Der Überschreitungsanteil $p$ ist immer dann interessant, wenn die Qualitätsmerkmale mit **Toleranzen angegeben sind.**

> Der Überschreitungsanteil $p$ gibt an, wie viel Prozent einer Gesamtheit
> die vorgegebenen Toleranzgrenzen überschreiten und somit fehlerhaft sind.

Aus Stichproben mit normal verteilten Werten kann der Überschreitungsanteil $p$ mit entsprechendem Vertrauensbereich im festgelegten Vertrauensniveau ermittelt werden.
Im Wahrscheinlichkeitsnetz lassen sich die Überschreitungsanteile sehr einfach ablesen.
Am Schnittpunkt der Ausgleichsgeraden mit den senkrechten Geraden des unteren bzw. oberen Grenzwertes ($UGW$; $OGW$) liegt auf der $P$-[%]- bzw. auf der $(100-P)$-[%]-Skala der jeweilige Schätzwert $\hat{P}_{u;o}$.

Anteil zu kleiner Werte: $\hat{P}_u \Rightarrow P$-Skala

Anteil zu großer Werte: $\hat{P}_o \Rightarrow (100-P)$-Skala

gesamt Schlechtanteil: $\hat{P} = \hat{P}_u + \hat{P}_o$

Anmerkung: Auf die relativ komplizierte Rechnung und sonstige grafische Methoden soll hier nicht näher eingegangen werden.

Das Wahrscheinlichkeitsnetz und seine Handhabung für normal verteilte Werte sind in Kap. 4.1.3 ausführlich behandelt.

**■ Verteilung:**

> Die Häufung des Auftretens bestimmter Ereignisse innerhalb
> einer Ablauffolge wird Häufigkeitsverteilung genannt.

Mit ihrer Hilfe werden aus Stichprobenergebnissen Rückschlüsse auf die Gesamtheit gezogen oder, wenn die Kennwerte der Grundgesamtheit bekannt sind, Erwartungsbereiche für Stichprobenergebnisse oder Teilgesamtheiten berechenbar.

> Für bestimmte Ereignisse folgt die Häufigkeitsverteilung in Abhängigkeit
> des Prozesses immer der gleichen Form und statistischen Gesetzen.

Aus statistischen Reihen gewonnene Häufigkeitsverteilungen können je nach Prozess, Ereignis und Art der Erfassung sehr unterschiedliche Verteilungsformen haben.

Grundsätzlich unterscheidet man dabei

- **diskrete Verteilungen:** Verteilung qualitativer, besser alternativer Merkmale, Verteilung von Zählwerten (z. B. Anzahl oder Anteil fehlerhafter Einheiten oder Anzahl Fehler pro Einheit, auch als Attributprüfung bezeichnet);

- **stetige Verteilungen:** Verteilung quantitativer Merkmale, Verteilung von Messwerten (z. B. zur Bestimmung von Lage- und Streuwerten, Über- und Unterschreitungsanteilen, auch als Variablenprüfung bezeichnet).

Im Weiteren wird unterschieden zwischen Ausreißer, Trend, Run, High Middle-Third und Less Middle-Third (siehe Grafik).

Die mathematischen Ableitungen der verschiedenen Häufigkeitsverteilungen sind zum Teil sehr komplex.

Hier soll nur ein Einblick in die wichtigsten Verteilungen für die betriebliche Praxis zum Verständnis und zur Berechnung und Beurteilung von Stichprobenverfahren und der Qualitätsregeltechniken gegeben werden.

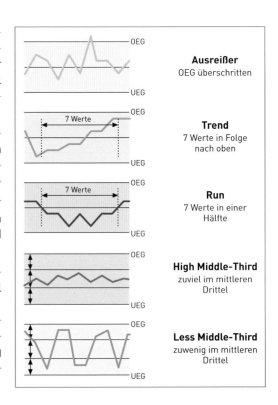

## Aufgaben

1. Wie wahrscheinlich ist das Auftreten eines bestimmten Ereignisses (Formel)?

2. Welche beiden Regeln müssen beachtet werden, wenn mehrere Ereignisse betrachtet werden?

3. Welche Größen werden mit $n$, $N$, $N^*$ abgekürzt?

4. Wie werden „Durchschnitt" und „Median" abgekürzt und ermittelt?

5. Welches sind die üblichen Streumaße mit ihren Abkürzungen?

6. Erläutern Sie Mittelwert und Streuung beim Schuss auf eine Zielscheibe.

7. Warum ist es ggf. besser, eine geringe Streubreite zu haben statt den Sollwert als Mittelwert zu erreichen?

8. Wodurch unterscheidet sich $s$ von $\sigma$?

9. Was ist bei der Berechnung der Standardabweichung von Stichproben (besonders mit Taschenrechnern) zu berücksichtigen?

10. Wovon hängt das Vertrauen in die Kennwerte einer Stichprobe ab, und wie kann es eingegrenzt werden?

11. Was sagt ein „Signifikanztest" aus?

# 4.1.1 Diskrete Verteilungen

> Die Häufung qualitativer und alternativer Merkmale wird durch
> Zählen ermittelt und folgt den Gesetzen der diskreten Verteilungen
> (alternativ bedeutet: das Teil kann „gut" oder „schlecht" sein).

Für gezählte Ereignisse lässt sich die Häufigkeitsverteilung in der Regel nur als Balken- oder Stabdiagramm grafisch darstellen.

Anmerkung: Für die folgenden Betrachtungen wird Zufälligkeit vorausgesetzt, das heißt, jedes Teil der Gesamtheit hat die gleiche Chance, in die Stichprobe zu gelangen.

Für die Verteilungsform und damit die anzuwendenden Formeln, Tabellen und Diagramme ist entscheidend, ob untersucht wird

- die Anzahl der interessierenden Ereignisse in der Gesamtheit,

- der Anteil der interessierenden Ereignisse an der Gesamtheit,

- die Anzahl der interessierenden Ereignisse pro Einheit.

Anmerkung: Im Qualitätswesen sind die interessierenden Ereignisse in der Regel Fehler oder **fehlerhafte Einheiten (fhE)**.

### Hypergeometrische Verteilung

> Die Anzahl der interessierenden Teile in einer Stichprobe aus einer Gesamtheit
> mit einer bestimmten Anzahl dieser Teile ist hypergeometrisch verteilt.

Zur Anwendung:
Eine Grundgesamtheit enthält $N$ Teile (Los, Charge), darin sind enthalten:

- die Anzahl $d$ schlechter Teile und

- die Anzahl $(N-d)$ guter Teile.

Es hängt vom Zufall ab, wie viel fhE in die Stichprobe mit dem Umfang n gelangen:

- die Zufallsvariable $x$ = Anzahl fhE in der Stichprobe.

Die Wahrscheinlichkeit $P(x)$, in einer Stichprobe genau $x$ fhE zu finden, heißt Wahrscheinlichkeitsfunktion $g(x)$. Sie lässt sich mit den Binomialkoeffizienten berechnen:

$$P(x) = g(x) = \frac{\binom{d}{x} \times \binom{N-d}{n-x}}{\binom{N}{n}}$$

Anmerkung: Wenn $N$ sehr groß oder sogar $\infty$ ($\infty$ = unendlich) ist oder $n \geq 69$, ist die Anwendung der hypergeometrischen Verteilung nicht mehr sinnvoll oder gar unmöglich. Statt mit der Anzahl muss dann mit dem Anteil fhE, mit der Binomialverteilung, operiert werden.

### Binomialverteilung

Die Binomialverteilung wird auch Bernoulli-Verteilung oder binomische Verteilung genannt. Für die Praxis des Qualitätswesens ist die Binomialverteilung besonders interessant.

> Die Binomialverteilung gibt an, mit welcher Wahrscheinlichkeit $P(x)$ in Stichproben des Umfanges $n$ die Fehlerzahl $x$ auftreten wird, wenn die Stichproben aus Einheiten mit einem Schlechtanteil $p$ gezogen werden. Sie erlaubt aus dem Stichprobenergebnis eine Aussage über den Schlechtanteil der Einheit (Los).

Die Wahrscheinlichkeitsfunktion $g(x)$ der Binomialverteilung folgt der Formel:

$$P(x) = g(x) = \binom{n}{x} \cdot p^x \cdot (1-p)^{n-x}$$

Diese Formel ist mit einfachen Taschenrechnern bis $n \leq 69$ lösbar.

Zur Anwendung:
Eine Grundgesamtheit enthält $N$ Teile (Los, Charge, Liefermenge), darin enthalten sind die Anzahl $d$ schlechter Teile und $(N-d)$ guter Teile, die als Anteile $p$ bzw. $q$ betrachtet werden:

Der Schlechtanteil $\qquad\qquad\qquad\qquad p = d/N$ (oder $d \cdot 100 / N$ [%]),

Der Gutanteil $\qquad\qquad\qquad\qquad\quad q = (N-d) / N$ (oder $(N-d) \cdot 100 / N$ [%]),

und damit ist $\qquad\qquad\qquad\qquad\quad p + q = 1$ (=100 %).

Es wird aber nur ein relativ kleiner Teil der Grundgesamtheit untersucht, nämlich die Stichproben vom Umfang $n$.

Der Schlechtanteil in der Stichprobe: $\quad \hat{p} = x/n$ (sprich: „p" Dach)

Der Gutanteil in der Stichprobe: $\qquad \hat{q} = g/n$

Für die Stichprobe gilt: $\qquad\qquad \hat{p} + \hat{q} = 1$ (= 100%)

Bei der Stichprobenprüfung ist von Bedeutung, dass die Zusammensetzung der Stichprobe nicht genau gleich der Zusammensetzung der Grundgesamtheit ist. Sie weicht zufällig ab, der

Schlechtanteil (oder Gutanteil) in der Stichprobe ist mal größer und mal kleiner als der der Grundgesamtheit.

> Die Zusammensetzung einer Stichprobe hat gegenüber der Zusammensetzung der Grundgesamtheit immer einen Zufallsstreubereich.

Wenn wir diesen Zufallsstreubereich kennen, können wir mit dem Ergebnis der Stichprobe auf den Schlechtanteil der Grundgesamtheit (Los, Charge) schließen und die exakte Aussage machen:

> $$P_{min} \leq p \leq P_{max}$$
> Je größer der Stichprobenumfang $n$ ist,
> desto kleiner ist der Zufallsstreubereich $p_{max} - p_{min}$

*Beispiel 13:*

Um die genannten Zusammenhänge zu verdeutlichen, nehmen wir eine mit Kugeln gefüllte Trommel, 10 % der Kugeln sind gelb ($p = 0{,}1$). Es werden „blind", also zufällig, die Stichproben entnommen, und zwar mit drei verschiedenen Stichprobenumfängen mit jeweils 20 Stichproben ($m = 20$). Nach jeder Stichprobe und Auszählen der gelben Kugeln werden alle Kugeln wieder in die Trommel zurückgegeben.

Erste Stichprobenreihe:  $n_1 = 10$ Kugeln
Zweite Stichprobenreihe:  $n_2 = 20$ Kugeln
Dritte Stichprobenreihe:  $n_3 = 50$ Kugeln

Wir betrachten die Anzahl gelber Kugeln $x$ in den Stichproben. Wenn die Zusammensetzung der Stichprobe der Zusammensetzung der Grundgesamtheit entspricht, ist $p = \hat{p}$, dann ist der Erwartungswert $E(x) = np$.

Also gilt für unsere Stichproben:

Erste Stichprobenreihe  $n_1 = 10 \Rightarrow E(x) = 10 \cdot 0{,}1 = 1$
Zweite Stichprobenreihe  $n_2 = 20 \Rightarrow E(x) = 20 \cdot 0{,}1 = 2$
Dritte Stichprobenreihe  $n_3 = 50 \Rightarrow E(x) = 50 \cdot 0{,}1 = 5$

## Auszählergebnis des Kugeltrommel-Beispiels

| Anzahl $x$ gezogene gelbe Kugeln | Stichproben-Reihe $n = 10$ ($m = 20$) | | $h_j$ in % | Stichproben-Reihe $n = 20$ ($m = 20$) | | $h_j$ in % | Stichproben-Reihe $n = 20$ ($m = 20$) | | $h_j$ in % |
|---|---|---|---|---|---|---|---|---|---|
| 0 | 卌 \|\| | 7 | 35 | \|\| | 2 | 10 | | - | - |
| 1 | 卌 \|\|\| | 8 | 40 | 卌 | 5 | 25 | \| | 1 | 5 |
| 2 | \|\|\|\| | 4 | 20 | 卌 \| | 6 | 30 | \|\| | 2 | 10 |
| 3 | \| | 1 | 5 | \|\|\|\| | 4 | 20 | \|\| | 2 | 10 |
| 4 | | | | \|\| | 2 | 10 | \|\|\|\| | 4 | 20 |
| 5 | | | | \| | 1 | 5 | 卌 | 5 | 25 |
| 6 | | | | | | | \|\|\| | 3 | 15 |
| 7 | | | | | | | \| | 1 | 5 |
| 8 | | | | | | | \| | 1 | 5 |
| 9 | | | | | | | \| | 1 | 5 |

Vergleichen wir den Erwartungswert mit dem Auszählergebnis und der Häufigkeitsverteilung, so stellen wir fest, dass sich die Zählwerte um die Erwartungswerte häufen.

### Häufigkeitsverteilung zum Kugeltrommel-Beispiel

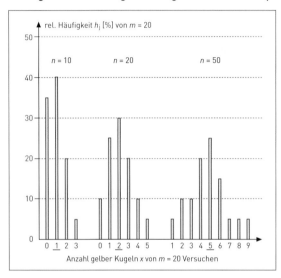

rel. Häufigkeit $h_j$ [%] von $m = 20$

$n = 10$   $n = 20$   $n = 50$

Anzahl gelber Kugeln $x$ von $m = 20$ Versuchen

Das Stabdiagramm zeigt deutlich, dass das Maximum der beobachteten Ereignisse tatsächlich nahe am Erwartungswert liegt.

Alle anderen Ergebnisse sind innerhalb des Zufallsstreubereiches, der, wie dieses Beispiel zeigt, bei der Binomialverteilung recht groß ist.

Dass bei den Stichproben mit $n = 10$ und $n = 20$ in 35 % bzw. noch 10 % der Prüfungen keine gelbe Kugel gefunden wird, obwohl doch jede zehnte Kugel gelb ist ($p = 0,1$), zeigt schon an, dass bei kleinem Stichprobenumfang leicht ein falscher Schluss auf die Zusammensetzung der Grundgesamtheit gezogen werden kann.

Erst bei einem Stichprobenumfang von $n = 50$ können wir ausreichend sicher sein, dass wenigstens eine der gefundenen Kugeln gelb ist.

> Der sichere Schluss auf die Zusammensetzung der Grundgesamtheit
> hängt entschieden von der Größe des Stichprobenumfangs $n$ ab.
> Je größer $n$, desto sicherer wird der Rückschluss.

Anmerkung: Im Qualitätswesen wird in der Regel nicht mit Zurücklegen der Proben gearbeitet. Dies gilt besonders für fehlerhafte Einheiten. Wenn $N \gg n$ ist, ist kaum ein Unterschied zwischen „mit Zurücklegen" und „ohne Zurücklegen". Auch wird oft nur eine Stichprobe, mit relativ großem Umfang $n$, gezogen.

Faustregel: Die Binomialverteilung sollte nur angewendet werden, wenn $N > 50$ und $n < N/10$ ist.

### Poisson-Verteilung

> Die Poisson-Verteilung ist eine diskrete Verteilung, mit der die Anzahl Fehler pro Einheit
> betrachtet werden, um Rückschlüsse auf die Grundgesamtheit zu ziehen.

Bei vielen Fertigungsprozessen lassen sich Fehler nicht vermeiden. Solche Fehler können z. B. sein:

- Kratzer auf Oberflächen,
- Fadenbrüche in Garnspulen,
- Einschlüsse im Glas usw.

Diese Fehler werden auf eine angemessene Einheit, z. B. m², m oder km, kg, cm³ etc., oder ein festgelegtes Vielfaches der Einheit bezogen.

Wenn diese Fehler zufällig verteilt sind, wird die Wahrscheinlichkeit des Auftretens dieser Fehler pro Einheit mit der Poisson-Verteilung beschrieben.

Dabei sind
$x$ = Anzahl der beobachteten Fehler (in der Stichprobeneinheit)
$\mu$ = Mittel der Fehleranzahl pro festgelegter Einheit.
Die Formel für die Wahrscheinlichkeitsfunktion lautet:

$$P(x) = \frac{g(x) = \mu^x \cdot e^{-\mu}}{x!}$$

Anmerkung: Die Exponentialfunktion $e^x$ und Fakultät $x!$ (bis $x = 69$) befinden sich auf einfachen Taschenrechnern mit wissenschaftlichen Funktionen.

Die DGQ-Schriftenreihe empfiehlt im weiteren das „Thorndike-Nomogramm", das die aufsummierte Verteilungsfunktion $G(x;\mu)$ – analog der Häufigkeitssumme $H_i$ – über $\mu$ mit Kurvenscharen von $x = 0$ bis $x = 50$ darstellt.

## 4.1.2 Stetige Verteilungen

> Eine Zufallsvariable wird als stetig bezeichnet, wenn sie
> in einem Intervall jeden beliebigen Wert annehmen kann.
> Messwerte können als stetige Zufallsvariablen aufgefasst werden.

Auf die verschiedenen Verteilungs- und Dichtefunktionen, in denen stetige Merkmale auftreten und berechnet werden können, sowie die damit möglichen (von gradlinigen bis bizarren) Verteilungskurven und die resultierenden Aussagen kann hier nicht näher eingegangen werden.

Die in der Regel wichtigste Verteilungsform für die messende Qualitätsprüfung ist die Normalverteilung, deren Gesetzmäßigkeit, Aussagen und einfache Handhabung im Folgenden dargestellt wird.

Erwähnt werden sollen aber die für Lebensdauer- und Ausfallraten-Betrachtungen wichtigen Verteilungen, wie die

- Exponentialverteilung,
- logarithmische Normalverteilung,
- Gamma-Verteilung und
- Weibull-Verteilung

sowie die Verteilungen, mit deren Hilfe Auswertungen von Zuverlässigkeits- und Stichprobenprüfungen durchgeführt werden, wie die

- $t$-Verteilung (Student-Verteilung),
- $F$-Verteilung und
- $c^2$-Verteilung (Chi-Quadrat-Verteilung).
- Six-Sigma-Verteilung.

(Erklärung und Umgang dieser Verteilungen sind u.a. Stoffgebiet der Lehrgänge zum „Qualitätstechniker" (z. B. QII der DGQ).

## Normalverteilung

Die Normalverteilung NV, auch Gauß'sche Verteilung, ist die wichtigste Verteilung für stetige Zufallsvariablen.

Für die Praxis der Qualitätsprüfung und Fertigungsüberwachung bedeutet dies, dass die Messwerte – als stetige Variablen – um den Mittelwert zufällig jeden beliebigen Wert annehmen können. Dabei ist die Häufigkeit der Messwerte am Mittelwert am größten und nimmt nach beiden Seiten gleichmäßig ab.

Die grafische Darstellung der Häufigkeitsdichte mit der relativen Häufigkeit hj oder der stetigen Wahrscheinlichkeitsfunktion $g(x)$ in der $y$-Achse über $x$ aufgetragen ergibt immer eine Kurve, theoretisch die „Glockenkurve":

> Die Normalverteilung zeigt an, mit welcher Wahrscheinlichkeitsfunktion $g(x)$ die einzelnen Messwerte $x_i$ vom Durchschnittswert $\mu$ abweichen.
> Sie ist bestimmt durch die Parameter Mittelwert $\mu$ und Standardabweichung $s$.

### Glockenkurve der Normalverteilung (Gauß´sche Verteilung)

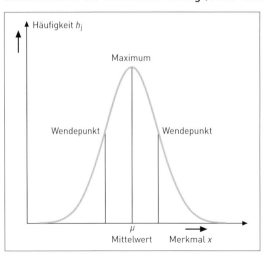

Charakteristische Eigenschaften der Normalverteilung sind:

- ein Maximum beim Mittelwert $\mu$,
- symmetrische Abnahme der Häufigkeit nach beiden Seiten,
- die Form der Funktion ist im Bereich des Mittelwertes konvex, nach beiden Außenseiten konkav,
- der Abstand der Wendepunkte vom Mittelwert entspricht der Standardabweichung $\sigma$ als Maß für die Streuung der Einzelwerte $x_i$ um den Mittelwert $\mu$.

Analog zum Grunddurchschnitt $\mu$ können für Stichproben auch die Lagewerte Durchschnitt (Mittelwert) $\bar{x}$ oder Zentralwert $\tilde{x}$ oder die Schätzwerte $\hat{\mu}$ bzw. $\hat{\sigma}$ eingesetzt werden.

### Auswirkung unterschiedlicher Mittelwerte und Standardabweichungen

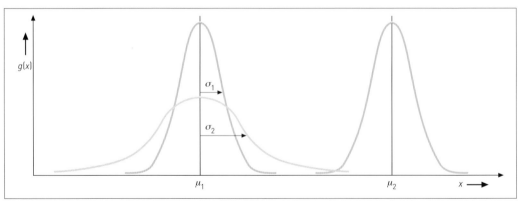

Die Wahrscheinlichkeitsfunktion $g(x; \mu, \sigma)$ hat die Formel:

$$g(x) = \frac{1}{\sigma \cdot \sqrt{2\pi}} \cdot e^{-\frac{1}{2}\left(\frac{x-\mu}{\sigma}\right)^2}$$

Zur Vereinfachung der Berechnung und Benutzung von Tabellen zur Auswertung normal verteilter Messreihen wurde die **standardisierte Form der Normalverteilung** entwickelt.

Aus der Abbildung links unten ist zu erkennen, dass die beiden Kurven mit $s_1$, $\mu_1$ und $\mu_2$ gleich sind und durch Verschiebung auf der x-Achse, also durch eine Skalentransformation, vereinheitlicht werden können. Jede beliebige Normalverteilung mit entsprechend beliebigen Parametern $\mu(\bar{x})$ und $\sigma(s)$ kann in eine standardisierte Form gebracht werden und wird dadurch auch dimensionslos.

Das Merkmal x wird in das standardisierte Merkmal $u$ umgerechnet: standardisiertes Merkmal $u = (x \pm \mu) / \sigma$
Die standardisierte Form der Normalverteilung hat die Parameter:

Mittelwert: $\qquad \mu_u = 0 \ (\bar{x}_u = 0)$

Standardabweichung: $\sigma_u = 1 \ (s_u = 1)$

■ **Standardisierte Normalverteilung mit $\mu = 0$**

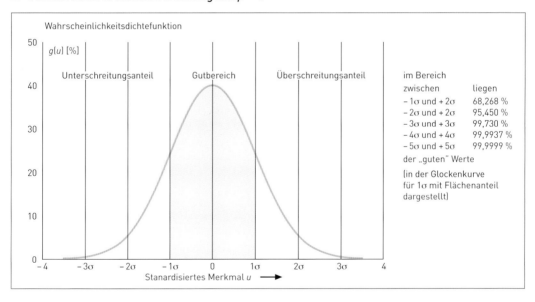

Die Wahrscheinlichkeitsfunktion $g(x; \mu, \sigma)$ wird durch die Skalentransformation umgewandelt in $g(u; 0,1)$ und hat nun die Formel:

$$g(u) = \frac{1}{\sqrt{2\pi}} \cdot e^{-\frac{1}{2}u^2}$$

Im Qualitätswesen werden vom Kunden oft Fertigungssicherheiten oder Prozessfähigkeiten verlangt, die in $\sigma$-Bereichen angegeben werden, in der Regel eine Prozessfähigkeit von $6\sigma$, inzwischen oft schon $8\sigma$ oder mehr.

Aus der Wahrscheinlichkeitsdichtefunktion und untenstehender Tabelle lässt sich gut ablesen, was das bedeutet: Bei einer Prozessfähigkeit $C_p$ auf der Basis $6\sigma$ (= ±3 σ) liegen 99,73 % aller produzierten Teile innerhalb der Toleranz. Bei genau eingehaltener Prozessmitte $M = \mu$ sind die Überschreitungen der unteren und oberen Toleranzgrenzen gleich groß: 0,27 : 2 = 0,135 % (s. auch Kapitel „Fertigungsüberwachung", Kap. 4.3.1).

Für die praktische Anwendung wird in der Literatur (Tab. 7, Kap. 7.1) meist nicht die Wahrscheinlichkeitsfunktion $g(u)$ verwendet, sondern, entsprechend der relativen Häufigkeitssumme $H(x)$, die Verteilungsfunktion $G(u)$:

$$G(u) = \textstyle\sum g(u_i) \Rightarrow G(0) = g(0)$$
$$G(1) = g(0) + g(1)$$
$$G(2) = g(0) + g(1) + g(2)$$
$$G(u) = g(0) + g(1) + ... + g(u)$$

Wenn die Dichtefunktion $g(u)$ oder $g(x)$ gebraucht wird, erhält man sie leicht. Durch Umkehrung folgt: $g(x) = G(x) - G(x-1)$.

Die Verteilungsfunktion $G(u)$ bildet über dem standardisierten Merkmalswert $u$ eine spiegelsymmetrische S-Kurve mit dem Wendepunkt bei $u = 0$ und $G(u) = 50$ %.

### Verteilungsfunktion $G(u)$ der standardisierten Normalverteilung

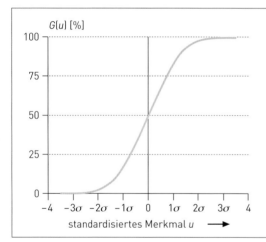

| x-Achse | y-Achse | |
| --- | --- | --- |
| ±u | $G(u)$ positive $u$-Werte | $G(-u) = 1-G(u)$ positive $u$-Werte |
| 4,0 | .99997 | .00003 |
| 3,5 | .99977 | .00023 |
| 3,0 | .99865 | .00135 |
| 2,5 | .99379 | .00621 |
| 2,0 | .97725 | .02275 |
| 1,5 | .93319 | .06681 |
| 1,0 | .84134 | .15866 |
| 0,5 | .69146 | .30854 |
| 0 | .50000 | .50000 |

Wertetabelle Verteilungsfunktion

Die Wertetabelle der Verteilungsfunktion bei Normalverteilung deutet bereits den Symmetriecharakter der Verteilungskurve an. Auf der x-Achse wird das Merkmal $u$ mit $\sigma$-Einheitsschritten von $u = 0$ nach rechts mit $+u$ und nach links mit $-u$ aufgetragen. Der aufsteigende, positive Kurventeil wird von den zugehörigen Werten $G(u)$ und der abfallende, negative Kurventeil durch $G(-u)$ bestimmt.

Die Symmetrie ist gegeben, weil gilt: $G(-u) = 1 - G(u)$

Anmerkung: In der Literatur sind in den Tabellen der Verteilungsfunktion meist nur die Werte von positiven $u$ angegeben. Beim Umgang mit Tabellen ist auch darauf zu achten, ob die Werte als Rechengrößen, in % oder in Kurzform angegeben sind: 0,975 = 97,5 % = .975.

Diese Form der grafischen Darstellung der Verteilungsfunktion $G(u)$ hat den Nachteil, dass die interessanten Kurvenbereiche zum Ablesen von Überschreitungsanteilen, also $\sigma \geq 3$, gegen 0 bzw. 100 % flach auslaufen und keine Auflösung zulassen.

## 4.1.3 Wahrscheinlichkeitsnetz für normal verteilte Werte

Um die grafische Darstellung der Verteilungsfunktion $G(u)$ zur Auswertung von Stichproben und Stichprobenreihen nutzen zu können, muss die S-Kurve zu einer Geraden gestreckt werden. In den x-y-Koordinaten hat eine Gerade die Formel $y = a \cdot x$.

Bei linearer Einteilung der y-Achse mit u-Werten wird die Verteilungskurve eine Gerade. Um nun die Wahrscheinlichkeit $P$ bzw. die Verteilung $G$ ablesen zu können, werden die jeweiligen Funktionswerte $G(u)$ als Skalennetz darüber gelegt. Das Ergebnis ist das Wahrscheinlichkeitsnetz für normal verteilte Merkmale, mit y-Achsen-Skalierung: linear $u$ in $\sigma$-Einheiten von 0 bis ± 3 (gestrichelt), gestreckt Wahrscheinlichkeit $P$ [%] bzw. $100 - P$ als zugehörige $G(u)$ (durchgezogen). Die x-Achse kann nach Bedarf mit x-Werten in den Abständen $b$ skaliert werden.

**Wahrscheinlichkeitsnetz für die Darstellung der Häufigkeitssumme bei annähernd normal verteilten Merkmalswerten**

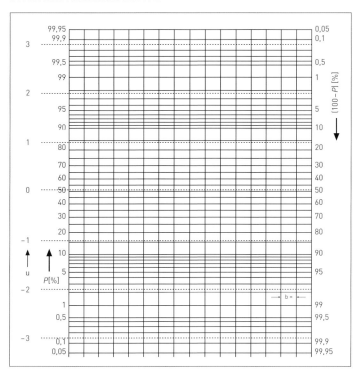

Anmerkung: Zur angemessenen Auflösung sollen der Betrachtungsbereich der $\bar{x}$-Werte mindestens 2/3 der x-Achse ausfüllen und $\mu$ bzw. $\bar{x}$-mittig angelegt werden.

> Zur Auswertung von Stichproben mithilfe des Wahrscheinlichkeitsnetzes wird vorausgesetzt, dass die einzelnen Messwerte $x_i$ annähernd normal verteilt sind.

Auf die exakten statistischen Methoden zum Test auf Normalverteilung von Messwertreihen soll hier nicht näher eingegangen werden. Man kann von ausreichend annähernd normal verteilten Merkmalswerten ausgehen, wenn sich leicht eine Ausgleichsgerade durch die eingetragenen Punkte ziehen lässt.

> Annähernd normal verteilte Merkmalswerte liegen im Wahrscheinlichkeitsnetz nahe
> einer Geraden. Die Punktfolgen dürfen keine Kurven oder S-Kurven ergeben.

Extremwerte, die nicht in die Normalverteilung passen, die so genannten Ausreißer, werden mithilfe des später behandelten Ausreißertests erkannt. Sie dürfen nicht in die Auswertung einbezogen werden. Mithilfe des Wahrscheinlichkeitsnetzes können für Stichproben und Stichprobenreihen bzw. Schätzwerte für die zugehörige Grundgesamtheit ermittelt und optisch dargestellt werden:

- Mittelwert $\bar{x}$ bzw. $\hat{\mu}$
- Standardabweichung $s$ bzw. $\hat{\sigma}$
- Überschreitungsanteil $\hat{P} = \hat{P}_u + \hat{P}_o$
- Mindeststandardabweichung $\sigma$ des Prozesses für vorgegebene $p_{max}$
- Variationsmöglichkeiten der Prozessmittenlage $\mu$ gegebenen $p_{min}$

### Zur Auswertung kleiner Stichproben:

Eintragung und Auswertung von Messwerten mit $n \leq \approx 30$ im Wahrscheinlichkeitsnetz (Blanko-Netze erhältlich u. a. beim Beuth-Verlag). Schrittfolge:

1. Messwerte $x_i$ der Größe nach ordnen, von $i = 1 \ldots i = n$.

2. $x$-Achse so einteilen, dass die Spannweite (oder angegebene Grenzwerte) mindestens 2/3 der Skala einnimmt.

3. Die Summenhäufigkeit $H_j$ [%] für die $x_i$-Werte ermitteln. Für $n \geq 5$ kann die Näherungsformel:

$$H_j(x_i) = \frac{i(x_i) - 0.5}{n} \cdot 100\,\%$$

mit hinreichender Genauigkeit verwendet werden.

4. Die Schnittpunkte der Senkrechten über den $x_i$-Werten mit den Horizontalen $H_j$ $P$[%]-Werten markieren.

5. Die Ausgleichsgerade durch die Punktfolge ziehen.

6. Eintragen und Ablesen der Kennwerte an den Schnittpunkten mit der Ausgleichsgeraden:

    Mittelwert $\bar{x}$: bei $P = 50\,\%$ $(u = 0) \Rightarrow x = \bar{x}$

    Standardabweichung $s$: bei $u = 1$ und $u = -1 \Rightarrow x(1) - x(-1) = 2s$

Überschreitungsanteil[2] (wenn Grenzwerte gegeben sind):

- bei $UGW \Rightarrow P$-Wert $= \hat{P}_u$ [%] (links)
- bei $OGW \Rightarrow P$-Wert $= \hat{P}_o$ [%] (rechts)
- $\hat{P} = \hat{P}_u + \hat{P}_o$ [%]

---

[2] Sollen die Überschreitungsanteile grafisch bestimmt werden, wird das Ergebnis genauer, wenn, ohne die Berechnung der $H_j$-Werte, die Ausgleichsgerade direkt aus der bekannten oder berechneten Standardabweichung $\sigma$ oder $s$ gezogen wird. Die Schnittpunkte, die dann die Wahrscheinlichkeitsgerade bestimmen, findet man auf den gestrichelten Horizontalen von $u = 1$ und $u = -1$ mit den Vertikalen von $\bar{X}(1) = x + s$ und $\bar{X}(-1) = x - s$ (bzw. $\mu \pm \sigma$).

*Beispiel 14:*

Bei der Produktion von Filtern aus Sintermetall werden Stichproben auf Gasdurchlässigkeit geprüft. Laut Prüfvorschrift sollen unter festgelegten Bedingungen 76 ± 1,5 l/min Gas durchströmen. Nach neun Proben sollen die Kennwerte $\bar{x}$ und $s$ und die Überschreitungsanteile $p_{u/o}$ aus den (schon geordneten) Messwerten mithilfe des Wahrscheinlichkeitsnetzes ermittelt werden.

| $i$ | $x_i$ | aus $(i - 0{,}5)/n$ $H_i$ in % |
|---|---|---|
| 1 | 75,1 | 5,6 |
| 2 | 75,3 | 16,7 |
| 3 | 75,7 | 27,8 |
| 4 | 75,8 | 38,9 |
| 5 | 75,8 | 50,0 |
| 6 | 76,3 | 61,1 |
| 7 | 76,5 | 72,2 |
| 8 | 76,9 | 83,3 |
| 9 | 77,1 | 94,4 |

## Lösung Beispiel 14 im Wahrscheinlichkeitsnetz

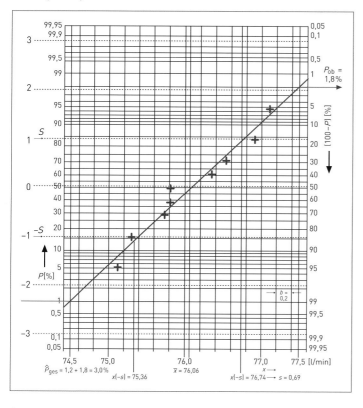

Anmerkung: Bei manueller Ausführung, insbesondere beim Eintragen der Ausgleichsgeraden nach „Augenmaß", müssen größere Abweichungen in Kauf genommen werden.

**Zur Auswertung großer Stichproben** ($n > 30$) werden die Summenhäufigkeiten in Klassen eingeteilt, sodass mit einer Klassenzahl von 5–20 der Aufwand und die Übersichtlichkeit gewahrt werden. Auf diese Methode soll hier nicht weiter eingegangen werden, sie ist in der speziellen Fachliteratur, z. B. [12], zu finden.

# 4.1.4 Ausreißertest

Für die statistische Auswertung von Messwertreihen mithilfe des Wahrscheinlichkeitsnetzes oder für die später noch beschriebene Prozessfähigkeitsprüfung wird immer die wenigstens angenäherte Normalverteilung der Messwerte vorausgesetzt. In der Praxis kommt es nicht selten vor, dass die Messwerte einer Messreihe zwar normal verteilt sind, aber ein oder zwei Extremwerte doch nicht zu dieser Reihe zu passen scheinen. Oft sind solche „Ausreißer" durch Fehlmessungen oder Übertragungsfehler begründet oder es liegt sogar eine Veränderung des Prozesses vor.

Für die weitere Auswertung der Messreihe müssen diese Ausreißer aus der Betrachtung ausgeschlossen werden. Damit verringert sich der wirksame Stichprobenumfang $n$ um die Anzahl der Ausreißer, was ggf. eine weitere Probenahme zur Folge haben kann. Für den Test, ob der größte oder kleinste Wert zu einer normal verteilten Wertereihe gehört oder ob er ein Ausreißer ist, wird, analog zum Signifikanztest, gefragt:

„Kann dieser Wert zu der Grundgesamtheit der anderen Werte gehören, oder muss mit der Wahrscheinlichkeit $P$ davon ausgegangen werden, dass er einer anderen Grundgesamtheit angehört?"

### Vergleich zweier Gesamtheiten mit $\mu_1$ und $\mu_2$

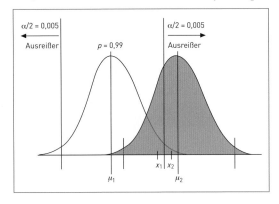

Hier soll auf die komplizierte Berechnung verzichtet werden. Ein einfacher Test mithilfe der Tabelle 6 (Tabellenanhang) führt bei $n \leq 100$ zu hinreichend genauen Ergebnissen.

*Beispiel 16:*

Ist der kleinste Wert aus Beispiel 15 mit $P = 95\,\%$ (das entspricht $\alpha/2 = 2{,}5\,\%$) ein Ausreißer?

Lösung a) mit Tabelle 6:

$\bar{x} = 46{,}29$; $S = 1{,}13$ $\qquad n = 48$

$x_{min} = 43{,}9$ [mm²/s] $\qquad TW(n, P) = 2{,}93$ (hinreichend genau interpoliert)

$(46{,}29 - 43{,}9){:}1{,}13 = 2{,}12 < 2{,}93$: kein Ausreißer bei $P_{0{,}95}$

# 4.1.5 Zusammengesetzte Funktionen

Die Betrachtung der **Wahrscheinlichkeit** $P_{ges}$ für das gleichzeitige Eintreffen mehrerer interessanter Ereignisse ist schon aus dem Abschnitt „Wahrscheinlichkeit" bekannt.

Sie wird berechnet nach der

- Additionsregel $\Rightarrow P(A \text{ oder } B) = P(A) + P(B)$ oder der
- Multiplikationsregel $\Rightarrow P(A \text{ und } B) = P(A) \cdot P(B)$

und ist eine wichtige Größe für Risiko- und Ausfallanalysen. Zusammengesetzte Funktionen werden von ihren Randverteilungen bestimmt. Unter **Randverteilung** versteht man die Wahrscheinlichkeitsverteilung eines Teilereignisses, wenn sie mit der Verteilung anderer Zufallsereignisse zusammenwirkt.

Im Qualitätswesen und in der Fertigungs- und Montagetechnik sind die Auswirkungen der Fertigungstoleranzen einzelner Prozessschritte oder Bauteile auf die Toleranz des Endproduktes von besonderem Interesse.

Das **Gesamtstreumaß** $c_x$ für Zufallsgrößen aus mehreren, zusammenwirkenden Prozessen ist in jedem Fall abhängig von den Streumaßen der einzelnen Prozesse und deren Verteilungen.

Wird z. B. die dreidimensionale Zufallsgröße $(X, Y, Z)$ betrachtet, so gibt es dazu drei Randverteilungen der zweidimensionalen Zufallsgrößen $(X, Y)$, $(X, Z)$ und $(Y, Z)$ und drei Randverteilungen der eindimensionalen Zufallsgrößen $X$, $Y$ und $Z$, deren einzelne Streumaße das Gesamtstreumaß bestimmen.

*Beispiel 17:*

Ein Litermaß ist bekanntlich dreidimensional. Für den Benutzer ist die Toleranz des Volumens von Interesse. Für die Herstellung eines zylindrischen Messbechers sind der Durchmesser $d = 79{,}79 \pm 0{,}02$ mm und die Höhe $h = 200{,}00 \pm 0{,}05$ mm (bis zum Messstrich) als Fertigungsmaß und Toleranz angegeben. Mit welcher Volumentoleranz $c_x$ muss gerechnet werden?

Lösungsweg:
Berechnung des Volumens $V = A \cdot B \cdot C = \frac{1}{4} \pi \cdot d \cdot d \cdot h$ [mm³] (bei einem Zylinder ist $A = B = d$, mit $\frac{1}{4}$ $\pi$ als Konstante $k$; $C = h$):

$V = k \cdot A \cdot B \cdot C = \frac{1}{4} \pi \cdot 79{,}79 \text{ mm} \cdot 79{,}79 \text{ mm} \cdot 200{,}0 \text{ mm} = 1000039 \text{ mm}^3 = 1000{,}0 \text{ cm}^3$

Es streuen Höhe und Durchmesser, daraus folgt: Es gilt die Multiplikationsregel zur Berechnung der Streuung:

$V \pm c_x = (k) \cdot A \cdot C \pm c_x = (k) \cdot (A \pm c_a) \cdot (B \pm c_b) \cdot (C \pm \cdot_c)$

Zur Erleichterung der Auflösung von $\pm c_x$ aus dieser Gleichung kann die Tabelle 2 benutzt werden (die passende Formel ist Nr. 8).

Gesamtstreumaß $c_x = k \cdot \sqrt{(A \cdot B \cdot c_c)^2 + (A \cdot B \cdot c_b)^2 + (A \cdot B \cdot c_a)^2}$

In Zahlen: $c_x = \frac{1}{4} \pi \cdot \sqrt{(79{,}79 \cdot 0{,}02)^2 + 2(79{,}79 \cdot 200{,}0 \cdot 0{,}05)^2} = 892 \text{ mm}^3$

$\underline{V = 1000{,}0 \pm 0{,}9 \text{ cm}^3}$

Im Beispiel 17 wurden als Streumaße die zulässigen Toleranzen von den Längenmaßen betrachtet und mithilfe der Randverteilungen die Toleranz des Volumens berechnet.
In gleicher Weise hätten auch die Standardabweichungen $\sigma_h; \sigma_d$ mit den Mittelwerten $\mu_h; \mu_d =$ Nennwerte $h; d$ der Produktionsdaten als Basis für die Berechnung der Standardabweichung $\sigma v$ des Volumens eingesetzt werden können.
Zur Festlegung von Fertigungsbedingungen bei vorgegebener Gesamttoleranz lassen sich die einzelnen Toleranzen nur dann einfach berechnen, wenn für die Randverteilungen gleiche Streumaße vorausgesetzt werden.

*Beispiel 18:*

Bei einem quadratischen Filter mit 2,250 m² Fläche muss wegen der Filtrationsbedingungen (Druck und Durchfluss) eine Toleranz von ± 0,005 m² eingehalten werden. Welche Toleranz muss für die Länge jeder Seite eingehalten werden?

Lösungsweg:

Es streuen Länge und Breite ⇒ Multiplikationsregel

Für die zweidimensionale Multiplikationsregel gilt Formel 5 in Tabelle 2 (Kap. 7.1):

$c_x = \sqrt{(A \cdot c_a)^2 + (B \cdot c_b)^2}$, für ein Quadrat ⇒ $c_x = \sqrt{2(A \cdot c_a)^2}$

Gegeben ist $c_x$ = 0,005 m; gesucht ist ca.

Nach $c_a$ aufgelöst ⇒ $c_a = c_x / (A \cdot \sqrt{2})$

Anmerkung: *A* ist hier die Seitenlänge = $\sqrt{2,25}$ = 1,500 m

$c_a$ = 0,005 / (1,500 · $\sqrt{2}$) [m²/m] = 0,0024 m

Die Seitenlängen müssen sein: <u>1500 ± 0,0024 mm</u>

Bei der Prüfung mehrerer Qualitätsmerkmale können die binomialverteilten fehlerhaften Einheiten gleichzeitig mehrere Fehlerarten aufweisen.

*Beispiel 19:*

An einer Abfüllanlage mit integriertem Filter wird in der Nachtschicht ein Filterdefekt nicht bemerkt. Folgende Fehleranteile wurden festgestellt:

0,5 % der Flaschen sind überfüllt,

4,0 % der Flaschen sind nicht ausreichend gefüllt,

8,5 % der Flaschen sind mit Trübe (unabhängig vom Füllstand).

Wie groß ist der Anteil fehlerhafter Flaschen?

Lösungsweg:

Die Fehleranteile dürfen nicht einfach addiert werden, denn auch die über- und unterfüllten Flaschen können Trübe haben. Es muss erst der Gutanteil *p*(gut) errechnet werden, der Schlechtanteil ergibt sich aus der Differenz: *p*(schlecht) = 100 % – *p*(gut).

Es kann nur über- oder unterfüllt sein ⇒ Additionsregel.

Diese Fehleranteile können direkt addiert werden.

*p*(ü oder u) = *p*(ü) + *p*(u)

*p*(ü oder ) = 0,5 + 4,0 = 4,5 %

⇒ *p*(nicht ü;u) = 100 – 4,5 = 95,5 %

⇒ *p*(nicht trüb)= 100 – 8,5 = 91,5 %

Die Trübe ist vom Füllgrad unabhängig, der Gutanteil besteht aus nicht über-/unterfüllten und nicht trüben ⇒ Multiplikationsregel.

*p*(gut)= *p*(nicht ü/u) · *p*(nicht trüb)

*p*(gut)= 0,955 · 0,915 = 0,8738

⇒ *p*(schlecht) = 1 – *p*(gut) = 1 – 0,8738 = 0,1262 = 12,6 %

## 4.1.6 Paretoverteilung (ABC-Analyse)

Zur Darstellung statistischer Erhebungen ist die Paretoverteilung, auch ABC-Analyse, besonders gut geeignet und ein typisches Beispiel für die beschreibende Statistik.

> In der Paretoverteilung werden die interessierenden Ereignisse
> nach ihrer relativen Häufigkeit geordnet dargestellt.

**Beispiel einer Paretoverteilung mit der relativen Fehlerhäufigkeit $h_i$**
Beanstandungen aus einer Lackproduktion

| Fehler lfd. Nr. | Fehlerart | absolute Häufigkeit $H_j$ | relative Häufigkeit $h_j$ $H_j / \sum H$ in % | Rang-folge | relative Summen-häufigkeit $H_j$ |
|---|---|---|---|---|---|
| 1 | Viskosität | 21 | 51 | 1 | 51,2 |
| 2 | Pigmentgehalt | 2 | 4,9 | 4 | 92,7 |
| 3 | Farbe | 12 | 29,3 | 2 | 80,5 |
| 4 | Glanz | 1 | 2,4 | 6 | 100 |
| 5 | Dehnbarkeit | 3 | 7,3 | 3 | 87,8 |
| 6 | Haltfestigkeit | 2 | 4,9 | 5 | 97,6 |

$$\sum 41$$

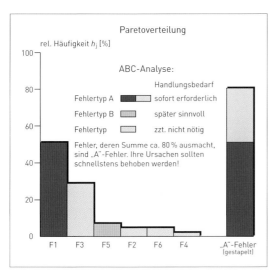

Im Qualitätswesen ist nicht nur die Häufigkeit des Auftretens der einzelnen Fehler interessant, die durch sie verursachten Kosten sind oft aufschlussreicher. Sie werden dann als relative Fehlerkosten auf die Gesamtfehlerkosten bezogen.

Als Datenquelle dient die Fehlersammelkarte, auf die später noch näher eingegangen wird.

## Aufgaben

1. Wie unterscheiden sich diskrete von stetigen Verteilungen?

2. Durch welche Verteilungsform wird die Anzahl interessierender Ereignisse beschrieben?

3. Von welchen Größen ist die Wahrscheinlichkeitsfunktion $g(x)$ der Binomialverteilung abhängig?

4. Mit welcher Verteilung wird die Anzahl Fehler pro Einheit beschrieben?

5. Welche Bedingung erfüllen normal verteilte (Mess-)Werte?

6. Nennen Sie charakteristische Eigenschaften der Gauß'schen Glockenkurve.

7. Wie wirkt sich eine kleine bzw. große Standardabweichung auf die Form der Glockenkurve aus?

8. Wodurch unterscheidet sich die Glockenkurve aus den Kennwerten $\mu1$, $\sigma$ von $\mu2$, $\sigma$ und durch welche Maßnahme kann dieser Unterschied zur Erleichterung weiterführender Betrachtungen ausgeglichen werden?

9. Durch welche Maßnahme kann zur besseren Übersicht und Auswertung die $S$-Kurve der $N$-Verteilungsfunktion $G(u)$ zu einer Geraden gestreckt werden und wie wird dieses Koordinatensystem genannt?

10. Ab welchem Stichprobenumfang ist eine Klassierung der (Mess-)Werte durchzuführen?

11. Welche Kennwerte einer Stichprobe lassen sich mithilfe des Wahrscheinlichkeitsnetzes grafisch ermitteln?

12. Welche Maßnahme muss vor der Auswertung von Messwertreihen durchgeführt werden?

13. Wozu dient die Paretoverteilung?


## 4.1.7 Übungen zur Statistik

(Die Lösungswege sind im Anhang in Kap. 7.7 beschrieben.)

*Übungsbeispiel 1:*
Wie groß ist die Wahrscheinlichkeit, mit drei Würfeln
in einem Wurf drei „6er" zu erzielen?　　　　　　　　　　(Ergebnis: $P = 0{,}463$ %)

*Übungsbeispiel 2:*
Wie groß ist die Wahrscheinlichkeit, mit zwei Würfeln in einem
Wurf einen Pasch (zwei gleiche Augenzahlen) zu erzielen?　　　(Ergebnis: $P = 16{,}67$ %)

*Übungsbeispiel 3:*
Bei der Lackierung von Gehäusen treten unabhängig voneinander zwei Fehlerarten auf.
Bei 1,0 % der Teile werden Poren gefunden, 0,5 % der Teile haben Schlieren. Wie groß ist die
Wahrscheinlichkeit, dass ein Gehäuse Poren und Schlieren hat?　　(Ergebnis: $P = 0{,}005$ %)

*Übungsbeispiel 4:*
Ein Los mit $N = 380$ Einheiten enthält 15 fehlerhafte Einheiten. Sie entnehmen dem Los eine
Einheit. Wie groß ist die Wahrscheinlichkeit, dass
a) die entnommene Einheit fehlerfrei ist?　　　　　　　　　(Ergebnis: 96,05 %)
b) die entnommene Einheit fehlerhaft ist?　　　　　　　　　(Ergebnis: 3,95 %)

*Übungsbeispiel 5:*

Beim Abfüllen einer Ware ist die Füllmasse normal verteilt. Aus Erfahrung ist bekannt: Mittelwert $\mu$ = 500 g, Standardabweichung $\sigma$ = 5 g.

a) Wie viel Prozent Ausschuss sind zu erwarten, wenn die Füllmasse
von 500 g um höchstens 7 g unterschritten werden darf? (Ergebnis: 8,1 %)

b) Wie viel Prozent Ausschuss sind zu erwarten, wenn die Füllmasse
um höchstens 7 g vom Sollwert abweichen darf? (Ergebnis: 16,2 %)

c) Wie groß muss man die Toleranzgrenzen 500 ± c wählen,
damit man mit höchstens 5 % Ausschuss rechnen kann? (Ergebnis: 500 ± 9,7 g)

*Übungsbeispiel 6:*

Für die Abfüllung einer Paste in 500-g-Kartuschen stehen Ihnen zwei Anlagen zur Wahl. Die leistungsstarke Anlage 1 hat bei einem $\mu$ = 500 g die Standardabweichung $\sigma$ = 2,5 g, die Anlage 2 mit geringerer Leistung hat dabei ein $\sigma$ = 1,0 g. Der Kunde reklamiert, wenn über 1 % der Kartuschen außerhalb der Toleranz von ± 5,0 g befüllt sind. Weisen Sie mithilfe des Wahrscheinlichkeitsnetzes nach, welche der Anlagen die Kundenforderung erfüllt.

# 4.2 Statistische Methoden zur Warenannahme

Ein Qualitätsmanagement und die Qualitätssicherung sind ohne die Anwendung statistischer Methoden undenkbar. Statistische Methoden werden operativ und strategisch eingesetzt, speziell zur

- Fähigkeitsprüfung von Prozessen, Maschinen und Prüfverfahren,

- Prozess- und Fertigungsüberwachung (SPC, QRK),

- Stichprobenprüfung zur Auswahl des Stichprobenumfangs (AQL) und zur Aussagefähigkeit der Stichprobe,

- Lebensdauer- und Zuverlässigkeitsaussage (in diesem Buch nicht behandelt) sowie allgemein zur Darstellung der Qualitätslage (Paretoverteilung) als Basis zur strategischen Qualitätsplanung.

## 4.2.1 Liefervorschriften und Abnahmebedingungen

> Spezifikation ist der Sammelbegriff für die Beschreibung
> der Qualitätsmerkmale eines Produktes und deren Prüfung.

Spezifikationen können sein oder beinhalten:

- technische Regeln (rechtsverbindliche Vorschriften)

- Normen (allgemeine Lieferbedingungen, Stand der Technik)

- Gütemerkmale (Gütesiegelauflagen und -vorschriften)

- Hausnormen (üblich sind eingeengte Normen)

- Liefervorschriften (vertraglich vereinbart)

- Produktbeschreibungen des Herstellers (Katalog)

> Technische Regeln und Stand der Technik müssen als
> Minimalforderungen immer mindestens eingehalten werden!

(vgl. „Produkthaftung", Kap. 1.4) Spezifikationen enthalten meist neben Toleranzangaben auch Prüfvorschriften.

> Die Toleranz ist eine verbindliche Angabe von oberen und unteren Grenzwerten,
> innerhalb derer die Messwerte bzw. die Anzahl der Fehler pro Einheit liegen müssen.
> Sie wird angegeben als: Höchstwert minus Mindestwert.

Toleranzangaben sind erforderlich, weil immer zumindest eine zufällige, oft auch eine systematische Streuung der Ist-Werte bei der Fertigung gegeben ist. Für viele Produkte und Fertigungsverfahren sind sie auch genormt. Der technische Fortschritt und die Verpflichtung zur Wirtschaftlichkeit verlangen eine **Prozessoptimierung** mit dem Ziel, die systematischen Ist-Wert-Streuungen zu vermeiden und die unvermeidbaren Zufallsstreuungen in immer engere Toleranzbereiche einzugrenzen.

Der Hersteller eines Produktes ist immer mitverantwortlich für Vor- oder Teilprodukte, die er für die Herstellung seines Produktes von Lieferanten zukauft (s. „Anforderungen aus der Produkthaftung an das QM-System", Kap. 1.4.3, § 377 HGB). Neben der Erstellung geeigneter Liefervorschriften und dokumentierter Lieferantenüberwachung muss

> immer eine **Wareneingangsprüfung** durchgeführt werden,
> bevor die Ware verarbeitet werden darf.

Der Umfang und Aufwand der Wareneingangsprüfung ist abhängig von

- den Qualitätsforderungen an das zugekaufte Produkt
- den Qualitätsforderungen an das Endprodukt
- dem Gefahrenpotenzial des Endproduktes
- den vereinbarten Liefervorschriften
- den QM-Aktivitäten und der Zuverlässigkeit des Lieferanten

Bei Lieferungen von Zukaufprodukten mit hohen Qualitätsforderungen oder Gefahrenpotenzial ist meist auch dann eine Stichprobenprüfung unerlässlich, wenn der Zulieferer eine 100-%-Kontrolle bescheinigt.

## 4.2.2 Annahmeprüfung nach „AQL"

Wirtschaftlich sinnvolle Stichprobenprüfungen für die Annahme oder Rückweisung von Liefermengen (Losen) müssen eindeutige Prüfentscheidungen ergeben. Dies erfordert entsprechende Vereinbarungen zwischen Kunde und Lieferant.

Die AQL-Normen (Acceptance Quality Limit) im Prüflos – annehmbare Qualitätsgrenzlage) DIN ISO 2859-1 (für Attributprüfung) und DIN ISO 3951-1 (für quantitative Merkmale) dienen dem Ziel, mit möglichst wenig Prüfaufwand ein angemessenes und ausgewogenes Annahme-/Rückweise-Risiko zu schaffen. Grundvoraussetzungen für die Annahme-Stichprobenprüfung nach AQL:

- Festlegung der **annehmbaren Qualitätsgrenzlage „AQL"**, die besagt, welcher Fehleranteil $p[\%]$ im Los zulässig ist.

Anmerkung: Ein Lieferant kann dann relativ sicher sein, dass alle Lose angenommen werden, wenn der Fehleranteil seiner Produktion maximal halb so groß ist wie der vereinbarte AQL-Wert.

- Die Stichproben müssen **repräsentativ** entnommen werden, d.h., jedes Teil muss die gleiche Wahrscheinlichkeit haben, in die Stichprobe zu gelangen = **Zufallsstichprobe**.

Anmerkung: Ggf. müssen produktspezifische Normen zur Probenahme eingehalten werden. Bei mehreren Verpackungseinheiten sind möglichst aus jeder Einheit die gleiche Anzahl zu entnehmen.

- Vereinbart werden der **AQL-Wert** und das **Prüfniveau**. Der erforderliche **Stichprobenumfang $n$** ist dann abhängig von der **Losgröße $N$**.

Anmerkung: Auch wenn in steigendem Maße die „Null-Fehler"-Forderung gestellt wird, haben die AQL-Normen auch heute noch ihre Bedeutung. Es werden in Abhängigkeit vom Losumfang $N$, dem AQL-Wert und dem Prüfniveau der zu prüfende Stichprobenumfang $n$ sowie die zulässige Anzahl der gefundenen Fehler bzw. die zulässige Streuung bei Messwerten bestimmt.

> Der AQL-Wert gibt den maximal zulässigen Anteil fehlerhafter Einheiten [%] bzw. Fehleranzahl pro 100 Einheiten an, der als Lieferqualität akzeptiert werden kann. Damit die Zusammenarbeit mit einem Lieferanten als wirtschaftlich und zuverlässig eingestuft werden kann, muss dessen durchschnittliche Qualitätslage deutlich unter der AQL liegen.

Die Prüfanweisung zur Stichprobenprüfung nach AQL, d.h. der Stichprobenumfang und die Anzahl zulässiger Fehler, fhE oder die zulässige Streuung in der Stichprobe sind abhängig von:

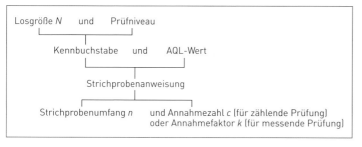

Aus den Tabellen der AQL-Norm DIN ISO 2859-1 für qualitative und der DIN ISO 3951-1 für quantitative Stichprobenprüfung (Auszüge daraus sind auf S. 289 ff., Tabellen 3 bis 5, enthalten) können nach dem oben dargestellten Schema für unterschiedliche Stichprobenpläne die jeweiligen Stichprobenanweisungen abgelesen werden.

Zur Reduzierung des Prüfaufwandes können bei Lieferungen von zuverlässigen Lieferanten anstelle der normalen Prüfung mit Einfach-Stichprobenplänen auch Doppelpläne und/oder die reduzierte/verschärfte Prüfung angewendet werden. Um dabei trotz des geringeren Stichprobenumfangs volles Vertrauen zu erhalten, sind festgelegte Regeln einzuhalten, die in den folgenden Abschnitten näher beschrieben werden.

Bei gleicher Prüfschärfe kann eine Reduzierung des Stichprobenumfangs erreicht werden, wenn statt der zählenden Prüfung (Lehrenprüfung) eine messende (die Variablenprüfung) durchgeführt werden kann.

> Die Auswahl des AQL-Wertes ist abhängig von der Auswirkung, die ein
> Ausschussteil auf die Weiterverarbeitung oder das Endprodukt haben kann.
> Bei Prüfung auf kritische Fehler dürfen niemals Lose mit Ausschussteilen
> angenommen werden.

Wenn ein Produkt auf mehrere Qualitätsmerkmale geprüft wird, kann für jedes Qualitätsmerkmal (jede Fehlerart) ein anderer AQL-Wert angemessen sein und festgelegt werden.

Mit dem Auswahlverfahren des Kennbuchstabens aus der Losgröße und dem Prüfniveau ist durch die Normen festgelegt, dass kleine Lose relativ schärfer geprüft werden als große Liefermengen.

## Annahmekennlinie (Operationscharakteristik OC)

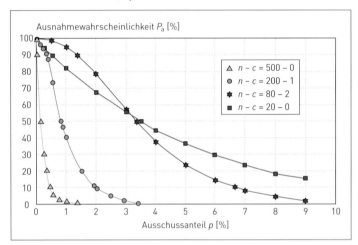

Die Verteilung der Risiken, dass ein Los mit dem Ausschussanteil $p$ angenommen (Annahmerisiko für den Kunden) oder zurückgewiesen wird (Rücknahmerisiko des Lieferanten), lässt sich grafisch darstellen. Als Annahmekennlinie oder Operationscharakteristik wird für die jeweilige Stichprobenanweisung die Annahmewahrscheinlichkeit $P_a$ über dem Fehleranteil $p$ des Loses aufgetragen.

**Annahmekennlinien verschiedener Stichprobenanweisungen nach DIN ISO 2859 (Einfachpläne)**

Die DIN ISO 2859-1 enthält für genormte Stichprobenanweisungen der Einfachpläne die Operationscharakteristiken und Kenngrößen zum Durchschlupf $D$ (auch AOQ = average outgoing quality).

> Auch gute Lose können zurückgewiesen werden,
> und zwar mit der Wahrscheinlichkeit $1 - P_a$

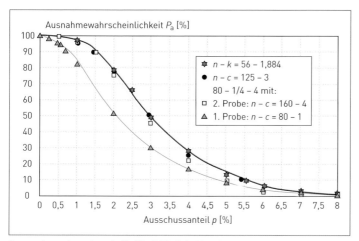

**Operationscharakteristik für AQL 1,0; $K$, mit messender und zählender Prüfung** (messende Prüfung, $\sigma$ unbekannt, Werte aus ($\bar{x}$, s)-Wilrich-Nomogramm)

> Stichprobenanweisungen nach DIN ISO 2859-1 (für Attributprüfung) und 3951 (für quantitative Merkmale) haben bei gleichem AQL-Wert und Prüfniveau eine annähernd gleiche Operationscharakteristik.

| Prüfungs-anweisung | AQL 0,65 % | AQL 1 % | AQL 1,5 % | AQL 2,5 % | AQL 4 % | AQL 6,5 % | AQL 10 % | AQL 15 % |
|---|---|---|---|---|---|---|---|---|
| $N$ | $n-c-d$ | $n-c-d$ | $n-c-d$ | $n-c-d$ | $n-c-d$ | $n-c-d$ | $n-c-d$ | $n-c-d$ |
| 2 bis 8 | 0 | 0 | 0 | 0 | 0 | 0 | 0 | 0 |
| 9 bis 15 | 0 | 0 | 8-0-1 | 5-0-1 | 3-0-1 | 2-0-1 | 5-1-2 | 3-1-2 |
| 16 bis 25 | 20-0-1 | 13-0-1 | 8-0-1 | 5-0-1 | 13-1-2 | 8-1-2 | 8-2-3 | 8-3-4 |
| 26 bis 50 | 20-0-1 | 13-0-1 | 8-0-1 | 20-1-2 | 13-1-2 | 13-2-3 | 13-3-4 | 13-5-6 |
| 51 bis 90 | 20-0-1 | 13-0-1 | 8-0-1 | 20-1-2 | 13-1-2 | 13-2-3 | 13-3-4 | 13-5-6 |
| 91 bis 150 | 20-0-1 | 13-0-1 | 32-1-2 | 20-1-2 | 20-2-3 | 20-3-4 | 20-5-6 | 20-7-8 |
| 151 bis 280 | 20-0-1 | 50-1-2 | 32-1-2 | 32-2-3 | 32-3-4 | 32-5-6 | 32-7-8 | 32-10-11 |
| 281 bis 500 | 80-1-2 | 50-1-2 | 50-2-3 | 50-3-4 | 80-5-6 | 50-7-8 | 50-10-11 | 50-14-15 |
| 501 bis 1200 | 80-1-2 | 80-2-3 | 80-3-4 | 80-5-6 | 80-7-8 | 80-10-11 | 80-14-15 | 80-21-22 |
| 1201 bis 3200 | 125-2-3 | 125-3-4 | 125-5-6 | 125-7-8 | 125-10-11 | 125-14-15 | 125-21-22 | 80-21-22 |
| 3201 bis 10000 | 200-3-4 | 200-5-6 | 200-7-8 | 200-10-11 | 200-14-15 | 200-21-22 | 125-21-22 | 80-21-22 |
| 10001 bis 35000 | 315-5-6 | 315-7-8 | 300-10-11 | 315-14-15 | 315-21-22 | 200-21-22 | 125-21-22 | 80-21-22 |
| 35001 bis 150000 | 500-7-8 | 500-10-11 | 500-14-15 | 500-21-22 | 315-21-22 | 200-21-22 | 125-21-22 | 80-21-22 |
| 150000 bis 500000 | 800-10-9 | 800-14-15 | 800-21-22 | 500-21-22 | 315-21-22 | 200-21-22 | 125-21-22 | 80-21-22 |
| > 500000 | 1250-14-15 | 1250-21-22 | 800-21-22 | 500-21-22 | 315-21-22 | 200-21-22 | 125-21-22 | 80-21-22 |

$N$ = Gruppengröße (Patienten);   $n$ = Stichprobengröße;   $c$ = Annahmezahl;   $d$ = Rückweisezahl

**AQL-Tabelle nach DIN ISO 2859-1**

Anwendungsbeispiel: Liegt eine Lieferung mit 80 Teilen vor und ist AQL 2,5 vereinbart, so müssen laut AQL-Tabelle 20 Teile geprüft werden. Dabei ist ein fehlerhaftes Teil zulässig, ab zwei fehlerhaften Teilen ist eine Rückweisung möglich.

## 4.2.3 Qualitative AQL-Prüfung nach DIN ISO 2859-1

Voraussetzungen für die Stichprobenprüfung nach DIN ISO 2859-1 (Anzahl fehlerhafter Einheiten oder Fehler pro Einheit) sind:

- Vereinbarung des AQL-Wertes
- Vereinbarung des Prüfniveaus
- Zählende Prüfung
- Hypergeometrische oder binomiale Verteilung der Fehler
- Keine kritischen Fehler!
- Mögl. Vereinbarung über den anzuwendenden Stichprobenplan
- Mögl. Vereinbarung über die Probenahme

> Beim Einfach-Stichprobenplan wird nur eine Stichprobe entnommen und anhand der darin gefundenen Anzahl der Fehler $x$ die Annahme oder Rückweisung des Loses gültig entschieden.
> Die Entscheidung lautet nur: Annahme oder Rückweisung.

Ist die in der Stichprobe gefundene Anzahl der Fehler $x$ kleiner oder gleich der Annahmezahl $c$, dann wird das Los angenommen.

$x \leq c \Rightarrow$ Annahme des Loses

Ist die Anzahl der gefunden Fehler $x$ gleich oder größer als die Rückweisezahl $d$, dann wird das Los zurückgewiesen.
Bei normaler Prüfung ist immer $d = c + 1$.

$x \geq d \Rightarrow$ Rückweisung des Loses

Aus den Tabellen der DIN ISO 2859-1 werden der Stichprobenumfang $n$, die Annahmezahl $c$ und die Rückweisezahl $d$ entnommen. Dann wird die Anzahl gefundener Fehler $x$ mit der Annahme- und Rückweisezahl verglichen und über das Los entschieden.

**Zur Anwendung:**
Vereinbart sind AQL-Wert, Prüfniveau. Gegeben ist Losgröße $N$.
Aus Tabelle 3a (Kap. 7.1): Prüfniveau; Losgröße $\Rightarrow$ Kennbuchstabe
Aus Tabelle 4a (Kap. 7.1): AQL; Kennbuchstabe $\Rightarrow$ Stichprobenumfang $n$
$\Rightarrow$ Annahmezahl $c$
$\Rightarrow$ Rückweisezahl $d$ $(= c + 1)$

> Die Einfach-Stichprobenanweisung wird in Kurzform definiert: $(n - c)$.

*Beispiel 20:*

Sie bekommen für Ihre Anschwemmfilteranlage eine Lieferung von zehn Paletten mit je 20 Sack Kieselgur. Als Qualitätsmerkmale wurden eine bestimmte Mindestdurchflussleistung und Trennschärfe bei definierten Testbedingungen festgelegt und Annahmebedingungen nach AQL 1,0, Prüfniveau II vereinbart.

a) Wie lautet die Annahme-Stichprobenanweisung?

b) Wie werden die Proben zweckmäßigerweise entnommen?

c) Was geschieht mit der gesamten Lieferung, wenn von den Stichproben keine, eine, zwei die Forderungen nicht erfüllen?

Lösung:

Das gesamte Los $N$ = 200 Sack.

zu a) Aus Tab. 3 a (Kap. 7.1): 1. Spalte (Mitte) Losumfang 151 bis 280 und
7. Spalte Prüfniveau II $\Rightarrow$ Kennbuchstabe $G$

Aus Tab. 4 a (Kap. 7.1): 1. Spalte Kennbuchstabe $G$ $\Rightarrow$ Stichprobenumfang 32 und
unter AQL 1,0, Pfeil $\Rightarrow$ $c = 1$; $d = 2$

Die Stichprobenanweisung lautet: $(n - c) = (32 - 1)$

zu b) Unsere Teillose sind zehn Paletten: 32/10 = 3 Rest 2 $\Rightarrow$ von jeder Palette werden drei Sack in unterschiedlichen Lagen entnommen. Auf die restlichen zwei Proben könnte verzichtet werden, oder man nimmt von zwei Paletten zusätzlich je einen Sack.
Aus jedem der 30 (32) Säcke wird eine Probe gezogen.

zu c) Analysenergebnis:          Entscheidung:
keine Abweichung $(x = 0 < c)$    $\Rightarrow$ Annahme der Lieferung
eine Abweichung $(x = 1 = c)$     $\Rightarrow$ Annahme der Lieferung
zwei Abweichungen $(x = 2 > c)$   $\Rightarrow$ Rückweisung der Lieferung

Bei zuverlässigen Lieferanten kann der Prüfaufwand verkleinert werden, dazu enthält die Norm Tabellen für die reduzierte Prüfung. Bei dem Verfahren mit reduzierter Prüfung kann nach Rückweisungen auch wieder schärfer geprüft werden.

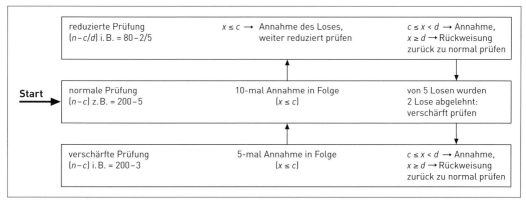

**Vorgehen bei reduzierter/verschärfter Prüfung**

> Die Stichprobenanweisung für reduzierte Prüfung nach dem Einfach-Stichprobenplan hat die Kurzbezeichnung $(n - c/d)$, dabei ist $d \geq (c + 1)$.

$x \leq c$      $\Rightarrow$ Annahme und weitere Lieferungen reduziert prüfen.

$c < x < d$    $\Rightarrow$ Annahme, folgende Lieferungen normal prüfen.

$x \geq d$      $\Rightarrow$ Rückweisung, folgende Lieferungen normal prüfen.

Bei reduzierter Prüfung ist das Annahmerisiko des Kunden größer. Zum Ausgleich ist dann die verschärfte Prüfung anzuwenden, wenn sich die Qualitätslage verschlechtert.

### Operationscharakteristik von AQL 0,65; J

normale Prüfung ($n$)
reduzierte Prüfung mit Rückstuf-Ergebnis ($r^\wedge$)
reduzierte Prüfung mit weiter reduziert ($r>$)
verschärfte Prüfung ($v$)

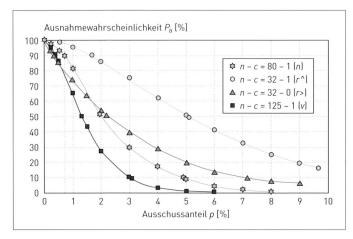

Reduziert zu prüfen ist für den Kunden mit etwas größerem Risiko behaftet und nur sinnvoll, wenn regelmäßige Serienlieferungen von vertrauenswürdigen Lieferanten mit geprüftem Fertigungsprozess vorliegen.

Die Sicherheit, den Prüfaufwand auch ohne Verlust an Prüfschärfe zu reduzieren, bieten Mehrfach-Stichprobenpläne. Besprochen wird hier nur der **Doppel-Stichprobenplan**.

Nach der ersten Stichprobenprüfung wird das Los entweder angenommen, zurückgewiesen oder es muss eine zweite Stichprobe entnommen und geprüft werden.

> Die Kurzbezeichnung der Prüfanweisung für den
> Doppel-Stichprobenplan lautet: $(n - c_1/d_1 - c_{1+2})$.

### Operationscharakteristik nach AQL 0,65; J

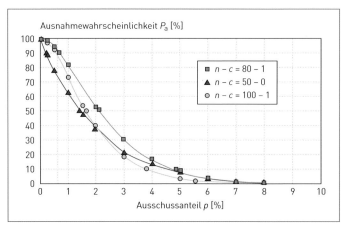

Einfach- und Doppel-Prüfplan im Vergleich

Der Doppelprüfplan
$n - c_1/d_1 - c_1 + 2 = 50 - 0/1 - 1$
entspricht bei der 1. Prüfung
$n - c = 50 - 0$
und mit der 2. Stichprobe
$n - c = 100 - 1$.

## Ablaufschema für den Doppel-Stichprobenplan

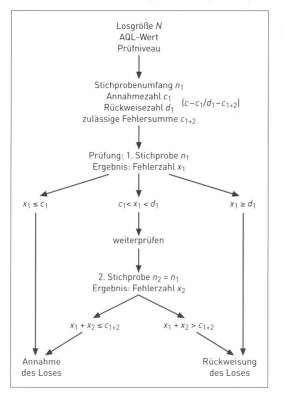

Beim Doppel-Stichprobenplan ist auch die reduzierte/verschärfte Prüfung möglich.

*Beispiel 21:*

Die Kieselgurlieferung von Beispiel 20 soll nach dem Doppel-Stichprobenplan geprüft werden.

Lösung:

zu a)   Aus Tab. 3 a (Kap. 7.1): (wie beim Einfachplan) $\Rightarrow$ Kennbuchstabe $G$
        Aus Tab. 4 b (Kap. 7.1): bei $G \Rightarrow$ Stichprobenumfang $n = 20$

$$\text{bei AQL } 1{,}0 \Rightarrow c_1 = 0;\; d_1 = 2;\; c_{1+2} = 1$$

$$\Rightarrow (n - c_1/d_1 - c_{1+2}) = 20 - 0/2 - 1$$

zu b)   Von jeder Palette aus zwei Säcken die Proben entnehmen.

zu c)   Analysenergebnis: Entscheidung:
        keine Abweichung $(x = 0 < c_1)$        $\Rightarrow$ Annahme der Lieferung
        eine Abweichung $(x = 1 > c_1 < d_1)$        $\Rightarrow$ 2. Stichprobe nehmen*
        zwei Abweichungen $(x = 2 \geq d_1)$        $\Rightarrow$ Rückweisung der Lieferung

*2. Probe hat:
keine Abweichung $(\sum x = 1 = c_{1+2})$        $\Rightarrow$ Annahme der Lieferung
eine Abweichung  $(\sum x = 2 > c_{1+2})$        $\Rightarrow$ Rückweisung der Lieferung

## 4.2.4 Quantitative AQL-Prüfung nach DIN ISO 3951-1

Voraussetzungen für die Stichprobenprüfung nach DIN ISO 3951-1:2016 (Anteil fehlerhafter Einheiten anhand von Messwerten) sind:

- Vereinbarung des AQL-Wertes
- Vereinbarung des Prüfniveaus
- Messende Prüfung
- Normalverteilung (annähernd) der Messwerte
- Toleranzangaben (Grenzwerte)
- Klärung, ob Standardabweichung $\sigma$ bekannt
- Mögl. Vereinbarung über den anzuwendenden Stichprobenplan
- Mögl. Vereinbarung über die Probenahme

Der Umgang mit AQL-Annahmebedingungen nach DIN ISO 3951-1 und die messende Prüfung sind anspruchsvoller als z. B. die Lehrenprüfung, aber:

> Der AQL-Stichprobenumfang für messende Prüfung ist bei
> großen Losen erheblich kleiner als bei zählender Prüfung.
> Wenn die Standardabweichung $\sigma$ der Grundgesamtheit bekannt ist,
> kann der Stichprobenumfang nochmals reduziert werden.

**Zur Anwendung:**

In Abhängigkeit vom Losumfang und Prüfniveau wird aus Tabelle 3b Kap. 7.1 der Kennbuchstabe ermittelt.

Annahmefaktor $k$ und Stichprobenumfang $n$ erhält man mittels Kennbuchstaben und AQL- Wert aus Tabellen für $\sigma$ oder $s$ (Tabellen 5a/5b, Kap. 7.1).

Bei bekannter Standardabweichung $\sigma$ wird der $(\bar{x}, \sigma)$-Plan, wenn nur die Standardabweichung $\sigma$ der Stichprobe vorliegt, der $(\bar{x}, s)$-Plan angewendet.

Auch diese Prüfung wird normal oder reduziert/verschärft angewendet. In Kap. 7.1 sind nur die Tabellen für die normalen Prüfungen aufgeführt: Tab. 5a für $(\bar{x}, \sigma)$-Pläne, Tab. 5b für $(\bar{x}, s)$-Pläne.

Annahmefaktor $k$ und Stichprobenumfang $n$ können hinreichend genau auch mithilfe der Wilrich-Nomogramme [05] (vgl. Kap. 7.1) für $(\bar{x}, \sigma)$- und $(\bar{x}, s)$-Stichprobenanweisungen sehr einfach grafisch ermittelt werden.

> Die Stichprobenanweisungen für messende Prüfung lauten:
> $(n - k_\sigma)$, wenn $\sigma$ bekannt ist,
> $(n - k_s)$, wenn $\sigma$ unbekannt ist.

Nach Prüfmessung und Ermittlung des Stichprobendurchschnitts $\bar{x}$ wird unter Verwendung des Annahmefaktors $k$ gegen die Toleranzgrenzen geprüft, ob die Abnahmebedingungen eingehalten sind.

Die Annahmebedingung lautet:
$$\bar{x} + k \cdot \sigma \le OGW; \bar{x} + k \cdot s \le OGW$$
und
$$\bar{x} - k \cdot \sigma \ge OGW; \bar{x} - k \cdot s \ge OGW$$

> Auch wenn alle Messwerte der Stichprobe innerhalb
> der Toleranz liegen, kann ein Los zurückgewiesen werden!

Dies ist dann der Fall, wenn das Stichprobenergebnis außerhalb des Vertrauensbereiches liegt. Das Vertrauensniveau ist jetzt aber nicht als Standardniveau (90 % oder 95 %) angesetzt, sondern ergibt sich aus den vereinbarten AQL-Bedingungen und den Losgrößen (vgl. hierzu „Vertrauensbereich und Signifikanz", Kap. 4.1).

*Beispiel 22:*

Sie verarbeiten eine Lauge, die Sie in Losgrößen von 50 Kanistern beziehen. Die Dichte ist toleriert mit 1,330 ± 0,005 g · ml−1. Ihre Wareneingangskontrolle soll nach DIN ISO 3951-1 prüfen. Bekannt ist $\sigma$ = 0,0015 g · ml−1, vereinbart ist AQL 0,15, Prüfniveau II.

Dürfen Sie bei nachstehenden Prüfergebnissen das Los annehmen?

Lösung:
Aus Tab. 3b (S. 266): $N$ = 50; PN II $\Rightarrow$ Kennbuchstabe $D$
Aus Tab. 5a (S. 268): bei $D$; AQL 0,15 $\Rightarrow$ $n$ = 3; $k$ = 2,19
Die Stichprobenanweisung heißt: $(n - k\sigma) = (3 - 2,19)$

Aus drei Kanistern wird die Lauge gespindelt. Prüfergebnis:
1,332; 1,330; 1,331 g · ml$^{-1}$ $\Rightarrow$ $\bar{x}$ = 1,331

Annahmeprüfung:
$\bar{x} + k \cdot \sigma \le OGW \Rightarrow 1,331 + 2,19 \cdot 0,0015 = 1,3343 \le 1,335$
$\bar{x} - k \cdot \sigma \ge UGW \Rightarrow 1,331 - 2,19 \cdot 0,0015 = 1,3277 \ge 1,325$
$\Rightarrow$ Annahme des Loses

Wenn dagegen das Spindelergebnis 1,332; 1,334; 1,333 g · ml$^{-1}$ auch mit allen Werten in der Toleranz wäre, würde das Los abgewiesen, denn:
$\bar{x}$ = 1,333 $\Rightarrow$ 1,333 + 2,19 · 0,0015 = 1,3363 $\ge$ 1,335
Oberer Grenzwert ist überschritten $\Rightarrow$ Rückweisung, obwohl alle Messwerte der Stichprobe innerhalb der Toleranz sind!
Der Vergleich der erforderlichen Stichprobenumfänge mit zählender Prüfung nach ISO 2859 und der messenden Prüfung spricht deutlich für das Messen. Mit Nutzung modernerer Messtechnik und Messdatenverarbeitung kann bei gleichem Annahmerisiko der Prüfaufwand oft erheblich reduziert werden.
Fertigt der Lieferant mit konstantem Prozess und ist die Standardabweichung $\sigma$ bekannt, kann der Prüfaufwand noch weiter reduziert werden.
Der Vergleich der $(\bar{x}, \sigma)$-/$(\bar{x}, s)$-Pläne (s. Tabellen 5a/5b, Kap. 7.1) macht das sehr deutlich. Sie beschränkt sich dann auf die Signifikanzprüfung mit der Frage:
„Gehört dieses Los mit angenommener Wahrscheinlichkeit zur Grundgesamtheit $N^*$, oder weicht es signifikant von ihr ab?"

**Aufgaben**

1. Was sind die Minimalforderungen für Spezifikationen?

2. Welche Grundvoraussetzungen müssen für die Annahme nach AQL erfüllt/vereinbart sein?

3. Wie kann der Stichprobenumfang bei AQL-Prüfung nach ISO 2859-1 möglichst gering gehalten werden?

4. Warum ist bei AQL-Prüfung nach ISO 3951-1 mit unbekannter Standardabweichung $\sigma$ ein größerer Stichprobenumfang erforderlich? Vgl. dazu „Grundlagen statistischer Methoden", Kap. 4.1

## 4.2.5 Übungen zur AQL-Stichprobenprüfung

(Die Lösungswege sind in Kap. 7.8 beschrieben.)

*Übungsbeispiel 7:*
Eine Lieferung von 100 Geräten ist nach Stichprobenplan AQL 25 mit PN II, normale Prüfung, auf Montagefehler zu prüfen.
a) Wie lautet die entsprechende Prüfanweisung der Einfachstichprobe?
b) Mit welchen Arten von Stichprobenanweisungen kann hier der Prüfaufwand bei zuverlässigem Lieferanten reduziert werden?

*Übungsbeispiel 8:*
In der Wareneingangsprüfung wird zurzeit qualitativ mit reduzierter Prüfung nach der Stichprobenanweisung $n - c/d = 50 - 5/8$ geprüft. Welche Konsequenzen ergeben sich, wenn in der Stichprobe 6 fhE gefunden werden?

*Übungsbeispiel 9:*
Für die Lieferung von elektronischen Bauelementen mit Losgrößen von je 15000 Stück wurde zur Senkung der Prüfkosten von PN II auf PN S-4 umgestellt (AQL 0,15).
a) Wie lauteten die Prüfanweisungen für normale Prüfung im PN II im Einfach- und Doppel-Stichprobenplan?
b) Wie lauten diese Prüfanweisungen für normale Prüfung im PN S-4?

*Übungsbeispiel 10:*
Welchen AQL-Wert und welches Prüfniveau schlagen Sie für die qualitative Prüfung vor, wenn die Fehler als „kritische Fehler" eingestuft werden müssen?

*Übungsbeispiel 11:*
Ihr Vertragspartner aus einem „Billiglohn-Land" liefert Ihnen eine Tinktur. Neben der Prüfung auf andere Qualitätsmerkmale soll die gleichmäßige Befüllung, 500 ± 2 ml, der Flaschen kontrolliert werden. Vereinbart wurde die regelmäßige Lieferung von 1000 Flaschen und Akzeptanz von 0,4 % „Ausreißer". Bestimmen Sie für PN II:
a) den Einfach-Stichprobenplan,
b) den Doppel-Stichprobenplan.
c) Wie entscheiden Sie, wenn die erste Stichprobe eine/zwei Überschreitung(en) enthält?
d) Die zweite Stichprobe enthält auch eine Überschreitung. Dürfen Sie das Los annehmen?

*Übungsbeispiel 12:*
Unter welchen Voraussetzungen muss bei AQL-Prüfung nach DIN ISO 3951 eine Lieferung zurückgenommen werden, obwohl alle einzelnen Messwerte innerhalb der Toleranzgrenzen lagen?

*Übungsbeispiel 13:*
Distanzstücke sollen nach DIN ISO 3951-1, AQL 1, PN II mit normaler Prüfung geprüft werden. Losgröße 200 Stück, *OGW* = 5,15 mm, *UGW* = 5,00 mm.
Mit welcher Stichprobenanweisung ist zu prüfen, wenn
a) die Standardabweichung des Prozesses nicht bekannt ist?
b) die Standardabweichung des Prozesses bekannt ist?

*Übungsbeispiel 14:*
Für die Wareneingangsprüfung eines in 20-kg-Gebinden angelieferten Granulats mit dem Perlen-Soll-Durchmesser von 150–200 µm wurde eine Abnahmeprüfung nach DIN ISO 2859, AQL 1,0 mit Prüfniveau II vereinbart. Geprüft werden Stichproben mit je 50 g durch fraktioniertes Sieben.
Keine Perlen dürfen mit > 250 µm oder < 100 µm gefunden werden.
Perlen mit 100–150 µm oder 200–250 µm dürfen mit max. $\sum$10 % enthalten sein, hierfür gilt die AQL-Regel.
a) Wie lautet die AQL-Stichprobenanweisung ($n - c$) bei Anlieferung von 30 Gebinden?
b) Nach Aussieben der $n \cdot 50$ g Stichproben (aus $n$ Gebinden) wurden bei drei Proben in der Fraktion 100–150 µm 3; 5; 5 g gefunden (sonst keine Abweichungen vom Soll-Durchmesser). Was geschieht mit der Lieferung?
c) Nach Aussieben der $n \cdot 50$ g Stichproben wurde in einer Probe in der Fraktion 100–150 µm 3 g und in 200–250 µm 3 g Perlen gefunden (keine < 100; > 250 µm). Wie wird entschieden?
d) Wie lautet die AQL-Stichprobenanweisung ($n - c$) bei Anlieferung von 300 Gebinden?

*Übungsbeispiel 15:*
Entsprechend Übungsaufgabe 15 d) soll nach dem Doppel-Stichprobenplan geprüft werden.
a) Wie lautet die Stichprobenanweisung ($n - c_1/d_1 - c_{1+2}$)?
b) Wie groß ist der Prüfaufwand gegenüber dem Einfachplan in Prozent, wenn der Lieferant seine Produktion sicher beherrscht?
c) Wie groß ist max. Prüfaufwand gegenüber dem Einfachplan in Prozent, wenn der Lieferant seine Produktion nicht beherrscht?

# 4.3 Statistische Methoden zur Fertigungsüberwachung

## 4.3.1 Fertigungsüberwachung durch Qualitätsregelung

> Für die Wettbewerbsfähigkeit ist es eine unabdingbare Voraussetzung, dass die Qualität des Produktes nicht durch sortierende Prüfung, sondern mit beherrschten Prozessen erzeugt wird, die in geeigneter Weise überwacht werden.

Hier sei erinnert an die Betrachtungen zu den Fehlerkosten (Kap. 1.6.1) und auch daran, dass jede fehlerhafte Einheit auch eine Wahrscheinlichkeit auf Durchschlupf hat.

Die Forderung der Qualitätssicherung in der Fertigung muss also heißen:

> Fehler vermeiden – durch rechtzeitiges Erkennen von Abweichungen und korrigierenden Eingriff –, bevor Fehler entstehen können.

Der Fertigungsprozess besteht aus Abläufen, Vorgängen und Tätigkeiten, die durch die bekannten „5-M"-Einflüsse (Kap. 1.5.1) sowohl positiv als auch negativ veränderlich sind.

Durch **periodische Stichprobenprüfung**, in der Regel als Selbstprüfung durch den Einrichter oder Maschinenführer, müssen mögliche Trends zu Prozessveränderungen erkannt werden, damit die zum Fehler führende Änderung durch frühen Eingriff in den Prozess vermieden wird.

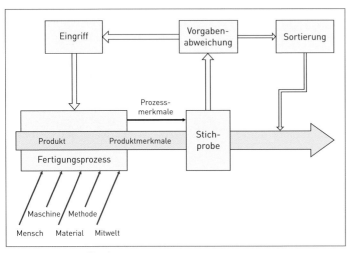

Der Prozessregelkreis sollte nach Möglichkeit so schnell wirksam sein, dass keine fehlerhaften Einheiten produziert werden können. Ist bei zeitaufwendiger Prüfung ein sofortiges Eingreifen nicht möglich, dann müssen die Einheiten der Produktionsperioden vorläufig gesperrt und bei Abweichungen von den Vorgaben einer Sortierprüfung unterzogen werden.

Der Prozessregelkreis

Qualitätsregelkarten (QRK) sind als ausgezeichnete Hilfsmittel entwickelt worden zur

- Erfassung von Fähigkeitskennwerten von Prozessen,
- Korrektur bei Überschreitung von Eingriffsgrenzen,
- Dokumentation der Qualität einer Produktionscharge.

Mit zunehmender EDV-Unterstützung in der Qualitätssicherung (CAQ) und automatisierter Prüfung, Prüfdatenerfassung und Regelung verlieren die Qualitätsregelkarten prinzipiell nicht an Bedeutung, sie werden in Bildschirmmasken und deren Ausdrucke umgewandelt. Es werden unterschiedliche Typen von Qualitätsregelkarten benutzt, die wichtigsten sind:

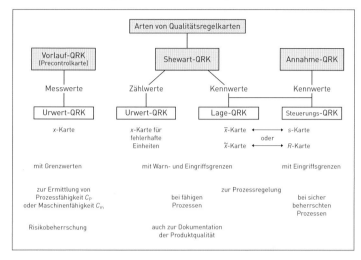

Bei allen QRK werden die **Merkmalswerte über der Zeit** aufgetragen. Dabei können die Merkmalswerte Qualitätsmerkmale $x$ (Urwerte) oder errechnete Kennwerte (Lagewerte $\bar{x}$; $\tilde{x}$ und Streuwerte $s$; $R$) sein.

Das Prinzip der Qualitätsregelkarten bildet in der Regel die Basis für die statistische Prozessregelung (SPC), egal, ob diese automatisch oder manuell durchgeführt wird.

> Qualitätsregelkarten werden nicht nur zur Prozessregelung eingesetzt,
> sie dienen auch zum Nachweis der Produktqualität und Risikobeherrschung.

## 4.3.2 Prozessfähigkeit

Prozesse können auf ihre **Prozessfähigkeit** hin untersucht werden. Die Prozessfähigkeit spielt in der Automobilindustrie eine besondere Rolle: Die Automobilindustrie verlangt von ihren Zulieferern einen gesonderten Nachweis darüber, ob die Anforderungen durch den Prozess nur zufällig ohne Beanstandungen sind oder ob der Prozess grundsätzlich geeignet (fähig) ist.

Die „Fähigkeit", mit einem bestimmten Fertigungsprozess auf Dauer geeignet zu produzieren, ist abhängig von:

- Spezifikationsgrenzen
- Prozesslage
- Prozessstreubreite

Bei einem **„beherrschten Prozess"** ändert sich die Verteilung der Merkmalswerte des Prozesses praktisch nicht oder nur in bekannter Weise und Grenzen. Dies bedeutet aber noch nicht automatisch, dass auch die gewünschten Werte erreicht werden. Bei einem **„fähigen Prozess"** liegen die Ergebnisse (Output) mit einer gewissen Wahrscheinlichkeit innerhalb vorgegebener Spezifikationsgrenzen. Erst der fähige und beherrschte Prozess liefert die erforderliche Produktionssicherheit und damit die vom Kunden gewünschte Qualität.

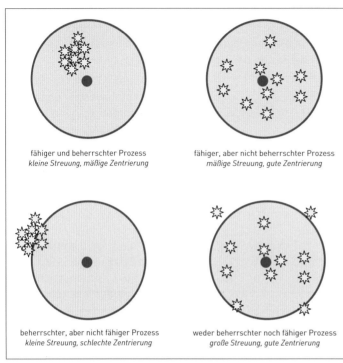

fähiger und beherrschter Prozess
*kleine Streuung, mäßige Zentrierung*

fähiger, aber nicht beherrschter Prozess
*mäßige Streuung, gute Zentrierung*

beherrschter, aber nicht fähiger Prozess
*kleine Streuung, schlechte Zentrierung*

weder beherrschter noch fähiger Prozess
*große Streuung, gute Zentrierung*

**Prozessfähigkeit und Prozessbeherrschung am Beispiel des Schießens auf eine Zielscheibe. Zusammenhang zwischen Mittelwert (Zentrierung) und Streuung**

Prozessbeherrschung ist Voraussetzung für eine Fertigung im Sinne des Qualitätsmanagements. Ist der Prozess beherrscht, so kann unter Aussortierung der Teile, die außerhalb der Toleranz liegen, geliefert werden.

Zur Bestimmung der **Prozessbeherrschung** wird der Beherrschungsindex $C_p$ berechnet (Berechnung siehe weiter unten). Dabei wird gemessen, ob die Streubreite der gefertigten Produkte – im Bereich von $-3\,\sigma$ bis $+3\,\sigma$, also $6\,\sigma$ Breite – in die Toleranzfeldbreite passt. Ist die $6\sigma$-Streubreite kleiner als die Toleranzfeldbreite ($C_p > 1$), so spricht man auch von **Prozesspotential**.

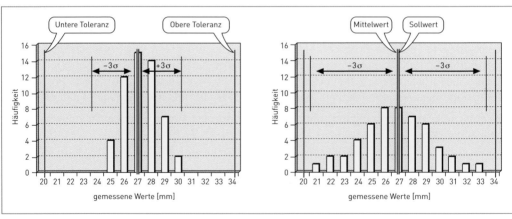

**Einfluss der Streuung auf die Prozessfähigkeit**

Bei der **Prozessfähigkeit** tritt noch die Zentrierung hinzu: Ist die Streuung gering, muss der Sollwert nicht so präzise getroffen werden wie bei hoher Streuung. Kenngröße ist hier der Fähigkeitsindex $C_{pk}$.

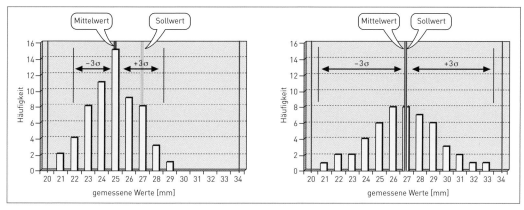

**Einfluss der Lage des Mittelwerts auf die Prozessfähigkeit**

Ein beherrschter Prozess hat einen $C_p$ Wert größer als 1, ein als „fähig" eingestufter Prozess weist einen $C_{pk}$-Index von über 1 auf. Letzterer wird dann auch als **„6-Sigma-Prozess"** bezeichnet.

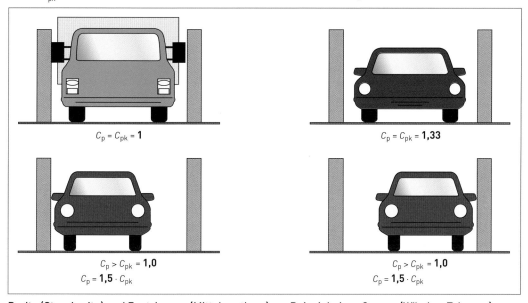

**Breite (Streubreite) und Zentrierung (Mittelwertlage) am Beispiel einer Garage (Wände = Toleranz)**

In der Automobilindustrie werden noch höhere Prozessfähigkeiten verlangt. Der Einfachheit halber sind die verlangten Indexwerte 1,33 in der Produktion bzw. 1,67 für Erstbemusterungen.

**Berechnung der Prozess- und Maschinenfähigkeit sowie „beherrschter Prozess"**

Wenn über den Fertigungsprozess für ein Produkt noch keine gesicherten Kenntnisse vorliegen, kann über die Datenerfassung bei einer Vor- oder Nullserie – einem Vorlauf – in einer Vorlauf-QRK mit statistischen Methoden die Qualitätsfähigkeit des Prozesses ermittelt werden. Voraussetzungen für die Ermittlung der Prozessfähigkeit mithilfe der Vorlauf-QRK sind:

- messbare Sollwerte der Mittenlage $M$ (oder $\mu$),
- Toleranzangaben (obere und untere Grenzwerte, kurz *OGW* und *UGW*),
- Eingriffsgrenzen (obere bzw. untere Eingriffsgrenze, kurz OEG bzw. UEG).

Eine Vorlauf-QRK wird angelegt mit

- Messwert-Skalierung auf der Y-Achse,

- Toleranzgrenzen ($T = OGW - UGW$),

- Eingriffsgrenzen $\Rightarrow OEG = OGW - T/8$,
  $\qquad\qquad\quad \Rightarrow UEG = UGW + T/8$,

- Mittenlage (Sollwert): $M = (OGW + UGW)/2$,

- Skalierung der Zeit oder lfd. Stichproben-Nr. auf der $X$-Achse.

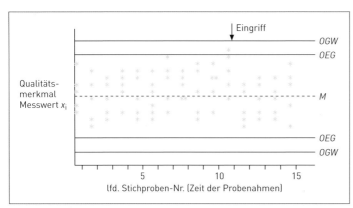

In regelmäßigen Abständen werden Stichproben des Umfangs $n$ (meist $n \geq 5$) genommen und geprüft.

**Prinzip einer Vorlauf-QRK**

---

> Die Stichprobenergebnisse werden als Urwerte in die Vorlauf-QRK eingetragen.
> Wenn ein Messwert eine Eingriffsgrenze überschreitet,
> muss korrigierend in den Prozess eingegriffen werden.

---

Die Vorlauf-QRK ist eine echte Regelkarte: Eine Veränderung der Fertigungsbedingungen wird daran erkannt, dass ein Messwert eine Eingriffsgrenze überschreitet (s. Übersicht oben bei der 11. Stichprobe).
Es wird korrigierend in den Prozess eingegriffen, bevor ein Grenzwert überschritten wird und so Ausschuss entstehen kann. Eingriffe werden in der Karte vermerkt.

---

> Das eigentliche Ziel der Vorlauf-QRK ist jedoch, mit statistischen Methoden
> festzustellen, ob ein Prozess die geforderte Prozessfähigkeit $C_p$ erfüllt.
> Man spricht dann von einem beherrschten Prozess.

---

Das gleiche Prinzip wird auch für Fähigkeitsuntersuchungen von Maschinen angewandt. Dabei wird versucht, die Einflüsse von Mensch und Umgebung, Material und Methode möglichst gering und konstant zu halten.

Das Ergebnis ist der Wert für die **Maschinenfähigkeit $C_m$**, der für eine qualitätsfähige Maschine deutlich größer sein muss als die geforderte **Prozessfähigkeit $C_p$**.

Die Beurteilung der Prozessfähigkeit erfolgt auf der Basis der maximal zulässigen Toleranzüberschreitungen. Für annähernd normal verteilte Merkmalswerte wird in der Regel eine Prozessstreubreite innerhalb des $6\sigma$-Bereiches gefordert (s. „Normalverteilung", Kap. 4.1.2).

> Ein Prozess gilt in der Regel als beherrscht, wenn das Verhältnis
> von Toleranz $T$ zu Prozessstreubreite $\sigma$ mindestens 1,33 ist.
>
> $C_p \geq 1,33 \Rightarrow$ beherrschter Prozess

Berechnet wird der Prozessfähigkeitskennwert nach der Formel:

$$C_p = \frac{T}{6\,\sigma} = \frac{OGW - UGW}{6\,\sigma}$$

Für die unbekannte Prozessstreuung $\sigma$ steht nur ein Schätzwert $\hat{\sigma}$ aus der Stichprobenreihe zur Verfügung. Mit dem kann wiederum auch nur ein Schätzwert für die Prozessfähigkeit $\hat{c}_p$ berechnet werden:

$$\hat{C}_p = \frac{T}{6\,\hat{\sigma}} = \frac{OGW - UGW}{6\,\hat{\sigma}}$$

Weil der Prozessmittelwert $\mu$ nicht immer genau in der Mitte der Toleranzgrenzen liegt, muss die obige Formel in einen unteren und einen oberen Prozesskennwert gegliedert werden:

$$C_{po} = \frac{OGW - \mu}{3\,\sigma} \qquad C_{pu} = \frac{\mu - UGW}{3\,\sigma}$$

Der kleinere dieser beiden Werte wird als **kritische Prozessfähigkeit $C_{pk}$** bezeichnet:

$$C_{pK} = \frac{\min\,(\bar{x} - UGW;\ OGW - \bar{x})}{3\,\sigma}$$

- der $C_p$-Wert bezeichnet nur das Verhältnis der vorgegebenen Toleranz zur Prozessstreuung
- der $C_{pK}$-Wert berücksichtigt zusätzlich die Lage des Mittelwertes zur vorgegeben Toleranzmitte
- der Prozess-Sigma-Wert beschreibt die Streuung im Verhältnis zur Spezifikationsfeldbreite

Der $C_{pK}$-Wert soll mindestens 1,00 betragen (kleinster Abstand der Toleranzgrenzen vom Prozessmittelwert beträgt damit mindestens 3 Standardabweichungen = 3 Sigma).
In der Automobilindustrie hat sich jedoch die Forderung auf 1,33 (4 Standardabweichungen = 4 Sigma) bzw. 1,67 – 2,0 (5 – 6 Sigma) durchgesetzt.

| Für die Beurteilung der Prozessfähigkeit gilt: | | |
|---|---|---|
| gesamter Prozess | | bei kritischer Lage |
| $C_p < 1$ | nicht prozessfähig | $C_{pk} < 1$ |
| $1 \leq C_p \leq 1,33$ | bedingt prozessfähig | $1 \leq C_{pk} \leq 1,33$ |
| $C_p > 1,33$ | prozessfähig | $C_{pk} > 1,33$ |

> Für die Beurteilung der Prozessfähigkeit aus einem Vorlauf muss berücksichtigt werden,
> dass die Kennwerte der Stichprobenreihe innerhalb eines Vertrauensbereichs streuen.

Aus der Prozessfähigkeit lässt sich auf den zu erwartender Fehleranteil in einer Fertigungsserie schließen, der Fehlerquote (DPMO – *Defects Per Million Opportunities*):

$$\text{Fehlerquote} = \frac{\text{fehlerhafte Einheiten}}{\text{gelieferte Einheiten}} \cdot 1\,000\,000 \text{ [ppm]}$$

| Kurzzeit | | | Langzeit | | |
|---|---|---|---|---|---|
| Sigma-Niveau | $C_{pk}$ | ppm | Sigma-Niveau | $C_{pk}$ | ppm |
| 2 | 0,67 | 22.750 | 0,6 | 6,17 | 308.800 |
| 3 | 1,00 | 1.350 | 1,5 | 0,50 | 66.810 |
| 4 | 1,33 | 32 | 2,5 | 0,83 | 6.210 |
| 5 | 1,67 | 0.30 | 3,5 | 1,17 | 233 |
| 6 | 2,00 | 0.001 | 4,5 | 1,50 | 3,4 |

Beziehung zwischen Sigma, $C_{pk}$-Werten und zu erwartenden Ausfällen

| Sigma-Niveau | Bewertung | Fehlleistungskosten im Unternehmen |
|---|---|---|
| 2 | nicht wettbewerbsfähiges Unternehmen | nicht anwendbar |
| 3 | guter Durchschnitt | 25 % bis 40 % des Umsatzes |
| 4 | | 15 % bis 25 % des Umsatzes |
| 5 | | 5 % bis 15 % des Umsatzes |
| 6 | Weltklasse | < 1 % des Umsatzes |

Fehlleistungskosten in Abhängigkeit des Prozessniveaus[3]

In der Automobilindustrie hat sich, weil die Produkte sehr komplex sind und ein nachträglicher Austausch bzw. Reparatur nur unter hohem Aufwand realisiert werden können, eine Fehlerquote von 20 ppm durchgesetzt. Demgegenüber werden in der Unterhaltungsindustrie 1000 ppm akzeptiert.

Ein aussagefähiger Vorlauf soll in der Regel mindestens mit einer Stichprobenanzahl $m \geq 25$ und einem Stichprobenumfang $n \geq 5$ normal verteilter, ausreißerfreier Messwerte durchgeführt werden.

Als Streuung des Prozesses müssen zur Sicherheit die Extremwerte des Vertrauensbereiches angesehen werden. Das ist bei $\sum n_j = 125$ und einem 99-prozentigen Vertrauensniveau der Vertrauensbereich für $\sigma$:

$$0,87 \cdot \hat{\sigma} \leq \sigma \leq 1,22 \cdot \hat{\sigma}$$

Faustregel: Für direkte Berechnung mit dem Schätzwert $\hat{\sigma}$ für den Vorlauf gilt in der Regel: Prozessfähigkeit bei $\hat{c}_p \geq 1,6$.

Die Schätzwerte für den Prozessmittelwert $\hat{\mu}$ und die Standardabweichung $\hat{\sigma}$ werden aus den Messwerten der Stichprobenreihe nach den statistischen Berechnungen der Normalverteilung ermittelt: Bestimmung des Schätzwertes (s. „Lagewerte, Gesamtdurchschnitt", Kap. 4.1):

$$\hat{\mu} = \bar{\bar{x}} = \left(\frac{1}{m}\right) \cdot \sum \bar{x}_i$$

3  Quelle: Mit Six Sigma zum Erfolg, Rolf Rehbehn, Zafer Bülent Yurdakul, Publicis Corporate Publishing; Auflage: 2., überarb. u. erw. (Oktober 2005)

Bestimmung des Schätzwertes $\hat{\sigma}$ (für $m \cdot n \geq 125$ hinreichend genau):

$$\hat{\sigma} = \sqrt{(\overline{s^2})}$$

Zur Berechnung von $\hat{\sigma}$ wird die mittlere Varianz $\overline{s}^2$ durch Bildung des arithmetischen Mittels der jeweiligen Stichprobenvarianz $s_j^2$ ermittelt:

$$\overline{s}^2 = \left(\frac{1}{m}\right) \cdot \sum s_j^2 = \hat{\sigma}^2$$

Die Varianz $s_j^2$ der einzelnen Stichprobe ergibt sich durch das Quadrieren der mithilfe des Taschenrechners errechneten Standardabweichung $s_j$ jeder einzelnen Stichprobe der Stichprobenreihe.

Die Schätzwerte $\hat{\mu}$ und $\hat{\sigma}$ können auch aus den Zentralwerten $\tilde{x}_j$ und den Spannweiten $R_j$ ermittelt werden. Der Schätzwert $\hat{\mu}$ ist das arithmetische Mittel der Zentralwerte:

$$\hat{\mu} = \left(\frac{1}{m}\right) \cdot \sum \tilde{x}_j$$

Für die Berechnung von $\hat{\sigma}$ aus den Spannweiten wird mithilfe eines Korrekturfaktors $d_n$ gerechnet, der der Tabelle 8 b) (Kap. 7.1) für das Anlegen von Shewhart-QRK zu entnehmen ist.

$$\overline{R} = \left(\frac{1}{m}\right) \cdot \sum R_j \Rightarrow \hat{\sigma} = \overline{R}/d_n$$

*Beispiel 23:*

Eine Abfüllmaschine soll auf die Qualitätsfähigkeit zum Befüllen von Gebinden mit 10 ± 0,07 kg einer Mehlcharge geprüft werden. Zur Darstellung des Lösungsweges und der besseren Überschaubarkeit soll hier nur eine kleinere Stichprobenanzahl ausgewertet werden. Von $m$ = 10 Stichproben mit dem Umfang $n$ = 5 wurden folgende Werte ermittelt:

| j/i | $x_1$ | $x_2$ | $x_3$ | $x_4$ | $x_5$ |
|-----|-------|-------|-------|-------|-------|
| 1 | 10,02 | 10,02 | 10,03 | 10,04 | 10,05 |
| 2 | 10,00 | 10,01 | 10,05 | 10,03 | 10,02 |
| 3 | 10,05 | 10,01 | 10,04 | 10,02 | 10,02 |
| 4 | 10,02 | 10,04 | 10,03 | 10,02 | 10,02 |
| 5 | 10,05 | 10,03 | 10,02 | 10,02 | 10,05 |
| 6 | 10,02 | 10,00 | 10,00 | 10,03 | 10,02 |
| 7 | 10,04 | 9,99 | 10,01 | 10,01 | 10,04 |
| 8 | 9,99 | 10,00 | 10,03 | 10,04 | 10,03 |
| 9 | 10,05 | 10,02 | 10,04 | 10,04 | 10,05 |
| 10 | 10,02 | 10,03 | 10,00 | 10,02 | 10,00 |

Lösung:

a) $OGW$ = 10,00 + 0,07 = 10,07 kg

   $OEG$ = $OGW - T/8$ = 10,07 − (10,07 − 9,93) : 8 = 10,0525 kg

   $M$ = 10,00 kg

   $UEG$ = $UGW + T/8$ = 9,93 + (10,07 − 9,93) : 8 = 9,9475 kg

   $UGW$ = 10,00 − 0,07 = 9,93 kg

b) Wie aus den Eintragungen ersichtlich:

   $OEG$: $x_{max}$ = 10,05 < 10,0525 kg $\Rightarrow$ keine Überschreitung

   $UEG$: $x_{min}$ = 9,99 > 9,9475 kg $\Rightarrow$ keine Überschreitung

   keine Überschreitung $\Rightarrow$ kein Eingriff

## Vorlauf-QRK von Beispiel 23b

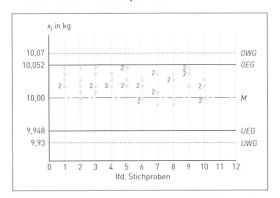

c) Voraussetzung für die Beurteilung der Maschinenfähigkeit ist die Normalverteilung der Messwerte.
Folgendes sollte immer nachgeprüft werden:

- Ergibt die Verteilung der Summenhäufigkeiten im Wahrscheinlichkeitsnetz eine eindeutige Ausgleichsgerade (Kap. 4.1.3)? Hierzu kann notfalls die Summenhäufigkeit der Mittelwerte $\bar{x}_i$ verwendet werden, genauer ist jedoch die Methode der Klassifizierung der Messwerte $x_i$ (Kap. 4.1.3).

- Durchführung des Ausreißertests mit Tabelle 6 (Kap. 7.1):
  Der Schwellenwert $TW_{(P = 0,95; n = 50)}$ = 2,956
  $x_{max}$ = 10,05; $x_{min}$ = 9,99; = 10,025
  $(x_{max} - \bar{x})$: $\sigma$ = (10,05 – 10,025) : 0,016 = 1,56 < 2,956 $\Rightarrow$ kein Ausreißer
  $(\bar{x} - x_{max})$: $\sigma$ = (10,025 – 9,99) : 0,016 = 2,19 < 2,956 $\Rightarrow$ kein Ausreißer

Auch der subjektive Eindruck der Messwert-Verteilung zeigt zwar eine verschobene Mittenlage, aber keinen Trend und offensichtlich zufällige Streuung an.
Die Schätzwerte $\hat{\mu}$ und $\hat{\sigma}$ aus den Mittelwerten und Varianzen der Stichprobenreihe werden berechnet und tabelliert:

| $j/i$ | $\bar{x}_j$ | $s_j$ | $s_j^2$ |
|---|---|---|---|
| 1 | 10,032 | 0,013 | 0,00017 |
| 2 | 10,022 | 0,019 | 0,00037 |
| 3 | 10,028 | 0,016 | 0,00027 |
| 4 | 10,026 | 0,009 | 0,00008 |
| 5 | 10,034 | 0,015 | 0,00023 |
| 6 | 10,014 | 0,013 | 0,00018 |
| 7 | 10,018 | 0,022 | 0,00047 |
| 8 | 10,018 | 0,022 | 0,00047 |
| 9 | 10,040 | 0,012 | 0,00015 |
| 10 | 10,014 | 0,013 | 0,00018 |

$\sum \bar{x}_j$ = 100,246   $\sum s_j^2$ = 0,00257 $\Rightarrow$ $\bar{s}^2$ = 0,000257

Berechnung des Schätzwertes $\hat{\mu}$:

$\hat{\mu} = \overline{\overline{x}} = (1/m) \cdot \sum \overline{x}_j = (1/10) \cdot 100{,}246 = 10{,}025 \text{ kg}$

Berechnung des Schätzwertes $\hat{\sigma}$:

$\hat{\sigma} = \sqrt{\overline{s}^2} = \sqrt{0{,}000257} = 0{,}016 \text{ kg}$

Die Maschinenfähigkeit $C_m$ aus Schätzwerten wird berechnet nach der Formel:

$\hat{C}_m = \dfrac{T}{6 \cdot \hat{\sigma}} = \dfrac{OGW - UGW}{6 \cdot \hat{\sigma}} = \dfrac{10{,}07 - 9{,}93}{6 \cdot 0{,}016} = 1{,}458 > 1{,}33 < 1{,}6$

$\Rightarrow$ nur bedingt qualitätsfähig

Die Prozessmitte $\mu$ weicht deutlich von der Toleranzmitte $M$ ab.
Der kritische Fähigkeitskennwert $C_{mk}$ muss ermittelt werden:

$\hat{C}_{mo} = \dfrac{OGW - \hat{\mu}}{3 \cdot \hat{\sigma}} \cdot \dfrac{10{,}07 - 10{,}025}{3 \cdot 0{,}016} = 0{,}938 < 1{,}33$

$\hat{C}_{mu} = \dfrac{\hat{\mu} - UGW}{3 \cdot \hat{\sigma}} \cdot \dfrac{10{,}025 - 9{,}93}{3 \cdot 0{,}016} = 1{,}979 > 1{,}33$

Damit ist

$\hat{C}_{mo} = \hat{C}_{mk} = 0{,}938 \Rightarrow 1 \leq \hat{C}_{mk} \leq 1{,}33$

Die Maschine ist so nicht qualitätsfähig! Obwohl alle Messwerte $x_i$ innerhalb der Toleranz liegen, ist der zu erwartende Überschreitungsanteil des oberen Grenzwertes zu groß.

Schlussfolgerung:

- Zur Beurteilung ist eine größere Vorlaufuntersuchung erforderlich.
- Wenn es möglich ist, $M$ und $\mu$ in gute Übereinstimmung zu bringen, kann die Maschine vorläufig als bedingt qualitätsfähig eingestuft werden.
- Eine Produktion mit diesen Forderungen sollte an dieser Anlage nur unter besonderer Kontrolle und mit weiterer statistischer Auswertung der Stichproben erfolgen. Eine Chance, dass sich dabei die Qualitätsfähigkeit bestätigt, ist gegeben.

## 4.3.3 Shewhart-QRK und statistische Prozessregelung (SPC)

Shewhart-Regelkarten wurden erstmals 1924 von W. A. Shewhart in den USA zur statistischen Qualitätssicherung eingeführt.

> Mit Shewhart-QRK werden hinreichend beherrschte Fertigungsprozesse überwacht. Dabei werden Prozessveränderungen am Änderungsverhalten der Lage- und/oder Streuungskennwerte so frühzeitig erkannt, dass der Prozess nachgeregelt werden kann, bevor fehlerhafte Einheiten produziert werden.

Der optimale Zeitpunkt des Eingriffs in den Prozess muss einerseits die Produktion von fehlerhaften Einheiten verhindern – **so früh wie nötig eingreifen,** andererseits den Prozess so lange wie möglich unverändert lassen – **so spät (wenig) wie möglich eingreifen.**

Die Kennwerte $\bar{x}$ und $s$ der einzelnen Stichproben streuen innerhalb ihres Zufallsstreubereiches, so kann auch irrtümlich ein stabiler Prozess als verändert erkannt und falsch „korrigiert" werden.

Die Eingriffsgrenzen werden deshalb meist so festgelegt, dass in einen stabilen Prozess nur mit einer Irrtumswahrscheinlichkeit $\alpha$ = 1 % eingegriffen wird. Anders ausgedrückt:

> In den Prozess wir in der Regel nicht eingegriffen, wenn mit der
> Wahrscheinlichkeit von $P = (1 - \alpha) = 99$ % der Prozess unverändert ist
> In den Prozess muss nach festgelegten Regeln eingegriffen werden, um sicherzustellen,
> dass die Toleranzgrenzen oder die zulässigen Fehleranteile nie überschritten werden.

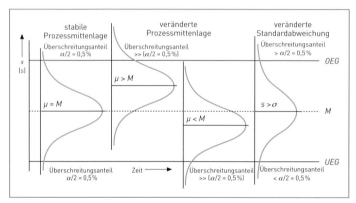

**Dichtefunktionen bei Veränderungen des Prozesses in der Shewhart-QRK (Schemadarstellung)**

Bei einer Veränderung des Prozesses verschiebt sich entweder die Mittenlage der Dichtefunktion oder es verändert sich ihre Steilheit. Eine QRK soll sicherstellen, dass dann korrigierend in den Prozess eingegriffen wird, wenn der Überschreitungsanteil $\alpha$, also $\alpha/2$ pro Seite, überschritten wird oder ein anderes Indiz für eine Veränderung erkennbar ist.

Um das Erkennen von Prozessveränderungen noch sicherer zu machen, werden in der Shewhart-QRK auch **Warngrenzen** eingetragen. Diese liegen in der Regel im 95-prozentigen Zufallsstreubereich. Sie sollen nicht nur die Aufmerksamkeit erhöhen. Bei Überschreitung derselben Warngrenze in zwei von drei aufeinander folgenden Stichproben muss eingegriffen werden. Manche interne Prüfanweisungen sehen auch vor, dass bei Überschreiten einer Warngrenze unverzüglich eine zweite Stichprobe entnommen wird. Shewhart-Regelkarten werden vorwiegend für Kennwerte kontinuierlicher Merkmale, aber auch für Zählwerte angelegt.

Die **Shewhart-QRK für den Anteil $p$ von Zählmerkmalen $x$** wird bei der Produktion von Massenteilen mit relativ großem Stichprobenumfang $n \geq 1/p$ eingesetzt, wenn fehlerhafte Einheiten in der Stichprobe erlaubt sind. Meist entfallen dann die unteren Grenzen. Ihr Einsatz beschränkt sich aber nicht nur auf fehlerhafte Einheiten, sie kann auch zur Prozessregelung mit Anteilen erwünschter, interessierender Zählmerkmale eingesetzt werden. Sie werden als Urwertkarten ($x$-Karten) angelegt und geführt. Die Warn- und Eingriffsgrenzen werden meist nach der Binomialverteilung festgelegt (Hilfsmittel: Larson-Nomogramm[05]).

Die Shewhart-QRK für die Anzahl Fehler pro Einheit wird nach der Poisson-Verteilung angelegt (Hilfsmittel: Thorndike-Nomogramm[05]). Einzelheiten zum Anlegen und Handhaben dieser QRK sind u. a. Stoffgebiet der Lehrgänge zum „Qualitätstechniker" und in der Fachliteratur[02, 03, 05] zu finden.

Die **Shewhart-QRK für kontinuierliche (gemessene) Merkmale** verlangt Voraussetzungen für eine funktionsgerechte Qualitäts- und Prozessregelung, bei der nicht zu häufig eingegriffen werden muss und der zulässige Ausschussanteil nicht überschritten wird:

- messbare Merkmale (kontinuierliche Veränderliche),
- beherrschte Prozesse mit $C_p \geq 1{,}33$ (bzw. Lieferforderung),
- annähernde Normalverteilung der Merkmale.

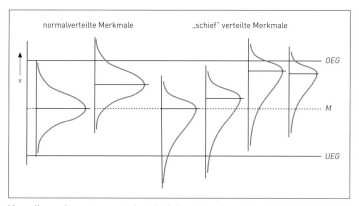

Die schematische Darstellung verdeutlicht, dass bei „schiefer" Verteilung die größten Häufigkeiten nicht in der Mitte liegen: $\mu \neq M$. Schon eine kleine Verschiebung der Prozessmitte führt einseitig zu extremen Veränderungen der Überschreitungsanteile.

Verteilungskurven normal und nicht normal verteilter Merkmale
in der QRK (Schema)

> Wenn bei nicht normal verteilten Merkmalen die QRK-Technik dennoch eingesetzt werden soll, müssen der Prozess viel besser beherrscht und die Eingriffsregeln angepasst werden.

Wie bereits in der Übersicht „Arten von Qualitätsregelkarten", S. 165, dargestellt wurde, werden für Messwerte unterschiedliche Shewhart-QRK-Arten und deren Kombinationen eingesetzt.

1. **Die Urwertkarte (auch $x$-Karte)** ist als QRK für Messwerte nicht immer empfehlenswert. Es werden die einzelnen Prüfergebnisse $x_i$ eingetragen. Eingegriffen wird, wenn ein $x_i$-Wert eine Eingriffsgrenze überschreitet.
   Vorteil:     Geringer Handhabungsaufwand, Regelung, ohne zu rechnen, mit einer Karte wird die Streuung erkennbar.
   Nachteil:   Schlechte Trennschärfe, geringe statistische Aussage.

2. **Bei Mittelwertkarten** werden Median oder Durchschnitt der Stichprobe in die Karte eingetragen. Eingegriffen wird, wenn ein Mittelwert eine Eingriffsgrenze überschreitet oder eine der am Ende von Kap. 4.3.3 beschriebenen Regeln erfüllt wird.
   Vorteil:     Trends und Runs werden erkannt.
   Nachteil:   Die Streuung ist nicht erkennbar, dazu muss parallel eine Streuungskarte geführt werden (zweispurige QRK).

3. **Die $\tilde{x}$-Karte (Mediankarte)** wird für kleine Stichprobenumfänge bei manueller Kartenführung noch verwendet, parallel wird in der Regel die $R$-Karte geführt.
   Vorteil:     Der Median (Zentralwert) und die Spannweite können ohne Rechner ermittelt werden.
   Nachteil:   Schlechtere Trennschärfe als bei der $\tilde{x}$-Karte.

4. **Die x̄-Karte (Durchschnittskarte)** ist mithilfe von Taschenrechnern und CAQ problemlos und allgemein üblich geworden. Sie wird meist parallel mit der $s$-Karte geführt.
   Vorteil:     Beste Trennschärfe.
   Nachteil:   $\bar{x}$ und $s$ können nur mit Rechner leicht ermittelt werden.

**Bei zweispurigen Regelkarten** werden eine Mittelwertkarte und eine Streuungskarte parallel in einer Übersicht (Karte oder Maske) geführt. Dabei werden in der Regel kombiniert:
$\bar{x}$-/$s$-Karte (Durchschnitts- und Standardabweichungsspur)
oder
$\tilde{x}$-/$R$-Karte (Median- und Rangespur).

**Das Anlegen von Shewhart-QRK mit x̄-Spur** soll möglichst nach allgemein gültigen Regeln erfolgen:

- Die Mittenlage $M$ soll nahe der Prozessmitte $\mu$ liegen. Das muss nicht immer die Toleranz-mitte sein (z. B. einseitige Toleranz).

- Toleranzgrenzen erscheinen in der Shewhart-QRK nicht, das wäre für Mittelwertkarten unsinnig, bei Streuwertkarten unmöglich und bei Messwertkarten unnötig.

- Nach DGQ-Empfehlung und europäischer QM-Philosophie soll in den unveränderten Prozess mit der Wahrscheinlichkeit $P = 1 - \alpha = 99\ \%$ nicht eingegriffen werden.
  Für die zweiseitigen Eingriffsgrenzen, nach oben und unten, ist der Abstand der Eingriffs-grenzen vom Mittelwert demnach jeweils
  $P_{OEG}$ und $P_{UEG} \Rightarrow 1 - \alpha/2 = 99{,}5\ \%$
  $\hat{=} \pm u(G = 99{,}5\ \%) = 2{,}576$ (als Faktor zur inneren Streuung ).
  Analog dazu werden die Warngrenzen mit $P = 1 - \alpha = 95\ \%$ eingetragen:
  $POWG$ und $PUWG \Rightarrow 1 - \alpha/2 = 97{,}5\ \%$
  $\hat{=} \pm u(G = 97{,}5\ \%) = 1{,}960$
  Wird der Prozess nur gegen eine Seite betrachtet, dann gilt:
  $POEG$ oder $PUEG = 1 - \alpha = 99\ \% \hat{=} \pm u(G = 99{,}0) = 2{,}326$
  $POWG$ oder $PUWG = 1 - \alpha = 95\ \% \hat{=} \pm u(G = 95{,}0) = 1{,}645$
  Für Stichproben ist die innere Streuung $\sigma_{\bar{x}} = \sigma /\sqrt{n}$ definiert

$$
\begin{aligned}
OEG(\bar{x}) &= \mu + u_{0{,}995} \cdot \sigma/\sqrt{n} = \mu + 2{,}576 \cdot \sigma/\sqrt{n} \\
OWG(\bar{x}) &= \mu + u_{0{,}975} \cdot \sigma/\sqrt{n} = \mu + 1{,}960 \cdot \sigma/\sqrt{n} \\
M(\bar{x}) &= E(x) = \mu \\
UWG(\bar{x}) &= \mu - u_{0{,}975} \cdot \sigma/\sqrt{n} = \mu - 1{,}960 \cdot \sigma/\sqrt{n} \\
UEG(\bar{x}) &= \mu - u_{0{,}995} \cdot \sigma/\sqrt{n} = \mu - 2{,}576 \cdot \sigma/\sqrt{n}
\end{aligned}
$$

- In den USA werden die „$3\sigma$-Grenzen" bevorzugt (vgl. „Standardisierte Normalverteilung", Kap. 4.1.2). Weil für die zweiseitige Eingriffsgrenze der Faktor nicht 2,576, sondern 3 ist, werden Prozessveränderungen später erkannt, die Nichteingriffs-Wahrscheinlichkeit
  $P_{OEG/UEG} = 1 - \alpha/2 = 99{,}73$.
  Analog wird die Warngrenze mit dem Faktor 2 angelegt.

Anmerkung: Solange $\mu$ und $\sigma$ nicht bekannt sind, werden ihre Schätzwerte  und  vom Vorlauf zur Berechnung eingesetzt.

**Das Anlegen der s-Spur von Shewhart-QRK** muss für Stichproben mit annähernd normal verteilten Merkmalswerten nach der $\chi^2$-Verteilung (Chi-Quadrat) mit dem Freiheitsgrad $f = n - 1$ erfolgen. Die allgemeine Formel für die Streuung der Standardabweichung von Stichproben heißt:

$$s^2 = \sigma^2 \times \chi^2/f \Rightarrow s = \sigma \cdot \sqrt{(\chi^2_{f;P}/f)}$$

Weil die $\chi^2$-Verteilung „schief" ist, ist der Abstand der Grenzen von der Mitte ungleich. Einfachheitshalber werden für das Anlegen der s-Spur Tabellen[02] (Tabellenanhang) verwendet, aus denen der Wurzelausdruck $\sqrt{(\chi^2_{f;P}/f)}$ für die Grenzwerte als B-Faktoren direkt entnommen werden kann.

In Tabelle 8a) (Tabellenanhang) sind die Abgrenzungsfaktoren für n von 2 bis 20 tabelliert. Damit sind die Grenzen der s-Spur zu bestimmen:

| für DGQ-Grenzen | für $3\sigma$-Grenzen |
|---|---|
| $OEG(s) = \sigma \cdot B_{OEG}$ | $OEG(s) = \sigma \cdot B_6$ |
| $OWG(s) = \sigma \cdot B_{OWG}$ | |
| $M(s) = \sigma \cdot a_n$ | $M(s) = \sigma \cdot c_4$ |
| $UWG(s) = \sigma \cdot B_{UWG}$ | |
| $UEG(s) = \sigma \cdot B_{UEG}$ | $UEG(s) = \sigma \cdot B_5$ |

Anmerkung: Solange $\sigma$ nicht bekannt ist, wird ihr Schätzwert $\hat{\sigma}$ aus dem Vorlauf zur Berechnung eingesetzt. Dass in einen Prozess eingegriffen werden muss, wenn sich die Streuwerte verkleinern, ist zunächst paradox. Eine kleinere Standardabweichung ist doch ein Ziel der Prozessoptimierung! Aber:

- Kann sich ein Prozess plötzlich einfach verbessern?

- Wenn ja, dann müssen der Grund und die Reproduzierbarkeit festgestellt werden.

- Ist das Prüfgerät defekt?

- Wird die Prüfung richtig durchgeführt?

- Ist die Probenahme richtig?

Der Eingriff bedeutet also die Klärung dieser Fragen.

*Beispiel 24:*

Mit dem Vorlaufskennwert = 0,016 kg aus Beispiel 23 soll die Shewhart-QRK als $\bar{x}/s$-Karte für $n = 5$ angelegt werden.
Zum optischen Vergleich mit der Vorlaufkarte aus Beispiel 23 sollen die zehn Stichprobenergebnisse in zwei unterschiedlich angelegte Shewhart-QRK eingetragen werden:
a) mit $M$ = Toleranzmitte = 10,000 kg als Soll-Prozessmitte,
b) mit $M$ = Ist-Prozessmitte = 10,025 kg.

*Lösung Beispiel 24:*
Anlegen der -Spur mit 2-seitiger Abgrenzung
a) $OEG(\bar{x})$ = 10,000 + 2,576 · 0,016/ $\sqrt{5}$ = 10,018 kg
   $OWG(\bar{x})$ = 10,000 + 1,960 · 0,016/ $\sqrt{5}$ = 10,014 kg
   $M(\bar{x})$ = 10,000 kg
   $UWG(\bar{x})$ = 10,000 − 1,960 · 0,016/ $\sqrt{5}$ = 9,986 kg
   $UEG(\bar{x})$ = 10,000 − 2,576 · 0,016/ $\sqrt{5}$ = 9,982 kg

b) $OEG(\bar{x})$ = 10,025 + 2,576 · 0,016/ $\sqrt{5}$ = 10,043 kg
$OWG(\bar{x})$ = 10,025 + 1,960 · 0,016/ $\sqrt{5}$ = 10,039 kg
$M(\bar{x})$ = 10,025 kg
$UWG(\bar{x})$ = 10,025 – 1,960 · 0,016/ $\sqrt{5}$ = 10,011 kg
$UEG(v)$ = 10,025 – 2,576 · 0,016/ $\sqrt{5}$ = 10,007 kg

Anlegen der $s$-Spur mit den Werten aus Tab. 8a (Kap. 7.1) (die $s$-Spur ist von $M(\bar{x})$ unabhängig)

$OEG(s)$ = 0,016 · 1,927 = 0,031 kg
$OWG(s)$ = 0,016 · 1,669 = 0,027 kg
$M(s)$ = 0,016 · 0,940 = 0,015 kg
$UWG(s)$ = 0,016 · 0,348 = 0,006 kg
$UEG(s)$ = 0,016 · 0,227 = 0,004 kg

Auf der $Y$-Achse in jeder Spur der 2-spurigen QRK werden die Grenzwerte übersichtlich einge-tragen.

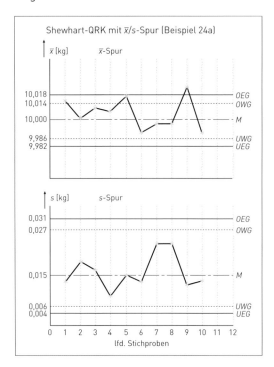

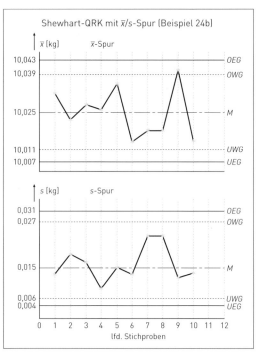

Mit der Prozessmitte $\mu$ = 10,025 bei einer Toleranzmitte $M_T$ = 10,000 ist dieser Prozess nicht regelbar ($C_{mk} = C_{mo}$ = 0,94 $\Rightarrow$ nicht prozessfähig).
Wenn $\mu = M$ wäre, streuten die Mittelwerte innerhalb der Eingriffsgrenzen. Zur echten Beurtei-lung ist die Anzahl m der Stichproben zu klein. Das Beispiel zeigt aber auch deutlich, dass bei einem $C_p$ = 1,33 die Lage der Prozessmitte sehr genau auf die Sollmitte einzurichten ist, sonst muss zu oft in den Prozess eingegriffen werden.
Die Streuung der einzelnen Stichproben verteilt sich zufällig um die $\sigma$-Mitte. Das zeigt an, dass dieser Prozess für die geforderte Toleranz qualitätsfähig sein kann, wenn die Prozessmitte ge-nau auf den Sollwert eingestellt werden kann.

Das Beispiel 24a zeigt: In den Prozess hätte bei der Shewhart-QRK schon nach der ersten Stichpro-be eingegriffen werden müssen, bei der Vorlauf-QRK war dagegen noch kein Eingriff erforderlich.

handwerk-technik.de

> Die $\bar{x}$-Shewart-QRK reagiert sensibler als die Vorlauf-QRK

Anmerkung: Für die Linien der Grenzen und die Mitte von Shewhart-QRK wird empfohlen, sie für EG kräftig durchgezogen, ggf. rot, WG gestrichelt und $M$ strichpunktiert anzulegen. Bei farbiger Bildschirmanzeige werden meist die Felder zwischen den $WG$ grün zwischen $WG$ und $EG$ gelb und außerhalb $EG$ rot angelegt.

**Das Anlegen der $\bar{x}$-Spur von Shewhart-QRK** entspricht der Vorgehensweise des Anlegens der $\bar{x}$-Karte. Mediane haben aber eine etwas größere Streuung als Durchschnittswerte. Um eine vergleichbare Eingriffssicherheit zu bekommen, muss hier der Schwellenwert der Normalverteilung mit einem Faktor cn korrigiert werden.

Diese Faktoren können der Fachliteratur[02] entnommen werden. Die $c_n$-Faktoren sind in Tabelle 8 b (Kap. 7.1) für $n$ von 2 bis 20 tabelliert.

Damit ergibt sich für die Grenzen der $\bar{x}$-Karte:

$$
\begin{aligned}
OEG(\tilde{x}) &= \mu + u_{0,995} \cdot c_n \cdot \sigma / \sqrt{n} = \mu + 2,576 \cdot c_n \cdot \sigma / \sqrt{n} \\
OWG(\tilde{x}) &= \mu + u_{0,975} \cdot c_n \cdot \sigma / \sqrt{n} = \mu + 1,960 \cdot c_n \cdot \sigma / \sqrt{n} \\
M(\tilde{x}) &= E(x) = \mu \\
UWG(\tilde{x}) &= \mu + u_{0,025} \cdot c_n \cdot \sigma / \sqrt{n} = \mu - 1,960 \cdot c_n \cdot \sigma / \sqrt{n} \\
UEG(\tilde{x}) &= \mu + u_{0,005} \cdot c_n \cdot \sigma / \sqrt{n} = \mu - 2,576 \cdot c_n \cdot \sigma / \sqrt{n}
\end{aligned}
$$

**Das Anlegen der $R$-Spur von Shewhart-QRK** erfolgt nach der Funktion der $w$-Verteilung, mit der allgemeinen Gleichung: $R = \sigma \cdot w_{n;P}$.
Für QRK-Grenzen sind $w_{n;P}$-Werte als $D$-Faktoren der Literatur[02] oder der Tabelle 8b (Kap. 7.1) für $n$ von 2 bis 20 zu entnehmen.

Es gilt für das Anlegen der $R$-Spur:

$$
\begin{aligned}
OEG(R) &= \sigma \cdot D_{OEG} \\
OWG(R) &= \sigma \cdot D_{OWG} \\
M(R) &= \sigma \cdot d_n \\
UWG(R) &= \sigma \cdot D_{UWG} \\
UEG(R) &= \sigma \cdot D_{UEG}
\end{aligned}
$$

Anmerkung: Für das Anlegen der $\tilde{x}$- und $R$-Spuren sind in den Tabellen 8 (Kap. 7.1) und in der Literatur[02] nur die zweiseitigen Abgrenzungsfaktoren bezogen auf $P$ = 99,5 % bzw. 97,5 % aufgeführt.
**Das Anlegen der Urwertkarte ($x_i$-Spur) für Messwerte** setzt annähernde Normalverteilung der Merkmalswerte voraus. Bei Stichproben $n > 3$ lässt sich ihr Streuverhalten optisch erkennen. Wenn mit der Wahrscheinlichkeit $P$ alle Urwerte innerhalb der Grenzen liegen sollen, gilt für die zweiseitige Abgrenzung die Verteilungsfunktion $G(u) = (1 + \sqrt[n]{P})/2$.
Für die Eingriffsgrenzen mit $P$ = 99 % gilt die Verteilungsfunktion $G(u_{EG}) = (1 + \sqrt[n]{0,99})/2$.
Für die Warngrenzen mit $P$ = 95 % gilt die Verteilungsfunktion $G(u_{WG}) = (1 + \sqrt[n]{0,95})/2$.

Die Schwellenwerte $u$ für $G(u)$ sind aus dem Abschnitt „Normalverteilung" bekannt, die wichtigsten Werte können aus Tabelle 7 (Kap. 7.1) entnommen werden.

$$OEG(x_i) = \mu + u_{EG} \cdot \sigma$$
$$OWG(x_i) = \mu + u_{WG} \cdot \sigma$$
$$M(x_i) = \mu$$
$$UWG(x_i) = \mu - u_{EG} \cdot \sigma$$
$$UEG(x_i) = \mu - u_{EG} \cdot \sigma$$

Für die noch unbekannte Standardabweichung $\sigma$ kann auch die aus dem Vorlauf geschätzte Standardabweichung $\hat{\sigma}$ eingesetzt werden.

*Beispiel 25:*

Für die Werte aus dem Vorlauf (Beispiel 23) soll eine $x_i$-Shewhart-QRK angelegt und festgestellt werden, ob bei dieser in den Prozess hätte eingegriffen werden müssen:
$M = \mu = 10{,}000$ kg, $\hat{\sigma} = 0{,}016$ kg.

Lösung:
Für die Verteilungsfunktionen $G(u_{EG})$ und $G(u_{WG})$ werden die Schwellenwerte $u$ aus Tab. 7 (Kap. 7.1) ermittelt:

$$G(u_{EG}) = (1 + \sqrt[n]{0{,}99})/2 = 0{,}999 \Rightarrow u_{EG} = 3{,}090$$
$$G(u_{WG}) = (1 + \sqrt[n]{0{,}95})/2 = 0{,}995 \Rightarrow u_{EG} = 2{,}576$$
$$OEG(x_i) = 10{,}000 + 3{,}090 \cdot 0{,}016 = 10{,}049 \text{ kg}$$
$$OWG(x_i) = 10{,}000 + 2{,}576 \cdot 0{,}016 = 10{,}041 \text{ kg}$$
$$M(x_i) = \hat{\mu} = 10{,}000 \text{ kg}$$
$$UWG(x_i) = 10{,}000 - 2{,}576 \cdot 0{,}016 = 9{,}959 \text{ kg}$$
$$UEG(x_i) = 10{,}000 - 3{,}090 \cdot 0{,}016 = 9{,}951 \text{ kg}$$

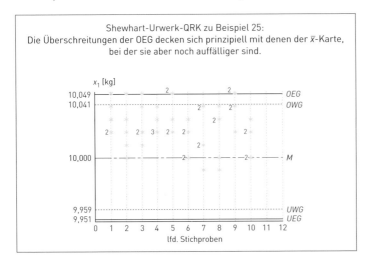

Shewhart-Urwerk-QRK zu Beispiel 25:
Die Überschreitungen der OEG decken sich prinzipiell mit denen der $\bar{x}$-Karte, bei der sie aber noch auffälliger sind.

Die Shewhart-QRK für einzelne Messwerte kann auch als **$\bar{x}/s$-Karte für gleitende Kennwerte** geführt werden.

Bei den bisher vorgestellten Regelkarten wurde davon ausgegangen, dass Stichproben mit $n > 1$ zur Qualitäts- und Prozessüberwachung entnommen werden konnten.

Besonders in der Prozesstechnik oder zur Überwachung von Prozessparametern, die nicht kontinuierlich gemessen werden können, kommt es oft vor, dass zum jeweiligen Zeitpunkt nur ein Merkmalswert, der zeitlichen Schwankungen unterliegt, gemessen werden kann, z. B.:

- Überwachung von Reaktionstemperatur oder -druck

- Überwachung der Zusammensetzung im Reaktionsapparat

- besonders auch bei Anreicherung oder Ausmagerung einer Reaktionskomponente, d. h. systematische Prozessänderung, die sich als Trend zeigt

- Massekontrollen

- Kontrolle von homogenen Zustandsparametern wie Dichte, Viskosität u. Ä.

Um trotzdem mit Durchschnitts- und Streuwerten den Prozessverlauf beurteilen zu können, kann man mit einem „gleitenden Stichprobenumfang", meist wird $n_{gl}$ = 3 gewählt, auf folgende Weise zu einer stichprobenartigen Prüfung gelangen:

**Der Mittelwert** $\bar{x}_{gi}$ wird aus den drei jeweils aufeinander folgenden Proben gebildet (z. B.: Messwerte $x_1$, $x_2$ und $x_3$ ⇒ Mittelwert $\bar{x}_3$). Mit dem Messwert der nächsten Probe wird dann $\bar{x}_4$ aus $x_2$, $x_3$ und $x_4$ ermittelt usw.

$$\text{Der gleitende Mittelwert: } \bar{x}_i(n_{g\,1=3}) = (x_i + x_{i-1} + x_{i-2})/3$$

**Die Standardabweichung** $S_{gi}$, ergibt sich aus der Streuung der zugehörigen Messwerte um deren Mittelwert: $s_3$ aus den Werten $x_1$, $x_2$ und $x_3$ usw.

$$\text{Die gleitende Standardabweichung: } s_i(n_{g\,1=3}) = f(x_i, x_{i-1}, x_{i-2})$$

Das Anlegen der Grenzen für $x$; $s$ und die Eingriffsregeln gelten wie bei den üblichen $\bar{x}/s$-Karten (unter Verwendung von $n_{g\,1}$). Mit $n_{g\,1}$ = 3 beginnt die Kartenführung dann nach der dritten Messung.

*Beispiel 26:*

Bei der Produktion von Filtern werden diese auf Gasdurchlässigkeit geprüft (vgl. Beispiel 14). Für die Kennwerte $\mu$ = 76,0 l/min und $\sigma$ = 0,67 l/min und gleitender Stichprobe $n_{g\,1}$, = 3 soll die Produktion mit der Shewhart-$\bar{x}/s$-QRK geregelt werden. Die QRK soll mit den chronologisch ermittelten Werten beginnen: 75,1; 75,8; 76,5; 75,3; 75,8; 76,9; 75,7; 76,3; 77,1.

Lösung:
Zum Anlegen der Spuren wird zurückgegriffen auf

$u(G_1 - \frac{\alpha}{5})$ aus Tab. 7 (Kap. 7.1)        $B$-Faktoren aus Tab. 8 a) mit $n$ = 3 (Kap. 7.1)

$OEG(\bar{x})$ = 76,0 + 2,576 · 0,67/√3 = 77,00        $OEG(s)$ = 0,67 · 2,302 = 1,542 l/min
$OWG(\bar{x})$ = 76,0 + 1,960 · 0,67/√3 = 76,76        $OWG(s)$ = 0,67 · 1,921 = 1,287 l/min
$M(\bar{x})$ = $\mu$ = 76,00                          $M(s)$ = 0,67 · 0,886 = 0,594 l/min
$UWG(\bar{x})$ = 76,0 − 1,960 · 0,67/√3 = 75,24        $UWG(s)$ = 0,67 · 0,159 = 0,107 l/min
$UEG(\bar{x})$ = 76,0 − 2,576 · 0,67 /√3 = 75,00        $UEG(s)$ = 0,67 · 0,071 = 0,048 l/min

Aus den jeweils drei aufeinander folgenden Messwerten werden die Kennwerte berechnet.

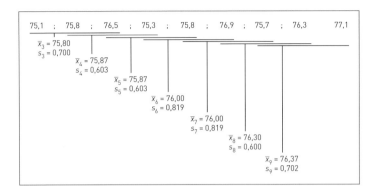

$\bar{x}/s$-QRK mit gleitenden Einzelwerten $x_i$ aus Beispiel 26 (die beiden ersten Messungen gehen für die Beurteilung verloren und dienen nur zur Ermittlung der Kennwerte nach drei Messungen)

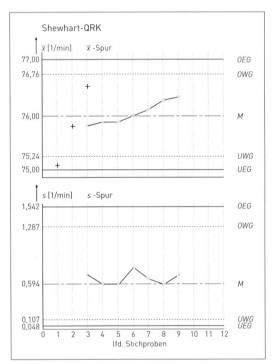

Obwohl kein Kennwert auch nur in der Nähe einer Grenze liegt, muss nach der neunten Messung, dem siebten Kennwert, in den Prozess eingegriffen werden, denn die $\bar{x}$-Werte zeigen einen Trend und die $s$-Werte einen Run.

**Die Eingriffsregeln für Shewhart-QRK** sollen sicherstellen, dass bei Prozess Veränderungen der Prozess rechtzeitig korrigiert wird.

> Systematische und zufällige Prozessveränderungen werden oft durch eine Kennwerte-Folge im Trend oder im Run angezeigt.

Wenn die Korrektur ohne Reaktion auf solche Anzeichen erst nach Überschreitung von Eingriffsgrenzen erfolgt, besteht die Gefahr, dass in der Zeit bis zur nächsten Stichprobe bereits Ausschuss produziert wird.

## Eingriffsregeln für die Prozessführung mit Shewhart-QRK

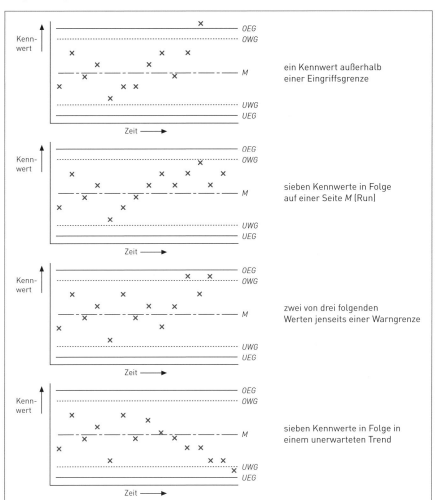

ein Kennwert außerhalb einer Eingriffsgrenze

sieben Kennwerte in Folge auf einer Seite *M* (Run)

zwei von drei folgenden Werten jenseits einer Warngrenze

sieben Kennwerte in Folge in einem unerwarteten Trend

# 4.3.4 Annahme-QRK und optimierte SPC

Voraussetzungen für die Qualitätsregelung während der Produktion mit der Annahme-QRK sind:

- kontinuierliche Qualitätsmerkmale (messende Prüfung),
- sehr gut beherrschter Prozess, $C_p$ $(6\sigma) \geq \approx 3$,
- akzeptabler Überschreitungsanteil $p$ $(= AQL)$,
- definierte Eingriffswahrscheinlichkeit (meist $1 - P = 90\%$).

> Bei sehr gut beherrschten Fertigungsprozessen kann
> dem Prozessmittelwert ein Spielraum zugebilligt werden.
> Die Einhaltung dieses Spielraumes kann mit der
> Annahme-QRK überwacht und dokumentiert werden.

Während mit der Shewhart-QRK der Prozess auf unzulässige Veränderungen überwacht wird, ist die Annahme-QRK so angelegt, dass nur in den Prozess eingegriffen werden muss, wenn der Mittelwert seine festgelegten Grenzen überschreitet. Charakteristisch ist die Unabhängigkeit von der Mittenlage des Prozesses, die zufällig, noch besser: optimal eingestellt, nur innerhalb der Eingriffsgrenzen liegen muss.

> Durch optimale Wahl der Prozessmittenlage zum Beginn der Fertigung
> kann ein Trend mit systematischer Prozessveränderung berücksichtigt werden,
> um so den Prozess möglichst lange ohne Eingriff ablaufen zu lassen

Der Abgrenzungsfaktor $k$ (vergleichbar mit dem Annahmefaktor der AQL) ist abhängig vom Stichprobenumfang $n$, dem zulässigen Überschreitungsanteil $p$ und der Eingriffswahrscheinlichkeit $1 - P_a$.

Für die $\bar{x}$-Karte gilt: $k = u_{1-p} + u_{1-P_a}/\sqrt{n}$ ($u$-Werte aus Tab. 7, Kap. 7.1)

Für die $\tilde{x}$-Karte gilt: $k = u_{1-p} + c_n \cdot u_{1-P_a}/\sqrt{n}$ ($c_n$-Werte aus Tab. 8b, Kap. 7.1)

($k$-Faktoren können auch aus Nomogrammen nach Wilrich[02, 05], Kap. 7.1, ermittelt werden.)

Die Eingriffsgrenzen ergeben sich aus: $OEG = OGW - k \cdot \sigma$; $UEG = UGW + k \cdot \sigma$

**Annahme-QRK mit schematischer Darstellung zur Ausnutzung eines Trends**

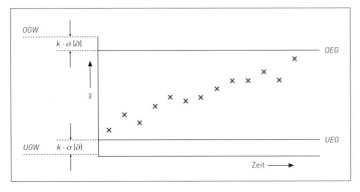

# 4.3.5 Endkontrolle

> Vor der Auslieferung eines Produktes muss
> immer eine Endkontrolle durchgeführt werden.

Der Umfang der Endkontrolle ist abhängig von

- dem Produkt (Art und Gefahrenpotenzial),
- dem Stand der Technik und gesetzlichen Vorschriften,
- den Qualitätsmerkmalen und -vereinbarungen,
- der Fähigkeit des Fertigungsprozesses,
- der Fertigungsüberwachung (Art und Dokumentation),
- der Schadensgröße durch mögliche Fehler.

Bei qualitätsfähiger Fertigung und dokumentierter Überwachung kann sich die Endkontrolle auf die Überprüfung der Prüfaufzeichnungen und die Identifizierung der Produkte mit der Zuordnung zum Auftrag beschränken.

> Mindestprüfung bedeutet:
> Prüfung aller vorgeschriebenen Arbeitsschritte und Zwischenprüfungen
> auf Richtigkeit und Vollständigkeit sowie Ausschluss von Verwechslung.

Bei fähigen Fertigungsprozessen ohne Dokumentation der Qualitäts- oder Prozesskontrolle kann eine Stichprobenprüfung analog zur AQL durchgeführt werden. Diese sollte aber eine Normstufe schärfer sein als die mit dem Kunden vereinbarte AQL-Annahmeprüfung.

Bei nicht fähigen Fertigungsprozessen sollte möglichst immer eine 100-%-Prüfung als Endkontrolle durchgeführt werden.

Bei Produkten mit Gefahrenpotenzial ist – meist durch gesetzliche Vorschriften, zumindest aber aus Gründen der Produkthaftung und Abwendung des Vorwurfs der Fahrlässigkeit – eine intensive Endkontrolle und deren Dokumentation erforderlich.

Es wird unterschieden:

**Gefahrstoffe,** die durch ihre bloße Existenz eine Gefahr bedeuten, unterliegen den Vorschriften der Gefahrstoffverordnung.

Die Endkontrolle umfasst zusätzlich die Prüfung der vorschriftsmäßigen Verpackung und Kennzeichnung sowie eine Dokumentation zu Verpackung, Mengen, Konzentrationen und dem Transport.

Produkte, die **kritische Fehler** aufweisen können, müssen auch dann in der Endkontrolle besonders sorgfältig geprüft werden, wenn eine intensive Fertigungsüberwachung durchgeführt wurde.

Nach Möglichkeit ist eine 100-%-Prüfung durchzuführen. Wenn diese technisch-wirtschaftlich nicht möglich ist, muss eine dem Gefahrenpotenzial entsprechende Qualitätsfähigkeit und deren Überwachung nachgewiesen werden.

Die Einhaltung aller technischen und gesetzlichen Forderungen muss bei der Endkontrolle geprüft und dokumentiert werden.

> Die Endkontrolle sollte nie zum Sortieren missbraucht werden.

**Aufgaben**

1. Welchem wesentlichen Ziel der Qualitätssicherung entspricht die Überwachung der Fertigung?
2. Welche Zwecke erfüllen QRK?
3. Welcher QRK-Typ dient zur Prozess- oder Maschinenfähigkeitsprüfung?
4. Wann gilt ein Prozess in der Regel bei bekanntem/unbekanntem $\sigma$ als prozessfähig?
5. Was unterscheidet Maschinen- von Prozessfähigkeit?
6. Warum soll die Shewhart-QRK für Kennwerte aus Messgrößen (immer) zweispurig geführt werden?
7. Warum muss nach den Regeln auch eingegriffen werden, wenn sich die Streuung verbessert?
8. Durch welche Maßnahme kann auch bei einzelnen Messwerten ein Streuverhalten festgestellt werden?
9. Wann führen „Run" oder „Trend" zum Eingriff?
10. Mit welchem QRK-Typ können unter welchen Voraussetzungen Trends oder Lagenoptimierung berücksichtigt werden?
11. Wodurch und wie weit kann die Endkontrolle minimiert werden?

## 4.3.6 Übungen zur Fertigungsüberwachung

(Die Lösungswege sind in Kap. 7.9 beschrieben.)

*Übungsbeispiel 16:*
Aus den tabellierten $m = 10$ Stichproben mit je $n = 5$ Werten sollen die Schätzwerte für $\mu$ und $\sigma$ berechnet werden.

| $i \backslash \nu$ | 1 | 2 | 3 | 4 | 5 | 6 | 7 | 8 | 9 | 10 |
|---|---|---|---|---|---|---|---|---|---|---|
| $x_1$ | 235 | 253 | 250 | 226 | 236 | 242 | 253 | 237 | 224 | 234 |
| $x_2$ | 242 | 237 | 230 | 228 | 236 | 231 | 229 | 226 | 237 | 235 |
| $x_3$ | 251 | 229 | 235 | 241 | 250 | 228 | 233 | 224 | 246 | 245 |
| $x_4$ | 227 | 242 | 238 | 249 | 227 | 233 | 235 | 240 | 227 | 233 |
| $x_5$ | 239 | 248 | 246 | 235 | 231 | 237 | 237 | 245 | 248 | 230 |

a) Vergleichen Sie die Werte aus Durchschnitt und Standardabweichung mit denen aus Median und Range.
b) Berechnen Sie die Schätzwerte für $C_p$ und $C_{pk}$, wenn die Toleranz mit $OGW = 260$ und $UGW = 220$ Einheiten gegeben ist.

*Übungsbeispiel 17:*
An wärmebehandelten Maschinenelementen wird die Brinellhärte (HB) gemessen. Die Prozesskennwerte sind normal verteilt: $\mu$ = 237,0 HB und $\sigma$ = 9,13 HB.
Berechnen Sie die Grenzen für die $\bar{x}$- und $s$-QRK für $n$ = 5.

*Übungsbeispiel 18:*
Für ein Längenmaß ist die Standardabweichung $\sigma$ = 0,205 mm bekannt.
Vergleichen Sie die Warn- und Eingriffsgrenzen der $s$-Spur einer Shewhart-QRK mit $n$ = 5 und $n$ = 11.

*Übungsbeispiel 19:*
Für die Länge eines Bolzens ist 15,10 ± 0,1 mm vorgeschrieben.
Entwerfen Sie eine Annahme-QRK für den Durchschnittswert für Stichproben mit $n$ = 7, bei $\sigma$ = 0,005 mm. In den Prozess soll bei einem Überschreitungsanteil von 0,5 % mit der Wahrscheinlichkeit von 90 % eingegriffen werden.

*Übungsbeispiel 20:*
Während eines Reaktionsprozesses soll das Stoffverhältnis $\mu = \dfrac{A}{B}$ = 1,0 eingehalten werden. Prozessstandardabweichung $\sigma$ = 0,02.
Daraus ergeben sich in der Shewhart-QRK für gleitende Mittelwerte (ngl = 3) die Eingriffsgrenzen bei 1,052 und 0,948.
Muss bei den folgenden Messergebnissen in den Prozess eingegriffen werden?
0,959; 1,036; 0,963; 0,981; 0,996; 0,984; 0,985; 0,977; 1,040; 1,047; 1,015; 1,005; 1,012; 1,008; 1,045; 1,032; 1,020; 1,017

# 4.4 Analytische Methoden in der Qualitätssicherung

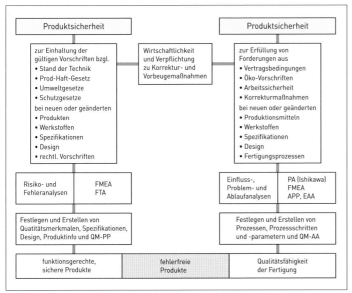

Schon in der Planungsphase eines Produktes (vgl. Qualitätskreis, Deming-Kreis, Kap. 1.2.6) muss geprüft werden, ob das Produkt selbst ein Gefahrenpotenzial besitzt und welche Gefahren durch Fehler möglich werden.

Durch die systematische Erfassung, Beurteilung und Wichtung aller denkbaren Probleme, Gefahren oder Fehler nach anerkannten Risiko- und Fehleranalysen wird das Gefährdungspotenzial erkannt und der Handlungsbedarf zur Minimierung der Gefahr festgestellt.

**Gründe und Ziele für die Anwendung analytischer Methoden im QM**

Bei all diesen Analysen wird der Untersuchungsgegenstand, das Problem oder der Prozess in überschaubare Phasen und Schritte unterteilt. Alle möglichen Gefahren werden mithilfe von Checklisten erfasst und von einem Team aus Experten verschiedener Fachrichtungen bewertet. Die Analysenprotokolle, ggf. mit Maßnahmendurchführung und der Erfolgskontrolle, können wichtige Nachweise zur Erfüllung der Sorgfaltspflicht sein.

Der Lieferant ist von der Produktveranwortung nur entlastet, wenn er nach Design und Qualitätsangaben des Kunden fertigt. In jedem Fall ist er für die sichere Fertigung verantwortlich, also für die planmäßige Ausschaltung potenzieller Qualitätsprobleme und Fehler.

Die Vertragsbedingungen bzw. die Lieferantenfreigabe-Kriterien fordern oft, dass der Lieferant z. B. die Durchführung einer FMEA für das Produkt und/oder den Prozess nachweist.

## 4.4.1 Analyse potenzieller Probleme (APP)

> Das Ziel der APP ist die Planabsicherung,
> also vorbeugende Maßnahmen zu ergreifen, um Störungen und Schäden
> bei der Durchführung eines Plans, Projektes oder Prozesses zu vermeiden.
> Der Weg zur vorbeugenden Maßnahme führt über das Erkennen
> des möglichen Problems und seiner denkbaren Ursache.

Als Vorläufer der FMEA wird die APP speziell für die Analyse und Bewertung von geplanten Projekten angewandt, um den störungsfreien Ablauf der Durchführung eines Vorhabens oder eines Prozesses zu gewährleisten.

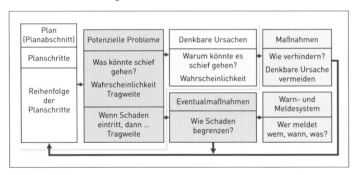

Vor Beginn der Analyse muss der Plan, das Projekt, mit seinem Ziel genau definiert werden. Voraussetzung für das Finden aller potenziellen Probleme ist die chronologische Gliederung des geplanten Ablaufes in überschaubare Planschritte.

Ablaufschema der Analyse potenzieller Probleme

In jedem Planschritt wird jedes denkbare Problem, dass das Planziel gefährden oder zu Störungen im Ablauf führen kann, mit viel Sachverstand aufgelistet und das Risiko nach der Wahrscheinlichkeit des Auftretens *W* und den resultierenden Folgen, der Tragweite *T*, jeweils mit hoch, mittel oder niedrig beurteilt.

Nachdem die potenziellen Probleme erkannt und analysiert sind, werden Maßnahmen überlegt, um die denkbare Ursache auszuschalten. Dies führt in der Regel zu zusätzlichen Planschritten oder Tätigkeiten, die den Planschritten in der Nachanalyse chronologisch zugeordnet werden. Aufwand und Zuständigkeit sollten protokolliert werden.

Für nicht vermeidbare Restrisiken werden für den Fall des Eintreffens die denkbaren Auswirkungen aufgelistet und bewertet: *„Wenn* das Problem eintritt, *dann* entsteht … Schaden."

Dieser Schaden ist nach Tragweite zu beurteilen und durch Festlegung von Eventualmaßnahmen mit Meldesystem und ggf. zusätzlichen Planschritten in seiner Auswirkung zu begrenzen.

## 4.4.2 Fehlzustandsart- und -auswirkungsanalyse DIN EN 60812: 2015[4] (FMEA)

Zuverlässigkeit ist ein wichtiges Qualitätsmerkmal. Angesichts dessen, dass aus zeitlichen wie finanziellen Gründen in der Produkt- bzw. Prozessentwicklung immer weniger Aufwand getrieben werden kann, müssen Schwachstellen bereits im Vorhinein, vorbeugend gefunden werden. Dabei entsteht u. a. die Herausforderung einen vagen Begriff wie „Risiko" zu bewerten.

Zum Zweck der qualitativen und quantifizierten Bemessung von Systemen hinsichtlich des Ausfalls einzelner Bauelemente sowie deren Folgen, auch schon im Entwurfsstadium, wurde die FMEA (failure mode and effects analysis) als Zuverlässigkeitsanalyse entwickelt. Sie stellt eine Standardmethode des präventiven Qualitäts- und Risikomanagements dar.

Die FMEA ist in allen Bereichen der Technik und Software und für sonstige, z. B. organisatorische Prozesse einsetzbar. In der QM wird sie nicht nur zur Analyse des Ausfallverhaltens herangezogen, sondern für alle möglichen Fehlerarten und deren Auswirkungen. Deshalb wird sie in freier Übersetzung, auch in der Norm, als **„Fehler-Möglichkeits- und -Einfluss-Analyse"** bezeichnet. Die Forderung an jedes Produkt heißt:

> Sicherheit – Zuverlässigkeit – Verfügbarkeit

Aus dieser Forderung ergeben sich die Ziele der FMEA:

> FMEA = Präventive Fehlerverhütung statt Fehlererkennung und -korrektur

- Potenzielle Fehler so früh wie möglich zu erkennen,
  – um Fehlerkosten zu senken.
- Fehlerursachen zu beseitigen (Korrekturmaßnahmen),
  – um Fehler nicht entstehen zu lassen,
  – um den Durchschlupf fhE zu vermeiden und
  – um das Haftungsrisiko zu minimieren.
- Kritische Komponenten zu erkennen,
  – um Gefahren und Risiken zu minimieren und
  – um die Instandhaltung optimal zu planen.
- Schwachstellen des Prozesses oder Designs aufzudecken,
  – um den Prozess zu optimieren bzw.
  – um das Design zu verbessern.

---

[4] Alte Norm DIN 25448: 1980 wurde 2006 durch die DIN EN 60812 ersetzt. Neuer Entwurf DIN EN 60812: 2015 liegt vor.

**HISTORIE FMEA**

| | |
|---|---|
| 1949: | FMEA-Methodeals „United States Military Procedure MIL-P-1629" veröffentlicht |
| 1960er-Jahre: | FMEA im Apollo-Projekt der NASA entwickelt |
| 1970er-Jahre: | FMEA durch Luft- und Raumfahrt sowie Kerntechnik weiterentwickelt |
| 1980: | DIN 25488 – FMEA als „Ausfalleffektanalyse" |
| 1985: | FMEA in der Automobilindustrie (Ford) eingesetzt, Grundlage für die QS-9000 |
| 1996: | Verbesserte FMEA-Systematik (VDA) |
| 2006: | DIN 60812 ersetzt DIN 25488 |
| 2015: | Norm wird umfangreich überarbeitet. Neuerungen: |

- Zuschnitt auf Aufgabengebiete und Anwendungswege wie Top-down und Bottom-up
- Aufteilung allg. Teil und Anhänge (mit Praxisbeispielen und Hilfestellungen)

Es gibt verschiedene FMEA-Arten:

- **System-FMEA**
  Die S-FMEA untersucht das Zusammenwirken von Teilsystemen in einem übergeordneten Systemverbund bzw. das Zusammenwirken mehrerer Komponenten in einem komplexen System. Damit zielt sie auf die Identifikation potenzieller Schwachstellen, insbesondere an Schnittstellen.

- **Konstruktions-FMEA**
  Bei der K-FMEA wird das analysierende System in möglichst viele, überschaubare Elemente aufgegliedert. Sie zergliedert in alle Bauteile, die einzeln auf potentielle Schwachstellen und Ausfallmöglichkeiten hin analysiert werden.

- **Prozess-FMEA**
  Die P-FMEA stützt sich i. A. auf die Ergebnisse der K-FMEA und befasst sich mit möglichen Schwachstellen im Produktions- oder Leistungsprozess. Dies erfordert eine chronologische Gliederung und Untersuchung aller Prozessschritte.

- **Hardware-FMEA**
  (inkl. Elektronik)

- **Software-FMEA**

Für die Durchführung der FMEA müssen Informationen zum Aufbau und zur Funktion des zu analysierenden Systems vorliegen. Sie bestehen z. B. aus Unterlagen wie:

- Funktionsbeschreibungen (Zeichnungen, Pflichtenheft, Ablaufdiagramme u. Ä.),

- Spezifikationen (technische Richtlinien, Normen, gesetzliche Vorschriften, Kundenwünsche, Hausnormen u. Ä.),

- Einsatzbedingungen (Einsatzprofil, Einsatzbeschränkungen, Umgebungs- und Versandbedingungen u. Ä.),

- Schnittstellen (Wechselwirkung mit anderen Systemen oder Systemteilen).

Eine besonders wichtige Informationsquelle ist die **Erfahrung:** die Kompetenz der Experten und die Erkenntnisse aus ähnlichen Systemen und früheren Analysen.

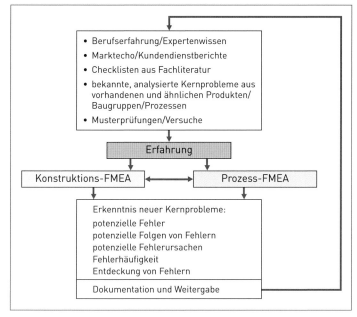

Zusammenspiel von FMEA und Erfahrung

Das Auffinden potenzieller Fehler und die Beurteilung ihrer Folgen wird durch die Verwendung von Checklisten erleichtert. Sie werden aus früher durchgeführten FMEA zusammengestellt und fortlaufend komplettiert.

Fach- oder Branchenvereinigungen, z.B. die DGQ [06] (Kap. 7.2), veröffentlichen Checklisten in unregelmäßigen Intervallen. Einige Kunden stellen den Lieferanten ihre Checklisten, manchmal auch mit der Forderung zu ihrer Anwendung, zur Verfügung.

Die **Konstruktions-FMEA** hat zum Ziel, dass die Qualität in das Produkt „hineinkonstruiert" wird, und soll deshalb in einem sehr frühen Stadium der Produktentstehung durchgeführt werden. Die in der Entwurfsphase erstellte Analyse wird fortlaufend durch neue Erkenntnisse aus simulierenden Tests oder Konstruktions- und Musterprüfungen aktualisiert.

Die Konstruktions-FMEA wird angewendet:

- **in der Konzeptphase,** um über Sicherheits- und Ausfallrisiken Entscheidungshilfen für alternative Konzepte zu erhalten;

- **in der Konstruktionsphase,** um Schwachstellen zu erkennen und Abhilfemaßnahmen festzulegen;

- **in der Versuchsphase,** um Versuche auf das Wesentliche beschränken zu können.

Dabei werden Konzept und Konstruktion auf mögliche Schwachstellen bezüglich

- Funktion,

- Sicherheit (auch Entsorgbarkeit),

- Zuverlässigkeit,

- Montage- und Servicefreundlichkeit,

- Herstellbarkeit,

- Lebensdauer

untersucht.

Für Produkte der Serienfertigung wird eine Konstruktions-FMEA erforderlich

- bei neuen Produkten,
- bei Änderungen an Produkten oder Produktteilen, Werkstoffen, Technologien,
- bei Änderungen der Verwendung, der Sicherheitsrisiken und der gesetzlichen oder vereinbarten Auflagen,
- wenn aus Produktions- oder Feldproblemen oder nach einer Reklamation Korrekturmaßnahmen erforderlich werden.

Die **Prozess-FMEA** soll mögliche Schwachstellen und Störeinflüsse in der Herstellungsphase aufdecken und fehlerhafte Produktion vermeiden. Untersuchungsziele sind Prüfung und Bewirkung von z. B.:

- Eignung des (geplanten) Herstellverfahrens (Prozesses),
- Prozessfähigkeit/-optimierung,
- Reproduzierbarkeit,
- Fehlererkennbarkeit (Prüfmaßnahmen),
- Wirtschaftlichkeit (Verschleiß, Wartung usw.),
- Schnittstellenproblematik (systemintern/-extern),
- Umwelt- und Arbeitssicherheit.

Eine Prozess-FMEA muss nicht immer für den gesamten Ablauf erstellt werden. Sie kann, bei angemessener Berücksichtigung der Schnittstellen, auch für einzelne Prozessschritte wirksam sein.

Wenn für das Produkt eine Konstruktions-FMEA durchgeführt worden ist, können die dabei gewonnenen Erkenntnisse zu Kernproblemen bei der Prozess-FMEA vorteilhaft verwertet werden.

Hier zeigt sich der besondere Vorteil, wenn die Fertigungsexperten auch schon an der Konstruktions-FMEA beteiligt waren.

Die Prozess-FMEA wird angewendet:

- **in der Vorplanungsphase,** um über die Eignung von Prozess-, Ablauf- und Anlagenalternativen oder Investitionen zu entscheiden;
- **in der Phase der Fertigungsplanung (AV),** um Schwachstellen zu erkennen und Abhilfe zu schaffen;
- **in der Vorserienphase;**
- **in der Fertigungsphase** zur Optimierung von Prozessen bzgl. Qualitätsfähigkeit und Zuverlässigkeit sowie zur Wartungs-, Logistik- und Kostenoptimierung.

**Ablauf einer FMEA:**

Die **Durchführung der FMEA** erfordert die Fachkenntnis eines interdisziplinären Expertenteams, das möglichst in konstanter Zusammensetzung arbeiten sollte, um die zunehmende Routine und Erfahrung optimal zu nutzen.

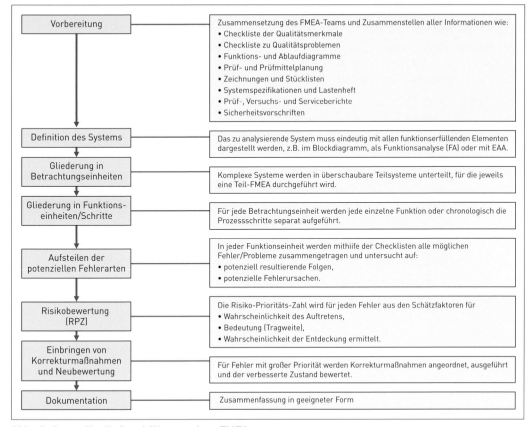

**Ablaufschema für die Durchführung einer FMEA**

Bei allen FMEAs gleich ist das Aufsplitten des recht abstrakten Begriffs „Risiko" in:

- *A* – Auftretenswahrscheinlichkeit
- *B* – Fehlerfolgen (Bedeutung, Tragweite)
- *E* – Entdeckungswahrscheinlichkeit

**Risikoanalyse:** Von Experten wird nun für jeden Teilbereich geschätzt, wie hoch die Wahrscheinlichkeit ist und mit einer Zahl zwischen 1 und 10 bewertet. Man erhält drei Zahlenwerte, die miteinander multipliziert die sog. Risikoprioritätszahl (*RPZ* – zwischen 1 und 1000) ergeben. Aus dem Produkt der Einzelbewertungen errechnet sich dann die sog. Risikoprioritätszahl *RPZ*:

$$RPZ = \text{Auftretenswahrscheinlichkeit} \cdot \text{Bedeutung/Fehlerfolgen} \cdot \text{Entdeckungswahrscheinlichkeit}$$
$$RPZ = A \cdot B \cdot E$$
$$1 \leq RPZ \leq 1000$$

Abhängig vom Ergebnis der *RPZ* kann nun eine **Risikooptimierung** vorgenommen werden. In der Automobilindustrie sind Korrekturmaßnahmen ab einer *RPZ* von 125 gefordert.

### Bewertungsbeispiel (nach VDA) im Bereich „Auftretenswahrscheinlichkeit"

1    **Sehr gering:** neuer Prozess unter geänderten Bedingungen mit positiv abgeschlossenem Maschinenfähigkeits-/Prozessfähigkeits-Nachweis. Bewährter Prozess mit positiver

Serienerfahrung unter vergleichbaren Bedingungen auf vergleichbaren Anlagen.
**Fehlerhäufigkeit** = 1 ppm

**2-3** **Gering:** Detailänderungen an bewährten Prozessen mit positiver Serienerfahrung unter vergleichbaren Bedingungen.
**Fehlerhäufigkeit** (2) = 10 ppm, (3) = 100 ppm

**4-6** **Mäßig:** neuer Prozess mit Übernahme von bekannten Verfahren. Bewährter Prozess mit positiver Serienerfahrung unter geänderten Bedingungen.
**Fehlerhäufigkeit** (4) = 500 ppm, (5) = 2000 ppm, (6) = 5000 ppm

**7-8** **Hoch:** neuer Prozess mit bekannten, jedoch problematischen Verfahren.
**Fehlerhäufigkeit** (7) = 10000 ppm, (8) = 30000 ppm

**9-10** **Sehr hoch:** neuer Prozess ohne Erfahrung.
**Fehlerhäufigkeit** (9) = 100000 ppm, (10) = 500000 ppm

## Bewertungsbeispiel (nach VDA) im Bereich „Entdeckungswahrscheinlichkeit"

**1** **Sehr hoch:** durch bewährtes Nachweisverfahren an Vorgängergeneration.
Die Wirksamkeit wurde an diesem Produkt bestätigt.

**2-3** **Hoch:** durch bewährtes Nachweisverfahren.
Die geforderte Messgerätefähigkeit vom Nachweisverfahren zur Fehlererkennung ist bestätigt.

**4-6** **Mäßig:** bewährtes Nachweisverfahren aus vergleichbaren Prozessen unter neuen Einsatz-/Rahmenbedingungen (Maschinen/Material).

**7-8** **Gering:** Nachweisverfahren unsicher bzw. keine Erfahrungen mit dem festgelegten Nachweisverfahren.

**9-10** **Sehr gering:** kein Nachweisverfahren bekannt bzw. kein Nachweisverfahren festgelegt.

## Bewertungsbeispiel (nach VDA) im Bereich „Bedeutung – Fehlerfolgen"

**1** sehr gering (akzeptable Kostenüberschreitung)

**2–3** geringe Nacharbeit

**4–5** verzögerte Auslieferung, mäßige Kostenüberschreitung

**6–7** Nacharbeit

**8–9** schwerwiegender Fehler, Kostenüberschreitung, Bandstillstand, Sicherheit beeinträchtigt

**10** Vorschriften verletzt, Sicherheitsrisiko, existenzbedrohendes Firmenrisiko, unakzeptable Kostenüberschreitung

*Beispiel:*

Risiko, dass ein Autoreifen wegen Fertigungsfehlern platzt. In der Produktion gibt es nur eine Sichtkontrolle, keine Messung der Wandstärke o.Ä.

| | |
|---|---|
| **Risikoanalyse/** | Auftretenswahrscheinlichkeit (tritt selten auf): 2 |
| **Prozess vorher:** | Auswirkung des Fehlers (ggf. tödlich): 9 |
| | Entdeckungswahrscheinlichkeit (nur Sichtprüfung): 7 |
| | Risikoprioritätszahl (*RPZ*): 2 · 9 · 7 = 126 |

**Risikooptimierung:**  Korrekturmaßnahme: elektronische Kontrolle jedes Teils

**Neue Risikoanalyse/**  Auftretenswahrscheinlichkeit (tritt selten auf): 2
**Prozess nachher:**  Auswirkung des Fehlers (ggf. tödlich): 9
Entdeckungswahrscheinlichkeit (nur Sichtprüfung): 1
Risikoprioritätszahl (*RPZ*): 2 · 9 · 1 = 18

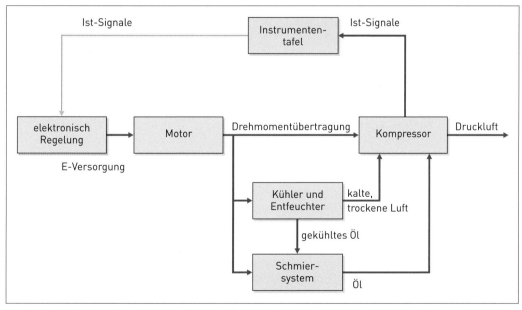

| Firma (Logo) | | Fehler-Möglichkeits- und Einfluss-Analyse | | | | | | | | Teil-Bezeichnung | | Teil-Nr. | | | | | | |
|---|---|---|---|---|---|---|---|---|---|---|---|---|---|---|---|---|---|---|
| | | | Konstruktions-FMEA ☐ | Prozess-FMEA ☐ | | | | | | Modell/System/Fertigung | | Abstellmaßnahmen | | | | | | |
| | Bestätigt durch: | Name: Abt./Lieferant | | Name: Abt./Lieferant | | | | | | Ersteller: | | Erstell-Datum | | Überarbeitet | | | | |
| Systeme/Merkmale Funktionen/Schritte | Potenzielle Fehler | Potenzielle Folgen des Fehlers | Potenzielle Fehler-ursachen | Ist-Zustand | | | | | | Empfohlene Abstellmaßnahmen | Verant-wortlichkeit | verbesserter Zustand | | | | | | |
| | | | | Prüfmaßnahmen | Auftreten | Bedeutung | Entdeckung | Risiko-Prioritäts-Zahl (RPZ) | | | | Getroffene Maßnahmen | Auftreten | Bedeutung | Entdeckung | Risiko-Prioritäts-zahl (RPZ) | | |
| | | | | | | | | | | | | | | | | | | |

| Wahrscheinlichkeit des Auftretens | | Bedeutung (Auswirkung beim Kunden) | | Wahrscheinlichkeit der Entdeckung | | Priorität (RPZ) | |
|---|---|---|---|---|---|---|---|
| Unwahrscheinlich | = 1 | kaum wahrnehmbare Auswirkung | = 1 | Hoch | = 1 | Maximal | = 1000 |
| sehr gering | = 2–3 | unbedeutender Fehler | = 2–3 | Mäßig | = 2–3 | Bedeutend | = ≥ 125 |
| gering | = 4–6 | mäßig schwerer Fehler | = 4–6 | Gering | = 4–6 | Keine | = 1 |
| mäßig | = 7–8 | schwerer Fehler (Verärgerung) | = 7–8 | sehr gering | = 7–8 | | |
| hoch | = 9–10 | äußerst schwerer Fehler | = 9–10 | unwahrscheinlich | = 9–10 | | |

**FMEA-Formblatt (mit für die Automobilindustrie üblicher Modifizierung)**

*Beispiel 27:*

Für das mechanische System eines Hochdruck-Luftkompressors soll eine FMEA durchgeführt werden. Das Funktionieren des Systems ist von der Funktion verschiedener Bauteile abhängig. Das wird im Funktions-Blockdiagramm deutlich.

**Funktions-Blockdiagramm am Beispiel eines Hochdruck-Luftkompressors**

Das System ist so komplex, dass es zur Analyse in übersichtliche Betrachtungseinheiten hierarchisch gegliedert werden muss.

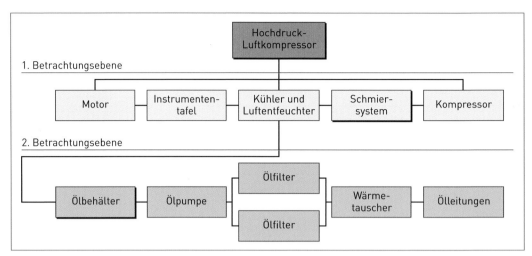

**Zuverlässigkeits-Blockdiagramm: Gliederung des Systems in übersichtliche Betrachtungseinheiten**

Die Baugruppen der ersten Betrachtungsebene sind noch immer für die Einzelanalyse zu komplex. In der zweiten Betrachtungsebene sind die Einheiten so weit gegliedert, dass ihre potenziellen Fehlerarten aufgestellt werden können. Für jede Betrachtungseinheit in jeder Baugruppe muss eine Teil-FMEA durchgeführt werden. Mithilfe des Zuverlässigkeits-Blockdiagramms wird eine übersichtliche Registratur des Gesamtsystems angelegt.

Im nächsten Analysenschritt wird die Betrachtungseinheit in ihre einzelnen Funktionen, Prozessschritte oder (bei der Konstruktions-FMEA) in die Qualitätsmerkmale jeden Teils der Stückliste gegliedert. Als potenzielle Fehler werden für jedes Merkmal, jede Funktion oder jeden Prozessschritt alle möglichen Fehler aus den Fehler- und Problemchecklisten zusammengetragen. Die Bewertung erfolgt später.

Jeder Fehler kann bei seinem Auftreten mehrere Folgen haben. Sie werden meist mit **Wirkung auf den Kunden** bewertet. Dabei werden dem Ausfall des Endproduktes oder der Beeinträchtigung der Sicherheit die höchste Bedeutung (10) beigemessen. Als mittelschwer (5) wird die Folge eingestuft, wenn der Kunde, trotz gegebener Funktionsfähigkeit, nicht zufrieden sein wird. Die Bewertung kann intern auch auf Herstellerbelange, z. B. mit Auswirkung auf die Kosten, erfolgen.

Die Ursachen, weshalb der einzelne Fehler auftreten kann, sind für Korrekturmaßnahmen wichtig und lassen auf die Wahrscheinlichkeit des Auftretens schließen. Ihre genaue Untersuchung ist im Sinne der Qualitätssicherung absolutes Muss. Das Analysenendergebnis ist nur dann optimal, wenn diese Ursachen beseitigt werden können.

Als Maßstab für das Auftreten dient bei der Prozess-FMEA die Prozessfähigkeit $C_p$, wie sie mit dem Kunden vereinbart wird. Meist wird bei der Forderung $C_p$ min = 1,33 bei $C_p$ ist = 1,33 mit 3 und bei $C_p$ ist = 1,77 mit 2 bewertet. Bei nicht fähigen Prozessen ist die Auftrittswahrscheinlichkeit auch bei großem Prüfaufwand hoch einzustufen.

Für die Konstruktions-FMEA wird die Wahrscheinlichkeit des Auftretens aus Erfahrungen mit ähnlichen Konstruktionen abgeschätzt.

Letztlich geben die Prüfmaßnahmen Aufschluss über die Wahrscheinlichkeit, mit der jeder Fehler erkannt wird (vor der Auslieferung an den Kunden). Sie geht umgekehrt in die Wertung

# Durchführung einer FMEA am Beispiel 27 mit der Betrachtungseinheit (System) Ölbehälter

**Firma [Logo]**

**Fehler-Möglichkeits- und Einfluss-Analyse**
Konstruktions-FMEA ☐  Prozess-FMEA ☒

**Teil-Bezeichnung:** Ölbehälter   **Teil-Nr.:** 123 456 A
**Model/System/Fertigung** — **Abstellmaßnahmen**
**Ersteller:**   **Erstell-Datum**
**Bestätigt durch:**   **Name: Abt./Lieferant**   **Name: Abt./Lieferant**

| Systeme/Merkmale Funktionen/Schritte | Potenzielle Fehler | Potenzielle Folgen des Fehlers | Potenzielle Fehlerursachen | Prüfmaßnahmen | Ist-Zustand Auftreten | Bedeutung | Entdeckung | RPZ | Empfohlene Abstellmaßnahmen | Verantwortlichkeit | Getroffene Maßnahmen | Überarbeitet Auftreten | Bedeutung | Entdeckung | RPZ |
|---|---|---|---|---|---|---|---|---|---|---|---|---|---|---|---|
| Werkstoff/Guss | zu spröde | Verschraubungen reißen bei Montage | Legierung falsch | Analyse je Schmelzcharge | 2 | 8 | 2 | 32 | | | | 2 | 8 | 2 | 32 |
| | zu weich | Verschraubungen reißen bei Montage | Legierung falsch | | 2 | 8 | 2 | 32 | | | | 2 | 8 | 2 | 32 |
| | Spannungen | Dauerbruch Dichtfl. undicht | Abkühlung falsch (designbedingt) | keine Prüfung | 5 | 10 | 8 | 400 | Entspannungsglühung (mit Glühprotokoll) | Gießwerk | Entspannungsgl. | 1 | 10 | 8 | 80 |
| | Poren/Lunker | Dauerbruch Druckverlust durch Gasdurchlässigkeit | Formfehler Gießtemperatur Formmasse | Stichprobenprüfung (50-0)/Los | 3 | 10 | 5 | 150 | Überwachung der Gießtemp. und Sandfeuchte stat- Stichprobenprüfung | Gießwerk | QM-AA gleitende QRK | 2 | 10 | 3 | 60 |
| | Wanddicke ungleich | Buch, besonders Verschraubungen | Kernversatz | Stichprobenprüfung (50-0)/Los | 2 | 10 | 4 | 80 | Kontrolle bei o.g. stat. Stichprobenprüfung | Putzerei | QM-A. mit Info-Anweisung | 2 | 10 | 2 | 40 |
| mech. Bearbeitung Füllöffnung – Gewinde | fehlt ganz | nicht montierbar | Verwechslung | Stichprobenprüfung (50-0)/Los | 1 | 7 | 3 | 21 | stat. Stichprobenprüfung (Lehrenprüfung) | Dreherei | x-Karte | 1 | 7 | 2 | 14 |
| | falsch | nicht montierbar | Verwechslung | | 2 | 7 | 6 | 84 | | | | 2 | 7 | 2 | 28 |
| | unvollständig | nicht montierbar Dauerbruch | Werkzeugfehler | | 3 | 9 | 5 | 135 | | | | 3 | 9 | 2 | 54 |
| Dichtfläche | Unplan | Druckverlust | Gussspannungen Werkzeugverschleiß Einrichtfehler | Stichprobenprüfung (50-0)/Los Sichtkontrollen | 6 | 9 | 3 | 162 | stat. Stichprobenprüfung (Rauheitsprüfung) | Dreherei | x̄/s-Karte | 3 | 9 | 2 | 54 |
| | rau | Druckverlust | Poren/Lunker Werkzeugverschleiß | | 5 | 9 | 2 | 90 | | | | 3 | 9 | 2 | 54 |
| Ein-/Auslassöffnung – Gewinde usw. | unvollständig | Ölaustritt/-verlust | Werkzeugfehler | Stichprobenprüfung (50-0)/Los | 3 | 10 | 6 | 180 | stat. Stichprobenprüfung (Lehrenprüfung) | Dreherei | x-Karte | 1 | 10 | 2 | 20 |

**Wahrscheinlichkeit des Auftretens**
Unwahrscheinlich = 1
sehr gering = 2–3
gering = 4–6
mäßig = 7–8
hoch = 9–10

**Bedeutung (Auswirkung beim Kunden)**
kaum wahrnehmbare Auswirkung = 1
unbedeutender Fehler = 2–3
mäßig schwerer Fehler = 4–6
schwerer Fehler (Verärgerung) = 7–8
äußerst schwerer Fehler = 9–10

**Wahrscheinlichkeit der Entdeckung**
Hoch = 1
Mäßig = 2–3
Gering = 4–6
sehr gering = 7–8
unwahrscheinlich = 9–10

**Priorität (RPZ)**
Maximal = 1000
Bedeutend = ≥ 125
Keine = 1

Die Auflistung der Fehler, Folgen und Ursachen sowie der Maßnahmen dient als Beispiel, die Vollständigkeit ist nicht garantiert.

ein: Je leichter der Fehler erkannt wird, desto geringer ist das Risiko. Meist wird der Bewertungsfaktor 5 bei PE = 99 % angesetzt, PE ≤ 90 % gilt als unwahrscheinlich ⇒ 9 oder 10.

Die **Risikoprioritätszahl RPZ** ergibt sich als Faktor aus den Bewertungen für Auftreten, Bedeutung und Entdeckung: $RPZ = A \cdot B \cdot E$.

$RPZ \geq 125$ gilt als „bedeutendes Risiko". Ohne Abstellmaßnahmen zu ergreifen, dürfte ein Bewerber in der Auto- oder Elektroindustrie damit keine Chance auf Zulassung als Lieferant haben.

Im folgenden Beispiel 27 wird am Problem der Gussspannungen gezeigt, dass auch nach der technologischen Änderung das Risiko mit $RPZ = 80$ noch hoch ist. Nur mit sehr hohem Prüfaufwand könnte sie weiter reduziert werden. Hier würden wohl, wie auch bei den Poren und Lunkern mit $RPZ$ 60, die Kosten und die Feldresultate entscheiden.

Die Risiken der anderen Fehler dieses Beispiels wurden durch praktisch nicht mehr auftretende Spannungen, organisatorische Maßnahmen und vor allem die Reorganisation der Prüfung – von Abnahmeprüfung zur statistischen QRK-Technik – reduziert.

Der Mehraufwand der QRK-Prüfungen kann vom Bedienungspersonal, per „Selbstprüfung", kostenneutral abgefangen werden.

Vorteile der FMEA sind:
- einfache Handhabung ohne mathematischen Aufwand,
- potenzielle Schwachstellen zur Feststellung von Handlungsbedarf werden eindeutig erkannt,
- Risiken werden durch Abschätzung quantifiziert,
- problemlose Überschaubarkeit und so besondere Eignung zur Demonstration der Qualitätslage sowie als Diskussionsbasis und Entscheidungshilfe bei Verhandlungen und Optimierungsvorhaben,
- Überprüf- und Ergänzbarkeit, als „lebendes Instrument" zum Nachweis der Wirksamkeit von Maßnahmen kann und soll sie laufend ergänzt und aktualisiert werden,
- Anwendbarkeit auf beliebige Betrachtungseinheiten,
- hohe Akzeptanz und Verbreitung, besonders durch eine vereinheitlichte Darstellungsform.

Die DV-Unterstützung bei der Durchführung der FMEA bietet den schnellen und sicheren Zugriff auf Informationen und Erfahrungswerte sowie Vereinfachung bei der Dokumentation und Präsentation. Auf dem Markt sind Software-Programme von einfachen Checklisten bis zur vollständigen FMEA-Verwaltung und -Aktualisierung, auch mit Schnittstellen zur CAQ, erhältlich.

Nachteil der FMEA: Risikobewertung basiert nur auf Schätzungen (das gibt ggf. Anlass zum Disput).

## 4.4.3 Fehlerbaumanalyse nach DIN 25 424-1 – FTA

> Die FTA liefert statistisch exakte, quantitative Aussagen zu Ausfallwahrscheinlichkeit, Sicherheit und Verfügbarkeit von Systemen.

Die Fault Tree Analysis baut, wie die FMEA, auf die systematische Identifizierung aller möglichen Ursachen für Ausfälle, Fehler und Probleme auf. Hier werden aber nicht nur die einzelnen

Ursachen und Ereignisse betrachtet, sondern auch noch deren funktionale Zusammenhänge mit ihren und- bzw. oder-Verknüpfungen. Analog zum Funktionsplan von Steuerungen werden die Verknüpfungen der einzelnen Elemente als Fehlerbaum-Diagramm dargestellt. Dabei wird „0" als funktionsfähig und „1" als ausgefallen gesetzt (DIN 25 424-1).

Zur besseren Übersicht muss der Fehlerbaum oft in Module (Teil-Fehlerbäume) zergliedert werden. Unter Verwendung von bekannten oder hochgerechneten Ausfallraten der einzelnen Funktionen (z. B. Bauteile) sind im Teil 2 der Norm Methoden zur Berechnung der Zuverlässigkeit des Gesamtsystems beschrieben. Sie basieren auf der Additions-/Multiplikationsregel der Wahrscheinlichkeitsberechnung (Kap. 4.1).

Dem Vorteil der exakten mathematischen Aussage steht ein aufwendiges Verfahren (nur für Zuverlässigkeitsexperten) gegenüber.

## 4.4.4 Sonstige Risiko- und Zuverlässigkeitsanalysen

Die **Parts-Count-Methode (PCM)** wird vorwiegend zur Untersuchung von Ausfallraten und Zuverlässigkeit elektronischer Bauteile angewandt. Sie ist eine schnell durchzuführende Analyse, die aber wegen der angenommenen Vereinfachungen nur eine grobe Übersicht zur Zuverlässigkeit gibt. Es werden keine Ausfall- oder Fehlerarten unterschieden und auch keine die Ausfallwahrscheinlichkeit reduzierenden Verknüpfungen (Redundanzen) berücksichtigt.

Alle im Bauplan vorhandenen Bauteile werden nach Bauteilarten unterschieden. Für die verschiedenen Bauteilarten sind im MIL-Handbook 217 Qualitätsfaktoren und Ausfallraten aufgelistet. Deren Produkt ist die gültige Ausfallrate für das jeweilige Bauteil. Die Summe der gültigen Ausfallraten aller Bauteile ist die Ausfallrate des Systems.

Die **FMECA (Failure Modes, Effects and Criticality Analysis)** wird zur Ausfallratenanalyse (PCM) bei kritischen Elementen als Ausfallartenanalyse (FMEA) zusätzlich durchgeführt. Im Gegensatz zur FMEA können mithilfe der Ausfallraten und der Ausfallarten statistisch exakte Aussagen über Funktionstüchtigkeit oder Sicherheit des betreffenden Elementes und des übergeordneten Systems dargestellt werden. Die zuvor beschriebenen Risiko- und Fehleranalysen geben neben den Kenndaten für Risiken und Zuverlässigkeit auch Hinweise zur Produktqualität und Prozessoptimierung.

Die **FMEA** hat in der VDA/DGQ-Version eigens die Festsetzung und Nachprüfung von Verbesserungsmaßnahmen aufgeführt. Die im Folgenden beschriebenen Methoden geben auch Aufschluss über Fehler und Risiken, dienen aber weniger dem Sicherheitsnachweis und werden eher zur Qualitäts- oder Prozessverbesserung angewandt.

Die **Störfallanalyse** (z. B. EAA, Kap. 4.4.6) kann als Umkehrung der Fehlerbaumanalyse (FTA) angesehen werden.

Ausgehend von dem Ausfall eines Elementes wird die Auswirkung auf das übergeordnete System festgestellt. Elemente mit großer Auswirkung werden erkannt, um wirksame Maßnahmen zur Optimierung des Systems ergreifen zu können.

Die **Qualitätsbewertungs-Methode (QB)** gibt für die Produktentwicklung von der Idee bis zur Vorserie Aufschluss über potenzielle Schwierigkeiten und Qualitätsprobleme. Sie ist eine vom VDA[07] (S. 286) empfohlene Vorbeugungsmaßnahme.

Eine weitere in der Praxis häufig eingesetzte Methode des Risikomanagements ist die Hazard and Operability Study, kurz HAZOP. Hierbei wird ein System systematisch auf Abweichungen von einem Idealzustand hin untersucht. Jedem Teilprozess werden messbare, ideale Attribute zugeordnet. Danach wird diskutiert ob Abweichungen von dieser Ideallinie (Leitworte: mehr, weniger, teilweise, früher, später, nicht, etc.) ein Risiko darstellen.

## 4.4.5 Prozessanalyse (PA) nach Ishikawa

Die Qualität des Produktes und die Fähigkeit des Prozesses ist meist von schwer übersehbar vielen Einflüssen abhängig. Mit dem **Ursache-Wirkungs-Diagramm** nach Ishikawa werden die Einflussgrößen systematisch erfasst und Problemursachen erkannt. Die Haupteinflussgrößen auf die Qualität des Produktes oder den Ablauf eines Prozesses sind die aus „Einflüsse auf die Qualität" (Kap. 1.5.1) bekannten „5 M". Sie sind in der Literatur (z. B. auch auf „4 M" reduziert: Mensch, Maschine, Material, Methode. Für die Prozessanalyse kann der Einfluss aus Logistik und Materialwirtschaft, der Materialfluss, zur besseren Übersichtlichkeit als zusätzliche Haupteinflussgröße betrachtet werden ⇒ „6 M": Mensch, Maschine, Material, Methode, Materialfluss, Management (steht für Umwelt).

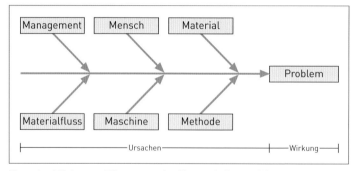

Ursache-Wirkungs-Diagramm der Haupteinflussgrößen nach Ishikawa (auch: Ishikawa-Diagramm oder Fischgrätendiagramm)

Diesen Haupteinflüssen müssen alle Ursachen und Nebenursachen zugeordnet werden. Im Expertenteam werden alle denkbaren, positiv und negativ wirkenden und fordernden Einflüsse auf das betrachtete Problem gesucht und mit Pfeilen ins Diagramm eingetragen. Wenn möglich, wird dazu auf frühere Analysen zurückgegriffen. Mithilfe von Kreativitätstechniken, z. B. Brainstorming, werden ggf. weitere Einflussgrößen gefunden und dem „Fischgrätendiagramm" zugefügt. Nach Prüfung auf Vollständigkeit dient dieses Diagramm dem Expertenteam als Basis zur Diskussion möglicher Schwachstellen. Jede Einflussgröße wird systematisch hinterfragt.

Das Beispiel zeigt auch, dass die Haupteinflussgrößen nicht immer buchstabengetreue „*M*" sein müssen, sondern dem zu untersuchenden Problem sinngemäß angepasst werden müssen.

Anmerkung: Mit Einführung der jüngeren FMEA ist die Beurteilung der Einflussgrößen durch freie Diskussion nicht mehr zeitgemäß. Damit dient das Ursache-Wirkungs-Diagramm schwerpunktmäßig der **Erfassung von Problemursachen.** Die Problemlösungen werden je nach Analysenziel mithilfe von z. B. Kostenanalyse, Paretoanalyse oder FMEA gefunden.

> Das Ursache-Wirkungs-Diagramm von Produkt- oder Prozessgruppen ist eine gute Ergänzung zur FMEA und nützliche Hilfe für das Finden der potenziellen Ursachen und Fehler von allen Einflussgrößen.

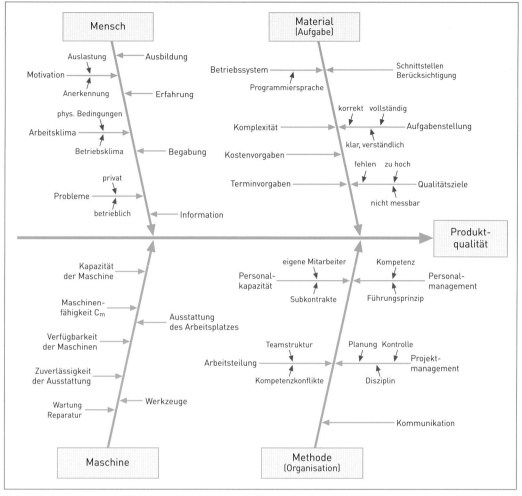

Beispiel eines Ursache-Wirkungs-Diagramms zum Thema Software-Qualität
(nicht unbedingt vollständig)

## 4.4.6 Ereignisablaufanalyse (EAA) nach DIN 25 419

Die EAA kann zur Beschreibung und Bewertung von Ereignisabläufen aller Art angewandt werden. Sie wird bevorzugt zur Untersuchung von **Ausfällen in technischen Systemen** eingesetzt.

Die Abläufe und ihre Verzweigungen werden in einfacher, übersichtlicher Form mit grafischen Symbolen als Ereignisablaufdiagramm dargestellt und mit ggf. bekannten Ausfall-/Überlebenswahrscheinlichkeiten quantitativ bewertet.

> Die EAA geht immer von einem Anfangsereignis aus.
> Es werden nur Ereignisfolgen untersucht, nicht die Ursachen.

Dadurch entfallen alle Verknüpfungen (wie sie bei der FTA betrachtet werden müssen), die Verzweigungen beschränken sich auf den ausschließenden oder-Zustand. Das reduziert zwar die Aussagekraft gegenüber der FTA, fördert aber die Übersichtlichkeit.

Zur Vereinheitlichung der Anwendung und Darstellung beschreibt die Norm das Verfahren, die Symbole und ihre Anwendung sowie die Wahrscheinlichkeitsbewertung.

| Symbol | Bedeutung | Bemerkung |
|---|---|---|
| | Anfangsereignis Zwischen-/Endzustand | In das Symbol wird das jeweilige Ereignis eingetragen. |
| Kommentar | Wirkungslinie<br><br>mit Kommentar (Begründung/Erklärung) | Verbindungslinie vom jeweiligen Ausgangsereignis zum nächsten,<br><br>z. B. Hinweise auf Nebenreaktionen |
| $Z_1$   $Z_2 ... Z_n$   = 1   $A$ | ODER-Verknüpfung (wenn ein Zustand $Z$ die Wirkung der Wirklinie hat = Fortsetzung mit Ausgang $A$) | |
| $E$   ja \| nein   $A_1$   $A_2$ | Einfache Verzweigung<br><br>(die Funktion von E wird erfüllt „ja" oder nicht erfüllt „nein") | Die Funktion wird in das Symbol eingetragen |
| $E$   $Z_1$ \| $Z_2$ \| $Z_{...}$ \| $Z_n$   $A_1$   $A_2$   $A_{...}$   $A_n$ | Mehrfachverzweigung<br><br>(bei Funktionsanforderung mit mehreren Zustandsmöglichkeiten) | Beispiel:<br>E = Startsignal<br>$A_1$ = 2 Pumpen starten<br>$A_2$ = 1 Pumpe startet<br>$A_3$ = keine Pumpe startet |
| ▽ ▽ | Übertragungs Symbol Fortsetzung in anderem Diagramm Fortsetzungssymbol Eingang aus anderem Diagramm | Das Symbol wird zweckmäßig mit Buchstaben oder Zahlen versehen |

Symbole zur Darstellung von Ereignisabläufen nach DIN 25 419

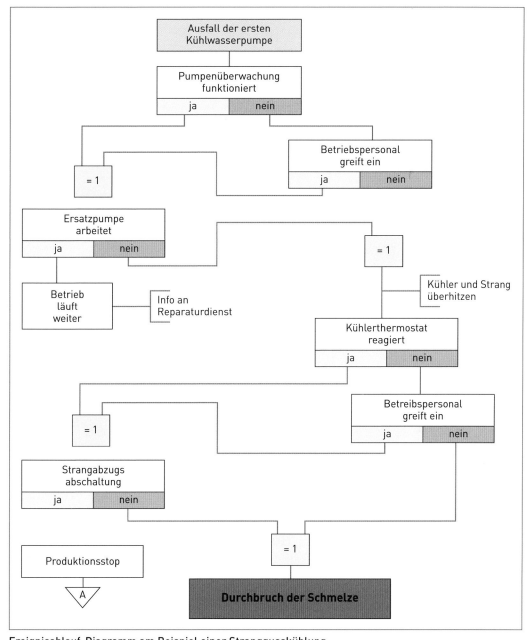

**Ereignisablauf-Diagramm am Beispiel einer Stranggusskühlung**

Mithilfe der Additions-/Multiplikationsregel werden an jeder Verzweigung und Verknüpfung die Wahrscheinlichkeiten für die einzelnen Ausgänge berechnet, die dann die Eingangswahrscheinlichkeiten für die nächsten Funktionen sind.

Für das Verzweigungssymbol gilt:

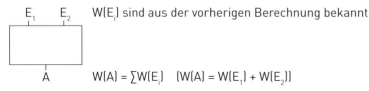

E   W(E) ist bekannt als Ursprungsereignis oder aus
der vorherigen Ausgangsberechnung

| Funktion | | |
|---|---|---|
| $W(Z_1)$ | $Z_1$ | $Z_2$ |
| $W(A_1)$ | $A_1$ | $A_2$ |

$W(Z_2)$       $\sum W(Z_i; E) = 1$

$W(A_2)$       $W(A_i) = W(Z_i; E) \cdot W(E)$

Für das oder-Symbol gilt die Additionsregel:

$E_1$       $E_2$       $W(E_i)$ sind aus der vorherigen Berechnung bekannt

A       $W(A) = \sum W(E_i)$   $(W(A) = W(E_1) + W(E_2))$

*Beispiel 28:*

Gemäß der Übersicht (Vorseite: Ereignisablauf Stranggusskühlung) soll die Wahrscheinlichkeit der störungsfreien Produktion bzgl. der Zuverlässigkeit der Kühlwasserpumpe ermittelt werden.

Die Einzelwahrscheinlichkeiten sind folgendermaßen angenommen:

| | |
|---|---|
| Ausfallwahrscheinlichkeit einer Pumpe | W(EP) = 0,05 |
| Nichtansprechen der Überwachung | W(ZÜ nein) = 0,01 |
| Betriebspersonal reagiert mit | W(ZB ja) = 0,95 |
| Ersatzpumpe reagiert und läuft mit | W(ZP ja) = 0,99 |

**Ereignisablauf-Diagramm mit eingetragenen Wahrscheinlichkeiten zum Beispiel 28**

Lösung:

Für die Verzweigung Pumpenüberwachung gilt:

$\sum W(Z_i; E) = 1 \Rightarrow W(ZÜ\ ja) = 1 - 0,01 = 0,99$

$W(A_i) = W(Z_i; E) \cdot W(E) \Rightarrow W(AÜ\ ja) = W(ZÜ\ ja) \cdot W(EP) = 0,99 \cdot 0,05 = 0,0495$

$W(AÜ\ nein) = 0,01 \cdot 0,05 = 0,0005$

Diese Werte sind jetzt die Eingangswerte für die oder-Funktion der Ersatzpumpe und der Verzweigung Personaleingriff:

$W(AB \text{ ja}) = 0{,}0005 \cdot 0{,}95 = 0{,}000475$ (2. Eingang der oder-Funktion)

Der Eingangsimpuls zur Ersatzpumpe aus der oder-Funktion:

$W(A) = \sum W(E_i) = 0{,}0495 + 0{,}000475 = 0{,}049975$

Die Wahrscheinlichkeit, dass die Ersatzpumpe läuft:

$W(A) = 0{,}049975 \cdot 0{,}99 = 0{,}049475 \approx 4{,}95\,\%$, Ausfall beider Pumpen mit nur $P = 0{,}05\,\%$.

# 4.5 Qualitätsinformation/-planung und Verbesserung (KVP)

Die Qualitätsplanung geht weit über die Belange des Produktes hinaus und bezieht sich auf alle Unternehmensbereiche.

> Das Interesse des Kunden beschränkt sich nicht auf die Qualität und Zuverlässigkeit des Produktes.
> Qualitätsfähigkeit, Zuverlässigkeit und Wirtschaftlichkeit des Lieferanten bedeuten für den Kunden zusätzliche Sicherheit für die Erfüllung seiner Wünsche nach
> * langfristiger Zusammenarbeit
> * regelmäßiger Lieferfähigkeit
> * Einhaltung von Lieferterminen
> * frühzeitiger Reaktion auf Änderungen vom Stand der Technik und von Sicherheitsvorschriften
> * positiver Zusammenarbeit bzgl. Kosten und Änderungen

**Qualitätspolitik**
Strategie und
Qualitätsziele
des Unternehmens

**Umfassende Konzeption**
(z.B. aus ISO 9000 ff.)
Verpflichtung des Managements
Einbeziehung der Mitarbeiter
Kontrolle des gesamten Produktzyklus
Einbeziehung aller Geschäftsprozesse (TQM)

**Erfüllung der Qualitätsgrundsätze**
Erfüllung von Kunden- und Produktanforderungen
Kontrolle der Übereinstimmung Produkt/Forderung
„Null-Fehler"-Standard für die Auslieferung
Annäherung an „Null-Fehler"-Standard in der Produktion
Vorbeugung und kontinuierliche Verbesserung in der Produktion
Erfüllung aller Forderungen zu Umwelt- und Arbeitssicherheit
Kontrolle der Erfüllung aller Qualitätsgrundsätze und Maßnahmen
mit Festlegung von Korrekturen und neuen Qualitätszielen

Die ISO 9001 fordert daher eine fortlaufende Verbesserung des QM-Systems (Abschnitt 10.3 der ISO 9001). Diese sollen sowohl als Korrekturmaßnahmen aber auch, ohne dass bereits ein Problem aufgetreten ist, vorbeugend durchgeführt werden.

Die Darlegung der Qualitätspolitik ist die erste Voraussetzung zur Qualitätsplanung

> Qualitätsplanung ist die Verarbeitung der Informationen aus regelmäßigen Auswertungen von Ergebnissen und Qualitätsaudits zu neuen Zielsetzungen. Diese führen mithilfe der in den folgenden Unterkapiteln beschriebenen Methoden zur ständigen Verbesserung der Prozesse (KVP) und effizienten Ausnutzung aller Ressourcen

Die Umsetzung der Korrekturmaßnahmen und der immer wieder neuen, verfeinerten Qualitätsziele mit der Überprüfung aller Aktivitäten führt zur Sicherung und letztlich zur Optimierung der Qualitätsfähigkeit des gesamten Unternehmens.

**Qualitätsinformationen** werden für jeden Geschäftsbereich und jede Hierarchieebene in unterschiedlicher Dichte erfasst und benötigt. Sie können sich z. B. beziehen auf

- einzelne Produkte oder Produktgruppen,
- einzelne Merkmale, Fehler und deren Prüfung,
- Fertigungsprozesse und -überwachung,
- Organisationseinheiten (z. B. Abteilungen),
- Zulieferer und Eingangsprüfung,
- Konstruktions- und Musterprüfungen,
- Reklamationen und Erfüllung von Kundenwünschen,
- Feld- und Marktbeobachtung,
- Qualitäts- und Fertigungskosten.

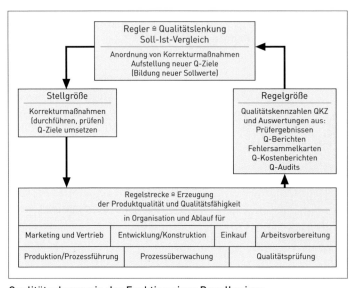

Anforderungsspezifikationen werden zunächst vom Kunden in Form eines Lastenhefts (Requirement Specification) vorgegeben. Der Auftragnehmer setzt dies in ein Pflichtenheft um, dass konkret beschreibt, wie die Qualitätsmerkmale, z. B. Maßgenauigkeit, Oberflächengüte, Funktion für einen bestimmten Einsatzzweck, optische Eigenschaften (Aussehen), usw., umgesetzt werden.

Qualitätsplanung in der Funktion eines Regelkreises

> Aufgabe der Qualitätsplanung ist es, die Qualitätsanforderungen an den Prozess und das Produkt in umsetzbarer und überprüfbarer Form festzulegen.

Zu den Aufgaben der Qualitätsplanung gehört auch die Planung der Qualitätsprüfung während der Fertigung. Aus dieser Hauptaufgabe ergibt sich die Aufgabe, technische Lieferbedingungen zu erstellen. Diese müssen zu folgenden Punkten genaue, möglichst quantitativ ausgedrückte Angaben enthalten:

- Erzeugnis- oder Rohstoffspezifizierung,
- Gültigkeitsbereich der Lieferbedingungen,
- funktionelle Anforderungen,
- technische Dimensionen,
- Betriebs-, Sicherheits- und Konstruktionsbedingungen,
- Normenbezüge,
- nachzuweisende Prüfungen,
- Prüfvorschriften,
- Liefer- und Verpackungsformen,
- Versandbedingungen

In technischen Lieferbedingungen kann zwischen unabdingbaren und gewünschten Angaben unterschieden werden. Dies wird in der Praxis jedoch selten getan. Fehlerlisten und Prüfvorschriften(meist Bestandteile der technischen Lieferbedingungen) enthalten die Soll- und Grenzwerte der Qualitätsmerkmale sowie genaue Angaben über die Prüfverfahren und Prüfmittel.

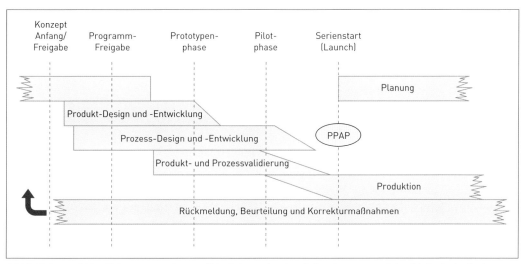

APQP-Zeitplan[5] (Qualitätsvorausplanung) Verfahren der Qualitätsplanung und der Lieferfreigabe im Automotive-Bereich

Im Bereich der Automobilindustrie hat die Qualitätsplanung eine besonders hervorgehobene Bedeutung. Aufgrund der engen Verbindung zwischen sehr vielen Zulieferern, Systemlieferanten und letztlich den Automobilkonzernen müssen sowohl die Produkte als auch die dazugehörigen Produktionsprozesse eng miteinander abgestimmt werden. Produkte sowie Prozesse sind aber noch nicht vorhanden, sondern werden erst entwickelt. Daher geschieht der Abstim-

---

[5] APQP: Advanced Product Quality Planing (Qualitätsvorausplanung)

mungsprozess dadurch, dass der Kunde Ergebnisse der Produktions- und Prozessplanung immer wieder anhand von definierten Qualitätsmerkmalen schriftlich freigibt und dadurch den nächsten Entwicklungsschritt erst ermöglicht. Dieser Prozess wird APQP[6] genannt.

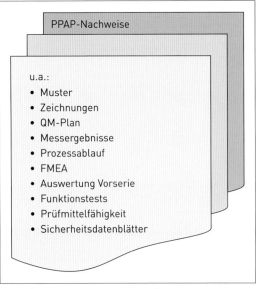

Das dazugehörige Produktionsteil-Freigabeverfahren heißt entsprechend PPAP[7] und besteht aus einer Reihe vorgeschriebener Nachweise. Unter anderem muss ein Referenzmuster, eine FMEA[8], Konstruktionsunterlagen und Messwerte über die vereinbarten Qualitätsmerkmale eingereicht werden.

PPAP-Nachweise

u.a.:
- Muster
- Zeichnungen
- QM-Plan
- Messergebnisse
- Prozessablauf
- FMEA
- Auswertung Vorserie
- Funktionstests
- Prüfmittelfähigkeit
- Sicherheitsdatenblätter

PPAP (Produktionsteil-Freigabe)

## 4.5.1 Qualitätskennzahlen (QKZ)

Voraussetzungen für eine Qualitätsplanung sind

- Kennen des Ist-Zustands,
- Erkennen der Schwachstellen,
- Erkennen der Prioritäten,
- Maßstab für Zielsetzungen und Prüfung der Wirksamkeit.

Für die Qualitätsziele und ihren Erfüllungsgrad müssen Maßstäbe und Vergleichswerte der jeweiligen Qualitätsinformationen ermittelt werden. Als Kennwert zur Beurteilung der Qualität in der Serienfertigung wurde der Begriff „Qualitätskennzahl" (QKZ) eingeführt. QKZ lassen sich aber auch auf andere Fertigungsarten und Prozesse anwenden.

> QKZ sind Vergleichswerte für die Nichterfüllung von Forderungen,
> also für Fehler oder Fehlergruppen.
> Die Fehlerhäufigkeit im Betrachtungszeitraum wird unter Berücksichtigung der
> potenziellen Fehlerfolgen oder der entstandenen Kosten zu Kennwerten umgerechnet,
> mit denen die Qualitätslage beschrieben und Trends erkannt werden

---

[6] APQP: Advanced Product Quality Planning (Qualitätsvorausplanung)

[7] PPAP: Production Part Approval Process (Produktionsteil-Freigabe)

[8] FMEA: Failure Mode and Effects Analysis (Fehlermöglichkeits- und Einflussanalyse o. Auswirkungsanalyse

Die QKZ können nach verschiedenen QKZ-Systemen ermittelt werden und sind nur dann vergleichbar, wenn sie aus demselben System stammen. In der Literatur[09] (S. 286) sind QKZ-Systeme und ihre Auswahl für verschiedene Aufgabenstellungen und Informationstiefen empfohlen. Die Ermittlung der Anzahl oder des Anteils von Fehlern führt nur zu brauchbaren Kennzahlen, wenn ihre tatsächliche oder potenzielle Auswirkung berücksichtigt wird. Mithilfe der Gewichtung der Anzahl fehlerhafter Einheiten nach ihren potenziellen Folgen, der „Fehlerklassifizierung", werden die QKZ als **Vergleichswerte für das unternehmerische Risiko** ermittelt.

Betriebswirtschaftlich aussagefähige QKZ können nur mithilfe von Faktoren der tatsächlich entstandenen oder realistisch geschätzten Fehlerkosten dargestellt werden. Die einfachste Methode der QKZ-Ermittlung ist die Multiplikation der Häufigkeit klassierter Fehler mit einem Wichtungsfaktor je Klasse, die dann auf die Gesamtzahl der untersuchten Einheiten zu beziehen ist.

*Beispiel 29:*

Ermittlung der QKZ für die Serienproduktion von Einzelteilen oder Baugruppen mit Stichprobenprüfung anhand von drei Fehlerklassen.

Die Fehler werden in Klassen eingeteilt:

| Fehlerklasse | Klassen-Nr. | Formelzeichen | Faktor |
|---|---|---|---|
| Nebenfehler | 1 | $B_{f1}$ | 0,1 |
| Hauptfehler | 2 | $B_{f2}$ | 0,5 |
| kritischer Fehler | 3 | $B_{f3}$ | 1,0 |

Begriffserklärung:
Nebenfehler – können zu geringfügiger Beeinflussung,
Hauptfehler – zu beträchtlichen Beeinflussungen des Gebrauchs oder der Verfügbarkeit,
kritische Fehler – können zu Gefahren führen.
$B_{fi}$ = die jeweilige Fehlerklasse
$Z_i$ = Anzahl fehlerhafter Einheiten der jeweiligen Fehlerklasse
$Z_g$ = Anzahl der Stichprobeneinheiten im Untersuchungszeitraum

$$QKZ_3 = \frac{Z_g - \sum Z_i \cdot B_{fi}}{Z_g} \cdot 100 = \frac{Z_g - (Z_1 \cdot B_{f1} + Z_2 \cdot B_{f2} + Z_3 \cdot B_{f3})}{Z_g} \cdot 100$$

Extremwerte:  bestes Qualitätsniveau (keine Fehler) QKZ = 100
schlechtestes Qualitätsniveau QKZ = 0

Anmerkung: Diesem Berechnungsschema analog können auch fünf Klassen gebildet werden, indem die Neben- und Hauptfehler noch einmal unterteilt werden (0,01, 0,1; 0,2, 0,5). Damit wird eine weitere Verfeinerung der potenziellen Fehlerfolgen für die Bewertung der QKZ erreicht.

Im Zahlenbeispiel:
Im Beobachtungszeitraum wurden 1600 Einheiten einer Produktionsserie nach Stichprobenplan geprüft. Für die einzelnen erkannten Fehler und ihre potenziellen Folgen ergaben sich (z. B. aus der Fehlersammelkarte):

| Kl.-Nr. | Faktor | Anz. fhE |
|---------|--------|----------|
| 1 | 0,1 | 300 |
| 2 | 0,5 | 40 |
| 3 | 1,0 | 1 |

$$QKZ_3 = \frac{Z_g - \sum Z_i \cdot B_{fi}}{Z_g} \cdot 100 = \frac{1600 - (0,1 \cdot 300 + 0,5 \cdot 40 + 1 \cdot 1,0)}{1600} \cdot 100 = \underline{96,84}$$

Anmerkung: Das relativ gute Ergebnis QKZ = 96,8 wird durch das Auftreten eines kritischen Fehlers getrübt. Für die normgerechte Definition des kritischen Fehlers ist der Bewertungsfaktor 1,0 um Dimensionen zu klein. Es ist aber in einigen Branchen üblich, den möglichen Ausfall des Endproduktes (z. B. Motor springt nicht an) als kritischen Fehler zu bezeichnen. Diese Definition rechtfertigt den Faktor 1,0.

Das Prinzip der QKZ muss nicht auf die Qualitätsplanung für Serienproduktion beschränkt bleiben. Es können beliebige interessante Objekte verglichen und beurteilt werden. Die Bezugsgröße Zg, im o.g. Beispiel die Anzahl der Stichprobeneinheiten, kann allgemein als Anzahl der untersuchten Einheiten angenommen werden.

QKZ-Einsatzgebiete können z. B. sein:

- Qualitätsplanung (Ist-Zustand und Zielsetzung),
- Lieferantenüberwachung (gleiche oder vergleichbare Produkte),
- Vergleich verschiedener Produkte, Prozesse und Anlagen,
- Erfüllungsgrad beim Produkt-Audit,
- Abläufe in der Verwaltung oder Auftragsabwicklung,
- Erfolgsbeurteilung von Korrekturmaßnahmen u. Ä.

QKZ werden für verschiedene Aussagen ermittelt:

- unterschiedliche Betrachtungsobjekte
  – Projekte, Aufträge
  – Produkte, Produktgruppen
  – Prozesse, Prozessschritte
  – Organisationseinheiten (Abteilungen, Lieferanten etc.)
- unterschiedliche Fragestellungen/Aussagen
  – Risiko-QKZ, Vergleichswerte für Risiken (Fehlerklassen nach potenziellen Folgen)
  – Kosten-QKZ, Vergleichswerte für Fehlerkosten (Fehler und Fehlerarten nach tatsächlichen Folgekosten)
  – Kosten-QKZ, Vergleichswerte für Qualitätskosten (Gesamtqualitätskosten, bezogen auf Umsatz)

## 4.5.2 Fehlersammelsysteme

Voraussetzung für die Ermittlung von QKZ sind die Erfassung der Fehler und Mängel, die geordnete Weitergabe aller Daten und die Zusammenführung mit zusätzlichen Informationen.

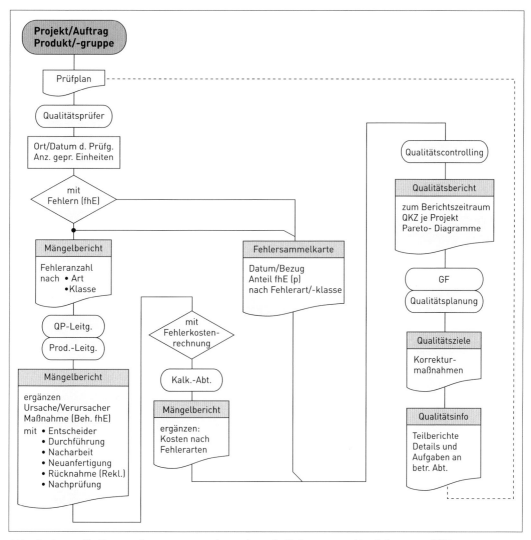

Ablaufschema für Datenerfassung, -transfer und -verknüpfungen zur Ermittlung von QKZ

Transfer, Verwaltung und Verknüpfung von Daten sind vorteilhaft mithilfe von DV zu bewältigen. Auf jeden Fall muss die Verfahrensweise für den Ablauf der Erfassung und Behandlung aller – für die Information notwendiger – Fehlerdaten in entsprechenden QM-VA festgelegt werden. In Fehlersammelkarten (-Dateien) werden vorzugsweise die Fehleranteile nach Fehlerklassen geordnet und zur Berechnung der QKZ nach Fehlerklassen herangezogen. In Mängelberichten werden die erkannten Fehler nach Fehlerarten und -kosten zur Berechnung der kostenbezogenen QKZ oder Paretoanalyse aufgeführt. Die systematische Fehlersammlung und -auswertung in der Eingangsprüfung ist Voraussetzung für eine objektive und vergleichende Beurteilung mit einer Lieferanten-QKZ. Viele Unternehmen teilen diese Ergebnisse ihren Lieferanten für deren Standortbestimmung bzgl. Qualitätsfähigkeit mit.

| VOQS | QS-Beanstandungsberichte |
|---|---|
| | ☐ Mängelbericht   ☐ Reklamationsbericht <br> ☐ Bericht über Korrekturmaßnahmen |
| Nr.: <br> Ersteller: <br> Datum: | Verteiler: |
| Auftrags-Nr.: <br> Kunde/Lieferant: | Produkt: <br> QS-Prüfplan Nr.: |
| Werkstoff:                          Abmessung: | Menge: |
| Abweichungsbeschreibung: <br> Soll: <br> Ist: <br> Gesamtmenge: | beanstandete Menge: |
| Entscheidung: <br> Datum:                    Unterschriften | Ersteller: <br> LQ: <br> Mitentscheider: |
| Lieferanten-/Kundenrücksprache: <br> mit:                    Vereinbarung: <br> Unterschrift: | Datum: |
| Fehlerart: <br><br> Verursacher: <br> Fehlerkosten: | Fehlercode-Nr.: |
| Reparatur/Nacharbeit: <br><br> erledigt durch: <br> Bemerkungen/Aufwand: <br> Nachprüfung: <br> erledigt durch: <br> Bemerkungen/Aufwand: | Datum: <br><br><br><br> Datum: |
| Korrekturmaßnahmen: <br> veranlasst durch: <br><br> Bemerkung: (Erfolgsprüfung) <br> erledigt durch: <br> Unterschrift: | am: <br> Durchführung bis: <br><br> Datum: |

Beispiel eines Mängelberichtes

# 4.5.3 Fehlerkostenanalyse

Die Planung und Erfassung von Qualitätskosten ist Bestandteil der übergreifenden (T)QM-Strategie und des Controlling eines Unternehmens. Fehlerkosten sind der unangenehmste und ein absolut überflüssiger Bestandteil der Qualitätskosten (vgl. Kap. 1.6).

> Das Erkennen und Beseitigen von Fehlerursachen ist
> auch aus betriebswirtschaftlichen Gründen erforderlich.

Die betriebswirtschaftlich größte Informationstiefe wird erreicht, wenn die vollständige Erfassung von Kosten, die durch Fehler entstanden sind, in die Berechnung der QKZ einfließen kann.

> Die Fehlerkostenanalyse gibt Aufschluss über die
> durch Fehler tatsächlich entstandenen Kosten.
> Dabei kann das (Haftungs-)Risiko potenzieller
> Fehler jedoch nicht erfasst werden.

Zur Fehlerkostenanalyse werden Zahlen, Daten und Fakten benötigt, wie

- Erfassung und Definition des Fehlers,
- Zuordnung zur Fehlerart (nach Fehlerkatalog),
- Zuordnung zu Erkennungszeitpunkt/-phase/-ort des Fehlers,
- Erfassung (oder Schätzung nach festgelegten Regeln) und Zuordnung der jeweiligen Fehlerkosten[9]
- Zuordnung zum Entstehungsprozess,
- Erfassung der Fehlerursache/Verursacher.

Die Definition eines Fehlers muss so angelegt sein, dass eine Zuordnung zum betrachteten Projekt oder Prozess und den Kosten möglich wird. Zum Beispiel „ein Motor läuft nicht" kann für einen Anlagenbauer schon die Betrachtungseinheit sein, für den Motorenhersteller ist diese Definition zu allgemein. Oder: Bei der Feststellung „Die Lack-Viskosität stimmt nicht" ist es für die Behebungskosten ein erheblicher Unterschied, ob sie zu hoch oder zu niedrig ist.

Die Gruppierung von Fehlern nach Fehlerarten ist oft für die übersichtliche Darstellung der Information (z. B. in Paretodiagrammen) zweckmäßig und kann nach unterschiedlichen Gesichtspunkten angelegt werden, z. B.:

- vergleichbare Fehler bei verschiedenen Produkten,
- verschiedene Fehler, die vergleichbare Kosten verursachen,
- Zuordnung nach Entstehungsphasen oder Prozessschritten,
- Zuordnung nach Entdeckungszeitpunkten usw.

---

[9] Entstehungskosten bis zum Erkennen, wie Kosten für Material und Veredelung, direkte Folgekosten wie z. B. für Nachprüfung, Reklamationen, Wertminderung, Entsorgung, Verpackung, Transport u. Ä. und indirekte Folgekosten, wie Kapazitätsverluste.

Eine sinnvolle Ergänzung, ja Voraussetzung, zur Erfassung und Zuordnung von Fehlern ist das Erstellen eines Fehlerkatalogs, möglichst mit Nummerierung oder Codifizierung der möglichen, zumindest der häufigsten Fehler. Für eine DV-gestützte Sammlung und kostenanalytische Verarbeitung von Fehlern zu QKZ, Berichtstabellen oder Paretodiagrammen ist die Codifizierung der Fehler oder Fehlerarten unerlässlich. Die Zuordnung von Zeitpunkt bzw. Ort des Erkennens eines Fehlers ist für die Erfassung der Fehlerkosten entscheidend (s. „Fehlerkostendiagramm", Kap. 1.3.3). Sie gestaltet sich für intern oder extern erkannte Fehler unterschiedlich. Die Erfassung von externen Fehlerkosten (z. B. Reklamationskosten) ist noch relativ einfach, da sie in der Regel auftrags- oder produktbezogen anfallen und belegt sind. Die Zuordnung zur jeweiligen Fehlerart, -ursache und -entstehung ist dagegen manchmal schwierig.

Die exakte Kostenermittlung intern erkannter Fehler, für Nacharbeit, Ausschuss usw., setzt die Anwendung von Nachkalkulationen oder Betriebs- und Auftragsabrechnungssystemen mit Produktionsdatenerfassung voraus. Solche Systeme sind lohnkosten- oder investitionsintensiv, sodass sie kleineren Unternehmen oft nicht zur Verfügung stehen. Hier können die Fehlerkosten aber durch Schätzung gewichtet werden.

Fehlerursache und Entstehungszeitpunkt im Prozess- oder Lebensablauf eines Produktes können auch als Beobachtungsprojekte zum Vergleich ihrer Fehlerkosten analysiert und dargestellt werden (z. B. QKZ für Abteilungen/Prozessschritte oder Fehlerursachen). Bewährt hat sich die Erfassung der Fehlerkosten für:

| intern | extern |
| --- | --- |
| Ausschuss (inkl. Folgekosten) | Ausschuss (inkl. Folgekosten) |
| Nacharbeit | Nacharbeit |
| Mengenabweichung | Mengenabweichung |
| Wertminderung | Wertminderung |
| Sortierprüfung | Sortierprüfung |
| Nachprüfung | Gewährleistung |
| Problemuntersuchung | Produzentenhaftung |
| qualitätsbedingte Ausfallzeit | qualitätsbedingte Störungen |
| Verfügbarkeit von Material, Produktions-mitteln, Unterlagen und qualifiziertem Personal | Verzugsstrafen |

Externe Nacharbeit und Sortierprüfungen können vom Kunden durchgeführt und in Rechnung gestellt werden. Oder sie werden durch den Lieferanten ausgeführt, der dann die Reisekosten und Spesen des eigenen Personals zusätzlich in die Fehlerkosten aufnehmen muss. Unternehmen, die ihre Leistungen mit Montage und Inbetriebnahme anbieten, sollten die bei der Montage erkannten Fehler separat erfassen, denn diese Fehlerkosten sind besonders hoch. Die Verfügbarkeit von Material, Produktionsmitteln und Unterlagen ist eingeschränkt, Abnahmetermine werden schnell überschritten und außerdem sind die Mängel für den Kunden besonders auffällig. Bei der Aufstellung des Fehlerkatalogs für die Fehlerkostenanalyse und auch für Risiko-QKZ sollten nicht nur die Abweichungen von Qualitätsmerkmalen beachtet, sondern auch Fehler in organisatorischen Abläufen berücksichtigt werden. Für den Kunden ist die Termintreue seines Lieferanten oft ein ganz wesentliches Element der Lieferantenbeurteilung.

Mit der Fehlerkostenanalyse können exakte Termintreue-QKZ leider nur bei vereinbarten Verzugsstrafen ermittelt werden. Der nicht in Zahlen zu fassende Imageverlust (s. Eisbergmodell der Qualitätskosten, Kap. 1.6) kann ggf. durch Kundenecho- und Marktanalysen geschätzt werden. Das Kostenanalyseergebnis kann unterschiedlich gestaltet und dargestellt werden:

- im Qualitätskostenbericht als Aufsummierung der Kosten aller Fehler im Berichtszeitraum, z. B. nach oben dargestellter Kostengliederung gegliedert,
- in Paretodiagrammen nach Fehlerarten, -kosten oder anderen Betrachtungseinheiten,
- als kostenbezogene QKZ für (beliebig) festgelegte Betrachtungseinheiten und –zeiträume.

Einfache Berechnungsmethode zur Ermittlung der kostenbezogenen QKZ:

$$QKZ = \frac{K_K - K_F}{K_K} \cdot 100^1$$

$K_F$ = Summe aller Fehlerkosten für die Betrachtungseinheit

$K_K$ = kalkulierte Kosten für die Betrachtungseinheit

[1] Für Serienprodukte ist ggf. ein Wert < 100 einzusetzen, der AQL-Werte und Fertigungskriterien berücksichtigt[09].

Für das Paretodiagramm werden die relativen Fehlerkosten (rel. FK) berechnet:

$$\text{rel. FK} = \frac{K_F}{K_K} \cdot 100 \, [\%]$$

Die Zuordnung zur Fehlerentstehung – nach Prozessphase, Ursache und Verursacher – ist letztlich die Basis für den Ansatz und die Durchführung von Korrekturmaßnahmen. Ist diese Zuordnung nicht direkt möglich, muss die Fehlerursache für zu niedrige QKZ oder für die „A-Fehler" der Paretoanalyse mithilfe von Fehleranalysen aus „Analytische Methoden der Qualitätssicherung", Kap. 4.4, ermittelt werden.

## 4.5.4 IT-gestützte Qualitätssicherung (CAQ)

Ohne IT-Unterstützung ist die Verwaltung, Verknüpfung und Verarbeitung der vielfältigen Qualitätsinformationen und -aufzeichnungen zur Erfüllung ihrer operativen und strategischen Aufgaben kaum noch zweckmäßig zu bewältigen. Zu Datenerfassung, Datentransfer, Soll-/Ist-Vergleich und Zugriffsmöglichkeit (Datenkommunikation) besteht die Wahl, ob die Qualitätsdaten in vollständiger Verknüpfung mit einem zentralen DV-System oder dezentral in „Inseln" verarbeitet werden sollen. Das z. B. mit CIM und PPS vollständig integrierte CAQ-System ist besonders in der Anpassung der Software an die betrieblichen Belange oft teuer und dürfte für die meisten mittelständischen Unternehmen nicht realisierbar sein. Bei Verwendung von Intranet- bzw. Internetbasierenden Lösungen sind Datensicherheitsproblematiken zu berücksichtigen.

In einer häufig anzutreffenden Variante der CAQ sind BDE, PPS, QP und SPC mit der Auftrags-abrechnung oder dem betrieblichen Rechnungswesen zentral verknüpft, während die übrigen Qualitätsdaten und -informationen mit Inselsystemen bewältigt werden. Für praktisch alle Varianten der CAQ sind auf dem Markt Anbieter, die „von der Stange" oder mit Dienstleistung speziell angepasste Hard- und Software vertreiben.

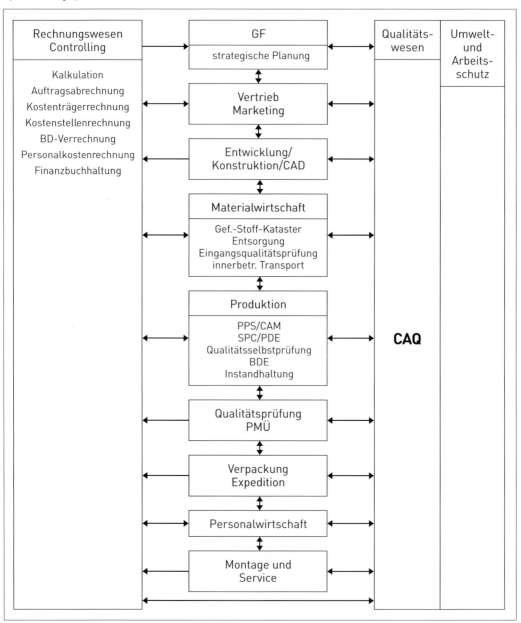

Ablaufschema für CAQ-Informationen

Allgemein gültige Empfehlungen sind nicht möglich. Auf jeden Fall sind ausgefeilte Insellösungen mit PCs besser als eine lückenhafte zentrale Datenverarbeitung mit zu kleiner Kapazität und Wartezeiten für den Zugriff.

# 4.5.5 Taguchi-Versuchsmethode

Für Unternehmen, die häufig umfangreichen Entwicklungsaufwand betreiben, sei es für neue Produkte oder neue Prozesse, bietet die Taguchi-Versuchsmethode gegenüber der herkömmlichen statistischen Versuchsplanung eine drastische Verringerung des Versuchsaufwandes und der Entwicklungszeit. Taguchi arbeitet empirisch, mit einer gezielten Auswahl von Versuchsplänen aus vorbereiteten Mustern und Tabellen, die auf der Anzahl der Einflussgrößen (Steuer- und Störgrößen) basiert. Taguchi legt besonders auf die vorbereitende Qualitätsicherung von Produkt und Prozess einen Schwerpunkt, mit dem Ziel, dass **mit reduziertem Versuchsaufwand** ein **reifes Produkt ohne Anlauffehler** erwartet werden kann. Potenzielle Störgrößen werden schon in der Konstruktions- und Entwicklungsphase ausgeschaltet, schlecht beherrschbare Größen werden durch „robuste" Konstruktion/Steuergrößen in Grenzen gehalten. Die Qualitätsicherung während der Fertigung erfolgt durch Prozessüberwachung und -führung (QRK/SPC, $C_p \geq 1,66$).

Taguchi-Ziele:

- reifes Produkt, ohne Anlauffehler
- kurze Entwicklungszeiten
- reduzierte Versuchskosten
- Sollwerte möglichst genau einhalten
- Toleranzen möglichst nicht in Anspruch nehmen

Taguchi-Methode:

- Auswahl von Versuchsplänen nach Tabellen
- einfache grafische Darstellung der Einflussgrößen und ihrer Kombinationen
- Maßnahmen vor Produktionsbeginn
- Ergebnisbestätigung durch Kontrollversuche
- Kontrolle und Optimierung des Prozesses während der Fertigung

# 4.5.6 Entscheidungsfindung

Nicht nur in der Qualitätssicherung, auch in allen geschäftlichen und privaten Lebenslagen muss immer wieder aus verschiedenen Alternativen die richtige Wahl zur Erreichung eines Zieles getroffen werden.

> Entscheidungen werden immer subjektiv beeinflusst.

Mit der Entscheidungsanalyse (EA), sie sollte besser „Entscheidungshilfe durch systematische und analytische Bewertung" (ESAB) genannt werden, wird in Teamarbeit erreicht, dass zur Beurteilung der Alternativen

- die jeweiligen Risiken und

- Nebenwirkungen erkannt werden,

- Einigkeit und Sicherheit zur Bewertung erreicht werden,

- der Entscheider klare, nachvollziehbare Informationen erhält.

> Unter den gegebenen Alternativen soll die
> beste Wahl zur Problemlösung getroffen werden.

Erste Voraussetzung zur richtigen Entscheidung ist die klare, eindeutige Definition der Problemstellung.

Die Definition des Problems oder Objektes der Entscheidung ergibt sich aus den Prozessfragen:

- Warum muss diese Entscheidung getroffen werden?

- Was ist der fundamentale Zweck der Entscheidung?

- Welche vorherigen Entscheidungen sind schon getroffen worden?

- Was ist das unmittelbare Ziel der Entscheidung?

Die Festlegung der **Mussziele** wird häufig von äußeren Einflüssen bestimmt. Dazu gehören

- gesetzliche Vorschriften,

- Sicherheitsaspekte,

- Mindestanforderungen,

- Maximalkosten,

- Organisationsrichtlinien u. Ä.

| Definition: | Objekt, Vorgang, unmittelbares Ziel | | | | | |
|---|---|---|---|---|---|---|
| Zielsetzungen | | Alternative A | | | Alternative B | |
| Mussziele<br>unabdingbar<br>messbar<br>abgrenzend | | Informationen | Mussziele<br>erfüllt?<br><br>Ja/Nein | | Informationen | Mussziele<br>erfüllt?<br><br>Ja/Nein |
| Wunschziele<br>themabezogen | Gewicht | | Wert-<br>zahl | G · Wz | | Wert-<br>zahl | G · Wz |
| ausgewogen<br>individuell<br>angemessen viele<br>nicht doppelt<br>ohne Widerspruch<br>keine Alternativen | 10-1 | Informationen | 10-0 | | Informationen | 10-0 |
| | | Gesamterfüllung | | | Gesamterfüllung | |

Ablaufschema der Entscheidungshilfe durch systematische und analytische Bewertung

Mussziele müssen messbar, abgrenzbar und realistisch sein.
Die Frage nach ihrer Erfüllung verlangt ein eindeutiges „Ja" oder „Nein".
Jedes Mussziel ist ein absolutes Ausscheidungskriterium.

Die **Wunschziele** werden nach ihrer Wichtigkeit mit $G = 1$ bis 10 vom Team bewertet, gleiche Gewichtung verschiedener Wünsche ist dabei möglich. Die wichtigsten Ziele erhalten das Gewicht $G = 10$. Zu beachten ist bei ihrer Aufstellung, dass keine Doppelnennungen, Widersprüche oder Alternativen definiert werden. Je ausgewogener und umfangreicher die Wunschziele benannt und gewichtet werden, desto aussagefähiger wird das Analysenergebnis. Für jede Alternative wird der Erfüllungsgrad jeden Wunschzieles diskutiert, mit der Wertezahl $W_z$ belegt und mit dem Gewicht des Zieles multipliziert.

Mit der Gesamterfüllung $= \sum(G \cdot W_z)$ für jede Alternative werden dann die Alternativen mit den höchsten Erfüllungsgraden bevorzugt und einer zusätzlichen Risikobewertung unterzogen. Analog zur APP (Analyse potenzieller Probleme, Kap. 4.4.1) werden für die möglichen Risiken in der Durchführung und Zielerreichung die Wahrscheinlichkeit $W$ und die Tragweite $T$ abgeschätzt.

Wenn erforderlich, wird der Alternativplan durch risikomindernde Maßnahmen ergänzt. Der zusätzliche Aufwand kann eine Korrektur des Erfüllungsgrades zur Folge haben. Die EA (ESAB) gibt dem Entscheider eine übersichtliche und klare Basis für die endgültige Entscheidung zur Durchführung der Problemlösung. Mit entsprechender Übung und Disziplin einer interdisziplinär zusammengesetzten Arbeitsgruppe ist der Aufwand zur Durchführung der vollständigen

## Beispiel zur Durchführung einer EA (ESAB)[10]

**Definition:** Wahl einer Maßnahme gegen Blendung auf der Parkstraße

### Haupttabelle

| Zielsetzungen | | G | Alternative A Bäume pflanzen | | | Alternative B Blendschirme | | | Alternative C Schallschutzwand | | | Alternative D Hochhaus | | |
|---|---|---|---|---|---|---|---|---|---|---|---|---|---|---|
| | | | | Ja/Nein | | | Ja/Nein | | | Ja/Nein | | | Ja/Nein | |
| **Mussziele** | | | | | | | | | | | | | | |
| unabdingbar messbar abgrenzend | Kosten max. 75.000 € | | 19.000 € | wird erfüllt | | 1.250 € | wird erfüllt | | 70.000 € | wird erfüllt | | mit Investoren | nicht erfüllt | |
| | Einhaltung des Bebauungsplanes | | | ja | | | ja | | | ja | | | ja | |
| | | | | | | | | | | | | | nein | |
| | | | | | | | | | | Wz | G·Wz | | Wz | G·Wz |
| | | | Wz | G·Wz | | Wz | G·Wz | | | | | | | |
| **Wunschziele** | | | | | | | | | | | | | | |
| themenbezogen ausgewogen individuell | möglichst guter Schutz gegen Blendung | 10 | guter Schutz für Ampel, Kreuzung und Verkehr | 8 | 80 | guter Schutz nur für Ampel. | 5 | 50 | absoluter Blendschutz | 10 | 100 | | | |
| angemessen viele nicht doppelt ohne Widerspruch keine Alternativen | möglichst niedrige Kosten | 3 | 19.000 € | 7 | 21 | 1.250 € | 10 | 30 | 70.000 € | 1 | 3 | | | |
| | umweltfreundliche Gestaltung | 6 | Verschönerung | 10 | 60 | wenig störend | 5 | 30 | kein schöner Bau | 3 | 18 | | | |
| | möglichst wenig Beeinträchtigung des Verkehrs beim Aufbau | 5 | 4 Tage Störung Sperrung einer Fahrspur | 6 | 30 | Störung 1 Tag nur Ampelausfall | 10 | 50 | mindestens 3 Wochen Verkehrsstörung | 1 | 5 | | | |
| | schnelle Realisierung | 8 | 3 Wochen | 8 | 64 | 2 Wochen | 10 | 80 | 2 Monate | 4 | 32 | | | |
| | Gesamterfüllung | | | | 255 | | | 240 | | | 158 | Gesamterfüllung | | |

Weitere Informationen einholen:

Endgültige Entscheidung: Anpflanzung von Bäumen südlich der Parkstraße

Für Durchführung verantwortlich:

### Risikobewertung

| Risikobewertung | Alternative Bäume pflanzen | | | Alternative Blendschirme an Ampel | | | Alternative Schallschutzwand | | |
|---|---|---|---|---|---|---|---|---|---|
| | | Wz | G·Wz | | Wz | G·Wz | | Wz | G·Wz |
| z.B.: | | | | | | | | | |
| Nahe an Musszielgrenze? Wichtiger Wünsch nur schlecht erfüllt! Fragwürdige Information? Neue Technologie? Referenzen/Leumund Nebenerscheinungen | Wenn Bäume nicht anwachsen, dann schlechter Blendschutz. | 5 | 5 | Wenn Blendschirme durch sperrige LKW abgerissen werden, dann fällt der Blendschutz aus, teure Reparaturen nötig. | 8 | 10 | Wenn Baukosten nur um 8 % überschritten werden, dann wird ein Mussziel überschritten. | 10 | 10 |
| | Wenn Herbstlaub nicht rechtzeitig entfernt wird, dann konnte es zu Unfällen durch Rutschen kommen. | 2 | 10 | | | | | | |
| **Risikominderung** | | | | | | | | | |
| Mögliche Maßnahmen Aufwand? Einfluss auf die Gesamterfüllung | Kundendienst-Anweisung an städt. Bauhof | | | | | | | | |

---

[10] EA: Entscheidungsanalyse
ESAB: Entscheidungshilfe durch systematische und analytische Bewertung

Entscheidungsanalyse nicht sehr groß. Die Alternativen müssen aber detailliert ausgearbeitet sein.

Der **Paarvergleich** wird besonders zur Ermittlung der Mussziele oder zur Vorauswahl möglicher Alternativen durchgeführt und dient auch als verkürzte Variante der Entscheidungsanalyse. Dabei werden alle Zielkriterien paarweise gegeneinander verglichen (Paarvergleich) und so die Hauptkriterien ermittelt, die dann von der Alternative erfüllt werden müssen.

| | Kriterien | Sicherheit 1 | Verfügbarkeit 2 | Geschwindigkeit 3 | Komfort 4 | Preis 5 | Image 6 | Σ |
|---|---|---|---|---|---|---|---|---|
| 1 | Sicherheit | | 1 | 2 | 2 | 1 | 2 | 8* |
| 2 | Verfügbarkeit | 1 | | 2 | 2 | 1 | 2 | 8* |
| 3 | Geschwindigkeit | 0 | 0 | | 2 | 1 | 2 | 5 |
| 4 | Komfort | 0 | 0 | 0 | | 0 | 2 | 2 |
| 5 | Preis | 1 | 1 | 1 | 2 | | 2 | 7* |
| 6 | Image | 0 | 0 | 0 | 0 | 0 | | 0 |

Vergleich
links gegen oben:
wichtiger = 2 : 0
gleich = 1 : 1
weniger = 0 : 2

*Kriterien = Mussziele

**Beispiel für den Paarvergleich zur Ermittlung der Hauptkriterien**

## 4.5.7 Durchführung von Problemlösungsmaßnahmen

Beschlossene Maßnahmen müssen planmäßig durchgeführt werden, wenn der erwartete Erfolg erreicht werden soll. Zunächst müssen von der Geschäftsführung Prioritäten festgelegt werden, sie sind abhängig von dem Grad der erwarteten

- Investitionskosten,
- Kosteneinsparungen,
- Qualitätsverbesserungen,
- Komplexität des Projektes,
- Auswirkungen auf das Umfeld (betriebliche Störungen),
- Berührung von Rechtsvorschriften (Genehmigungen)
- u. Ä.

Der zu bestimmende Projektleiter plant, koordiniert und überwacht verantwortlich alle Aktivitäten zur Plandurchführung. Seine Befugnisse sind den Prioritäten entsprechend festzulegen.

Anmerkung: In funktionell geführten Unternehmen ist es selbstverständlich, dass sich ranghöhere Mitarbeiter projekt- und aufgabenbezogen einem Projektleiter einer niedrigeren Hierarchieebene unterordnen. In autoritär geführten Unternehmen wird das kreative und innovative Potenzial oft nicht ausgeschöpft. Bürokratisch geführte Organisationen verlieren Zeit durch (unnötige) Verwaltungsblockaden.

Für komplexe Projekte empfehlen sich

- Aufstellung eines Aktionsplanes (Maßnahmenkatalogs) mit Festlegung von Verantwortungs- und Mitwirkungszuständigkeiten für Einzelmaßnahmen;
- Planabsicherung mit Durchführung einer APP (vgl. Kap. 4.4.1);
- Aufstellung eines Terminplans, ggf. in Netzplantechnik mit Aufteilung und Zuordnung von parallel durchzuführenden Aktivitäten und deren Verknüpfungen;
- regelmäßige Berichterstattung über den Planfortschritt mit Information aller Beteiligten;
- zum Abschluss der Problemlösungsmaßnahme immer die Durchführung und Dokumentation einer Prüfung über Erfolg und Auswirkungen (ggf. grafisch im Pareto-Vergleichsdiagramm).

## Aufgaben

1. Welches Ziel verfolgt die Qualitätsplanung?
2. Wie werden Fehlerarten zur Ermittlung von QKZ sinnvoll klassifiziert?
3. Warum ist es zweckmäßig, auch fehlerfreie Chargen/Fertigungslose im Fehlersammelsystem zu verarbeiten?
4. In welcher statistischen Verteilungsart lassen sich Fehlerhäufigkeiten und fehlerbezogene Kosten übersichtlich darstellen?
5. Welche Bedeutung hat CAQ?
6. Nach welchen Gesichtspunkten können die QKZ ermittelt werden?
7. Wozu dient der Paarvergleich?
8. Erkennen und üben Sie das Prinzip und Verfahren der Entscheidungsanalyse an einem einfachen Beispiel, z. B. (im Familienkreis) „Wahl eines Urlaubszieles" o. Ä.
9. Sie stellen Drehteile für die Automobilindustrie her. Bislang wurde kein einziges Teil vom OEM als „nicht passend" reklamiert. Trotzdem meldet ihre Qualitätssicherung einen $C_{pk}$-Wert von 1,01 und einen $C_p$-Wert von 1,36. Was ist zu tun?
10. Sie liefern Drehteile an die Automobilindustrie. Kritisch ist ein Durchmesser, der wie folgt toleriert ist:

$d = 40^{+2}_{-4}$

Bei einer Vermessung von aufeinanderfolgend produzierten Teilen haben Sie folgende 14 Messwerte erhalten:

| | |
|------|------|
| 40,1 | 39,5 |
| 40,2 | 39,9 |
| 40,3 | 39,7 |
| 41,1 | 40,9 |
| 36,8 | 39,9 |
| 39,9 | 40,5 |
| 39,4 | 40,2 |

Ist der Prozess fähig bzw. hat der Prozess Fähigkeitspotential (Begründung)?
Welche grundsätzlichen Möglichkeiten bestehen hier, die Prozessfähigkeit zu verbessern?

# 5 Dokumentation im Qualitätsmanagement

## 5.1 Begriffe und Grundlagen

### 5.1.1 Begriff Dokumentation

Der Begriff Dokumentation ist abgeleitet von Dokument, das kommt vom lateinischen „documentum" und hat vielseitige Bedeutung, wie Belehrung, Beispiel, Beweis, Beleg. Dokument wird in unserem Sprachgebrauch als

- Urkunde

- amtliches Schriftstück oder

- zum Beweis dienendes Schriftstück zur Darstellung der Situation und Geschichte

verstanden. In den vorherigen Qualitätsnormen wurde unterschieden zwischen „Dokumenten" und „Aufzeichnungen"[1]:

> Unterscheidung nach der **alten** QM-Norm ISO 9000: 2005
>
> Qualitätsdokumente      =  Vorgabedokumente (Soll-Werte)
> Qualitätsaufzeichnungen  =  Nachweisdokumente (Ist-Werte)

Im Rahmen der Normenrevision ISO 9000: 2015 sowie der Angleichung an andere Managementnormen (vgl. Kap. 2.5) wurde der Abschnitt Dokumentation aus der alten ISO 9000: 2008 komplett umgebaut und in **„dokumentierte Information"** umbenannt.

Diese kann flexibler gehandhabt werden und ist u. a. von folgenden Faktoren abhängig:

- Größe der Organisation

- Art der Prozesse und Dienstleistungen

- Komplexität, Wechselwirkungen, Risiko

- Kompetenz der Personen

---

[1] Die Begriffe werden hier vollständigkeitshalber erwähnt, da sie voraussichtlich im operativen Umgang nicht sofort wegfallen werden.

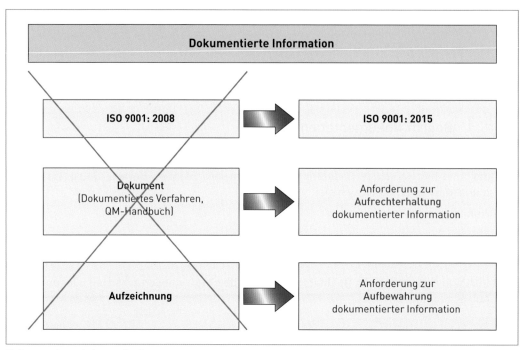

Dokumentierte Information[2]

Im Weiteren soll zunächst allgemein auf das Dokumentationswesen für technische und betriebliche Belange eingegangen werden. Die neuen Anforderungen nach ISO 9000:2015 ff. werden dann im Kapitel 5.2.1 behandelt.

> Dokumentation im Qualitätsmanagement bedeutet:
> Organisieren und Dokumentieren aller notwendigen Maßnahmen und deren Ergebnisse, die eine vorgeschriebene Qualität der Produkte immer gewährleisten unter Einbeziehung aller erforderlichen technischen und gesetzlichen Vorschriften.

Der strukturelle und inhaltliche Aufbau eines Qualitätsmanagementsystems soll zweckdienlich im Sinne der Qualitätsziele sein. Er muss sämtliche interne und externe Ansprüche aus Kundenforderungen, Gesetzgebung sowie anerkannten Normen- und Regelwerken Rechnung tragen. Die Dokumentation soll dabei die Einrichtung und Aufrechterhaltung einer geeigneten und fundierten Organisationsstruktur unterstützen. Hierbei werden alle Arbeitsabläufe, Vorgehensweisen und Maßnahmen für Mitarbeiter und, soweit erforderlich, für den Kunden transparent gehalten, so dass alle Beteiligten eindeutig über ihre Aufgaben und Zuständigkeiten informiert sind. Der Umfang der QM-Dokumentation kann der Größe des Unternehmens und der Art seiner Tätigkeiten, der Komplexität und Wechselwirkung der Prozesse sowie der Fähigkeit des Personals angepasst werden. Die Dokumentation sollte dabei schlank und übersichtlich sein. Sie soll den Handlungsrahmen für ein funktionierendes Unternehmen darlegen und dient im internen Gebrauch als detaillierte Anleitung.

---

[2] vgl. DIN EN ISO 9001: 2015, Abschnitt A.6

> Mit Dokumentation wird die schriftliche Belegführung über Zahlen, Daten und Fakten bezüglich der Ausübung wichtiger Tätigkeiten und deren Ergebnisse bezeichnet.
> Sie dient zum Nachweis über die Erfüllung von Forderungen und Auflagen zur Produktionssicherheit und Produkthaftung oder auch zur Präsentation von Zuständen.

Die Notwendigkeit einer Dokumentation kann begründet sein durch:

**Qualitätsvorschriften**

- Normen, Stand der Technik, allgemein gültige Standards
- Qualitätsvereinbarungen
- Verfahrens-, Arbeits- und Prüfanweisungen
- Dokumentationspflichten, z. B. auf Kundenwunsch

**gesetzliche Vorschriften, Verordnungen und Auflagen**

- Arbeitssicherheitsvorschriften
- Gefahrstoff-, Gefahrgut- und Umweltschutzgesetze
- technische Anleitungen und Regeln
- Gefahrstoffkataster und Abfallstatistik
- Zollbestimmungen
- Dokumentationspflichten, z. B. zur Rückverfolgbarkeit, Produkthaftung

## 5.1.2 Allgemeine Gestaltung und Aufbewahrung

Die Gestaltung von dokumentierter Information kann je nach ihrem Verwendungszweck und der Art der Datenerfassung und -aufbereitung sehr unterschiedlich sein. Manchmal reicht eine Notiz, meist sind amtliche oder interne Formblätter auszufüllen oder – zum besseren Verständnis – grafische Darstellungen anzulegen.

Zur dokumentierten Information gehören mindestens:

- eine Aussage mit Zahlen, Daten, Fakten
- der Bezug zum Erstellungsdatum oder Geltungszeitraum
- der Name bzw. ein identisches Kennzeichen des Erstellers

In der IT-gestützten Datenerfassung, -aufbereitung und -archivierung müssen der oder die Bearbeiter „urkundenecht" (z. B. individuelle elektronische Signatur) arbeiten und der Geltungszeitraum nachvollziehbar sein. Die Inhalte müssen ggf. gegen nachträgliche Veränderungen geschützt werden, dies war bei Papier-Originalen einfach, stellt aber die IT-gestützte Dokumentation vor Probleme.

Die Aufbewahrungszeit der Dokumente ist abhängig von ihrer Art und findet ihre Begründung im technischen Bereich zumeist in der Gewährleistung, Produkthaftung und Arbeitsmedizin.

| Dokumentationsart | mind. Jahre | Beispiele zur Begründung |
|---|---|---|
| QM-System-Dokumentation | 30 | Rückverfolgbarkeit der jeweils zum Produktionszeitpunkt gültigen QM-Anweisungen und -Vorschriften |
| Personalakte | 30 | Umgang mit Gefahrstoffen und wenn Qualifikation und Zuverlässigkeit für die Arbeitsausübung notwendig oder vorgeschrieben sind |
| Produktdokumentation | 30 | bei Gefahrstoffen und langlebigen Produkten mit Gefahrenpotenzial |
| | 10 | bei langlebigen Produkten ohne Gefahr |
| | < 10 | nur kurzlebige Produkte ohne Gefahr |
| Gefahrstoffbetriebsanweisung und -kataster | 30 | Verantwortung für den sachgemäßen Umgang mit Gefahrstoffen |

Richtwerte für die Mindest-Aufbewahrungszeiten

Mit Mikroverfilmung und/oder DV-Speicherung stehen für die langfristige Aufbewahrung von Dokumenten Archivierungssysteme zur Verfügung, die bei minimalem Platzbedarf schnellen Zugriff erlauben. Mikroverfilmung ist mittlerweile zwar weniger üblich, der Vorteil besteht aber in der universellen Lesbarkeit. Spezielle, in der Zukunft vielleicht nicht mehr verfügbare Computerkonfigurationen oder Software werden bei der Mikroverfilmung nicht benötigt.

Damit ist eine Langzeitarchivierung heute kein Problem mehr. Voraussetzung ist jedoch eine Wiederauffindbarkeit durch ein systematisches Ordnungssystem, das unabhängig von spezieller, zeitlich bezüglich Funktionsfähigkeit, Beschaffungssituation oder Wartung begrenzter Hard- bzw. Software ist.

### Datensammlung, -ordnung und -pflege

Die erfassten, durch Befreiung von überflüssigen Informationen aufbereiteten Daten und Dokumente sind nur dann nützlich, wenn sie zu gegebener Zeit schnell, vollständig und unversehrt zur Nachweisführung oder Überarbeitung/Weiterführung verfügbar sind. Nach modernem Wirtschaftlichkeitsverständnis darf für die Sammlung, Ordnung und Pflege von Daten und Dokumenten nur der geringst mögliche Personalaufwand erforderlich sein. Bei der Vielzahl der unterschiedlichsten Daten, Dokumente und aufzubewahrenden Informationen gibt es kein allgemein gültiges Ordnungssystem.

Trotzdem lassen sich einige grundsätzliche Kriterien zu Sammel- und Ordnungssystemen für Daten mit Dokumentencharakter nennen:

* **Gesetzeswert** – sofort oder in festen Abständen an die zuständige Dienststelle mit Behörden- oder BG-Kontakt zur Fortschreibung, Registratur oder Aufbewahrung leiten (immer Kopie beim Ersteller).

* **Vertragswert** – sofort nach Zusammenstellung an die zuständige Stelle (Vertrieb/Einkauf) mit Kunden-/Lieferantenkontakt zur Weiterbearbeitung, Zusammenfassung und Archivierung leiten (meist mit Kopie beim Ersteller).

* **Dauerwert** – sofort nach Zusammenstellung an die bestimmten Stellen zur Bewertung, Weiterbearbeitung und Ablage leiten (ggf. mit Kopie beim Ersteller).

- **Kurzzeitwert** – Kopien an die dafür bestimmten Stellen und Ablage im Kurzzeit-Ordnungs-system.

> Daten mit langfristigem Informationswert müssen nach einem Ordnungssystem abgelegt werden. Daten mit nur kurzfristigem Informationswert werden regelmäßig aussortiert und vernichtet.

> Für die Sammlung, Ordnung und Pflege aller Daten von Dokumentationen müssen Verantwortung, Zuständigkeit und Zugriff grundsätzlich im Managementsystem festgelegt sein.

Dies gilt für alle notwendigen Aktivitäten, die zur Erstellung von Dokumentationen, egal, ob sie manuell oder IT-gestützt durchgeführt werden, erforderlich sind. So sind z. B. folgende Aktivitäten und Verantwortungen festzulegen:

Datensammeln mit

- Erfassen
- Prüfen und Bewerten
- Verdichten
- Aufbereiten (in Formularen, Tabellen, Listen, Diagrammen etc.)

Datenordnen mit

- Zuordnung zum Vorgang
- Zusammenfassung einzelner Datensammlungen zu Akten und Vorgängen
- Benamen (Nummerieren, Codieren)
- Verteilen (Weiterleiten zur Information oder Weiterbearbeitung)
- Registrieren
- Ablegen

Datenpflege mit

- Fortschreibung
- Sichern (Sicherungskopien, Mikroverfilmung etc.)
- Lichten (Einlagerung in Zentralarchiv bzw. Vernichtung überzeiteter Daten)
- Register aktualisieren

Archivierung mit

- Einlagerungsregelungen
- Festlegung der Aufbewahrungszeiten
- Sichern gegen Zerstörung
- Sichern gegen unbefugten Zugriff

## Datenorganisation und Archivierung

Organisationsmittel wie

- Ordner und Hefter,
- Mappen, Aktendeckel und Taschen,
- Bücher und Kladden,
- Karteikarten,
- Laufzettel,
- Pinn- und Stecktafeln,

die seit langem bewährt sind und manuell geführt werden, verlieren auch im DV-Zeitalter ihre Bedeutung nicht ganz. Die völlig papierlose Informations- und Dokumentationstechnik wird auf absehbare Zeit nicht durchsetzbar sein. Dies gilt besonders für die Kurzzeitverwaltung.

Der große Vorteil, dass die IT-gespeicherte Information jederzeit bearbeitet, ergänzt und geändert werden kann, bedingt für die Verwendung als Dokument aber einige **Schutzmaßnahmen:**

- Zugriffs-/Änderungsbeschränkungen und -befugnisse,
- Änderungsprotokolle (Datum, Benutzer),
- Sicherungskopien aller Bearbeitungs- und Revisionsvorgänge.
- Sicherung gegen Veränderung dort, wo erforderlich.

Während Karteikarten, Laufzettel und andere Papiere durch Unterschriften dokumentenecht werden, wird dies bei Dateien durch Eingabe von persönlichen Geheimcodes oder dokumentierte Zugriffsbeschränkungen des befugten Bearbeiters erreicht.

> Die sachbezogene Zuordnung, Ablage und Archivierung von Dokumenten und die Benamung und Speicherung von Dateien erfordert ein festgelegtes Registratursystem.
>
> Daten mit Gesetzeswert müssen so geordnet und abgelegt sein, dass durch mehrere kompetente Personen der Zugriff jederzeit möglich ist.
>
> Dokumente mit Langzeitwert müssen so aufbewahrt werden, dass sie vor Zerstörung, Veränderung oder Beschädigung geschützt sind, ggf. müssen Kopien an verschiedenen Orten abgelegt werden.

Im Unternehmen „gewachsene" Registratursysteme haben den Vorteil, dass sie dem zuständigen Personal vertraut sind. Bei Umstellung des Registratursystems, speziell bei Einführung der EDV, empfiehlt es sich, die Sachgebiete und Datengruppen durch Buchstaben- oder Zahlenkombinationen zu verschlüsseln (codieren). Diese Codierung kann durch fortlaufende Nummernvergabe ohne Bezug zur Sache festgelegt werden oder besser durch einen hierarchischen Aufbau in Anlehnung an die aus dem Bibliothekswesen bekannte Dezimalklassifikation (DIN 32 705).

Anstelle der in dieser Norm festgelegten Fachgebietseinteilung für Literatur wird nur das De-kaden-Modell übernommen und die Zuordnung der Fachgebiete nach der Zweckmäßigkeit der angestrebten Dokumentationsordnung frei gewählt. Dabei werden mehrstellige Zahlen gebil-det, deren fortlaufende Dekaden die betreffenden Bereiche immer weiter, bis zum Einzelvor-gang, eingrenzen. So können z. B. als

- erste Stelle (Dekade) die Hauptgruppen von 0 bis 9 (z. B. Geschäftsbereiche),
- zweite Stelle die Gruppen (z. B. Abteilungen, Fachbereiche),
- dritte Stelle die Untergruppen (z. B. Sachbereiche, Produktgruppen),
- vierte Stelle weitere Untergruppen (z. B. Prozesse, Produkte u. Ä.),
- fünfte Stelle weitere Unterteilung (z. B. Einzelvorgänge)

festgelegt werden. Wie immer auch die Dokumentationsordnung aufgebaut ist, ob es sich um Papierdokumente, Dateien oder Mikroverfilmungen handelt:

> Voraussetzung für einen sicheren und schnellen Zugriff auf Daten und Dokumente ist ein Ordnungssystem mit systematisch aufgebautem Registraturplan.
> Die Mikroverfilmung ist zur Aufbewahrung für alle Dokumente,
> außer Bilanzen, gesetzlich zugelassen.
> IT-gestützte dokumentierte Information muss mehrfach gesichert und in vorgeschriebenen Zeitabständen aufgefrischt werden.

## 5.1.3 Diagramme

Zur Präsentation von Soll-/Ist-Zuständen und zur übersichtlichen Demonstration von Veränderungen oder statistischen Verteilungen bietet sich eine Datenaufbereitung in Form von Diagrammen an. Allgemein heißt das Diagramm auch Schaubild und bezeichnet jede grafische Darstellung, wie Fließbilder oder Organigramme.

Im engeren Sinne gilt:

> Ein Diagramm ist die zeichnerische Darstellung der mathematischen Abhängigkeit zweier oder mehrerer Größen mithilfe eines Koordinatensystems.
>
> Ein Diagramm mit statistischen Daten ist als Dokument nur gültig, wenn das Vertrauensniveau angegeben und der Vertrauensbereich nachvollziehbar ist.

Die klassische Form des zweidimensionalen Diagramms ist das $x/y$-Diagramm. Dabei wird in der Regel die veränderliche Größe als Variable $x$ in der horizontalen Achse, der Abszisse, skaliert und der abhängige Wert als Resultierende $y$ in der vertikalen Achse, der Ordinate, aufgetragen.

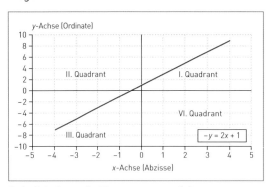

Aus der Funktionsgleichung $y = f(x)$ (gesprochen: $y$ als Funktion von $x$) ergibt sich eine Kurve, auf der jeder Punkt als $P(x, y)$ ($P$ als Funktion von $x$ und $y$) abgelesen werden kann.

Beispiel eines $x/y$-Diagramms, $y = f(x)$

> Funktionsgleichungen mit einer **linearen Funktion** ($y = a \cdot x + b$) ergeben im $x/y$-Diagramm immer eine Gerade.

Bei **Exponentialfunktionen** ergeben sich je nach Exponent und Art der Termen charakteristische Kurven.

> Analog zum $x/y$-Diagramm kann für alle beliebigen Mess- und Zählwerte die gesuchte Abhängigkeit in angepassten Diagrammtypen dargestellt werden.

Die Abhängigkeit $y = f(x)$ kann als exakte mathematische Funktion beschrieben sein oder eine statistische Verteilung darstellen. Sie kann auch empirisch in Form einer Punktfolge ermittelt werden, die durch eine Linie oder angenäherte Kurve verbunden deutlicher hervorgehoben werden kann (z. B. QRK und Operationscharakteristik).

| Diagrammtyp | Anwendung |
|---|---|
| Punktdiagramm | • bei in Abständen oder Zuordnungen gemessenen oder berechneten Werten (vergl. auch Wahrscheinlichkeitsnetz) |
| Punktdiagramm mit Trend oder Ausgleichsgerade | • bei gemessenen oder berechneten Werten mit normalverteilter Punktfolge (vergl. auch Wahrscheinlichkeitsnetz) <br> • erlaubt das Ablesen von Schätzwerten im Schnittpunkt mit der Geraden |
| Kurvendiagramm | • bei mathematischen Funktionsgleichungen <br> • bei kontinuierlich gemessenen Werten (stetige Verteilungsfunktionen) <br> • bei in Relation zur Veränderung in kurzen Abständen gemessenen Weiten |
| Liniendiagramm | • optische Verdeutlichung (siehe auch QRK) <br> • erlaubt kein Ablesen von Werten auf der Linie |
| Balken-, Stab- oder Säulendiagramm | • bei Zählwerten (diskrete Verteilungsfunktionen, z. B.: Anzahl von betrachteten Ereignissen bei der Binomialverteilung oder Anzahl betrachteter Ereignisse pro Einheit bei der Poissonverteilung) |
| Paretodiagramm | • bei Darstellung des Balkendiagramms in nach Größe geordneter Reihenfolge (ABC) |
| Flächendiagramm | • bei Darstellung von relativen Anteilen <br> • bei Integralen = Fläche über $x_1$ bis $x_n$ (s. Glockenkurve der Normalverteilung) |
| Kreis- (Kuchen-) oder Stapeldiagramm | • bei Darstellung von Zusammensetzungen (Anteilen) in einem bestimmten Zustand (ein einziger $x$-Wert) |
| Diagramm-Kombinationen | • bei Darstellung von zwei Diagrammtypen mit zwei y-Achsen <br> • bei Balkengruppen oder -stapeln <br> • bei Punkt-, Linien-, Flächen- oder Kurvendarstellung mehrerer Komponenten <br> • bei Matrix-Nomogrammen |
| 3-D-Diagramm | • bei gegenseitiger Abhängigkeit von drei Größen, mit $x/y/z$-Achsen |
| Nomogramm | • Diagramm zur grafischen Lösung von mathematischen oder empirischen Zusammenhängen (meist Kurvenscharen) |

Übliche Diagrammtypen

Durch eine Punktfolge annähernd normal verteilter Werte kann eine Ausgleichsgerade gelegt werden, die das Ablesen resultierender Erwartungswerte mit hinreichender Genauigkeit erlaubt (z. B. im Wahrscheinlichkeitsnetz). Die Ausgleichsgerade ist eine Trenddarstellung. PC-Grafikprogramme rechnen und zeichnen sie meist mit der Funktion „Trend".

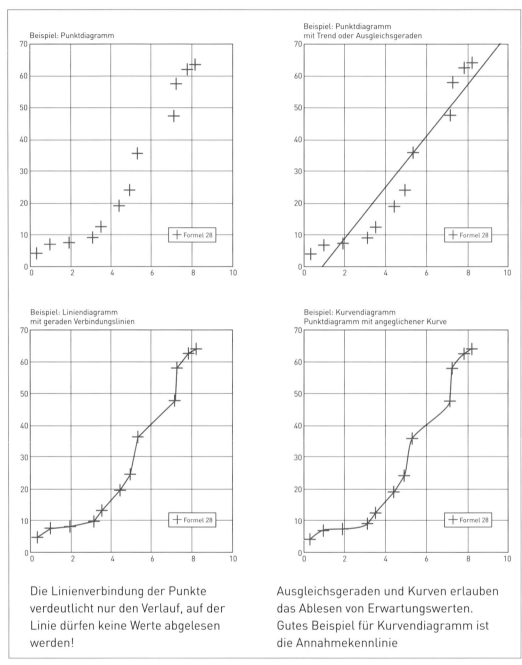

Die Linienverbindung der Punkte verdeutlicht nur den Verlauf, auf der Linie dürfen keine Werte abgelesen werden!

Ausgleichsgeraden und Kurven erlauben das Ablesen von Erwartungswerten. Gutes Beispiel für Kurvendiagramm ist die Annahmekennlinie

Beispiele für ein Punktdiagramm mit Trend, Linien und Kurven

Um verschiedene Zusammenhänge in einer Übersicht darstellen zu können, lassen sich mithilfe von zwei y-Achsen auch unterschiedliche Diagrammtypen zusammenfassen, z. B. als Balken- und Kurvendiagramm. Verschiedene Ereignisse (Werte) gleicher Dimension können mittels Gruppen von Balken und Kurven gleichzeitig dargestellt werden.

Der stetig gemessene Temperatur-Verlauf ist als Kurvendiagramm zur $Y_2$-Achse dargestellt.

Die in zugehörigen Zeiträumen ermittelten Produktionseinheiten, hier kg/h auf $Y_1$-Achse, sind als Balkendiagramm eingefügt.

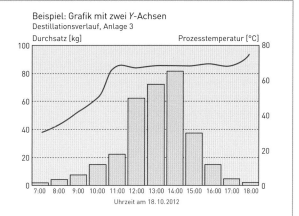

Beispiel: Grafik mit zwei $Y$-Achsen
Destillationsverlauf, Anlage 3

Die gemeinsame Darstellung verschiedener Ereignisse pro Einheit, hier Produktions- oder Verbrauchsmengen pro Quartal, können als Balkengruppen dargestellt werden.

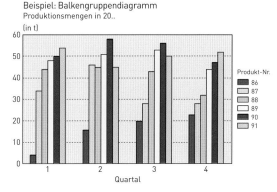

Beispiel: Balkengruppendiagramm
Produktionsmengen in 20..

Bezogene Ereignisse mehrerer Einheiten lassen sich durch Stapelung im Balkenstapeldiagramm verdeutlichen.

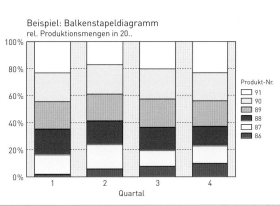

Beispiel: Balkenstapeldiagramm
rel. Produktionsmengen in 20..

Beispiele für Kurven- und Balkendiagramme in Kombinationen

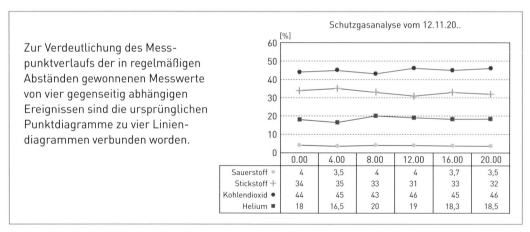

Zur Verdeutlichung des Messpunktverlaufs der in regelmäßigen Abständen gewonnenen Messwerte von vier gegenseitig abhängigen Ereignissen sind die ursprünglichen Punktdiagramme zu vier Liniendiagrammen verbunden worden.

Schutzgasanalyse vom 12.11.20..

| | 0.00 | 4.00 | 8.00 | 12.00 | 16.00 | 20.00 |
|---|---|---|---|---|---|---|
| Sauerstoff ○ | 4 | 3,5 | 4 | 4 | 3,7 | 3,5 |
| Stickstoff + | 34 | 35 | 33 | 31 | 33 | 32 |
| Kohlendioxid ● | 44 | 45 | 43 | 46 | 45 | 46 |
| Helium ■ | 18 | 16,5 | 20 | 19 | 18,3 | 18,5 |

Beispiel für ein kombiniertes Liniendiagramm

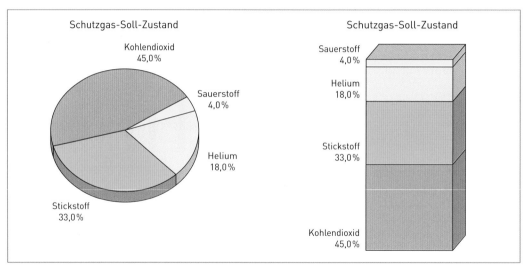

Beispiel für Kreis- und Säulendiagramm

**Kreisdiagramme** (Kuchen, Piep) und **Säulenstapeldiagramme** dienen zur grafischen Darstellung von Anteilen und Zusammensetzungen in einem bestimmten Zustand (z. B. Zeitpunkt, Ort oder Prozessschritt). Sie haben jeweils nur einen einzigen x-Wert.

**3-D-Diagramme** dienen – wie das Kreis- oder Säulendiagramm – vorwiegend zu präsentativen Zwecken. Hier soll nur der Vollständigkeit halber erwähnt werden, dass durch das Anlegen einer z-Achse eine perspektivische Darstellung der Auswirkungen von drei sich gegenseitig beeinflussenden Parametern möglich wird. **3-D-Balkendiagramme** können sehr anschaulich und übersichtlich sein. **3-D-Kurven- und -Liniendiagramme** sind jedoch oft unübersichtlich und gewöhnungsbedürftig. Durch stereoskopische Darstellung (rot/blau) und mit einer stereoskopischen Brille kann ein Raumbild vorgetäuscht werden.

**Nomogramme** dienen zur einfachen grafischen Lösung von komplizierten mathematischen oder empirischen Zusammenhängen mit mehreren Variablen und Abhängigen. Durch die zunehmende Verbreitung kleiner, leistungsstarker und programmierbarer Rechner ist die Anwendung von Nomogrammen rückläufig.

Das Wahrscheinlichkeitsnetz kann als Beispiel für ein Nomogramm dienen: Mithilfe der bekannten Standardabweichung $\sigma$ eines Prozesses wird die Wahrscheinlichkeitsgerade des Prozesses eingetragen. Für beliebig zu wählende Grenzwerte auf der $x$-Achse können die zu erwartenden Überschreitungsanteile auf den $y$-Achsen abgelesen werden (oder umgekehrt: für maximal zulässige Überschreitungsanteile können auf der $x$-Achse die zulässigen Grenzwerte bestimmt werden).

**Histogramme** nennt man Diagramme, die mathematische oder empirische Funktionen in Form von Säulen oder Balken darstellen, speziell dann, wenn sie die zeitliche Veränderung demonstrieren.

## 5.1.4 Datenerfassung und -aufbereitung

> Eine Datensammlung wird erst durch die aussagefähige Verdichtung der Zahlen, Daten und Fakten mit Bezug auf die Methoden und chronologische Folge der Datenerfassung sowie einem Ordnungssystem zur Archivierung und Rückverfolgbarkeit zu einer zweckmäßigen Dokumentation.

In den vorhergehenden Kapiteln und Abschnitten wurden bereits einzelne Erfassungsmethoden dargestellt. Die Methoden zur Datenerfassung werden individuell von den Unternehmen in betrieblichen Organisationsrichtlinien, wie z. B. den Verfahrensanweisungen der QM-Systeme nach DIN EN ISO 9000 ff. oder in Umweltmanagementsystemen nach DIN EN ISO 14000 ff., festgelegt. Die Datenerfassung kann erfolgen durch:

**manuelle Aufschreibung**, z. B. mit

- Qualitätsregelkarten,
- Eintragungen von Prozessdaten, Einwaagen, Ausbeute etc. in Arbeitsbegleitpapiere,
- Lagereingangs- und -ausgangseintragungen,
- Wiegezetteln und Messwertprotokollen,
- Versandpapieren mit Stoff- und Mengen-/Massewerten,
- Eintragungen in Wartungs-/Prozessführungsbücher
- u. Ä.

**elektromechanische Aufzeichnung** von Prozess- und Versanddaten, z. B. mit

- Temperatur-, Druck- und Mengenschreibern,
- druckerbestückten Waagen
- u. Ä.

**elektronische Aufzeichnung** zur

- Materialwirtschaft, mit
  - Beschaffungs- und Lagerdaten,
  - Gefahrstoffkataster,
  - Ver- und Entsorgung von Energien, Hilfsstoffen und Abfällen;
- Prozessführung, mit allen Aktions- und Reaktionsdaten;
- Qualitätslenkung/-prüfung, mit
  - Qualitätsplanung,
  - allen Soll-/Ist-Daten der Qualitätsnachweise,
  - Qualitätskostenerfassung;
- Auftragsabwicklung von Angebot bis Versand, mit
  - Auftragsvorbereitung (Arbeitsplan, Anlagenbelegung, Rohstoffplanung etc.),
  - Ausführungsquittierungen der einzelnen Schritte,
  - Kostenabrechnung.

Um die notwendigen und gewünschten Daten zu erfassen und zu verarbeiten, können die elektronischen Aufzeichnungen für die einzelnen Bereiche

- als Inselsysteme eingesetzt sein oder
- teilweise/vollständig vernetzt, mit der gesamten Auftragsabwicklung und -abrechnung und Gefahrstoff-/Umweltdaten.

> Die Aufbereitung von Daten bedeutet in erster Linie die chronologische und formgerechte Zuordnung der interessierenden Zahlen, Daten, Fakten zum Betrachtungsgegenstand, ggf. mit einer statistischen Auswertung.

Die Zuordnung kann erfolgen z. B. durch:

- **einfache Auflistung** (formlos oder in Formblättern bzw. Bildschirmmasken und Druckformaten
  - wie beim Gefahrstoffkataster oder der Abfallstatistik mit Auflistung von bestimmten Stoffmengen/-massen, zugeordnet dem Betrachtungszeitraum;
  - wie bei den Betriebsanweisungen, eine Darstellung der Gefahren und Schutzmaßnahmen mit chronologischem Nachweis der durchgeführten Unterweisungen;
- **chronologische Eintragung von Messwerten** in ein Mess- oder Grenzwertdiagramm, wie bei der Qualitätsregelkarte oder anderen Messwertprotokollen (chargen- oder losabhängig);
- **statistische Auswertung von Ereignissen,** Ergebnissen oder Messwerten, wie bei der
  - Paretoanalyse mit der Auftragung absoluter oder relativer Häufigkeitsverteilungen;
  - Nachweisführung von Qualitätsdaten, wenn die Angabe von statistischen Lage- und Streuwerten gefordert ist.

> Die Aufbereitung von Daten zu einer Dokumentation muss immer
> so erfolgen, dass die verlangte Information klar dargestellt wird.
> Wenn Grenzwerte festgelegt sind, muss der Soll-Ist-Vergleich
> aus dem Dokument eindeutig erkennbar sein.
> Für die Aussage überflüssige Daten stören die Übersicht.

Die Form der gesetzlich und behördlich geforderten Dokumentationen ist in der Regel entweder durch Formulare oder durch Strukturvorgaben festgelegt. Bei betriebsinternen oder mit dem Kunden/Lieferanten vereinbarten Dokumentationen sollten Inhalt, Aufbau und Form immer in Verfahrensanweisungen oder Organisationsrichtlinien festgelegt sein.

Anmerkung: Bei DV-Einsatz wird das Formblatt durch Bildschirmmasken und Druckformate ersetzt.

### Aufgaben

1. Welche Voraussetzungen muss ein Dokument immer erfüllen?

2. Warum müssen manche Dokumente 30 Jahre und länger sicher aufbewahrt werden? Welche sind betroffen? Vgl. dazu auch „Produkthaftung", Kap. 1.4

3. Mit welchem Diagrammtyp werden a) Messwerte, b) Zählwerte dargestellt? Wozu gehört das Wahrscheinlichkeitsnetz?

4. Welche Vorteile bietet ein hierarchisches Ordnungssystem? Formblätter, Bildschirmmasken oder Diagramme fördern die Übersichtlichkeit.

## 5.2   Dokumentierte Information

**„Papier-QM-Handbuch war gestern"**

Die DIN EN ISO 9000: 2015 bzw. 9001: 2015 führt neu den Sammelbegriff **„dokumentierte Information"** ein. Dem Anwender soll durch die Neuordnung – anstelle der früheren strikten Vorgaben – eine höhere Flexibilität in der Gestaltung seiner Dokumentation eingeräumt werden. Es wird weniger Vorgabedokumentation explizit gefordert, so auch nicht mehr die sechs dokumentierten Verfahren aus der ISO 9001: 2008. Eine Forderung nach dem Qualitätshandbuch ist z. B. gänzlich entfallen. Daher ist die Organisation dazu angehalten, erforderliche schriftliche Regelungen für ein wirksames QM-System in Eigenverantwortung selbst zu definieren. Der Umfang und Detaillierungsgrad können anhand von Kriterien wie Prozesskomplexität oder Mitarbeiterkompetenz selbst bestimmt werden.

Die ISO 9001: 2015 gestattet eine zeitgemäße, vorwiegend IT-gestützte, flexiblere und freiere Dokumentation des QM-Systems. Das bestehende QM-Handbuch kann aber an die Anforderungen der ISO 9001: 2015 angepasst und weiterhin als Informations- und Motivationsinstrument genutzt werden, wenn dies sinnvoll erscheint.

*Hinweis:*

Aus falsch verstandener Arbeitserleichterung nutzen viele, insbesondere kleinere Unternehmen vorgefertigte Dokumentationen. Weil eher allgemein gehalten, treffen diese Musterformen aber zumeist die tatsächlichen Unternehmensbelange nicht. Dies führt zu bürokratischen Verfahren, die von den Mitarbeitern häufig nicht akzeptiert und daher umgangen werden. In einem Teufelskreis werden dann neue (Kontroll-) Verfahren erdacht. Der Gefahr dieser Überbürokratisierung durch eine ausufernde Dokumentation ist durch eine angepasste, mit Mitarbeitern und Kunden abgesprochene, knappe Dokumentation entgegenzuwirken.

Wichtig ist, dass die Dokumente der Qualifikation und den Kompetenzen des jeweiligen Personals angemessen sind, sodass sie für den Nutzer verständlich sind.

*Beispiele:*

Viele Probleme entstehen im Betrieb dadurch, dass technische Beschreibungen von Technikern für Techniker gemacht werden. Der nicht-technisch ausgebildete Verkäufer versteht ggf. etwas anderes und vermittelt dem Kunden die Information nicht optimal oder gar falsch. Verfahrens- und Arbeitsanweisungen müssen so geschrieben werden, dass der Adressat sie sowohl versteht als auch motiviert ist, diese zu lesen. Akademische bzw. juristische Formulierungen erfüllen diesen Zweck häufig nicht. Um den Nutzer wirklich zu erreichen, kann ggf. der Einsatz von Bebilderung (bis hin zum Comic) oder von Fremdsprachen nützlich sein.

## 5.2.1 QM-Dokumentation

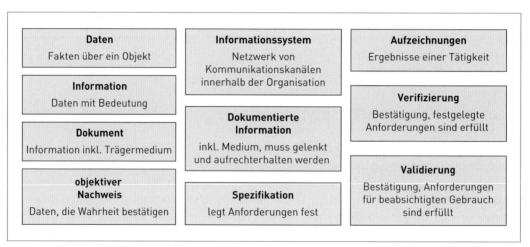

**Wichtige dokumentationsbezogene Begriffe**
(nach DIN EN ISO 9000: 2015)

> Mit der QM-Systemdokumentation stellt das Unternehmen dar,
> welche Qualitätssicherungsmaßnahmen betrieben und wie sie
> organisatorisch und sachlich umgesetzt und durchgeführt werden.

Obwohl das früher notwendige QM-Handbuch[3] als oberstes QM-Dokument nicht mehr konkret gefordert wird, ist es weiterhin notwendig, oberhalb des operativen Sektors das QM-System zu spezifizieren.

---

[3] Das QM-Handbuch ist aber weiterhin in der ISO 9000: 2015, Abschnitt 3.8.8, als „Spezifikation für ein QM-System" definiert.

Da die meisten Unternehmen ein laufendes QM-System mit QM-Handbuch und untergeordneter Dokumentation haben und dies nicht komplett ändern, sei im Weiteren beispielhaft die QM-Dokumentation mit QM-Handbuch beschrieben.

Die Umsetzung der Dokumentation erfolgt dabei in drei Ebenen:

1. **QM-Handbuch (QM-H):** beschreibt, welche Qualitätsmaßnahmen im Unternehmen (Organisationseinheit) eingeführt sind. Es bezieht sich in der Regel auf die anzuwendende Norm der DIN EN ISO 9001 und 9004 und ggf. branchenspezifische QM- und Sicherheitsnormen. Das QM-H enthält u.a. die Qualitätspolitik und eine Selbstverpflichtung der Leitung zur Qualität. Es wird oft von Kunden angefordert und enthält deshalb keine geheim zu haltende Information.

2. **QM –Verfahrensanweisungen (QM-VA):** beschreiben, wie die Maßnahmen organisatorisch umgesetzt sind. Es werden Abläufe, Zuständigkeiten und Verantwortungen und deren Verknüpfungen dargestellt. Da firmeninterne Informationen enthalten sind, werden die QM-VAs nicht ohne weiteres an Firmenexterne weitergegeben.

3. **Durchführungsbestimmungen:** Arbeitsanweisungen, Prüfanweisungen und –pläne bilden die unterste Gruppe der Dokumentation und beschreiben für alle Arbeiten und Prozessschritte und sonstige, qualitätsrelevante Einflussgrößen, wie sie auszuführen und welche Forderungen wie zu erfüllen sind. Hier werden Abläufe im Detail, z. B. mit Maschineneinstelldaten, Gut-Schlecht-Mustern u. Ä., festgelegt.

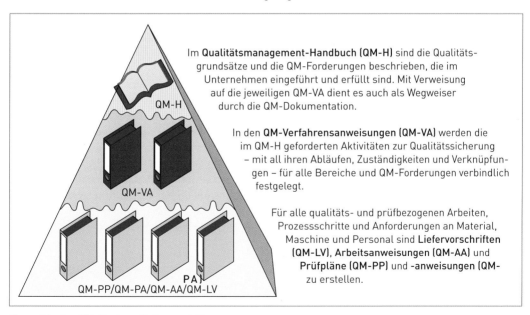

Im **Qualitätsmanagement-Handbuch (QM-H)** sind die Qualitätsgrundsätze und die QM-Forderungen beschrieben, die im Unternehmen eingeführt und erfüllt sind. Mit Verweisung auf die jeweiligen QM-VA dient es auch als Wegweiser durch die QM-Dokumentation.

In den **QM-Verfahrensanweisungen (QM-VA)** werden die im QM-H geforderten Aktivitäten zur Qualitätssicherung – mit all ihren Abläufen, Zuständigkeiten und Verknüpfungen – für alle Bereiche und QM-Forderungen verbindlich festgelegt.

Für alle qualitäts- und prüfbezogenen Arbeiten, Prozessschritte und Anforderungen an Material, Maschine und Personal sind **Liefervorschriften (QM-LV), Arbeitsanweisungen (QM-AA)** und **Prüfpläne (QM-PP)** und -anweisungen (QM- zu erstellen.

QM-H

QM-VA

PA)
QM-PP/QM-PA/QM-AA/QM-LV

Pyramide der QM-System-Dokumentation

Für die Erstellung von dokumentierter Information macht die ISO 9001: 2015 im Kap. 7.5 folgende Vorgaben:

- Kennzeichnung (z. B. Titel, Datum, Autor, Referenznummer)
- Medium: Papier, elektronisch
- Format: (Text-)Sprache, Softwareversion, Grafiken
- Überprüfung (Eignung, Genehmigung, Angemessenheit)

Dabei sollen alle Vorgaben **angemessen** sein, d. h. in Abhängigkeit von der Komplexität der Aufgabe und der Qualifikation der Mitarbeiter verständlich und weder zu lang noch zu kurz.

Weiter sollen erstellte dokumentierte Informationen **gelenkt** werden:

- Verfügbarkeit dort, wo sie gebraucht werden
- Aktualität, Verhinderung der Verwendung alter Versionen
- Schutz (bezüglich unsachgemäßem Gebrauch, Vertraulichkeit und Integrität)

Dies beinhaltet Regelungen zu

- Verteilung, Zugriff, Auffindung und Verwendung
- Ablage, Speicherung, Erhalt der Lesbarkeit (auch z. B. durch Softwareänderungen)
- Überwachung der Versionen bzw. Änderungen
- weiterem Verbleib nach Nutzungsende

*Beispiel:*

Ein Mitarbeiter muss überprüfen können, ob eine ihm vorliegende Zeichnung tatsächlich auf dem letzten Stand ist und genehmigt wurde. Dies kann z. B. über ein Datum oder eine laufende Nummer erfolgen sowie durch eine Unterschrift eines zur Genehmigung Berechtigten. Aus Zeitgründen wird er aber nicht ständig diese Überprüfung durchführen, daher müssen alte Versionen sofort bei Erscheinen einer neueren aus dem Verkehr gezogen oder zumindest als „ungültig" abgestempelt werden. Bei einer elektronischen Dokumentenverwaltung dürfte dies keine Herausforderung darstellen. Probleme bereiten in diesem Fall häufig Ausdrucke und Kopien, von denen man nicht weiß, wie viele es gibt, wo sie sind, ob sie noch gültig sind oder ob es aktualisierte Versionen gibt. Auch muss es möglich sein, z. B. bei einer Reklamation auf die bei Herstellung gültigen, aber jetzt nicht mehr gültigen Vorgaben zurückzugreifen.

## 5.2.1.1 Qualitätsmanagement-Handbuch

Das Qualitätsmanagement-Handbuch (QM-H) ist nicht mehr explizit gefordert, jedoch im Abschnitt 3.8.8 der ISO 9000: 2015 erwähnt und ggf. weiterhin als übergeordnetes QM-Dokument sinnvoll. Die Wahl liegt beim Unternehmen. Einige QM-Beratungen raten dazu, das Handbuch weiterhin zu erstellen, denn es dient als grundlegender Einstieg in das QM-System, stellt das Unternehmen vor und beschreibt die Qualitätspolitik.

Der übergeordnete Teil der QM-System-Dokumentation (also z. B. das QM-H) eines Unternehmens bildet die Basis für alle QM-Aktivitäten und für die Bewertung des Qualitätsmanagements. Es sollte allen Mitgliedern des Unternehmens bekannt sein und wird ggf. auch an die Kunden und den Zertifizierer gegeben.

Ein zu umfangreiches und aufgeblähtes QM-H ist unsinnig, kaum jemand wird zum Lesen motiviert sein. Es ist vielmehr zu beachten, dass das QM-H eine übersichtliche, verständliche Darstellung der Verantwortung zur Qualität und der resultierenden Maßnahmen und Aktivitäten ist.

Über die Gestaltung des übergeordneten Teils der QM-System-Dokumentation (also z. B. das QM-H) gibt es keine verbindlichen Vorschriften. Zum Inhalt sind aber von einschlägigen Verbänden und Organisationen sowie in der Fachliteratur Vorschläge gegeben.

> Das QM-H ist als zentrales Dokument in einem Qualitätsmanagementsystem eines der wichtigsten Dokumente im Unternehmen und
> - repräsentiert die Qualitätsfähigkeit eines Unternehmens nach innen und nach außen
> - beinhaltet aufbau- und ablauf- organisatorische Informationen zum QM und
> - verweist auf weiterführende QM-Dokumente, wie z. B. Verfahrensanweisungen
> - wird häufig von Kunden angefordert

Die ISO 9000: 2015 bzw. 9001: 2015 fordert in jedem Fall die Beschreibung der

- Qualitätspolitik
- Anwendungsbereiche
- Qualitätsziele
- Überwachung/Messung der Kompetenz der Mitarbeiter (Schulung)
- Entwicklung
- Rückverfolgbarkeit
- Managementbewertung

Der früher notwendige Beauftragte der Leitung (QMB – Qualitätsmanagementbeauftragte) ist nicht mehr gefordert.

Darüber hinaus kann in einem QM-H beschrieben werden:

- die für die QM-Darlegung angewandte Norm (ISO 9001, ggf. spezifische QM-Normen)
- Aufbau und Struktur des Unternehmens und der Abteilung/Stabsstelle des Qualitätswesens (auch mit Beschreibung der Produkte)
- Verantwortung und Befugnisse
- Aufbau des QM-Systems (möglichst mit Benutzerhinweisen)
- welche QM-Forderungen wie in der Organisation umgesetzt sind

Weiterhin werden für den Inhalt und die Gestaltung empfohlen:

- klare Strukturierung (die QM-Forderungen z. B. in der Reihenfolge der ISO-9001-Nummerierung)
- eindeutige und kurze Darstellung, was wo gemacht und geregelt wird (möglichst mit einer Liste der zugehörigen QM-VA)
- außer der Geschäftsleitung keine Namen im Organigramm (wegen Änderungen sowie Datenschutz)
- Erläuterung von Abkürzungen und nicht allgemein bekannter Begriffe
- Verteilerliste (mit/ohne Änderungsdienst, Exemplar-Nr.)

Zum QM-H mitgeltende Dokumente sind die QM-Verfahrensanweisungen und die übrigen QM-Durchführungsbestimmungen. Diese werden aber nur in internen Anhängen geführt, da sie nicht für die Öffentlichkeit bestimmte, sondern betriebsinterne und persönliche Daten enthalten.

**Grundsatzerklärung (Kapitel 1 zum QM-H)**

Im internationalen Wettbewerb haben unsere Produkte durch Qualität, Zuverlässigkeit und unser Know-how ein hohes Ansehen erreicht.

Die Zufriedenheit unserer Kunden und die vorbeugende Fehlerverhütung durch kontinuierliche Verbesserung aller Abläufe und Prozesse sind unsere obersten Qualitätsgrundsätze.

Um den Markterfolg und Ruf unseres Hauses zu wahren und zu stärken und um den steigenden Qualitätsforderungen unserer Kunden gerecht zu bleiben, haben wir ein Qualitätssicherungssystem nach DIN EN ISO 9001 eingeführt.

Dieses QM-System stellt sicher, dass die Qualität unserer Produkte den in den Qualitätsvereinbarungen und Auftragsbestätigungen genannten technischen Lieferbedingungen, Nonnen und Spezifikationen sowie dem Stand der Technik und den gültigen gesetzlichen Bestimmungen immer entspricht.

Jeder Mitarbeiter ist für die Anwendung des QM-Handbuches in dem Bereich verantwortlich, für den er beauftragt wurde.

Die Geschäftsführung hat dem Leiter Qualitätswesen die Vollmacht übertragen, die Anwendung dieses QM-Handbuches durchzusetzen.

Der Leiter Qualitätswesen ist für den Inhalt und die Aktualisierung des QM-Handbuches verantwortlich. Er ist verpflichtet, der Geschäftsführung mindestens einmal jährlich über die Wirksamkeit und die Entwicklung dieser Qualitätsorganisation zu berichten. Die Geschäftsführung bewertet diese Berichte auch bezüglich Kundenzufriedenheit und künftigen Kundenerwartungen und legt dementsprechend neue Qualitätsziele fest.

**Klappermann & Koks GmbH, Dingsdorf**   Dingsdorf, den 27. Juni 20..
(Unterschrift)

Geschäftsführer

Beispiel einer Grundsatzerklärung zum QM-H

## 5.2.1.2 Qualitätsmanagement-Verfahrensanweisungen

In der Norm ISO 9001: 2015 wurde der zuvor benutzte Begriff „dokumentierte Verfahren" durch „dokumentierte Information" ersetzt. Zugleich entfällt die bisherige Anforderung nach den mindestens sechs in der alten Norm explizit benannten dokumentierten Verfahren.

Aber auch wenn Verfahrensanweisungen (QM-VA) nicht mehr explizit gefordert sind, ähnlich wie beim QM-Handbuch, bleibt dennoch die Notwendigkeit bestehen, Vorgänge schriftlich niederzulegen. Da die meisten Unternehmen ihr bestehendes QM-System der neuen Norm angleichen, werden sie nicht gleich alle, z. T. gut eingeführten Verfahrensanweisungen oder das ganze QM-VA-System erneuern. Daher wird die Verfahrensanweisung als dokumentierte Information auch in absehbarer Zeit wichtig bleiben.

Die einzelnen QM-Elemente und -Aktivitäten, wie sie in der Norm gefordert werden, müssen in den verschiedenen Bereichen und Abteilungen des Unternehmens umgesetzt und durchgeführt werden. Dazu ist erforderlich, dass die einzelnen Abläufe mit Zuständigkeiten und Verantwortung, besonders bei Zuständigkeitsüberschneidungen, auch mit den Informationswegen eindeutig festgelegt sind. Die Abgrenzung, was im QM-H und was in QM-VA beschrieben werden muss, ist fließend und kann nicht allgemein gültig gezogen werden.

Als Grundregel gilt:

- Im **QM-H** möglichst kurz und übersichtlich darstellen, **warum was** gemacht wird, wobei die branchen- oder produktspezifischen Aktivitäten gerne ausführlicher behandelt werden, ohne jedoch vertrauliche Einzelheiten preiszugeben;

- in **QM-VA** eindeutig, für jede QM-Forderung und jeden Bereich, festlegen, **wer wie welche** Aufgaben, Entscheidungen und Informationen verantwortet, ausführt, **wohin** weiterleitet und archiviert. Sie beinhalten auch internes Know-how und personenbezogene Angaben und unterliegen deshalb dem Datenschutz.

Die formale Gestaltung der QM-VA sollte innerhalb eines Unternehmens oder einer Organisation einheitlich sein. Dies gilt besonders für die Strukturierung des Inhalts. In Anlehnung an den Inhaltsaufbau von Normen ergibt sich folgende **Gliederung der QM-VA:**

1. Zweck

2. Geltungsbereich

3. Mitgeltende Unterlagen

4. Begriffe

5. Zuständigkeiten

6. Durchführung (Verfahren)

7. Dokumentation

8. Anlagen (z. B. Formulare)

Die neue ISO 9000 f. gibt im Weiteren dem Unternehmen einen höheren Freiheitsgrad; je nach Zweck und Geltungsbereich kann die Reihenfolge oder Benennung der Kapitel auch anders festgelegt werden. Außerdem gehören zu jeder QM-VA:

- Vermerke mit Datum und Unterschrift zur
  - Prüfung,
  - Genehmigung,
  - Freigabe;

- Angabe der Revisions-Nr. (mit Gültigkeitsdatum);

- Angabe der Seiten-Nr. von der Gesamtseitenanzahl der QM-VA.

Aus organisatorischen oder technischen Gründen kann es ggf. sinnvoll sein, zusätzlich spezielle QM-VA für einzelne Bereiche, Produkte oder Kunden zu erstellen.

> Zweck jeder QM-VA ist, immer sicherzustellen und nachzuweisen,
> dass die jeweilige Anforderung der Norm bzw. des QM-H erfüllt wird.

> Die Aufbewahrung der QM-Systemdokumente muss so angelegt sein,
> dass während der Gewährleistungs- und Produkthaftungszeit jederzeit
> rückverfolgbar ist, welche Vorschriften zur Produkterzeugung gültig
> waren und wer für deren Inhalt und Einhaltung verantwortlich war.

## 5.2.2 Produktdokumentation

> Die Produktdokumentation umfasst alle Informationen
> über das Produkt (produkt- und/oder auftragsbezogen):
> – Qualitätsvereinbarungen und gesetzliche Forderungen,
> – Nachweise zur Erfüllung aller Forderungen,
> – Informationen zum Produkt (Gebrauchsanweisungen),
> – Hinweise zu Gebrauchseinschränkungen und Entsorgung.

> Produkte mit Gefahrenpotenzial für Mensch oder Umwelt sind dokumentationspflichtig.

Dokumentationspflicht begründet sich aus technischen Regeln und den Schutzgesetzen. Sie bezieht sich in der Regel auf:

- Sicherheit und Zuverlässigkeit (z. B. Fahrzeuge, Geräte, Strahlung, Strom u. Ä.),
- Umweltgefährdung (Gefahrstoffe),
- Gefahren durch den Umgang (Gebrauchsanweisung, Sicherheitsdatenblatt, Nebenwirkungen).

> Die Dokumentationspflicht beschränkt sich nicht nur auf den Nachweis der Erfüllung
> von Qualitätsmerkmalen, sie umfasst meist alle Lebensphasen des Produktes.

Anmerkung: Wenn Qualitätsmerkmale nicht direkt, sondern nur durch Einhaltung von Prozessparametern nachgewiesen werden können, sind diese Prozessaufzeichnungen Produktdokumentationen.

Für die Erstellung, Behandlung und Archivierung der Produktdokumentation sind Verantwortung und Abläufe in der QM-Systemdokumentation festzulegen. Die Dokumentationspflicht beschränkt sich nicht nur auf den Nachweis der Erfüllung von Qualitätsmerkmalen, sie umfasst meist alle Lebensphasen des Produktes.

| Lebensphase des Produkts | Dokumentation über | Kriterien, Merkmale, einzuhaltende Vorschriften |
|---|---|---|
| Planungsphase | Stoffauswahl | Gefahrstoffe/mögl. Vermeidung (Umwelt- und Arbeitsplatzrisiken), Recycling/Entsorgung, Funktionalität, Sicherheitsrichtlinien und -daten |
| | Entwurfsprüfung mit Fertigungs-/ Prüfplanung | Herstellbarkeit, Funktionalität, Technische Regeln, Sicherheit (z. B. FMEA) Reproduzierbarkeit, Gebrauchs-/Wartungsanleitungen, Gebrauchseinschränkungen |
| | Erprobung | Funktion und Zuverlässigkeit, CE-Konformitätsnachweise |
| Realisierungsphase | Beschaffung | Rohstoffqualität (Liefervorschrift), Lieferantenzuverlässigkeit, Materialwirtschaft (Disposition), Gefahrstoffkataster |
| | Fertigungs- überwachung | Produktionsdatenerfassung, Qualitätsregelkarten, Zwischenprüfungen |
| | Endprüfung | Prüfnachweise/Werkszeugnis, Sicherheitsdatenblatt, Belegmuster |
| | Lagerung/Versand | Gefahrstoffkennzeichnungen, Verpackungsvorschriften, Transportvorschriften |
| Nutzungsphase | Service und Marktbeobachtung | Reklamationsanalysen, Serviceprotokolle, Langzeitanalysen |
| | Entsorgung | Belege über und Anweisungen für vorschriftsmäßige, sachgerechte Wiederverwertung/Entsorgung |

Beispiele für Nachweise zur Produktdokumentation

Die Prüfung der Vollständigkeit und Richtigkeit der Produktdokumentation ist ein wesentlicher Teil der Produkt-Audits.

> Informationen über die Zuverlässigkeit zur Einhaltung von Qualitätsmerkmalen und statistischen Prüfergebnissen werden mit Qualitätsregelkarten (QRK) und Fehlersammelkarten dokumentiert.

Fehlersammelkarten, die produktbezogen (Fertigungslose, -chargen) geführt werden, sind übersichtliche Darstellungsformen zur Qualitätslage und dienen gleichzeitig der Datenaufbereitung für die Fehleranalysen (s. „Fehlersammelsysteme", Kap. 4.5.2).

Produktbezogene Fehlersammelkarten sollten enthalten:

- Fehlerart (bei EDV-Verarbeitung als Code-Nr.),
- Fehlerhäufigkeit (Anzahl beanstandeter Einheiten, absolut und relativ),
- Fehlerkosten (durch Nachkalkulation oder Schätzung mit Wichtungsfaktoren),
- Verursacher (z. B. Abteilung, Anlage, Lieferant etc.).

| Fehler | | lfd. Stichprobe/Charge | | | | | | absolute Häufigkeit $H_j$ | relative Häufigkeit $h_j$ $H_j/\sum H$ in % |
|---|---|---|---|---|---|---|---|---|---|
| Nr. | -art | 1 | 2 | 3 | ... | m | $\sum$ | | |
| 1 | | | | | | | | | |
| 2 | | | | | | | | | |
| 3 | | | | | | | | | |
| . . . | | | | | | | | | |
| | $\sum$ | | | | | | | | |

Beispiel zur Auslegung einer Fehlersammelkarte (sie ist auch Datenquelle für die Pareto-Analyse)

## 5.2.3 Dokumentation zu QM-Aktivitäten

Aus den in der QM-Systemdokumentation festgelegten Forderungen ergeben sich diverse Aktivitäten, deren Durchführung dokumentiert werden sollte oder muss. Sie decken sich in der Regel mit den QM-Elementen der DIN EN ISO 9001 und 9004. Die Dokumentation zu den QM-Aktivitäten bzgl. Qualitätsprüfung und Beschaffung ist überwiegend produktbezogen und deshalb in der Produktdokumentation (Kap. 5.2.2) berücksichtigt.

### Dokumentation zu Korrekturmaßnahmen

> Um wiederkehrende Fehler künftig zu vermeiden, müssen die Ursachen durch Korrekturmaßnahmen abgestellt werden.

Durch systematische Überprüfung der QM-Situation (Verifizierung) und methodische Auswertung von **Qualitätsaudits** (Systemaudit, Verfahrensaudit, Produktaudit), **Mängelberichten** nach Produktionsaufzeichnungen, Zwischen- und Endprüfungen (Fehersammelkarten), Reklamations- und Serviceberichten, Berichten der Prüfmittelüberwachung u. Ä.,

### Fehleranalysen

- ABC-Analysen (Pareto-Analyse), d. h. statistische Auswertung der o. g. Mängelberichte,
- Ausfalleffektanalysen (FMEA) für Produktplanung und Produktionsverfahren

werden die Hauptfehler erkannt und die Notwendigkeit zur Durchführung von Korrekturmaßnahmen festgestellt. Bezüglich Korrekturmaßnahmen sind zu dokumentieren:

* Entscheidungsgründe und -verantworter,
* Maßnahmen zur Durchführung sowie
* Erfolgsprüfung und Ergebnis.

Als zweckmäßig hat sich erwiesen, dass auf den Berichtsformularen zur Darstellung der Fehler auch die Durchführung und Überprüfung eingetragen wird. Damit wird aus nur einem Dokument ersichtlich, wer verantwortlich ist/war und wo detaillierte Informationen aufbewahrt sind (s. auch „Fehlersammelsysteme", Kap. 4.5.2).

### Dokumentation zu präventiven QM-Maßnahmen

> Präventivmaßnahmen sind alle Aktivitäten, die geeignet
> und/oder erforderlich sind, um Fehler und Fehlerursachen am
> Produkt oder im Prozess vor Produktionsbeginn zu vermeiden.
> Für Produkte mit Gefahrenpotenzial müssen in der Regel bei der
> Konstruktion und Produktentwicklung sowie zu Prozessplanung, -entwicklung
> und -ablauf Vorbeugemaßnahmen durchgeführt und dokumentiert werden.

Wesentliche Maßnahmen zur vorbeugenden Fehlervermeidung sind:

### Designverifizierung

* Stoffauswahl (Machbarkeit, Gefahrstoff, Entsorgung)
* Entwurfsprüfung (Herstellbarkeit, Sicherheit)
* Qualitäts- und Risikoanalysen (z. B. Konstruktions-FMEA)
* Versuchsmethoden (z. B. Taguchi)
* Musterprüfung (Sicherheit, Zuverlässigkeit, Verfügbarkeit)

### Prüfplanung

* Prüfmittelauswahl (und PMÜ)
* Auswahl der QM-PA
* Planung der Fertigungs- und Prüffolge

### Fertigungsplanung

* Auswahl der Produktionsmittel
* Qualitäts- und Problemanalysen (z. B. Ishikawa oder Prozess-FMEA)
* Prozessoptimierung
* Personalplanung
* Vorbeugende Instandhaltung
* Schulungsplanung und -durchführung
* Unterweisungen

## Qualitätspolitik und -planung

- Qualitätszielsetzungen (QKZ)
- Qualitätsaudits
- Qualitätszirkel

## QM-Maßnahmen zur Beschaffung

- Liefervorschriften
- Lieferantenauswahl
- Lieferantenbewertung
- Lieferantenüberwachung (-audits)

Die Rückverfolgbarkeit von Aufzeichnungen zu Vorbeugungsmaßnahmen erfordert eine sorgfältige Planung und Beschreibung in Verfahrensanweisungen:

- **Produktbezogene** Vorbeugungsmaßnahmen sollten in der Dokumentation des zugehörigen Produktes oder mit den Designunterlagen geführt werden.
- **Auftragsbezogene** Maßnahmen, zumindest ihre Ergebnisse, gehören zu den Auftragsunterlagen oder den zugehörigen Qualitätsnachweisen.
- **Sonstige** Vorbeugungsmaßnahmen sind fachgebietsbezogen in den zuständigen Fachbereichen abzulegen.

## Aufgaben

1. Wie gliedert sich die QM-Systemdokumentation?
2. Welche Produktarten sind (gesetzlich) dokumentationspflichtig?
3. Wann muss über die Forderungen der DIN EN ISO 9000 ff. hinaus die Durchführung von Korrektur- und Vorbeugemaßnahmen dokumentiert werden?

# 6 Auditierung von Qualitätsmanagementsystemen

## 6.1 Gründe, Ziele und Arten von Audits

Der Begriff Audit wurde in der Vergangenheit hauptsächlich für die Überprüfung von QM-Systemen, später auch für Umweltmanagementsysteme verwendet. Im Zuge des Zusammenwachsens zu integrierten Managementsystemen wurde der Anwendungsbereich auf das Auditieren jeglicher Managementsysteme erweitert (vgl. Kap. 2.5).

## 6.1.1 Begriffe

Aus dem lateinischen „auditio" (= Anhörung) und dem englischen „audit" (= Buchprüfung) ist ein international gebräuchlicher Begriff entstanden:

> Audit: Systematischer, unabhängiger und dokumentierter Prozess zum Erlangen von objektiven Nachweisen und zu deren objektiver Auswertung, um zu bestimmen, inwieweit Auditkriterien erfüllt sind.
>
> *(aus DIN EN ISO 19011: 2018)*

Dabei soll heißen:

- Systematisch: Überprüfung mittels Checklisten, Prozessbeschreibungen u. Ä.
- Unabhängig: Interessenkonflikte und Voreingenommenheit sind zu vermeiden, z. B. soll das Auditteam nicht seinen eigenen Arbeitsbereich überprüfen
- Dokumentiert: Die vorgehensweise beruht auf Nachweisen, die verifizierbar sind. Die Schlussfolgerungen sollen auch später nachvollziehbar sein. Beides muss geeignet schriftlich festgehalten werden.
- Objektiver Nachweis: Daten, welche die Existenz oder Wahrheit von Etwas bestätigen.
- Auditkriterien: Satz von Anforderungen die als Bezugsgrundlage (Referenz) verwendet werden, anhand derer ein Vergleich mit dem Auditnachweis erfolgt.

Einfacher ausgedrückt:

> Auditieren ist das Finden von Tatsachen.

Davon leiten sich die Begriffe für die Tätigkeit und die Beteiligten ab:

- Auditor (-team) = Prüfer (-team),
- auditieren = prüfen,
- Auditierte(r) = geprüfte Organisationseinheit (Bereich), diese stellt ggf. einen Ansprechpartner für den Auditor

# 6.1.2 Audits nach DIN EN ISO 19011

Die DIN EN ISO 19011: 2018 „Leitfaden zur Auditierung von Managementsystemen" regelt die Auditierung von Managementsystemen. Gegenüber älteren Ausgaben der Norm wurde sie auf das **Audit jeglicher Managementsysteme** verallgemeinert. Hierunter kann z.B. verstanden werden:

- Qualitätsmanagement (DIN EN ISO 9001)
- Umweltmanagement (DIN EN ISO 14001)
- Lebensmittelsicherheitsmanagement (DIN EN ISO 22000)
- Energiemanagement (DIN EN ISO 50001 – früher 16001)
- Sicherheitsmanagement Arbeitsschutz (OHSAS 18001)
- Informationssicherheitsmanagement (ISO/IEC 27001)
- Transportsicherheitsmanagement, Gesundheitsmanagement, Aufzeichnungsmanagement, Risikomanagement etc.

Darüber hinaus wurden **Remote-Auditmethoden** (Methoden, die nicht die physische Anwesenheit des Auditors vor Ort erfordern) und das **Risikokonzept** eingeführt. **Vertraulichkeit** wurde als neues Prinzip hinzugefügt.

Die ISO 19011 ist im Gegensatz zur ISO 9001 ein Leitfaden, d. h. es werden **keine Anforderungen** aufgestellt, die bei Nichteinhaltung zwingend zu Abweichungen führen. Neben der ISO 19011 gibt es die **ISO/IEC 17021** als Anforderungsnorm für Zertifizierungsstellen.

Die DIN EN ISO 19011 wurde zuletzt im Jahr 2018 geändert. Die Änderungen umfassen i.W. die Anpassung an die DIN EN ISO 9000 f. (2015), z.B. die Erweiterung um den **Risikobasierten Ansatz.**

Grundsätzlich sollte ein Audit folgende Aspekte berücksichtigen:

| Aspekt des Auditprozesses | Schwerpunkte der Anforderung |
|---|---|
| Auditprinzipien | Objektivität und Unparteilichkeit des Auditprozesses |
| Systematik des Auditverfahrens | Dokumentiertes Verfahren<br>Festlegung von Verantwortlichkeiten zu Planung, Durchführung, Berichterstattung und Aufzeichnungen |
| Ziele des Audits | Aufrechterhaltung und Wirksamkeit des Qualitätsmanagementsystems ermitteln bezüglich Normanforderungen z. B. der ISO 9001 sowie von der Organisation selbst festgelegter Anforderungen |
| Anforderungen an Auditoren | Auditoren dürfen ihre eigene Tätigkeit nicht auditieren |
| Planung und Vorbereitung | Planung eines Auditprogramms unter Einbeziehung des Status und der Bedeutung zu auditierender Bereiche und Prozesse sowie Ergebnisse früherer Audits<br>Festlegung von Auditkriterien, Auditumfang, Audithäufigkeit, Auditmethoden |
| Realisierung von Audits | Durchführung interner Audits in geplanten Abständen |
| Auditbberichterstattung | Führen von Aufzeichnungen zur Auditberichterstattung |
| Audit-Follow-up | Leitung des auditierten Bereichs muss sicherstellen, dass Maßnahmen ohne ungerechtfertigte Verzögerung zur Beseitigung von Fehlern und Fehlerursachen ergriffen werden<br>Verifizierung der Folgemaßnahmen und Berichterstattung über die Verifizierungsergebnisse |

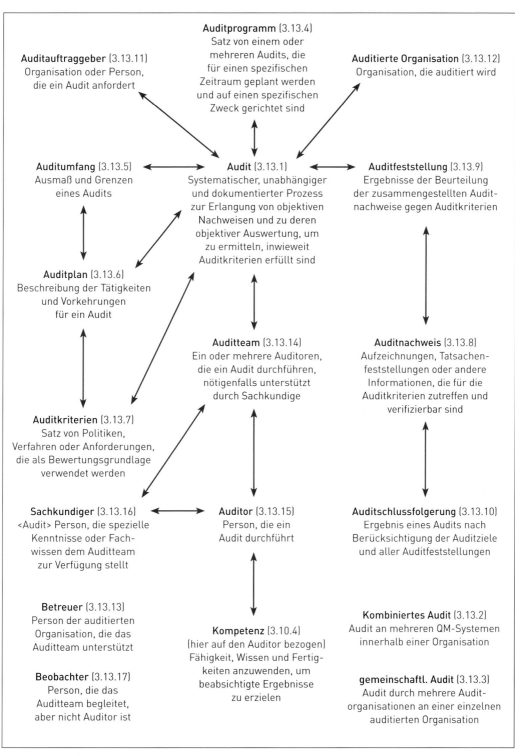

**Auditprogramm** (3.13.4)
Satz von einem oder mehreren Audits, die für einen spezifischen Zeitraum geplant werden und auf einen spezifischen Zweck gerichtet sind

**Auditauftraggeber** (3.13.11)
Organisation oder Person, die ein Audit anfordert

**Auditierte Organisation** (3.13.12)
Organisation, die auditiert wird

**Auditumfang** (3.13.5)
Ausmaß und Grenzen eines Audits

**Audit** (3.13.1)
Systematischer, unabhängiger und dokumentierter Prozess zur Erlangung von objektiven Nachweisen und zu deren objektiver Auswertung, um zu ermitteln, inwieweit Auditkriterien erfüllt sind

**Auditfeststellung** (3.13.9)
Ergebnisse der Beurteilung der zusammengestellten Auditnachweise gegen Auditkriterien

**Auditplan** (3.13.6)
Beschreibung der Tätigkeiten und Vorkehrungen für ein Audit

**Auditteam** (3.13.14)
Ein oder mehrere Auditoren, die ein Audit durchführen, nötigenfalls unterstützt durch Sachkundige

**Auditnachweis** (3.13.8)
Aufzeichnungen, Tatsachenfeststellungen oder andere Informationen, die für die Auditkriterien zutreffen und verifizierbar sind

**Auditkriterien** (3.13.7)
Satz von Politiken, Verfahren oder Anforderungen, die als Bewertungsgrundlage verwendet werden

**Sachkundiger** (3.13.16)
<Audit> Person, die spezielle Kenntnisse oder Fachwissen dem Auditteam zur Verfügung stellt

**Auditor** (3.13.15)
Person, die ein Audit durchführt

**Auditschlussfolgerung** (3.13.10)
Ergebnis eines Audits nach Berücksichtigung der Auditziele und aller Auditfeststellungen

**Betreuer** (3.13.13)
Person der auditierten Organisation, die das Auditteam unterstützt

**Beobachter** (3.13.17)
Person, die das Auditteam begleitet, aber nicht Auditor ist

**Kompetenz** (3.10.4)
(hier auf den Auditor bezogen) Fähigkeit, Wissen und Fertigkeiten anzuwenden, um beabsichtigte Ergebnisse zu erzielen

**Kombiniertes Audit** (3.13.2)
Audit an mehreren QM-Systemen innerhalb einer Organisation

**gemeinschaftl. Audit** (3.13.3)
Audit durch mehrere Auditorganisationen an einer einzelnen auditierten Organisation

**Auditbezogene Begriffe**
(In Anlehnung an DIN EN ISO 9000: 2015 – Nr. = Abschnitt der Norm)

## 6.1.2.1 Auditarten

Nach der Norm DIN EN ISO 19011: 2018 werden Audits unterschieden nach Verhältnis des Auditors zur auditierten Organsiation (Auditorenstatus):

### Internes Audit – First Party Audits

- von betriebseigenen Personen durchgeführt (ggf. extern beauftragte Dienstleister)
- nach ISO 9001 vorgeschrieben

### Lieferantenaudit (Exernes Audit) – Second Party Audit

- Kundenaudit durch einen Vertreter des Kunden als Auditor
- Lieferantenaudit durch eigenen Auditor beim Zulieferer
- vertraglich meist auf Kundenwunsch durchzuführen
- meist Produktaudits (s. u., das Kundenprodukt betreffend)

### Auditierung durch unabhängige Dritte (Externes Audit) – Third Party Audits

- Eine unabhängige Organisation zertifiziert ein Unternehmen nach bestimmten ISO Normen bzw. für rechtliche u. ä. Zwecke

| Erstparteien-Audit | Zweitparteien-Audit | Drittparteien-Audit |
|---|---|---|
| Internes Audit | Audit duch externen Anbieter | Zertifizierungs- und/oder Akkreditierungsaudit |
| | Audit durch eine andere externe interessierte Partei | gesetzliches, behördliches und vergleichbares Audit |

Verschiedene Arten von Audits

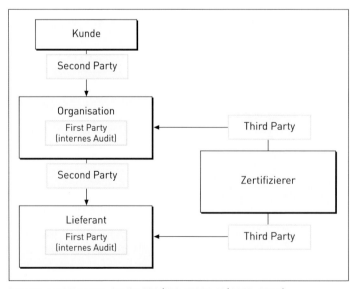

Weiterhin wird unterschieden:

*kombiniertes Audit:*
das in einer einzelnen auditierten Organisation an zwei oder mehr Managementsystemen zusammen durchgeführt wird

*gemeinschaftliches Audit:*
durch zwei oder mehr Auditororganisationen an einer einzelnen auditierten Organisation

Interne und Externe Audits ISO/IEC 17021-X (2015-2019),
DIN EN ISO 19011: 2018, DIN EN ISO 9000: 2015

Daneben kann ein Audit nach dem **Auditgegenstand** unterschieden werden. Für das Qualitätsmanagement ist das System-, Prozess- und Produktaudit von Wichtigkeit (siehe auch Kap. 6.1.2.4 ff).

Beispiele für Auditarten:

- **System-Audit:** Konformität zu Regelwerken (Gesetze, Normen) sowie zur Unternehmenspolitik

- **Verfahrens-Audit:** Einhaltung & Wirksamkeit von (selbst) festgelegten einzelnen Verfahren

- **Prozess-Audit:** Einhaltung & Wirksamkeit von ganzen Prozessketten incl. der Schnittstellen zwischen den Verfahren

- **Projekt-Audit:** Fortschritt eines Projekts, Wahrscheinlichkeit, das vorgegebene Ziel zu erreichen

- **Produktaudit:** Untersuchung von konkreten Produkten auf Schwachstellen

- **Compliance-Audit:** Untersuchung zu Kompetenz zur Erfüllung rechtlicher & anderer Anforderungen (z.B. Konzernrichtlinien)

- **Performance-Audit:** Überprüfung auf Leisungtsfähigkeit eines Systems

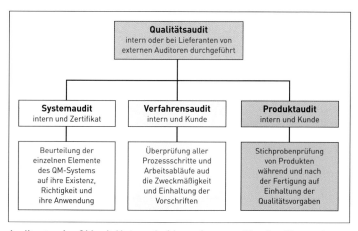

Auditarten im QM mit Unterscheidung der zu prüfenden Elemente

## 6.1.2.2 Auditor und Auditorenteam

Für die Anforderungen an die Qualifikation der Auditoren gelten die Regelungen der DIN EN ISO 19011: 2018.

Auditoren müssen grundlegende persönliche Eigenschaften besitzen, wie Vertrauen, Integrität (ethisches Verhalten) und Diskretion. Darüber hinaus sollten Auditoren über disziplin- und branchenspezifisches Wissen und Fertigkeiten verfügen, wobei sich das Auditorenteam gegenseitig ergänzen kann (nicht jeder Auditor muss alles wissen).

Neu in der aktuellen Norm DIN 19011 ist die Anforderung nach Vertraulichkeit: Auditoren sollten bei der Verwendung und dem Schutz von Informationen, die sie im Verlaufe ihrer Aufgaben erworben haben, umsichtig handeln.

Auditorenteamleiter sollten Wissen und Fertigkeiten bezüglich der Führung einer Gruppe haben. Dazu gehört eine harmonisches Zusammenarbeit zu entwickeln sowie Stärken und Schwächen einzelner Mitglieder auszugleichen.

Auditoren sollen befähigt sein, ihr Wissen und Fertigkeiten anzuwenden, um die beabsichtigten Ergebnisse zu erzielen. **Die Kompetenz der Auditoren sollte durch einen Prozess bewertet werden,** welcher diese Fähigkeit sowie eine zielgerichtete, angemessene Kommunikationsfähigkeit berücksichtigt (vgl. auch Kap. 6.5):

| Bewertungs-methode | Ziele | Beispiele |
|---|---|---|
| Prüfen von Aufzeichnungen | Um das Wissen und das Können des Auditors zu prüfen. | Analyse von Aufzeichnungen zur Ausbildung, Schulung, Beschäftigung, professionelle Kompetenznachweise und Auditerfahrung. |
| Feedback | Um Informationen darüber bereitzustellen, wie die Leistung des Auditors wahrgenommen wird. | Umfragen, Fragebögen, persönliche Referenzen, Zeugnisse, Beschwerden, Leistungsbewertung, Begutachtung durch Kollegen (Peer Review) |
| Befragung | Um die persönlichen Verhaltens- und Kommunikationsfähigkeiten zu bewerten, um Informationen zu prüfen und um Wissen zu testen sowie um zusätzliche Informationen zu erwerben. | Persönliche Befragungen |
| Beobachtung | Um das persönliche Verhalten zu bewerten sowie die Fähigkeit, sich Wissen und Fertigkeiten anzueignen. | Rollenspiele, Audits unter Aufsicht, Leistungsfähigkeit am Arbeitsplatz. |
| Prüfung | Um persönliches Verhalten sowie Wissen und Fertigkeiten und deren Anwendung zu bewerten. | Mündliche und schriftliche Prüfungen, psychometrische Tests. |
| Bewertung nach dem Audit | Um Informationen über die Leistung des Auditors während der Audittätigkeiten bereitzustellen, um Stärken und Schwächen zu identifizieren. | Bewertung des Auditberichts, Befragungen des Auditteamleiters, des Auditteams und ggf. Feedback von der auditierten Organisation. |

**Bewertungsmethoden zur Auswahl geeigneter Auditoren**
(Quelle: DIN EN ISO 19011: 2018)

**Unabhängigkeit** ist erforderlich für die **Objektivität** der Auditschlussfolgerungen. Interne Aditoren sollen demnach z. B. unabhängig von den Leitern der jeweilig auditierten Bereiche sein. Bei kleineren Organisationen kann dies aber problematisch sein. Die DIN 19011 erlaubt daher für Ausnahmefälle, dass die internen Auditoren nicht komplett unabhängig von der auditierten Tätigkeit sind, wobei möglichst weit Voreingenommenheit zu beseitigen und Objektivität zu fördern ist.

## 6.1.2.3 QM-Systemaudit

Mit einem QM-Systemaudit wird festgestellt, ob

- die Dokumentation des QM-Systems alle notwendigen Forderungen – den Produkten und der anzuwendenden Norm angemessen – regelt,
- die einzelnen Regelungen den betreffenden Mitarbeitern bekannt und verstanden sind,
- die Regelungen und Anweisungen von allen Mitarbeitern und in allen Bereichen eingehalten und ausgeführt werden,
- die notwendigen Korrekturmaßnahmen durchgeführt und auf ihre Wirksamkeit geprüft werden,
- notwendige Dokumentationen erstellt und auffindbar archiviert werden,
- das Qualitätsmanagementsystem vollständig und wirksam ist.

Die Beurteilungsbasis für das systembezogene (Qualitäts-)Audit ist die dokumentierte Information der zu untersuchenden Organisation (Unternehmen, Betrieb oder sonstige Einrichtung), z. B. aus einem QM-Handbuch (dieses wird in der ISO 9001:2015 nicht mehr explizit gefordert, derzeit ist dies aber in der Praxis (noch) üblich).

---

1. Soll-Ist-Vergleich: QM-Handbuch vs. anzuwendende Norm: Enthält das QM-Hand-buch – den Produkten angemessen – alle Regelungen, wie sie von der Norm gefordert werden? Mit positivem Ergebnis dieser ersten Prüfung ist das QM-Handbuch die Basis des weiteren Qualitätsaudits.

---

2. Soll-Ist-Vergleich: Forderungen aus dem QM-Handbuch vs. Umsetzung in Aufbau- und Ablauforganisation (QM-VA):
   Sind für alle QM-Elemente und Forderungen des QM-Handbuchs die Aufbaustrukturen, Abläufe und Verantwortlichkeiten – den Produkten und der Organisation angemessen – schriftlich festgelegt und geregelt?
   Sind die erforderlichen Einzelanweisungen und Durchführungsbestimmungen für alle QM-Elemente und Bereiche schriftlich festgelegt?
   Haben die verantwortlichen Mitarbeiter eine angemessene Qualifikation?

---

3. Soll-Ist-Vergleich: Forderungen und Regelungen aus der QM-Systemdokumentation vs. Bekanntheit, Verständnis und Umsetzung:
   Sind den Mitarbeitern die ihren Aufgaben entsprechenden Richtlinien, Vorschriften und Anweisungen bekannt?
   Halten die Mitarbeiter die Vorschriften ein und sind die Prozesse geeignet?

---

Im QM-Handbuch müssen die Forderungen für den Aufbau, Ablauf und die Dokumentation der QM-Maßnahmen festgelegt sein, und zwar für alle Anforderungen der ISO 9001 und ggf. zusätzlicher Forderungen den Produkten (den Aufgaben der Organisation) und Fertigungsverfahren angemessen.

Dabei bildet grundsätzlich das Produkt mit den höchsten QM -Nachweisforderungen die Basis für die anzuwendende Nachweistiefe und die erforderliche Qualifikation für Personal und Prozesse.

Im Systemaudit werden die Forderungen an einzelne Produkte und ihre Qualitätsmerkmale nicht berücksichtigt, sondern nur die an das QM-System selbst.

> Das Ergebnis eines QM-Systemaudits gibt keine direkte Auskunft über das Qualitätsniveau der Produkte und Prozesse der auditierten Organisation.

| Qualitätsmanagement | | | |
|---|---|---|---|
| Anforderungen an das QM-System | Dokumentation | | Umsetzung/ Nachweis |
| **Allgemeine Forderungen**<br>Erkennung der erforderlichen Prozesse in der gesamten Organisation<br>Festlegung deren Abfolge und Wechselwirkung sowie die Sicherstellung der Kriterien für Durchführung und Lenkung soweit zutreffend<br>Sicherstellung der Lenkung ausgegliederter Prozesse, die die Produktkonformität beeinflussen<br>Angemessenheit des Umfangs der dokumentierten Information:<br>• Größe und Art der Organisation, Komplexität und Wechselwirkung der Prozesse, Fähigkeiten des Personals<br>Anwendungs-/Geltungsbereich<br>Beschreibung der Wechselwirkung der Prozesse | | | |
| **Regelungen zu:**<br>Genehmigung, Herausgabe, Bewertung, Aktualisierung, Kennzeichnung der Änderungen und des Revisionsstandes.<br>Verfügbarkeit der gültigen Fassung am jeweiligen Einsatzort.<br>Lesbarkeit und leichtes Erkennen, Kennzeichnung von Dokumenten externer Herkunft und deren Verteilung.<br>Verhindern der unbeabsichtigten Verwendung von veralteten Dokumenten und geeignete Kennzeichnung bei Aufbewahrung von dokumentierter Information. | | | |
| **Regelungen zu:**<br>Lesbarkeit, Kennzeichnung, Aufbewahrung, Aufbewahrdauer, Wiederauffindung.<br>Schutz und Beseitigung von dokumentierter Information | | | |
| Bewertung: ✓ i.O.   O: offener Punkt (zu klären beim Audit vor Ort)   A: Abweichung   F: Feststellung   E: Empfehlung | | | |

**Beispiel für eine Systemaudit-Checkliste**

**Das interne QM-Systemaudit** muss als Nachweis der Aufrechterhaltung eines QM-Systems in regelmäßigen Zeitabständen in jeder (im QM-Handbuch benannten) Organisationseinheit planmäßig durchgeführt werden. Die Leitung der Gesamtorganisation (Geschäftsleitung) muss diese Audits durchführen (lassen), ggf. Korrekturmaßnahmen anordnen und deren Erfolg prüfen. Auch für interne Audits sollen die Forderungen der DIN EN ISO 19011: 2018 angemessen erfüllt werden. Die Terminplanung bleibt den Verantwortlichen überlassen. Es soll aber ein Terminplan erstellt werden, damit für jede Organisationseinheit der Prüfungstermin rechtzeitig bekannt ist.

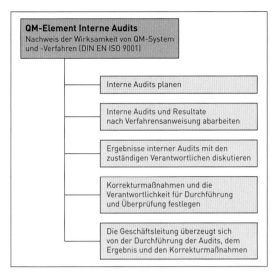

**Anforderung an interne Audits**

Die Prüfung erfolgt nach einem von den Auditoren zu erstellenden bzw. vorgegebenen Fragenkatalog.

> Die Prüfung der QM-Systemdokumentation (QM-Handbuch, QM-VA
> und QM-Anweisungen) soll immer als 100-%-Prüfung durchgeführt werden.
> Die Prüfung der Bekanntheit und Einhaltung von Richtlinien und Anweisungen
> kann nur als Stichprobenprüfung zum Prüfungszeitpunkt erfolgen.

**Das externe QM-Systemaudit** kann als Lieferantenaudit (bzw. Kundenaudit) vom Kunden oder einem Bevollmächtigten beim Lieferanten durchgeführt werden. Dazu ist eine „Vereinbarung zwischen Kunde und Lieferant" Voraussetzung.

Ziel der Einführung von Zertifizierungen (ISO 9001, IATF 16949 etc.) war es, diese externen QM-Systemaudits durch Kunden- bzw. Lieferanten abkömmlich zu machen. Bezüglich des Nachweises der Wirksamkeit eines vorhandenen QM-Systems reicht folglich die Zusendung des Zertifikats an den Kunden. Dies ist eine erhebliche Arbeitsverminderung, da nun ein Zertifizierungsaudit, statt viele Audits – für jeden Kunden/Lieferanten einzeln –, ausreicht. Aber:

> Die Zertifizierung des QM-Systems eines Lieferanten entbindet den Kunden
> nicht von der Verpflichtung zur Wareneingangsprüfung nach § 377 HGB.

## 6.1.2.4 Produktaudit

> Das Produktaudit ist eine Stichprobenprüfung, bei der eine im
> Auditplan festgelegte Anzahl von Endprodukten und/oder Teilen auf
> die Einhaltung aller Qualitätsmerkmale überprüft wird.

Die für das Produktaudit zu erstellende Checkliste basiert in der Regel auf folgenden Unterlagen:

### Qualitätsrichtlinien

- gesetzliche und technische Regeln
- vertragliche Qualitätsvereinbarungen
- ggf. interne Richtlinien (Hausnorm)

### Konstruktionsunterlagen

- Zeichnungen und Berechnungen
- ggf. Risikoanalysen
- Arbeits- und Prüfanweisungen

### Rohstoffe und Zukaufteile für das Produkt

- Lieferantenauswahl und -überwachung
- Wareneingangsprüfung

### Fertigungs- und Prüfpläne

- inkl. Qualitätsfähigkeitsnachweisen ($C_p$ & $C_{pk}$) und
- ggf. Risikoanalysen
- Arbeits- und Prüfanweisungen

### Fertigungs- und Prüfmittel

- Ergebnisse der Prozessüberwachung (QRK, SPC)
- Kontrolle der verwendeten Prüfmittel (PMÜ)

### Verpackung und Versand

- Verpackungs- und Lagerungsvorschriften
- Kennzeichnung (besonders bei Gefahrstoffen)

### ggf. Produktinformation

- Vollständigkeit und Richtigkeit der Gebrauchsanweisungen und -einschränkungen

> Voraussetzung für die Durchführung eines Produktaudits ist die vorherige Prüfung der o. g. Unterlagen auf Vollständigkeit, Zweckmäßigkeit und Konformität mit den betreffenden normativen Regelungen.

Die Verantwortlichkeiten, Planung, Durchführung und Anforderung an die Auditoren entsprechen den Regelungen der DIN EN ISO 19011. Dabei ist hier besonders zu beachten, dass die Auditoren auch die Prüftechniken beherrschen und von der Durchführung serienmäßiger Qualitätsprüfungen unabhängig sind. Der Aufwand des Produktaudits ist von der Komplexität des Produkts abhängig.

Von Serienteilen werden meist kleine Stichproben entnommen, bei verfahrenstechnischen Produkten werden einzelne Chargen planmäßig und vollständig untersucht. Von sehr komplexen Produkten (z. B. Fahrzeugen) werden in regelmäßigen Abständen einzelne Produkte planmäßig zerlegt und die einzelnen Komponenten auf Einhaltung ihrer Qualitätsmerkmale geprüft.

> Ziel des internen Produktaudits ist das Erkennen
> systematischer Fehler und langfristiger Qualitätstrends.

Ein Produktaudit durch den Kunden kann beim Lieferanten vor der Auslieferung, ggf. schon während der Fertigung, oder im Rahmen der Eingangsprüfung durchgeführt werden.

> Ziel des Produktaudits durch den Kunden ist eine optimale Lieferantenüberwachung
> und Reduzierung des Aufwands in der Wareneingangsprüfung.
> Mit entsprechenden Vereinbarungen, routinemäßiger Lieferantenüber-
> wachung und Durchführung von Produktaudits kann der Kunde seine
> Pflichten aus § 377 HGB durch Prüfung von Richtigkeit, Vollständigkeit
> und Unversehrtheit der Lieferung mit minimalem Aufwand erfüllen.

## 6.1.2.5 Verfahrensaudit

Im Verfahrensaudit wird eine planmäßige und systematische Prüfung der Wirksamkeit der Qualitätssicherung bzgl. der Qualifikation der Fertigungsprozesse, organisatorischen Abläufe und des Personals durchgeführt. Geprüft werden auch die zugehörigen Richtlinien und Anweisungen auf Aktualität, Zweckmäßigkeit, Vollständigkeit und Einhaltung.

> Ziele von Verfahrensaudits sind
> – das Erkennen von Schwachstellen in Fertigungsprozessen,
> – die Prüfung auf Wahrung der Qualitäts- und Prozessfähigkeit,
> – die Beurteilung der Zweckmäßigkeit und Einhaltung von organisatorischen Abläufen
>   und Vorschriften.

Verfahrensaudits werden in der Regel als interne Audits routinemäßig durchgeführt oder wenn neue oder geänderte

- normative Vorschriften und gesetzliche Auflagen,
- interne Anweisungen,
- Qualitätsvereinbarungen,
- Fertigungsverfahren oder -einrichtungen ($C_p/C_m$) inkl. Wartung und Instandhaltung,
- Prüfverfahren oder -einrichtungen inkl. PMÜ sowie
- Anforderungen an die Personalqualifikation

relevant werden. Mit dem Kunden gemeinsam durchzuführende Verfahrensaudits setzen Vereinbarungen über die Anwendung bestimmter Fertigungsverfahren, Produktionseinrichtungen und/ oder Prüfungen und Prüfeinrichtungen voraus. Dabei kann produktbezogen die Einhaltung bestimmter Fertigungs- und Prüfverfahren in Fertigungs- und Prüffolgeplänen festgelegt werden.

# 6.1.3 Zertifizierung von QM-Systemen

Von zentraler Bedeutung für die Schaffung der DIN EN ISO 9000ff. war der Wunsch nach einheitlichen Modellen zum Aufbau und zur Aufrechterhaltung von QM-Systemen, die nach weitgehend einheitlichen Kriterien geprüft werden können und weltweit gegenseitige Anerkennung finden.

Nachdem die DIN EN ISO 9000ff. weltweite Anerkennung gefunden hatten, wurde mit der DIN EN ISO 19011 der Leitfaden für die Beurteilung, das **Audit von QM-Systemen,** international geregelt.

> Es gibt keine Rechtsvorschrift, die einem Unternehmen vorschreibt, sein QM-System zertifizieren zu lassen. Ein möglicher Zwang zur Zertifizierung kann durch die Marktsituation und Kundenforderungen ausgeübt werden.

Im Vorgriff auf „Fragenkatalog zum Systemaudit", Kap. 6.4, sei hier angemerkt: Nach DIN EN ISO 9001, Anforderung 7.4, ist der Kunde, der ein entsprechendes QM-System unterhält, verpflichtet, die Qualitätsfähigkeit und Zuverlässigkeit seiner Lieferanten zu beurteilen und zu überwachen.

Der „bürokratische Kunde" leitet daraus ab, dass nur „zertifizierte Lieferanten" zugelassen werden. Mit der Zertifizierung seines QM-Systems weist der Lieferant jedoch nur nach, dass seine QM-Organisation die Mindestforderungen nach DIN EN ISO 9001 erfüllt. Bezüglich Zuverlässigkeit und Qualitätsfähigkeit des Lieferanten hat das Zertifikat nur sehr geringe Aussagekraft. Der „kooperative Kunde" kann auch bei einem „nicht zertifizierten Lieferanten" durch Vereinbarungen und Überwachung von gezielten QM-Maßnahmen mehr Sicherheit erreichen.

> Es ist übertriebener Bürokratismus, wenn ein Kunde von einem bekanntermaßen zuverlässigen Lieferanten die (teure) Zertifizierung seines QM-Systems verlangt.
> Mit einem auf die Belange des Produktes abgestimmten Lieferantenaudit erfüllt der Kunde seine Pflichten zur Lieferantenüberwachung wesentlich besser.

Das QM-Zertifikat eines Anbieters kann bei potenziellen Kunden für deren Lieferantenauswahl ein bedeutender Beurteilungsfaktor sein.

> Zum Aufbau neuer Geschäftsbeziehungen, zur Nutzung des EU-Binnenmarktes und im Exportgeschäft ist die Zertifizierung des QM-Systems meist unerlässlich.
> Das QM-Zertifikat ist ein marktstrategisches Argument und keine Qualitätssicherungsmaßnahme.

Um einem QM-Zertifikat nach DIN EN ISO 9001 internationale Anerkennung zu verleihen, müssen folgende Bedingungen erfüllt werden:

- Zur Durchführung des Audits müssen die Forderungen der DIN EN ISO 19011 eingehalten werden,

- die zertifizierende Stelle muss akkreditiert sein[1] und die staatliche Zulassung nachweisen.

Innerhalb der EU sind die Kriterien zur Akkreditierung für Zertifizierungsstellen homogenisiert und nationalstaatlicher Aufsicht unterstellt. In der Bundesrepublik Deutschland ist dies die Deutsche Akkreditierungsstelle DAkkS (www.dakks.de). Die DAkkS nimmt dabei hoheitliche Aufgaben wahr. Der gesetzliche Auftrag ist die Akkreditierung von Konformitätsbewertungsstellen (Laboratorien, Inspektions- und Zertifizierungsstellen). Hierunter fällt die „Zulassung" (= Akkreditierung) von Zertifizierungsstellen für Managementsysteme, was in der DIN EN ISO/IEC 17021 geregelt ist. Die Zertifizierungsstellen können dann Unternehmen prüfen und z. B. Zertifikate nach DIN EN ISO 9001 ausstellen.

Alle produzierenden und dienstleistenden Gewerbe sind nach dem sog. Zert-Dispriptoren in 39 Branchengruppen gegliedert (siehe auch www.dakks.de), für die der Zertifizierer jeweils akkreditiert sein muss. Für die jeweilige Zulassung muss er über Auditoren verfügen, die neben der QM-Auditorenqualifikation nach DIN EN ISO 19011 auch über die entsprechende branchenspezifische Kompetenz verfügen.

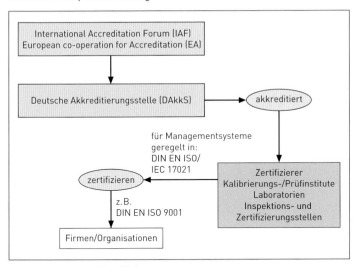

**Akkreditieren und Zertifizieren**

Bei der DAkkS sind zurzeit (Stand Sommer 2016) 231 Zertifizierer für Managementsysteme akkreditiert, die teils nur als Branchenspezialisten, teils mit breiter bis vollständiger Zulassung die Zertifizierung anbieten können. Zur Auswahl des Zertifizierers muss der Lieferant berücksichtigen:

- branchenspezifische Akkreditierung,

- Zertifizierungskosten einschließlich der Folgekosten,

- Akzeptanz des Zertifizierers beim Kunden.

Das Zertifikat bescheinigt die angemessene Erfüllung der genannten QM-Norm mit einer Gültigkeit für drei Jahre. Der Schwerpunkt der Beurteilung liegt auf der Umsetzung und Aufrechterhaltung der dokumentierten QM-Forderungen.

---

[1] DIN EN ISO/IEC 17011: 2005 Konformitätsbewertung – Allgemeine Anforderungen an Akkreditierungsstellen, die Konformitätsbewertungsstellen akkreditieren
DIN EN ISO/IEC 17021-1: 2015-11 Konformitätsbewertung – Anforderungen an Stellen, die Managementsysteme auditieren und zertifizieren – Teil 1: Anforderungen

Ein Zertifikat muss zurückgezogen werden, wenn

- beim jährlichen Überwachungsaudit erhebliche Mängel festgestellt werden oder
- das Zertifikat missbräuchlich, z. B. für irreführende Werbung, verwendet wird.
- Bei den jährlichen Überwachungsaudits wird überwiegend die von den Auditoren geforderte Durchführung von Korrekturmaßnahmen überprüft und stichprobenartig die Anwendung der QM-Maßnahmen kontrolliert.

> Nach Ablauf von drei Jahren wird das Zertifikat ungültig und muss erneuert werden. Innerhalb des Dreijahres-Zeitraumes finden jährliche Überwachungsaudits statt.

Zur Erneuerung des Zertifikats ist der erfolgreiche Abschluss eines Wiederholungsaudits erforderlich. Dessen Umfang ist von den Ergebnissen der vorher durchgeführten Audits und ggf. zwischenzeitigen Änderungen der QM-Normen abhängig.

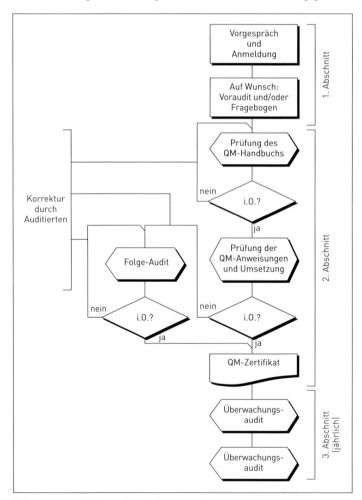

Schema zum üblichen Zertifizierungsablauf

**Kosten der Zertifizierung**

- direkte Projektkosten (QM-Verantwortlicher bzw. ggf. externe Berater)
- indirekte Projektkosten (Beteiligung weiterer Mitarbeiter sowie Führung)
- Kosten für Weiterbildung (QM-Beauftragter / Auditoren etc.)
- Aufwand für Mitarbeiter-Schulungen / Infoveranstaltungen / Infomedien
- Kosten für Technik (z.B. elektronisches QM-Handbuch)
- Kosten für Zertifizierung ISO 9001 und externe Audits
- Folgekosten für QM-Beauftragte
- Folgekosten für die Weiterentwicklung

**Aufgaben**

1. Erläutern Sie den Begriff „Audit".
2. Nennen Sie die Auditarten, die beim Qualitätsaudit unterschieden werden.
3. Welchem Zweck dienen interne Audits?
4. Was wird bei einem Systemaudit festgestellt?
5. Listen Sie die Ziele auf, die mit produktbezogenen Audits verfolgt werden.
6. Was wird bei einem verfahrensbezogenen Audit überprüft?
7. Was versteht man unter Lieferanten- bzw. Kundenaudit?
8. Wer darf Zertifizierungsaudits durchführen?
9. Was bescheinigt das Zertifikat? Wie lange ist es gültig?

# 6.2    Ziele und Umfang des Auditprogramms

Für ein Auditprogramm sollten Ziele festgelegt werden, um Planung und die Durchführung des Audits zu lenken. Neben den bekannten Zielen (Konformität zu Regelwerken, Erfüllung von Kundenanforderungen, etc.) werden in der DIN EN ISO 19011 zusätzliche Aspekte zur Zielfindung vorgeschlagen:

- Managementprioritäten

- kommerzielle und andere geschäftliche Intentionen;

- Merkmale von Prozessen, Produkten und Projekten sowie Änderungen an diesen

- rechtliche vertragliche und anderweitig verpflichtende Anforderungen

- Erfordernis der Lieferantenbeurteilung

- Erfordernisse und **Erwartungen interessierter Parteien,** einschließlich der Kunden

- **Leistungsgrad** der zu auditierenden Organisation, wie dieser sich beim Auftreten von Fehlern bzw. bei Zwischenfällen/Störfällen oder Kundenbeschwerden widerspiegelt
- **Risiken** für die zu auditierende Organisation
- Reifegrad des Managementsystems
- **Vertrauensschaffung**

Nachdem die Ziele festgelegt wurden, erfolgt die Erstellung des Auditprogramms, die Durchführung, bestehend aus Umsetzung und Überwachung, sowie die abschließende Bewertung des Audits.

Das Audit soll wie folgt geplant, gelenkt und geleitet werden:

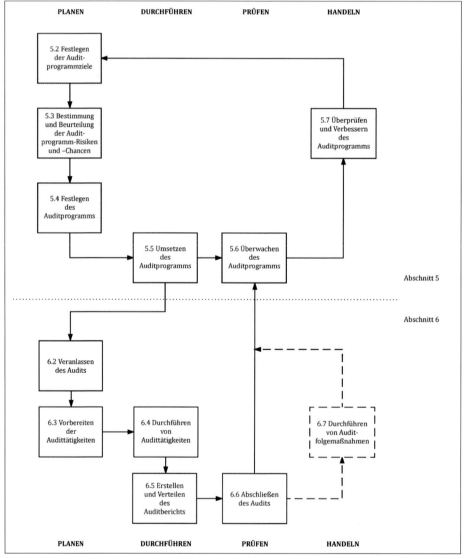

Ablauf für das Lenken und Leiten eines Auditprogramms (Zahlen sind Kapitel-Nr. der Norm)
Auszug aus DIN EN ISO 19011: 2018

## 6.3 Audits: Planung, Durchführung und Bewertung

### 6.3.1 Verfahren für Qualitätsaudits

Die einzelnen Schritte und das Verfahren zur Planung von Audits zur Bewertung von QM-Systemen sind in der DIN EN ISO 19011 dargelegt.

### 6.3.2 Spielregeln für Audits

Der Auditor hat die Aufgabe festzustellen, ob

- das QM-System vollständig und angemessen z. B. mit Handbuch, Verfahrensanweisungen und Ausführungsvorschriften beschrieben ist,
- die QM-Anweisungen den betreffenden Mitarbeitern bekannt und verstanden sind,
- die Mitarbeiter diese Anweisungen befolgen.

Dazu steht nur begrenzte Zeit zur Verfügung, sodass die Beurteilung meist nur unter Stress erfolgen kann. Die einzelnen Anweisungen und der Erfüllungsgrad können nur stichprobenartig beurteilt werden.

**Der Auditierte** wird in der Regel, besonders bei einem externen Audit, die Schwächen im QM-System und seiner Erfüllung nicht gerne aufdecken. Da man aber auch künftig fair zusammenarbeiten will, müssen einige Spielregeln beachtet werden:

**Aufgaben und Regeln für die Auditierten**

- Sich über das QM-System im eigenen Bereich genau informieren und auf ggf. nötige Unterlagen Zugriff haben.
- Missstände und Unzulänglichkeiten möglichst vorher ausräumen, aber keine „Show" durchführen.
- Aufgabe und Persönlichkeit des Auditors berücksichtigen, besonders beim Kundenaudit den Auditor nicht verärgern.
- Fragen kurz, wahrheitsgemäß und höflich beantworten, keine langen Erklärung abgeben.
- Keine ungefragten Informationen geben.
- Wenn Fehler auffallen, diese zugeben und keine Notlügen und Ausreden erfinden, aber auf bereits angedachte und begonnene Maßnahmen kann hingewiesen werden.
- Nur typische Beispiele (z. B.: beim Kundenaudit vom Kunden) zeigen und erklären.
- Eindeutig mitteilen, wenn eine Frage nicht verstanden wurde oder nicht in den Zuständigkeitsbereich gehört.
- Vorschläge und Kommentare des Auditors notieren (sie können für Verbesserungsmaßnahmen hilfreich sein und werden beim nächsten Audit wahrscheinlich aufgegriffen).
- Als Chef nicht für einen gefragten Mitarbeiter antworten, höchstens die Antwort erklärend kommentieren.

### Aufgaben und Regeln für den Auditor

Da der Auditor unter Zeitdruck möglichst viele Informationen erhalten will, ist er darauf geschult und bedacht – zwar unter Einhaltung der Höflichkeitsregeln, aber hartnäckig und unerbittlich –, folgende Gesprächsregeln zu beachten:

- Wer fragt, der führt! Die Führung nicht an die Auditierten verlieren.
- Während der Befragung sich nicht auf Diskussionen einlassen.
- Keine Abschweifungen vom Thema zulassen.
- Keine längeren Unterbrechungen durch Dritte dulden.
- Beantwortung von Fragen nur von dem Befragten und nicht durch Dritte (z. B. Chef) akzeptieren.
- Bei zur Beurteilung unzureichenden Antworten nachfragen!

## 6.3.3 Auditdurchführung

Bei der Durchführung eines Audits spielen zwei Bereiche eine zentrale Rolle:

### a) Wahl der Auditmethode

Wie der Auditor an seine Informationen kommt u. a. hängt ab vom Auditziel, von der zu Verfügung stehenden Zeit, von der Kompetenz der Beteiligten sowie von der Verfügbarkeit der Informationen (dezentral, online verfügbar, nur vor Ort verfügbar, Wissen der Mitarbeiter ohne schriftliche Verfügbarkeit, nur beobachtbar etc.). Dabei kann als Auditmethode unterschieden werden:

- menschliche Interaktion, vor Ort (z. B. Befragung mit Checkliste)
- keine menschliche Interaktion, vor Ort (z. B. Dokumentenprüfung, Standortbegehung)
- Remote-Auditmethode, (beliebiger Standort)

### b) Prozess des Sammelns, Überprüfens und Bewertens von Informationen

Das Sammeln von Informationen kann geschehen durch:

- Befragung
- Beobachtung
- Überprüfen von Dokumenten und Aufzeichnungen

Diese Informationen können als vollständige Erhebung oder in Stichproben erfolgen. Gelten die Informationen als gesichtet (validiert und dokumentiert), so werden daraus Auditnachweise, die anhand von Auditkriterien (Festlegungen, Referenzen, Normen, Gesetze etc.) bewertet werden. Danach wird in der Auditfeststellung über Konformität oder Nicht-Konformität entschieden. In einer Abschlussbesprechung berät das Auditteam über die gesammelten Auditfeststellungen und erarbeitet die Auditschlussfolgerung, ggf. mit Empfehlungen und Auditfolgemaßnahmen. Diese werden dann in einer Abschlussbesprechung bzw. im Auditbericht der auditierten Organisation mitgeteilt.

Prozess des Sammelns und
Überprüfens von Informationen
Auszug aus DIN EN ISO 19 011: 2018

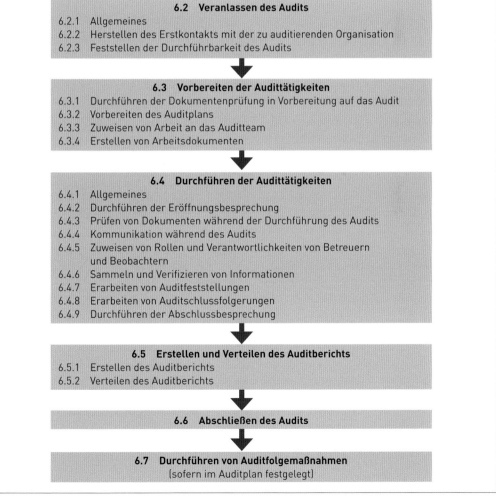

Typische Auditorentätigkeit (Zahlen sind Kapitel-Nr. der Norm)
Auszug aus DIN EN ISO 19011: 2018

---

**Aufgaben**

1. Welche Verfahrenspunkte müssen für interne Qualitätsaudits in einer QM-VA geregelt werden?

2. Erstellen Sie ein Ablaufschema (Fließbild) für die Durchführung interner Qualitätsaudits.

3. Warum ist es zweckmäßig, im Auditterminplan Spalten für die Quittierung der Auditdurchführung anzulegen?

4. Welche Vereinbarungen müssen für die Durchführung von Lieferantenaudits getroffen werden?

5. Halten Sie es für richtig, die „Spielregeln für Audits" vor einem Audit an die Mitarbeiter zu verteilen? Begründen Sie Ihre Antwort.

# 6.4     Fragenkatalog zum Systemaudit

> Der Fragenkatalog dient dem Auditor als Checkliste.

Die an die auditierten Personen gerichteten Fragen und Aufforderungen müssen zwangsläufig frei formuliert werden und den Zweck erfüllen, die Checklistenfragen eindeutig mit dem Ist-Zustand zu beantworten.

## 6.4.1 Fragen für interne Qualitätsaudits

Für die interne Bewertung des QM-Systems wird zunächst die dokumentierte Information über das QM-System, also z.B. das QM-Handbuch und die QM-Verfahrensanweisungen, auf ihre Vollständigkeit bezüglich der angegebenen QM-Normen und erforderlichen technischen Regeln unter Berücksichtigung der Angemessenheit zu den Produkten geprüft (vgl. Auditablauf Kap. 6.1.2).

> Basis für das interne Qualitätsaudit ist das QM-Handbuch.
> Alle im QM-Handbuch festgelegten Forderungen werden als Fragen formuliert und im Fragenkatalog aufgenommen. Es ist zweckmäßig, die jeweiligen Fragen für die einzelnen zu untersuchenden Abteilungen zusammenzustellen.
> Fragen aus QM-Elementen, die mehrere Abteilungen betreffen, werden jeweils in allen betroffenen Bereichen gestellt.

# 6.4.2 Fragen für Systemaudits bei Lieferanten

Die Basis für das Lieferantenaudit bestimmt der Kunde.
In der Regel wird er jedoch die vom Lieferanten zugesagte QM-Norm
als Grundlage anwenden, wobei er die fertigungs- und prüftechnischen
QM-Elemente schwerpunktmäßig bewertet.

Die Lieferantenauditoren werden zur Aufstellung des jeweiligen Fragenkatalogs nicht nur die anzuwendende QM-Norm heranziehen, sondern auch die technischen Regeln und eigenen Anforderungen an das zu beschaffende Produkt und die Qualitätsfähigkeit des Lieferanten schwerpunktmäßig berücksichtigen. Auch hier ist es – wie beim internen Audit – zweckmäßig, die Fragen für die jeweils zu prüfenden Bereiche zusammenzustellen.

Lieferantenaudits müssen oft unter großem Zeitdruck durchgeführt werden. Daher gehen diese Eindrücke besonders stark in die Beurteilung ein:

- Sauberkeit und Ordnung im Betrieb und in Lagern,

- Ordnung in den Unterlagen und Dokumentationen,

- Kennzeichnung vom Prüfstatus, Prüfmitteln und Produkten,

- Dokumentation der Prüfmittelüberwachung,

- Trennung und Kennzeichnung von nicht geprüften und fehlerhaften Produkten.

| Internes Audit<br>Abt/Bereich: Vertrieb | Lieferantenaudit bei:<br>verantwortlich; | | | | | Blatt-Nr.: | |
| --- | --- | --- | --- | --- | --- | --- | --- |
| | | | Auditor: | | | Datum: | |
| | Dokumentation | Auditfragen (Anforderungen) | A | B | C | ges.<br>Bew. | Bemer-<br>kung |
| Kunden-<br>bezogene<br>Prozesse<br>(Vertrags-<br>überprüfung) | QM-VA,<br>Organisations-<br>richtlinien<br>(OR),<br>Haus Stan-<br>dards | • Besteht ein Verfahren zur Prüfung auf Eindeutigkeit und Vollständigkeit aller Anforderungen an das Produkt und die Lieferbedingungen?<br>• Sind Schnittstellen zur Klärung der Machbarkeit geregelt?<br>• Gibt es Anweisungen zur Durchführung und Dokumentation dieser Prüfungen vor Angebotsabgabe?<br>• Gibt es eine Anweisung zum Vergleich von Angebots-/Auftragstext?<br>• Sind die Kommunikationswege zur Klärung offener Fragen und Änderungen mit dem Kunden geregelt?<br>• Sind Zuständigkeiten und Dokumentation zur Auftragsbearbeitung geregelt? | | | | | |
| Kennzeich-<br>nung und<br>Rückverfolg-<br>barkeit | QM-VA,<br>OR | • Besteht ein Organisationssystem, mit dem auftragsbezogen die Rückverfolgbarkeit der Fertigungs- und Prüfdokumentation einzelner Produkte oder Lose gewährleistet wird? | | | | | |

| Eigentum des Kunden | QM-VA, vertragliche Vereinbarungen | • Bestehen Anweisungen über die sachgemäße Lagerung und Behandlung für vom Kunden beigestellte Produkte?<br>• Gibt es Verfahren für Eingangsprüfung und Dokumentation?<br>• Sind mit dem Kunden Verfahren vereinbart, die den Umgang mit fehlerhaften Einheiten regeln? | | | | | |
| Kundenzufriedenheit | QM-VA, OR | • Sind Verfahren zur Bearbeitung von Reklamationen und Beanstandungen festgelegt?<br>• Gibt es Verfahren zur Kundenbefragung und Bewertung und Verbesserung der Kundenzufriedenheit? | | | | | |

Legende:   A = angewiesen, B = bekannt gemacht, E = erfüllt (ausgeführt)
         + = gut (angemessen),   o = verbesserungsbedürftig,   – = nicht vorhanden/ungenügend

Beispiel eines Fragebogens

## 6.5   Gesprächsführung und Fragetechnik

Befragungen sind eines der wichtigen Mittel, um Informationen zu sammeln; sie sollten so durchgeführt werden, dass sie der Situation sowie der befragten Person angepasst sind, entweder von Angesicht zu Angesicht oder mithilfe von Kommunikationsmitteln (vgl. DIN EN ISO 19011).

Immer wenn Menschen miteinander kommunizieren, werden ihre Verhaltensweisen in gegenseitiger Abhängigkeit stehen. Die Situation zwischen Auditor und Auditierten, wie auch zwischen Vorgesetzten und Untergebenen, ist dabei besonders interessant, weil die menschlichen Verhaltensweisen, die Einstellungen und Reaktionen das Ergebnis eines Audits oder die Qualität der Arbeit und Produkte stark beeinflussen können. Das Verhalten einer Person übt einen (positiven oder negativen) Reiz aus, der bei der anderen Person zu einer Reaktion führt. Aus dieser Reaktion resultiert eine Konsequenz, die gleichzeitig als ein neuer Reiz für eine neue Reaktion wirkt.

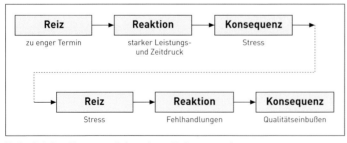

Das Verhalten von Menschen existiert auch nicht zufällig, sondern wird durch eine komplizierte Verkettung von Reizen und Reaktionen ausgelöst. Besonders stark ist dies ausgeprägt, wenn Formulierungen auf einer Beziehungsebene aufgefasst werden.

Beispiel der Kettenreaktion eines Reizes aus dem betrieblichen Alltag

Nach Friedemann Schulz von Thun[2] hat jede Kommunikation vier Ebenen:

- Sachebene (Fakten, Information)

- Appell (Aufforderung etwas zu tun)

- Selbstoffenbarung

- Beziehungsebene

**Vier Ebenen der Kommunikation am Beispiel der Aussage „Du, es ist Grün" an einer Verkehrsampel** (nach: Vier-Ohren-Modell, Schulz von Thun)

Zusätzlich wirken sich Motivation und Ängste stark auf die innere Einstellung und das äußere Verhalten aus. Der Auditor hat zum Beginn eines Audits nur wenig Informationen über das Unternehmen und dessen Qualitätsmanagementsystem. Sein Ziel ist es, alle notwendigen Informationen für eine objektive Bewertung zu erhalten. Hierbei kann er jedoch auf verhaltensbedingte Widerstände stoßen, die er durch gezielte Motivationsanreize und Anwendung der Zusammenhänge der Transaktionsanalyse abwenden kann.

## 6.5.1 Transaktionsanalyse

Die Transaktionsanalyse wurde von Eric Berne (1910 – 1970) , einem amerikanischen Psychiater, in den 1950iger Jahren entwickelt. Eric Berne verknüpfte dabei Denkweisen der Tiefenpsychologie und verhaltenstherapeutischer Methoden mit Konzepten und Haltungen der Humanistischen Psychologie. Die Transaktionsanalyse beschreibt das Verhalten und Erleben des Individuums durch die Beziehungen (Transaktionen) zwischen verschiedenen Ich-Zuständen (Strukturanalyse). Die Ebenen der Ich-Zustände, in denen sich die Gesprächspartner jeweils befinden, sind entscheidend für den Verlauf des Gesprächs. Dabei wird unterschieden zwischen:

- Eltern-Ich (EL)

- Erwachsenen-Ich (ER)

- Kinder-Ich (K)

Die verschiedenen Ich-Zustände sind unabhängig vom tatsächlichen Alter der Person. Durch geschickten Wechsel in die verschiedenen Ich-Zustände kann der Auditor die Motivation des Auditierten beeinflussen, Ängste abbauen und den ins Stocken geratenen Gesprächsfluss wieder in Gang bringen.

---

[2] Friedemann Schulz von Thun: Miteinander reden. Kommunikationspsychologie für Führungskräfte, 2003

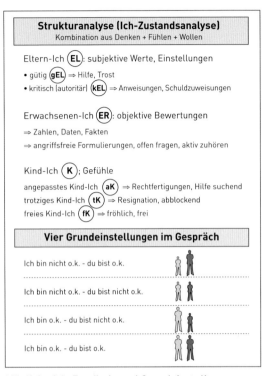

## Strukturanalyse (Ich-Zustandsanalyse)
Kombination aus Denken + Fühlen + Wollen

Eltern-Ich (**EL**): subjektive Werte, Einstellungen

- gütig (**gEL**) ⇒ Hilfe, Trost
- kritisch (autoritär) (**kEL**) ⇒ Anweisungen, Schuldzuweisungen

Erwachsenen-Ich (**ER**): objektive Bewertungen

⇒ Zahlen, Daten, Fakten

⇒ angriffsfreie Formulierungen, offen fragen, aktiv zuhören

Kind-Ich (**K**); Gefühle

angepasstes Kind-Ich (**aK**) ⇒ Rechtfertigungen, Hilfe suchend

trotziges Kind-Ich (**tK**) ⇒ Resignation, abblockend

freies Kind-Ich (**fK**) ⇒ fröhlich, frei

### Vier Grundeinstellungen im Gespräch

Ich bin nicht o.k. - du bist o.k.

Ich bin nicht o.k. - du bist nicht o.k.

Ich bin o.k. - du bist nicht o.k.

Ich bin o.k. - du bist o.k.

Mögliche Ich-Zustände und Grundeinstellungen
von Gesprächspartnern

Die Körpersprache verrät viel über den Ich-Zustand und die Einstellung des Gesprächspartners. Sie ist oft unbewusst.

Die Transaktionsanalyse zeigt auf, in welcher Gesprächsebene sich der Frager und der Antworter befinden. Der Gesprächsfluss bleibt nur erhalten, wenn der Antworter aus dem angesprochenen Ich-Zustand heraus in den Ausgangs-Ich-Zustand des Fragers antwortet. Kreuzt er dagegen die Kommunikationsebene, muss der Frager (Gesprächsführer) das Gespräch wieder auf eine parallele Transaktionsebene führen.

### Transaktionsanalyse
Reiz-Reaktions-Analyse (Zustand der Gesprächsebenen)

Parallele Transaktionen:
Gespräch bleibt auf derselben Ebene

S = Sender (Frager)
R = Reaktion (Antworter)

Gekreuzte Transaktionen:
Zustandsebene des Gesprächs wird geändert, die Kommunikation wird vorübergehend unterbrochen

Gesprächsführung bedeutet zielorientierte Kommunikation, die vorwiegend, aber nicht nur auf der sachlichen ER-Ebene ablaufen sollte.

# 6.5.2 Körpersprache und Gestik

Die jeweiligen Ich-Zustände des Gesprächpartners zeigen sich nicht nur durch den Inhalt von Fragen und Antworten und den angewendeten Tonfall, sie spiegeln sich auch in seiner Gestik und der Körperhaltung wider.

Körperhaltung und Gestik sind zwar meistens unbewusst, sie können aber mit etwas Übung und Schulung gezielt eingesetzt oder unterdrückt werden.

In der nachfolgenden Tabelle sind einige typische äußere Anzeichen für die einzelnen Ich- Zustände zusammengestellt.

| Ich-Zustand | Bewegungen, Gesten, Körperhaltung | Gesichtsausdruck |
|---|---|---|
| gütiges Eltern-Ich (gEL) | ausgestreckte Arme, Schulter-klopfen, Arm um Schulter, Umarmung, schützende oder offene Hände, aufmunterndes, bestätigendes Nicken | besorgt, gütig, aufmunternd, lächelnd, glücklich |
| kritisches Eltern-Ich (kEL) | erhobener Zeigefinger, Faust ballen. Backen aufblasen, Arme über Brust verschränkt, sich an den Kopf fassen, hinter der Hand sprechen | Stirnfalten, vorgeschobenes Kinn, gepresste Lippen, strenger oder strafender Blick |
| Erwachsenen-Ich (ER) | aufmerksam, aufgeschlossen, aufrecht, unverkrampft, Blickkontakt, wechselnde Haltung | aufmerksamer, interessierter Blick, mit Thema wechselnde Mimik |
| freies Kind-Ich (fK) | ausgelassen, hüpfend, Lachen, spielerische, freie Bewegungen, erhobener Kopf | zeigt Erregung, Überraschung oder Freude, glänzende Augen, offener Mund |
| angepasstes Kind-Ich (aK) | gesenkter Kopf, hängende oder gekrümmte Schultern, bittende Hände, Händeringen, verspannte Haltung | niedergeschlagene Augen, Schamröte, hilfesuchender Blick, feuchte Augen, zitternde Lippen |
| trotziges Kind-Ich (tK) | eingezogener Kopf, zieht sich zurück, kein Blickkontakt, abweisende Hände, verschränkte Arme | trotzig, hochnäsig, abweisend, schmollend, zitterndes Kinn, verpresste Lippen, Grimassen ziehend |

# 6.5.3 Gesprächsverhalten

## Grundsätze der Fragetechnik

> Wer fragt, der führt!
> Beim Audit stellt der Auditor die Fragen. Er muss streng
> darauf achten, sich die Führung nicht abnehmen zu lassen.
> Der Auditor darf niemals sein Ziel, möglichst viele
> Informationen über die Anwendung und Wirksamkeit
> des QM-Systems zu erhalten, aus dem Blick verlieren.

Um alle notwendigen Informationen zu erhalten, muss der Auditor für ein angenehmes Gesprächsklima sorgen und seine Fragen so formulieren, dass die Antworten offen, aussagefähig und wahrheitsgemäß gegeben werden können.

## Zehn Grundsätze der Fragetechnik:

- Frage nur, wenn du weißt, was du erreichen willst!
- Stelle immer nur eine Frage!
- Formuliere die Fragen kurz und präzise!
- Vermeide Suggestivfragen!
- Keine Wertungen in der Fragestellung!
- Keine Vorwurfsfragen!
- Lass dem Befragten Zeit zum Nachdenken!
- Verletze nie die Selbstachtung des Befragten!
- Möglichst keine geschlossenen Fragen (die mit „Ja" oder „Nein" beantwortet werden)!
- Stelle möglichst offene Fragen (W-Fragen: wie, wo, wann, warum, wie oft?)!

## Grundsätze des Zuhörens

Die Sprache ist zwar ein bedeutender Schritt der Evolution für den Austausch komplexer Informationen, aber zwischen **Sagen – Hören – richtigem Verstehen** können sich leicht Fehler einschleichen.

Die Gefahr von Missverständnissen ist umso größer,

- je größer der Unterschied in der Informationstiefe und dem Denkansatz der Gesprächspartner ist und
- je größer die Informationsmenge ist.

> Missverständnisse werden durch aktives Zuhören vermieden.
> Aktives Zuhören bedeutet:
> Der Gesprächspartner vergewissert sich durch Rückfragen, Nachfragen
> oder Zusammenfassungen, dass er den anderen richtig verstanden hat.

Darüber hinaus hat das aktive Zuhören einen positiven Einfluss auf das Gesprächsklima:

- Der Sprechende fühlt sich vom Zuhörer ernst genommen,
- der Sprechende fühlt sich richtig verstanden,
- der Hörende versteht auch bei großer Informationsmenge den wesentlichen Gehalt,
- der Antwortende (besonders der Auditierte oder Prüfungskandidat) wird nicht in die Rolle des angepassten oder trotzigen Kind-Ichs gedrängt,
- eine kurze Zusammenfassung (besonders bei Feststellung von Abweichungen beim Audit und Festlegung von Maßnahmen) dient der gegenseitigen Absicherung für Protokolle und Berichte.

Typische Kontrollfragen und Zusammenfassungen des aktiven Zuhörens fangen an mit:

- Wenn ich Sie richtig verstehe, …
- Sie denken/glauben/meinen, dass …
- Darf ich nochmals kurz zusammenfassen: …
- Wie ich Sie verstehe, …
- Könnte man auch sagen, dass …
- Ich bin nicht sicher, Sie richtig verstanden zu haben. Können Sie mir noch mal verdeutlichen, wie …
- Kann man zusammenfassend sagen, …
- Wir sind uns einig, dass …

Der Befragte bestätigt richtig verstanden worden zu sein oder korrigiert das Missverständnis. Bei Korrektur einer Antwort wird auch der neue Sachverhalt wieder hinterfragt. Erst wenn Klarheit und Einigkeit bestehen, wird das Gespräch oder die Befragung fortgesetzt.

### Gesprächsverlauf beim Audit

Wie schon aus der Struktur- und Transaktionsanalyse bekannt ist, wird der optimale Austausch von Informationen, Zahlen, Daten und Fakten aus der Grundeinstellung „Ich bin o.k. – du bist o.k." in paralleler Transaktion auf der Erwachsenenebene erreicht. Das bedeutet nicht, dass der Auditor ständig bemüht sein müsste, den Gesprächsverlauf und seine Fragen nur in der parallelen (ER)-Transaktionsebene zu halten. Ein solches Gespräch ist einerseits durch die Stimmung und Auffassung des Auditierten nicht durchgehend möglich, andererseits wird das ausschließlich sachliche Gespräch langweilig, anstrengend und wenig motivierend.

Je nach Situation wird der Auditor

- zur Auflockerung die parallele Transaktion der freien Kinder ((fK) – (fK)) anstreben,
- zur Motivierung und sachlichen Mitarbeit aus dem gütigen Eltern-Ich ((gEL)) das angepasste Kind-Ich ((aK)) oder aus dem kritischen Eltern-Ich ((kEL)) heraus das trotzige Kind-Ich ansprechen.

Aber niemals wird der Auditor sich in die Situation des angepassten oder trotzigen Kind-Ichs ((aK), (tK)) drängen lassen! Als Gesprächsleiter muss sich der Auditor dem jeweils direkten Zweck der einzelnen Auditphasen anpassen. Für sachliche Forderungen, bei Störungen von innen oder außen sowie bei Abweichungen vom Thema muss er sein Weisungsrecht durch direktiven Gesprächsstil hervorheben.

In Phasen zur Auflockerung des Gesprächsklimas und Zusammenarbeit wird er einen kooperativen, den nicht direktiven Gesprächsstil anwenden.

| Phase | Zweck | überwiegender | |
|---|---|---|---|
| | | Gesprächsstil | Ich-Zustand |
| ① Begrüßung | angenehmes Gesprächsklima | nicht direktiv | fK |
| ② Audit-Eröffnung | Informationen zum Ablauf, Verfahren und Ziel | direktiv | EL/ER |
| ③ Informationsphase a) Info-Einholung b) Info über Soll | Sammeln von Zahlen, Daten und Fakten | nicht direktiv | ER |
| | Darlegung von Forderungen | direktiv | EL/ER |
| ④ Argumentationsphase | Herausarbeitung der Ergebnisse, Soll – Ist | direktiv | ER |
| ⑤ Entscheidungsfindung | Festhalten der Ergebnisse mit Diskussion und Festlegung notwendiger Maßnahmen | direktiv | EL/ER |
| | gemeinsamer Bericht | nicht direktiv | ER |
| ⑥ Ausklang | angenehmes Abschlussklima | nicht direktiv | fK |

**Gesprächsaufbau und Gesprächsstil in den Ablaufphasen eines Audits**

**Aufgaben**

1. Aus welchen Forderungen wird der Fragenkatalog zusammengestellt?

2. Werden diese Fragen beim Audit wörtlich gestellt? Was halten Sie für vorteilhaft?

3. Welche anderen Kriterien wirken sich zwangsläufig auf die Beurteilung aus?

4. Welchen Vorteil bringt dem Auditor die Kenntnis und Anwendung der Struktur- und Transaktionsanalyse?

5. Was bedeutet „aktives Zuhören"? Nennen Sie weitere Situationen, in denen aktives Zuhören von großer Bedeutung ist.

6. Bewerten Sie nach der Transaktionsanalyse folgenden zwei Situationen:
   a) Bei der Einführung einer neuen Verfahrensanweisung aufgrund eines Auditberichts spricht ein älterer Meister einem ihm vorgesetzten, jüngeren Abteilungsleiter an mit den Worten „Ich rate ihnen das so zu machen wie immer, da haben wir noch nie Schwierigkeiten bekommen".
   b) Ein Mitarbeiter spricht seinen Vorgesetzten und den Auditor an mit: „Sie müssen mir nur sagen, wie Sie es wollen."

# 7 Anhang

## 7.1 Tabellen

**Tabelle 1: Faktoren der Vertrauensbereiche für Mittelwert und Standardabweichung**

Berechnung der Vertrauensbereiche für

Mittelwert: $\bar{x} - t \cdot \dfrac{s}{\sqrt{n}} \leq \mu \leq x + t \cdot \dfrac{s}{\sqrt{n}}$

Standardabweichung: $\chi_u \cdot s \leq \sigma \leq \chi_o \cdot s$

(zweiseitig)

| für $1 - \alpha =$ | 0,95 | | 0,99 | | | 0,95 | 0,99 |
|---|---|---|---|---|---|---|---|
| $n$ | $K_{unten}$ | $K_{oben}$ | $K_{unten}$ | $K_{oben}$ | $f = n - 1$ | $t$ | $t$ |
| 5 | 0,60 | 2,87 | 0.52 | 4,39 | 4 | 2,776 | 4,604 |
| 6 | 0,62 | 2.45 | 0,55 | 3.48 | 5 | 2,571 | 4,032 |
| 7 | 0,64 | 2,20 | 0.57 | 2.98 | 6 | 2,447 | 3,707 |
| 8 | 0,66 | 2.04 | 0,59 | 2,66 | 7 | 2,365 | 3,499 |
| 9 | 0,68 | 1,92 | 0,60 | 2,44 | 8 | 2,306 | 3,355 |
| 10 | 0,69 | 1.83 | 0,62 | 2,28 | 9 | 2.262 | 3,250 |
| 11 | 0,70 | 1,75 | 0,63 | 2,15 | 10 | 2,228 | 3,169 |
| 12 | 0.71 | 1,70 | 0,64 | 2,04 | 11 | 2,201 | 3,106 |
| 13 | 0,72 | 1,65 | 0.65 | 1,98 | 12 | 2,179 | 3,055 |
| 14 | 0.72 | 1,61 | 0.66 | 1,91 | 13 | 2,160 | 3.012 |
| 15 | 0,73 | 1,58 | 0,67 | 1,85 | 14 | 2.145 | 2,977 |
| 16 | 0.74 | 1,55 | 0,68 | 1,81 | 15 | 2,131 | 2,947 |
| 18 | 0.75 | 1,50 | 0,69 | 1,73 | 17 | 2,110 | 2,898 |
| 20 | 0,76 | 1,46 | 0,70 | 1,67 | 19 | 2,093 | 2.861 |
| 25 | 0,78 | 1,39 | 0.72 | 1,56 | 24 | 2,064 | 2,797 |
| 30 | 0,80 | 1,34 | 0,74 | 1,49 | 29 | 2,045 | 2,756 |
| 35 | 0.81 | 1,31 | 0,76 | 1,44 | 34 | 2.032 | 2,728 |
| 40 | 0.82 | 1,28 | 0,77 | 1,40 | 39 | 2,023 | 2,708 |
| 50 | 0.84 | 1,25 | 0,79 | 1,34 | 49 | 2,010 | 2.679 |
| 60 | 0,85 | 1,22 | 0,81 | 1,30 | 59 | 2,001 | 2.662 |
| 80 | 0,87 | 1,18 | 0,83 | 1,25 | 79 | 1,990 | 2,640 |
| 100 | 0,88 | 1,16 | 0,84 | 1,22 | 99 | 1.984 | 2,626 |
| 150 | 0.90 | 1,13 | 0,87 | 1,17 | 149 | 1,976 | 2.609 |
| 200 | 0,91 | 1,11 | 0,88 | 1,15 | 199 | 1.972 | 2,600 |
| 500 | 0,94 | 1,07 | 0,92 | 1,09 | 499 | 1,965 | 2,586 |

## Tabelle 2: Streumaßformeln zusammengesetzter Funktionen

| Lfd. Nr. | Formeln zum Streumaß zusammengesetzter Funktionen |
|---|---|
| | für Additionsregel (oder) |
| 01 | Funktion: $(A \pm c_a) \pm (B \pm c_b)$<br>Ergebnis: $(A \pm B) \pm c_x$<br>Gesamtstreumaß $c_x = \sqrt{c_a^2 + c_b^2}$ |
| 02 | Funktion: $(A \pm c_a) \pm (B \pm c_b) \pm (C \pm c_c)$<br>Ergebnis: $(A \pm B \pm C) \pm c_x$<br>Gesamtstreumaß $c_x = \sqrt{c_a^2 + c_b^2 + c_c^2}$ |
| 03 | Funktion: $k_1 (A \pm C_a) \pm k_2 (B \pm c_b)$<br>Ergebnis: $(k_1 \cdot A \pm k_2 \cdot B) \pm c_b$<br>Gesamtstreumaß $c_x = \sqrt{(k_1 \cdot c_a)^2 + (k_2 \cdot c_b)^2}$ |
| 04 | Funktion: $k_1 (A \pm c_a) \pm k_2 (B \pm C_b) \pm (C \pm c_c)$<br>Ergebnis: $(k_1 \cdot A \pm k_2 \cdot B \pm k_3 \cdot C) \pm c_x$<br>Gesamtstreumaß $c_x = \sqrt{(k_1 \cdot c_a)^2 + (k_2 \cdot c_b)^2 + (k_3 \cdot c_c)^2}$ |
| | für Multiplikationsregel (und) |
| 05 | Funktion: $(A \pm c_a) \cdot (B \pm c_b)$<br>Ergebnis: $A \cdot B \pm c_x$<br>Gesamtstreumaß $c_x = \sqrt{(A \cdot c_a)^2 + (B \cdot c_b)^2}$ |
| 06 | Funktion: $(A \pm c_a) \cdot (B \pm c_b) \cdot (C \pm c_c)$<br>Ergebnis: $A \cdot B \cdot C \pm c_x$<br>Gesamtstreumaß $c_x = \sqrt{(A \cdot B \cdot c_c)^2 + (A \cdot C \cdot c_b)^2 + (B \cdot C \cdot c_a)^2}$ |
| 07 | Funktion: $k \cdot (A \pm c_a) \cdot (B \pm c_b)$<br>Ergebnis: $k \cdot A \cdot B \pm c_x$<br>Gesamtstreumaß $c_x = k \cdot \sqrt{(A \cdot c_a)^2 + (B \cdot c_b)^2}$ |
| 08 | Funktion: $k \cdot (A \pm c_a) \cdot (B \pm c_b) \cdot (C \pm c_c)$<br>Ergebnis: $k \cdot A \cdot B \cdot C \pm C_x$<br>Gesamtstreumaß $c_x = k \cdot \sqrt{(A \cdot B \cdot c_c)^2 + (A \cdot C \cdot c_b)^2 + (B \cdot C \cdot c_a)^2}$ |

## Tabelle 3: AQL – Auswahl der Kennbuchstaben

### a) Qualitative Stichprobenprüfung (zählende Prüfung) nach DIN ISO 2859-1

| Losumfang | besondere Prüfniveaus | | | | allgemeine Prüfniveaus | | |
|---|---|---|---|---|---|---|---|
| | S–1 | S–2 | S–3 | S–4 | I | II | III |
| 2 bis 8 | A | A | A | A | A | A | B |
| 9 bis 15 | A | A | A | A | A | B | C |
| 16 bis 25 | A | A | B | B | B | C | D |
| 26 bis 50 | A | B | B | C | C | D | E |
| 51 bis 90 | B | B | C | C | C | E | F |
| 91 bis 150 | B | B | C | D | D | F | G |
| 151 bis 280 | B | C | D | E | E | G | H |
| 281 bis 500 | B | C | D | F | F | H | J |
| 501 bis 1 200 | C | C | E | G | G | J | K |
| 1 201 bis 3 200 | C | D | E | H | H | K | L |
| 3 201 bis 10 000 | C | D | F | J | J | L | M |
| 10 001 bis 35 000 | C | D | F | K | K | M | N |
| 35 001 bis 150 000 | D | E | G | L | L | N | P |
| 150 001 bis 500 000 | D | E | G | M | M | P | Q |
| 500 001 und darüber | D | E | H | N | N | Q | R |

### b) Quantitative Stichprobenprüfung (messende Prüfung) nach DIN ISO 3951-1

| Losumfang | besondere Prüfniveaus | | allgemeine Prüfniveaus | | |
|---|---|---|---|---|---|
| | S–3 | S–4 | I | II | III |
| 2 bis 8 | | | | | C |
| 9 bis 15 | | | | B | D |
| 16 bis 25 | | | B | C | E |
| 26 bis 50 | | | C | D | F |
| 51 bis 90 | | B | D | E | G |
| 91 bis 150 | | C | E | F | H |
| 151 bis 280 | B | D | F | G | I |
| 281 bis 500 | C | E | G | H/I* | J |
| 501 bis 1 200 | D | F | H | J | K |
| 1 201 bis 3 200 | E | G | I | K | L |
| 3 201 bis 10 000 | F | H | J | L | M |
| 10 001 bis 35 000 | G | I | K | M | N |
| 35 001 bis 150 000 | H | J | L | N | P |
| 150 001 bis 500 000 | H | K | M | P | P |
| 500 001 und darüber | H | K | N | P | P |

## Tabelle 4: AQL – Stichprobenpläne (normale Prüfung, ISO 2859-1)

**a)** Qualitative Stichprobenprüfung nach DIN ISO 2859-1 (Auszug) — AQL — Einfachpläne; normale Prüfung (frühere Norm DIN 40 080)

| Kennbuchstabe | Stichprobenumfang n | 0,065 | 0,10 | 0,15 | 0,25 | 0,40 | 0,65 | 1,0 | 1,5 | 2,5 | 4,0 | 6,5 | 10 | 15 | 25 | 40 |
|---|---|---|---|---|---|---|---|---|---|---|---|---|---|---|---|---|
| | | c d | c d | c d | c d | c d | c d | c d | c d | c d | c d | c d | c d | c d | c d | c d |
| A | 2 | | | | | | | | | | ↓ | 0 1 | ↑ | ↓ | 1 2 | 2 3 |
| B | 3 | | | | | | | | | ↓ | 0 1 | ↑ | ↓ | 1 2 | 2 3 | 3 4 |
| C | 5 | | | | | | | | ↓ | 0 1 | ↑ | ↓ | 1 2 | 2 3 | 3 4 | 5 6 |
| D | 8 | | | | | | | ↓ | 0 1 | ↑ | ↓ | 1 2 | 2 3 | 3 4 | 5 6 | 7 8 |
| E | 13 | | | | | | ↓ | 0 1 | ↑ | ↓ | 1 2 | 2 3 | 3 4 | 5 6 | 7 8 | 10 11 |
| F | 20 | | | | | ↓ | 0 1 | ↑ | ↓ | 1 2 | 2 3 | 3 4 | 5 6 | 7 8 | 10 11 | 14 15 |
| G | 32 | | | | ↓ | 0 1 | ↑ | ↓ | 1 2 | 2 3 | 3 4 | 5 6 | 7 8 | 10 11 | 14 15 | 21 22 |
| H | 50 | | | ↓ | 0 1 | ↑ | ↓ | 1 2 | 2 3 | 3 4 | 5 6 | 7 8 | 10 11 | 14 15 | 21 22 | ↑ |
| J | 80 | | ↓ | 0 1 | ↑ | ↓ | 1 2 | 2 3 | 3 4 | 5 6 | 7 8 | 10 11 | 14 15 | 21 22 | ↑ | |
| K | 125 | ↓ | 0 1 | ↑ | ↓ | 1 2 | 2 3 | 3 4 | 5 6 | 7 8 | 10 11 | 14 15 | 21 22 | ↑ | | |
| L | 200 | 0 1 | ↑ | ↓ | 1 2 | 2 3 | 3 4 | 5 6 | 7 8 | 10 11 | 14 15 | 21 22 | ↑ | | | |
| M | 315 | ↑ | ↓ | 1 2 | 2 3 | 3 4 | 5 6 | 7 8 | 10 11 | 14 15 | 21 22 | ↑ | | | | |
| N | 500 | ↓ | 1 2 | 2 3 | 3 4 | 5 6 | 7 8 | 10 11 | 14 15 | 21 22 | ↑ | | | | | |
| P | 800 | 1 2 | 2 3 | 3 4 | 5 6 | 7 8 | 10 11 | 14 15 | 21 22 | ↑ | | | | | | |
| Q | 1250 | 2 3 | 3 4 | 5 6 | 7 8 | 10 11 | 14 15 | 21 22 | ↑ | | | | | | | |
| R | 2000 | 3 4 | 5 6 | 7 8 | 10 11 | 14 15 | 21 22 | ↑ | | | | | | | | |

↑ erste Stichprobenanweisung über dem Pfeil verwenden
\* entsprechende Einfach-Stichprobenanweisung anwenden

↓ erste Stichprobenanweisung unter dem Pfeil verwenden

**b)** Qualitative Stichprobenprüfung nach DIN ISO 2859-1 (Auszug) — AQL — Doppelpläne; normale Prüfung (frühere Norm DIN 40 080)

| Kennbuchstabe | Stichprobe | Stichprobenumfang n | 0,065 | 0,10 | 0,15 | 0,25 | 0,40 | 0,65 | 1,0 | 1,5 | 2,5 | 4,0 | 6,5 | 10 | 15 | 25 | 40 |
|---|---|---|---|---|---|---|---|---|---|---|---|---|---|---|---|---|---|
| | | | c d | c d | c d | c d | c d | c d | c d | c d | c d | c d | c d | c d | c d | c d | c d |
| A | | * | | | | | | | | | | | | | | | |
| B | 1. | 2 | | | | | | | | | ↓ | * | ↑ | ↓ | 0 2 | 0 3 | 1 4 |
| | 2. | 2 | | | | | | | | | | | | | 1 2 | 3 4 | 4 5 |
| C | 1. | 3 | | | | | | | | ↓ | * | ↑ | ↓ | 0 2 | 0 3 | 1 4 | 2 5 |
| | 2. | 3 | | | | | | | | | | | | 1 2 | 3 4 | 4 5 | 6 7 |
| D | 1. | 5 | | | | | | | ↓ | * | ↑ | ↓ | 0 2 | 0 3 | 1 4 | 2 5 | 3 7 |
| | 2. | 5 | | | | | | | | | | | 1 2 | 3 4 | 4 5 | 6 7 | 8 9 |
| E | 1. | 8 | | | | | | ↓ | * | ↑ | ↓ | 0 2 | 0 3 | 1 4 | 2 5 | 3 7 | 5 9 |
| | 2. | 8 | | | | | | | | | | 1 2 | 3 4 | 4 5 | 6 7 | 8 9 | 12 13 |
| F | 1. | 13 | | | | | ↓ | * | ↑ | ↓ | 0 2 | 0 3 | 1 4 | 2 5 | 3 7 | 5 9 | 7 11 |
| | 2. | 13 | | | | | | | | | 1 2 | 3 4 | 4 5 | 6 7 | 8 9 | 12 13 | 18 19 |
| G | 1. | 20 | | | | ↓ | * | ↑ | ↓ | 0 2 | 0 3 | 1 4 | 2 5 | 3 7 | 5 9 | 7 11 | 11 16 |
| | 2. | 20 | | | | | | | | 1 2 | 3 4 | 4 5 | 6 7 | 8 9 | 12 13 | 18 19 | 26 27 |
| H | 1. | 32 | | | ↓ | * | ↑ | ↓ | 0 2 | 0 3 | 1 4 | 2 5 | 3 7 | 5 9 | 7 11 | 11 16 | ↑ |
| | 2. | 32 | | | | | | | 1 2 | 3 4 | 4 5 | 6 7 | 8 9 | 12 13 | 18 19 | 26 27 | |
| J | 1. | 50 | | ↓ | * | ↑ | ↓ | 0 2 | 0 3 | 1 4 | 2 5 | 3 7 | 5 9 | 7 11 | 11 16 | ↑ | |
| | 2. | 50 | | | | | | 1 2 | 3 4 | 4 5 | 6 7 | 8 9 | 12 13 | 18 19 | 26 27 | | |
| K | 1. | 80 | ↓ | * | ↑ | ↓ | 0 2 | 0 3 | 1 4 | 2 5 | 3 7 | 5 9 | 7 11 | 11 16 | ↑ | | |
| | 2. | 80 | | | | | 1 2 | 3 4 | 4 5 | 6 7 | 8 9 | 12 13 | 18 19 | 26 27 | | | |
| L | 1. | 125 | * | ↑ | ↓ | 0 2 | 0 3 | 1 4 | 2 5 | 3 7 | 5 9 | 7 11 | 11 16 | ↑ | | | |
| | 2. | 125 | | | | 1 2 | 3 4 | 4 5 | 6 7 | 8 9 | 12 13 | 18 19 | 26 27 | | | | |
| M | 1. | 200 | ↑ | ↓ | 0 2 | 0 3 | 1 4 | 2 5 | 3 7 | 5 9 | 7 11 | 11 16 | ↑ | | | | |
| | 2. | 200 | | | 1 2 | 3 4 | 4 5 | 6 7 | 8 9 | 12 13 | 18 19 | 26 27 | | | | | |
| N | 1. | 315 | ↓ | 0 2 | 0 3 | 1 4 | 2 5 | 3 7 | 5 9 | 7 11 | 11 16 | ↑ | | | | | |
| | 2. | 315 | | 1 2 | 3 4 | 4 5 | 6 7 | 8 9 | 12 13 | 18 19 | 26 27 | | | | | | |
| P | 1. | 500 | 0 2 | 0 3 | 1 4 | 2 5 | 3 7 | 5 9 | 7 11 | 11 16 | ↑ | | | | | | |
| | 2. | 500 | 1 2 | 3 4 | 4 5 | 6 7 | 8 9 | 12 13 | 18 19 | 26 27 | | | | | | | |
| Q | 1. | 800 | 0 3 | 1 4 | 2 5 | 3 7 | 5 9 | 7 11 | 11 16 | ↑ | | | | | | | |
| | 2. | 800 | 3 4 | 4 5 | 6 7 | 8 9 | 12 13 | 18 19 | 26 27 | | | | | | | | |
| R | 1. | 1250 | 1 4 | 2 5 | 3 7 | 5 9 | 7 11 | 11 16 | ↑ | | | | | | | | |
| | 2. | 1250 | 4 5 | 6 7 | 8 9 | 12 13 | 18 19 | 26 27 | | | | | | | | | |

## Tabelle 5: AQL – Stichprobenpläne (normale Prüfung, ISO 3951-1)

a)

| Kennbuchstabe | Quantitative Stichprobenprüfung nach DIN ISO 2859-1 (Auszug) | | | | | | | | | | | | | | | | | AQL (x̄, σ-)Pläne, normale Prüfung | |
|---|---|---|---|---|---|---|---|---|---|---|---|---|---|---|---|---|---|---|---|
| | 0,10 | | 0,15 | | 0,25 | | 0,40 | | 0,65 | | 1,00 | | 1,50 | | 2,50 | | 4,00 | |
| | n | k | n | k | n | k | n | k | n | k | n | k | n | k | n | k | n | k |
| B | | | | | | | | | | | | | | | | | | |
| C | | | | | | | | | | | 2 | 1,36 | 2 | 1,25 | 2 | 1,09 | 2 | 0,936 |
| D | | | | | | | | | 2 | 1,58 | 2 | 1,42 | 2 | 1,33 | 3 | 1,17 | 3 | 1,01 |
| E | | | | | 2 | 1,94 | 2 | 1,81 | 3 | 1,69 | 3 | 1,56 | 3 | 1,44 | 4 | 1,28 | 4 | 1,11 |
| F | | | 3 | 2,19 | 3 | 2,07 | 3 | 1,91 | 4 | 1,80 | 4 | 1,69 | 4 | 1,53 | 5 | 1,39 | 5 | 1,20 |
| G | 4 | 2,39 | 4 | 2,30 | 4 | 2,14 | 5 | 2,05 | 5 | 1,88 | 6 | 1,78 | 6 | 1,62 | 7 | 1,45 | 8 | 1,28 |
| H | 5 | 2,45 | 5 | 2,34 | 6 | 2,23 | 6 | 2,08 | 7 | 1,95 | 7 | 1,80 | 8 | 1,68 | 9 | 1,49 | 10 | 1,31 |
| I | 6 | 2,49 | 6 | 2,37 | 7 | 2,25 | 8 | 2,13 | 8 | 1,96 | 9 | 1,83 | 10 | 1,70 | 11 | 1,51 | 13 | 1,34 |
| J | 8 | 2,54 | 9 | 2,45 | 9 | 2,29 | 10 | 2,16 | 11 | 2,01 | 12 | 1,88 | 14 | 1,75 | 15 | 1,56 | 18 | 1,38 |
| K | 11 | 2,59 | 12 | 2,49 | 13 | 2,35 | 14 | 2,21 | 16 | 2,07 | 17 | 1,93 | 19 | 1,79 | 22 | 1,61 | 25 | 1,42 |
| L | 16 | 2,65 | 17 | 2,54 | 19 | 2,41 | 21 | 2,27 | 23 | 2,12 | 25 | 1,97 | 28 | 1,84 | 32 | 1,65 | 36 | 1,46 |
| M | 22 | 2,69 | 23 | 2,57 | 25 | 2,43 | 27 | 2,29 | 30 | 2,14 | 33 | 2,00 | 36 | 1,86 | 42 | 1,67 | 48 | 1,48 |
| N | 31 | 2,72 | 34 | 2,62 | 37 | 2,47 | 40 | 2,33 | 44 | 2,17 | 49 | 2,03 | 54 | 1,89 | 61 | 1,69 | 70 | 1,51 |
| P | 42 | 2,73 | 45 | 2,62 | 49 | 2,48 | 54 | 2,34 | 59 | 2,18 | 65 | 2,04 | 71 | 1,89 | 81 | 1,70 | 93 | 1,51 |

Die ISO 3951-1 ist vorwiegend für große Lose. Wenn kleine Lose geprüft werden sollen, kann die Stichprobenanweisung unter dem Pfeil verwendet werden.

b)

| Kennbuchstabe | Stichprobenumfang n | Quantitative Stichprobenprüfung nach DIN ISO 3951-1 (Auszug) | | | | | | | | | | AQL (x̄, σ-)Pläne, normale Prüfung |
|---|---|---|---|---|---|---|---|---|---|---|---|---|
| | | 0,10 | 0,15 | 0,25 | 0,40 | 0,65 | 1,00 | 1,50 | 2,50 | 4,00 | 6,50 | 10,0 |
| | | k | k | k | k | k | k | k | k | k | k | k |
| B | 6 | | | | | | | | 1,12 | 0,958 | 0,765 | 0,566 |
| C | 4 | | | | | | 1,45 | 1,34 | 1,17 | 1,01 | 0,814 | 0,617 |
| D | 5 | | | | | 1,65 | 1,53 | 1,40 | 1,24 | 1,07 | 0,874 | 0,675 |
| E | 7 | | | 2,00 | 1,88 | 1,75 | 1,62 | 1,50 | 1,33 | 1,15 | 0,995 | 0,755 |
| F | 10 | | 2,24 | 2,11 | 1,98 | 1,84 | 1,72 | 1,58 | 1,41 | 1,23 | 1,03 | 0,828 |
| G | 15 | 2,42 | 2,32 | 2,20 | 2,05 | 1,91 | 1,79 | 1,65 | 1,47 | 1,30 | 1,09 | 0,886 |
| H | 20 | 2,47 | 2,36 | 2,24 | 2,11 | 1,96 | 1,82 | 1,69 | 1,51 | 1,33 | 1,14 | 0,917 |
| I | 25 | 2,50 | 2,40 | 2,26 | 2,14 | 1,98 | 1,85 | 1,72 | 1,53 | 1,35 | 1,16 | 0,936 |
| J | 35 | 2,54 | 2,45 | 2,31 | 2,18 | 2,03 | 1,89 | 1,76 | 1,57 | 1,39 | 1,18 | 0,969 |
| K | 50 | 2,60 | 2,50 | 2,35 | 2,22 | 2,08 | 1,93 | 1,80 | 1,61 | 1,42 | 1,21 | 1,00 |
| L | 75 | 2,66 | 2,55 | 2,41 | 2,27 | 2,12 | 1,93 | 1,84 | 1,65 | 1,46 | 1,24 | 1,03 |
| M | 100 | 2,69 | 2,58 | 2,43 | 2,29 | 2,14 | 2,00 | 1,86 | 1,67 | 1,48 | 1,26 | 1,05 |
| N | 150 | 2,73 | 2,61 | 2,47 | 2,33 | 2,18 | 2,03 | 1,89 | 1,70 | 1,51 | 1,29 | 1,07 |
| P | 200 | 2,73 | 2,62 | 2,47 | 2,33 | 2,18 | 2,04 | 1,89 | 1,70 | 1,51 | 1,29 | 1,07 |

Die ISO 3951-1 ist vorwiegend für große Lose. Wenn kleine Lose geprüft werden sollen, kann die Stichprobenanweisung unter dem Pfeil verwendet werden.

## Tabelle 6: NV-Ausreißertest nach Grubbs

Ein Ausreißer liegt im Vertrauensbereich
$P$ dann vor. wenn

$$\frac{x_{mas} - \overline{x}}{s} \text{ oder } \frac{\overline{x} - x_{min}}{s} > TW$$

(TW = Tabellenwert)

(lt. DIN 53 804 Teil 1 erst ab $n > 29$ einsetzbar)

| $n$ | $P =$ | |
|---|---|---|
| | 0,95 | 0,99 |
| 5 | 1,671 | 1,748 |
| 6 | 1,822 | 1,945 |
| 7 | 1,938 | 2,097 |
| 8 | 2,031 | 2,220 |
| 9 | 2,109 | 2,324 |
| 10 | 2,177 | 2,410 |
| 12 | 2,287 | 2,551 |
| 14 | 2,372 | 2,660 |
| 16 | 2,442 | 2,746 |
| 18 | 2,505 | 2,822 |
| 20 | 2,557 | 2,885 |
| 25 | 2,663 | 3,009 |
| 30 | 2,745 | 3,103 |
| 35 | 2,811 | 3,178 |
| 40 | 2,866 | 3,240 |
| 45 | 2,914 | 3,292 |
| 50 | 2,956 | 3,336 |
| 55 | 2,992 | 3,376 |
| 60 | 3,025 | 3,411 |
| 65 | 3,055 | 3,442 |
| 70 | 3,082 | 3,471 |
| 75 | 3,107 | 3,496 |
| 80 | 3,130 | 3,521 |
| 85 | 3,151 | 3,543 |
| 90 | 3,171 | 3,563 |
| 95 | 3,189 | 3,582 |
| 100 | 3,207 | 3,600 |
| 125 | 3,281 | 3,675 |
| 145 | 3,328 | 3,723 |

## Tabelle 7: Schwellenwerte $u$ zur Verteilungsfunktion $G(u)$

(Perzentile der Normalverteilung)

| $G(u)$ | 0 | 1 | 2 | 3 | 4 | 5 | 6 | 7 | 8 | 9 |
|---|---|---|---|---|---|---|---|---|---|---|
| 0,90 | 1,282 | 1,287 | 1,293 | 1,299 | 1,305 | 1,311 | 1,327 | 1,323 | 1,329 | 1,335 |
| 0,91 | 1,341 | 1,347 | 1,353 | 1,359 | 1,366 | 1,372 | 1,379 | 1,385 | 1,392 | 1,398 |
| 0,92 | 1,405 | 1,412 | 1,419 | 1,426 | 1,433 | 1,440 | 1,447 | 1,454 | 1,461 | 1,468 |
| 0,93 | 1,476 | 1,483 | 1,491 | 1,499 | 1,506 | 1,514 | 1,522 | 1,530 | 1,538 | 1,546 |
| 0,94 | 1,555 | 1,563 | 1,572 | 1,580 | 1,589 | 1,598 | 1,607 | 1,616 | 1,626 | 1,635 |
| 0,95 | 1,645 | 1,655 | 1,665 | 1,675 | 1,685 | 1,695 | 1,706 | 1,717 | 1,728 | 1,739 |
| 0,96 | 1,751 | 1,762 | 1,774 | 1,787 | 1,799 | 1,812 | 1,825 | 1,838 | 1,852 | 1,866 |
| 0,97 | 1,881 | 1,896 | 1,911 | 1,927 | 1,943 | 1,960 | 1,977 | 1,995 | 2,014 | 2,034 |
| 0,98 | 2,054 | 2,075 | 2,097 | 2,120 | 2,144 | 2,170 | 2,197 | 2,226 | 2,257 | 2,290 |
| 0,99 | 2,326 | 2,366 | 2,409 | 2,457 | 2,512 | 2,576 | 2,652 | 2,748 | 2,878 | 3,090 |

## Tabelle 8: Abgrenzungsfaktoren für Shewhart-QRK

### a) zum Anlegen der s-Spur

| $n$ | $B_{OEG}$ | $B_{OWG}$ | $a_n$ | $B_{UWG}$ | $B_{UEG}$ | $B_6$ | $B_5$ |
|---|---|---|---|---|---|---|---|
| 2 | 2,807 | 2,241 | 0,798 | 0,031 | 0,006 | 2,606 | 0,000 |
| 3 | 2,302 | 1,927 | 0,886 | 0,159 | 0,071 | 2,276 | 0,000 |
| 4 | 2,069 | 1,756 | 0,921 | 0,268 | 0,155 | 2,088 | 0,000 |
| 5 | 1,927 | 1,669 | 0,940 | 0,348 | 0,227 | 1,964 | 0,000 |
| 6 | 1,830 | 1,602 | 0,952 | 0,408 | 0,287 | 1,874 | 0,029 |
| 7 | 1,758 | 1,552 | 0,959 | 0,454 | 0,336 | 1,806 | 0,113 |
| 8 | 1,702 | 1,512 | 0,965 | 0,491 | 0,376 | 1,751 | 0,179 |
| 9 | 1,657 | 1,480 | 0,969 | 0,522 | 0,410 | 1,707 | 0,232 |
| 10 | 1,619 | 1,454 | 0,973 | 0,548 | 0,439 | 1,669 | 0,276 |
| 11 | 1,587 | 1,431 | 0,975 | 0,570 | 0,464 | 1,637 | 0,313 |
| 12 | 1,560 | 1,412 | 0,978 | 0,589 | 0,486 | 1,610 | 0,346 |
| 13 | 1,536 | 1,395 | 0,979 | 0,606 | 0,506 | 1,585 | 0,374 |
| 14 | 1,515 | 1,379 | 0,981 | 0,621 | 0,524 | 1,563 | 0,399 |
| 15 | 1,496 | 1,366 | 0,982 | 0,634 | 0,539 | 1,544 | 0,421 |
| 16 | 1,479 | 1,354 | 0,984 | 0,646 | 0,554 | 1,526 | 0,440 |
| 17 | 1,463 | 1,343 | 0,985 | 0,657 | 0,567 | 1,511 | 0,458 |
| 18 | 1,450 | 1,333 | 0,985 | 0,667 | 0,579 | 1,496 | 0,475 |
| 19 | 1,437 | 1,323 | 0,986 | 0,676 | 0,590 | 1,483 | 0,490 |
| 20 | 1,425 | 1,315 | 0,987 | 0,685 | 0,600 | 1,470 | 0,504 |

### b) zum Anlegen der R- und $\bar{x}$-Spuren

| $n$ | $D_{OEG}$ | $D_{OWG}$ | $d_n$ | $D_{UWG}$ | $D_{UEG}$ | $c_n$ |
|---|---|---|---|---|---|---|
| 2 | 3,970 | 3,170 | 1,128 | 0,044 | 0,009 | 1,000 |
| 3 | 4,424 | 3,682 | 1,693 | 0,303 | 0,135 | 1,160 |
| 4 | 4,694 | 3,984 | 2,059 | 0,595 | 0,343 | 1,092 |
| 5 | 4,886 | 4,197 | 2,326 | 0,850 | 0,555 | 1,197 |
| 6 | 5,033 | 4,361 | 2,543 | 1,066 | 0,749 | 1,135 |
| 7 | 5,154 | 4,494 | 2,704 | 1,251 | 0,922 | 1,214 |
| 8 | 5,255 | 4,605 | 2,847 | 1,410 | 1,075 | 1,160 |
| 9 | 5,341 | 4,700 | 2,970 | 1,550 | 1,212 | 1,223 |
| 10 | 5,418 | 4,784 | 3,078 | 1,674 | 1,335 | 1,176 |
| 11 | 5,485 | 4,858 | 3,173 | 1,784 | 1,446 | 1,228 |
| 12 | 5,546 | 4,925 | 3,258 | 1,884 | 1,547 | 1,187 |
| 13 | 5,602 | 4,985 | 3,336 | 1,976 | 1,639 | 1,232 |
| 14 | 5,652 | 5,041 | 3,407 | 2,059 | 1,724 | 1,196 |
| 15 | 5,699 | 5,092 | 3,472 | 2,136 | 1,803 | 1,235 |
| 16 | 5,742 | 5,139 | 3,532 | 2,207 | 1,876 | 1,202 |
| 17 | 5,783 | 5,183 | 3,588 | 2,274 | 1,944 | 1,237 |
| 18 | 5,820 | 5,224 | 3,640 | 2,336 | 2,008 | 1,207 |
| 19 | 5,856 | 5,262 | 3,689 | 2,394 | 2,068 | 1,239 |
| 20 | 5,889 | 5,299 | 3,735 | 2,449 | 2,125 | 1,212 |

# 7.2 Literaturverzeichnis

[01] DGQ-Schrift Nr. 11-04, Begriffe im Bereich der Qualitätssicherung, Berlin

[02] DGQ-Schrift Nr. 16-32, SPC2 – Qualitätsregelkartentechnik, Berlin

[03] Rinne/Mittag, Statistische Methoden der Qualitätssicherung, München 1989

[04] DGQ-Schrift Nr. 11-05, Formelsammlung zu statistischen Methoden des QM, Berlin

[05] DGQ-Schrift Nr. 18-105, Tabellen, Auswerteblätter und Nomogramme zu den statistischen Methoden des QM, Berlin

[06] Fachzeitschrift, QZ – Qualität und Zuverlässigkeit, München 1997

[07] VDA-Schrift (6 Bände), Qualitätskontrolle in der Automobilindustrie, VDA, Frankfurt/M.

[08] Haist/Fromm, Qualität im Unternehmen, München 1991

[09] DGQ-Schrift Nr. 14-23, Qualitätskennzahlen (QKZ) und QKZ-Systeme, Berlin

[10] Wolf, Gefahrstoff-Betriebs-Anweisungen, Landsberg 1993

[11] VDA-Schrift Bd. 6: Qualitätssicherungs-Systemaudit, VDA, Frankfurt/M. 1991 und VDA-Schrift Bd. 6.1: QM-Systemaudit, VDA, Frankfurt/M. 1996

[12] DGQ-Schrift Nr. 16-31, SPC1 – Statistische Prozesslenkung, Berlin

[13] Schönhart Rudolf, Erfassung und Auswertung qualitätsbezogener Kosten, Graz 2001

[14] http://www.efqm.de/

[15] Integriertes Managementsystem für kleine und mittlere Unternehmen, Bayerisches Staatsministerium für Wirtschaft, Infrastruktur, Verkehr und Technologie, 2003

[16] Leitfaden Krisenkommunikation, BMI – Bundesministerium des Inneren, 2014

[17] The ISO Survey of Management Standard Certification 2014, http://www.iso.org/iso/iso-survey, 2015

[18] Pienitzsch, Bumiller, Mockenhaupt: „Aspekte des Innovationsmanagements – Integration von Innovation in Unternehmen und deren Einsatz als Werkzeug zur Krisenbewältigung im Mittelstand", Reihe Betriebswirtschaft, Shaker Verlag, Aachen 2013 – ISBN 978-3-8440-2077-9

# 7.3    Verzeichnis zitierter Normen und Richtlinien[1]

| | | |
|---|---|---|
| VDI/VDE/DGQ-Richtlinie 2618-1 (1991) | | Prüfmittelüberwachung (Einführung) |
| VDI/VDE/DGQ-Richtlinie 2618-1.1 (2001) | | Prüfmittelüberwachung (Überwachung von Messmitteln für geometrische Größen – Grundlagen) |
| VDI/VDE/DGQ-Richtlinie 2618-1.2 (2003) | | Prüfmittelüberwachung (Überwachung von Messmitteln für geometrische Größen – Messunsicherheit) |
| VDI 4060 Blatt 1 und 2 | (2005) | Integrierte Managementsysteme (IMS) |
| DIN 1301-1 | (2010) | Einheiten – Teil 1: Einheitennamen, Einheitenzeichen |
| DIN 1333 | (1992) | Zahlenangaben |
| DIN ISO 2859-1 | (2014) | Annahmestichprobenprüfung anhand der Anzahl fehlerhafter Einheiten oder Fehler (Attributprüfung), Teil 1 (AQL) |
| DIN ISO 2859-2 | (2021) | Annahmestichprobenprüfung anhand der Anzahl fehlerhafter Einheiten oder Fehler (Attributprüfung), Teil 2 (LQ) |
| DIN ISO 2859-3 | (2007) | Annahmestichprobenprüfung anhand der Anzahl fehlerhafter Einheiten oder Fehler (Attributprüfung), Teil 3 (Skip-Lot) |
| DIN ISO 2859-4 | (2020) | Annahmenstichprobenprüfung anhand der Anzahl fehlerhafter Einheiten oder Fehler (Attributprüfung) – Teil 4: Verfahren zur Beurteilung deklarierter Qualitätslagen |
| DIN ISO 3951-1 | (2016) | Verfahren für die Stichprobenprüfung anhand quantitativer Merkmale (Variablenprüfung) - Teil 1: Spezifikation für Einfach-Stichprobenanweisungen für losweise Prüfung, geordnet nach der annehmbaren Qualitätsgrenzlage (AQL) für ein einfaches Qualitätsmerkmal und einfache AQL (ISO 3951-1:2013) |
| DIN 6763 | (1985) | Nummerung |
| DIN EN ISO 8402 | (ungültig) | Qualitätsmanagement, Begriffe; 2001 ersetzt durch ISO 9000 |
| DIN EN ISO 9000 | (2015) | Qualitätsmanagementsysteme (Grundlagen und Begriffe) |
| DIN EN ISO 9001 | (2015) | Qualitätsmanagementsysteme – Anforderungen |
| DIN EN ISO 9002 | (ungültig) | ab 2000 in DIN EN ISO 9001 aufgegangen und ungültig, ab 2016 neu: ISO/TS 9002 Qualitätsmanagementsysteme – Leitfaden für die Anwendung von ISO 9001: 2015 |

---

[1] DIN-Normen: Wiedergabe mit Erlaubnis des DIN Deutsches Institut für Normung e.V. Maßgebend für das Anwenden der Normen sind deren Fassungen mit dem neuesten Ausgabedatum und Benennung (DIN, EN, ISO/IEC, TS etc.), die bei der Beuth Verlag GmbH, Burggrafenstraße 6, 10787 Berlin, erhältlich sind.

| | | |
|---|---|---|
| DIN EN ISO 9003 | (ungültig) | in der DIN EN ISO 9001 aufgegangen |
| DIN EN ISO 9004 | (2018) | Qualitätsmanagement – Qualität einer Organisation – Anleitung zum Erreichen nachhaltigen Erfolgs |
| DIN EN 9100 | (2018) | Qualitätsmanagementsysteme – Anforderungen an Organisationen der Luftfahrt |
| DIN ISO 10001 | | Qualitätsmanagement – Kundenzufriedenheit – Leitfaden für Verhaltenskodizes für Organisationen (ISO 10001: 2018) – Ausgabedatum 2019-07 |
| DIN ISO 10002 | | Qualitätsmanagement – Kundenzufriedenheit – Leitfaden für die Reklamationsbearbeitung in Organisationen (ISO 10002: 2018 – Ausgabedatum 2019-07 |
| DIN ISO 10003 | | Qualitätsmanagement – Kundenzufriedenheit – Leitfaden für Konfliktlösung außerhalb von Organisationen (ISO 10003: 2018) – Ausgabedatum 2019-07 |
| DIN ISO 10004 | | Qualitätsmanagement – Kundenzufriedenheit – Leitfaden zur Überwachung und Messung (ISO 10004: 2018) – Ausgabedatum 2019-07 |
| DIN ISO 10 012 | (2004) | Messmanagementsysteme - Anforderungen an Messprozesse und Messmittel |
| ISO/TR 10 013 | (2001) | Leitfaden für die Dokumentation eines QM-Systems |
| DIN ISO 10 011 | (ungültig) | ersetzt durch DIN 19 011 |
| DIN ISO 10 014 | (2006) | Qualitätsmanagement – Erzielung finanziellen und wirtschaftlichen Nutzen |
| DIN EN ISO 13485 | (2012) | Medizinprodukte – Qualitätsmanagementsysteme |
| ISO 14 001 | (2015) | Umweltmanagementsysteme |
| DIN EN ISO/ IEC 17 000 | (2005)[3] | Konformitätsbewertung – Begriffe und allgemeine Grundlagen (Ersetzt bisherige Begriffsnorm EN 45 020) |
| DIN EN ISO/ IEC 17 011 | (2018) | Konformitätsbewertung – Allgemeine Anforderungen an Stellen, die Konformitätsbewertungsstellen begutachten und akkreditieren |
| DIN EN ISO/ IEC 17 021-1 | (2015) | Konformitätsbewertung – Anforderungen an Stellen, die Managementsysteme auditieren und zertifizieren – Teil 1: Anforderungen |
| DIN EN ISO/ IEC 17 024 | (2012)[3] | Konformitätsbewertung – Anforderungen an Stellen, die Personen auditieren und zertifizieren |
| DIN EN ISO/ IEC 17 025 | (2018) | Allgemeine Anforderungen an die Kompetenz von Prüf- und Kalibrierlaboratorien (ersetzt die DIN 45 001) |
| DIN EN ISO/ IEC 17 050 | (2017) | Konformitätsbewertung – Konformitätserklärung von Anbietern |
| BS OHSAS 18001 | (2007) | Arbeits- und Gesundheitsschutz – Managementsysteme |

| | | |
|---|---|---|
| DIN EN 19 011 | (2018) | Leitfaden zur Auditierung von Managementsystemen |
| DIN EN ISO 22000 | (2018) | Management für die Lebensmittelsicherheit |
| DIN 25 419 | (1985) | Ereignisablaufanalyse |
| DIN 25 424-1 | (1981); -2 (1990) | Fehlerbaumanalyse |
| DIN 25 448 | (1980) | ungültige Norm, ersetzt durch DIN 60812 |
| DIN ISO/IEC 27001 | (2017) | Informationstechnik – IT-Sicherheitsverfahren Informationssicherheits-Managementsysteme |
| DIN ISO 29990 | (2010) | Lerndienstleistungen für die Aus- und Weiterbildung – Grundlegende Anforderungen an Dienstleister (ISO 29990: 2010) |
| DIN 32 705 | (1987) | Klassifikationssysteme |
| DIN SPEC 36601 | (2014) | Grundstruktur, einheitlicher Basistext, gemeinsame Benennungen und Basisdefinitionen für den Gebrauch in Managementsystemnormen (ISO/IEC Directives, Part 1, Consolidated ISO Supplement, 2014, Procedures specific to ISO, Annex SL, Appendix 2) |
| DIN 45 001 | (ungültig) | ersetzt durch DIN 17025 |
| DIN 45 011 | (1998) | Allgemeine Anforderungen an Stellen, die Produktzertifizierungssysteme betreiben |
| DIN 45 020 | (ungültig) | ersetzt durch DIN 17 000 |
| DIN EN ISO 50001 | (2011) | Energiemanagementsysteme – Anforderungen mit Anleitung zur Anwendung (früher DIN EN 16001) |
| DIN 53 804-1 | (Berichtigung 2007) | Statistische Auswertungen |
| DIN 55 350-11 | (2008) | Begriffe zum Qualitätsmanagement – Teil 11: Ergänzung zu DIN EN ISO 9000: 2005 |
| DIN 60 812 | (2015) | Fehlzustandsart- und -auswirkungsanalyse (FMEA) (Entwurf) |
| DIN 66 001 | (1983) | Informationsverarbeitung |
| QS 9000 | | wurde weitestgehend durch die IATF 16949: 2016 ersetzt |
| IATF 16 949 | (2016) | Anforderungen an Qualitätsmanagementsysteme für die Serien- und Ersatzteilproduktion in der Automobilindustrie |
| VDA Band 6.X | | Qualitätsmanagement in der Automobilindustrie 2016 & 2017 |

## 7.4 Glossar

**Eingangsprüfung:**
Abnahmeprüfung an einem zugelieferten Produkt.

**Einheit:**
materieller oder immaterieller Gegenstand der Betrachtung (in der QS: Produkte oder Prozesse bzw. Tätigkeiten).

**Endprüfung:**
letzte der Qualitätsprüfungen vor Übergabe des Produktes bzw. der Einheit an den Abnehmer.

**Entwicklungsergebnis:**
Entwurf, Zeichnung, Modell, Muster oder Probe, Prototyp.

**Erfolg:**
Erreichung eines Ziels – nachhaltiger Erfolg: Gleichgewicht zwischen wirtschaftlich-finanziellen und sozial-ökologischen Interessen.

**Fähigkeit:**
Eignung eines Objekts zur Realisierung eines Ergebnisses bzw. Anforderungen zu erfüllen - siehe auch Zuverlässigkeit.

**Fehler – neu: Nichtkonformität:**
Nichterfüllung einer Forderung.

**Fertigungsprüfung:**
Zwischenprüfung an einem in der Fertigung befindlichen Produkt.

**Homologierung (Homologation):**
Entsprechung, Gleichartigkeit, z. B. Textübersetzungen oder Einordnung in Kategorien.

**Innovation:**
neues oder verändertes Objekt, das Wert schafft oder neu verteilt.

**Interessierte Parteien:**
über den Kunden hinausgehende Interessenträger.

**Konformität:**
Erfüllung von Anforderungen

**Korrekturmaßnahmen:**
Maßnahmen zur Vermeidung von Fehlerursachen.

**Lieferantenbeurteilung:**
Beurteilung der Qualitätsfähigkeit eines Lieferanten durch den Abnehmer. Die Lieferantenbewertung kann in das Ergebnis einbezogen werden.

**Lieferantenbewertung:**
QM-Verfahren zur Bewertung der Qualitätsleistung des Lieferanten, bei dem die Qualität der Lieferungen zugrunde gelegt wird.

**Mangel:**
Nichtkonformität in Bezug auf einen beabsichtigten oder festgelegten Gebrauch.

**Merkmal:**
Eigenschaft zum Erkennen oder Unterscheiden von Einheiten.
quantitatives M.: messbare Werte; vgl. Kap. 1.1.2
qualitatives M.: zählbare Werte.

**Nichtkonformität:**
früher Fehler, Nichterfüllung von Anforderungen.

**Produkthaftung:**
Schadensersatzpflicht für Schäden durch ein fehlerhaftes Produkt auch ohne Verschulden, EU-Recht.

**Prozess:**
alle Verfahren, Tätigkeiten und Abläufe, die zur Erreichung eines Zieles oder Ergebnisses erforderlich sind.

**Prozessprüfung:**
a) Qualitätsprüfung an einem Prozess/Tätigkeit anhand der Merkmale des Prozesses bzw. der Tätigkeit oder anhand der Ergebnisse.
b) Ablaufprüfung an einem Prozess.

**Prüfablaufplanung:**
Festlegung der Abfolge der Qualitätsprüfungen.

**Prüfanweisung:**
Anweisung für die Durchführung der Qualitätsprüfung.

**Prüfmerkmal:**
Merkmal, anhand dessen eine Prüfung durchgeführt wird.

**Qualität:**
Grad, in dem Anforderungen erfüllt werden. Beschaffenheit einer Einheit bzgl. ihrer Eignung, festgelegte und vorausgesetzte Erfordernisse zu erfüllen; vgl. Kap. 1.1.1

**Qualitätsaudit:**
Beurteilung der Wirksamkeit des QM-Systems (oder von Elementen des QM-Systems) aufgrund einer unabhängigen systematischen Untersuchung.

**Qualitätsfähigkeit:**
Eignung einer Organisation oder ihrer Elemente (z. B. Personen, Verfahren, Maschinen, Prozesse) zur Realisierung einer Einheit, um die Qualitätsforderungen zu erfüllen.

**Qualitätskosten:**
Kosten, die überwiegend durch Qualitätsforderungen verursacht sind. Sie werden unterschieden nach: • Fehlerkosten, • Prüfkosten, • Fehlerverhütungskosten.

**Qualitätskreis:**
(Deming-Kreis, PDCA-Zyklus) Modell für das Ineinandergreifen der Qualitätselemente; vgl. Kap. 1.2.6

**Qualitätslenkung:**
die vorbeugenden, überwachenden und korrigierenden Tätigkeiten bei der Realisierung der Einheit mit dem Ziel, die Qualitätsforderungen zu erfüllen.

**Qualitätsmanagement (QM):**
Ausführung und Verwirklichung aller QM-Maßnahmen im Rahmen der Gesamtführungsaufgabe. (vgl. Kap. 1.2.3)

**QM-Handbuch:**
Beschreibung des QM-Systems eines Unternehmens (oder -Bereiches), das von der Unternehmensleitung in Kraft gesetzt wird. Ist nach ISO 9001:2015 nicht mehr gefordert, aber in der ISO 9000:2015 weiterhin definiert und kann, wenn gewünscht, beibehalten werden.

**QM-Nachweisstufe:**
Rangstufe der genormten QM-Nachweisforderung.

**QM-Verfahrensanweisung:**
interne schriftliche Durchführungsbestimmung für im QM-Handbuch beschriebene Ablaufelemente und deren Verknüpfungen.

**Qualitätsmerkmal:**
zur Qualität mitbestimmendes Merkmal.

**Qualitätsnachweis:**
Bescheinigung über das Ergebnis einer Qualitätsprüfung, die gegen- über dem Abnehmer oder Auftraggeber als Nachweis für die Qualität einer Einheit dient.

**Qualitätsplanung:**
Planen und Weiterentwickeln der Qualitätsforderungen unter Berücksichtigung des Anspruchsniveaus und der Realisierungsmöglichkeiten.

**Qualitätspolitik:**
grundlegende Absichten und Zielsetzungen zur Ausrichtung auf Qualität (vgl. Kap. 1.2.4)

**Ziel:**
zu erreichendes Ergebnis – sollte in Einklang mit der Strategie (Qualitätspolitik) oder den Anforderungen sein.

**Zuverlässigkeit:**
Fähigkeit zur Ausführung in der geforderten Art und zum gewünschten Zeitpunkt.

# 7.5 Abkürzungsverzeichnis

**AA** Arbeitsanweisung(en)

**AbfG** Abfallgesetz

**Abt.** Abteilung

**Abl ...** Amtsblatt für ...

**ABlEG** Amtsblatt für die Europäischen Gemeinschaften

**AGB** Allgemeine Geschäftsbedingungen

**AI** Artificial Intelligence

**AltölV** Altölverordnung

**ANSI** American National Standards Institute

**APP** Analyse potenzieller Probleme

**AQAP** NATO-Regelwerk (Allied Quality Assurance Publication)

**AQL** akzeptable Qualitätslage [%]

**AV** Arbeitsvorbereitung

**BAT** biologischer Arbeitsplatztoleranzwert

**BDE** Betriebsdatenerfassung (und -kommunikation)

**BG** Berufsgenossenschaft

**BGB** Bürgerliches Gesetzbuch

**BGBl I** Bundesgesetzblatt, Teil I

**BGBl II** Bundesgesetzblatt, Teil II

**BGH** Bundesgerichtshof

**BImSchG** Bundes-Immissionsschutzgesetz

**BMFT** Bundesministerium für Forschung und Technologie

**BMWi** Bundesministerium für Wirtschaft

**BTX** Bildschirmtext

$c$ Annahmezahl

$C_p$ Prozessfähigkeit (Capability)

$C_{pk}$ kritische Prozessfähigkeit

$C_m$ Maschinenfähigkeit

**CAD** Computer-aided Design

**CAM** Computer-aided Manufacturing

**CAQ** Computer-aided Quality Assurance

**CECC** Komitee für elektronische Bauelemente

**CE** Europäisches Konformitätszeichen

**CEN** Europäisches Normungscomitè

**ChemG** Chemikaliengesetz

**ChemVerbotsV** Chemikalien-Verbotsverordnung

**CIM** Computer integrated Manufacturing

$d$ Rückweisezahl

**DAkkS** Deutsche Akkreditierungsstelle

**DGQ** Deutsche Gesellschaft für Qualität

**DIN** Deutsches Institut für Normung

**DKD** Deutscher Kalibrierdienst

$E$ Ereignis, auch Erfüllungsgrad

$E(x)$ Erwartungswert

**EAA** Ereignisablaufanalyse

**EG** Eingriffsgrenze, auch Europäische Gemeinschaft

**EN** Europäische Norm

**EOQ** Europäische Organisation für Qualität

**EWGRL** Richtlinien der Europäischen Gemeinschaft

**fhE** fehlerhafte Einheiten

**fhP** fehlerhafte Produkte

**FK** Fehlerkosten

**FMEA** Ausfall-Effekt-Analyse

**FpE** Fehler pro Einheit(en)

**FTA** Fehlerbaumanalyse

**FuE** Forschung und Entwicklung

$G(x)$ Verteilungsfunktion (von x)

$g(x)$ Wahrscheinlichkeitsfunktion (von x)

**GefStoffV** Gefahrstoffverordnung

**GewO** Gewerbeordnung

**GF** Geschäftsführung

**GGV ...** Gefahrgutverordnung (Eisenbahn, Straße, See)

**GMP** „Good Manufacturing Practice" der WHO

**GSG** Gerätesicherheitsgesetz (früher Maschinenschutzgesetz)

**GW** Grenzwert(e)

*H* Häufigkeit (absolute)

*h* Häufigkeit (relative)

**HGB** Handelsgesetzbuch

**ISO** Internationale Standardisierungs-Organisation

*K* Kosten

*k* Annahmefaktor, auch kritisch

**KG** Klassengrenze

**KTA** Kerntechnischer Ausschuss

**KI** künstliche Intelligenz

**KVP** kontinuierlicher Verbesserungsprozess

**LV** Liefervorschrift(en)

*M* Mittenlage (Toleranzmitte)

*m* Anzahl Stichproben einer Stichprobenreihe

**MAK** maximale Arbeitsplatzkonzentration

**MIK** maximale Immissionskonzentration

**MPA** Materialprüfungsamt

*N* Umfang der (betrachteten) Gesamtheit

*n* Stichprobenumfang

**NV** Normalverteilung

**OEG** obere Eingriffsgrenze

**OGW** oberer Grenzwert (auch OSG – obere Spezifikationsgrenze – genannt)

**OKG** obere Klassengrenze

**OWG** obere Warngrenze

*P* Wahrscheinlichkeit

*p* Überschreitungsanteil, Anteil fhE

$P_a$ Annahmewahrscheinlichkeit

**PA** Prüfanweisung(en), auch: Prozessanalyse

**PCM** Parts-Count-Methode

**PDE** Prozessdatenerfassung

**PM** Prüfmittel

**PMÜ** Prüfmittelüberwachung

**PP** Prüfplan(-pläne)

**PPS** Produktionsplanung und -steuerung

**ProdHaftG** Produkthaftungsgesetz (gemäß EU-Bestimmungen)

**PTB** Physikalisch-Technische Bundesanstalt

**PW** Prüfwerker

**Q(-)** Qualität(s-)

**QB** Qualitätsbeauftragter

**QE** Qualitätselement

**QFD** (Quality Function Deployment) Formalisiertes System zur Q-Planung und Kundenerwartung

**QK** Qualitätskontrolle

**QKZ** Qualitätskennzahl(en)

**QM** Qualitätsmanagement

**QMB** Qualitätsmanagementbeauftragter

**QM-AA** Qualitätsmanagement-Arbeitsanweisung(en)

**QM-H** Qualitätsmanagement-Handbuch

**QM-LV** Qualitätsmanagement-Liefervorschrift(en)

**QM-PA** Qualitätsmanagement-Prüfanweisung(en)

**QM-PP** Qualitätsmanagement-Prüfplan(-pläne)

**QM-VA** Qualitätsmanagement-Verfahrensanweisung(en)

**QP** Qualitätsprüfung

**QRK** Qualitätsregelkarte(n)

**QS** Qualitätssicherung

**QT** Qualitätstechnik

**QW** Qualitätswesen

*R* Range, Spannweite

**RAL** Deutsches Institut für Gütesicherung und Kennzeichnung

*RPZ* Risiko-Prioritätszahl

*s* Standardabweichung aus der Stichprobe

**SI-Einheiten** internationale Maß- und Gewichtseinheiten (nach dem Système International d'Unités)

**SPC** statistische Prozesskontrolle

**StGB** Strafgesetzbuch

**StörfV** Störfallverordnung

*T* Toleranz (Spanne)

**TA-Luft** Technische Anleitung Luft

**TQM** Total Quality Management

**TRbF** Technische Regeln für brennbare Flüssigkeiten

**TRgA** Technische Regeln für gefährliche Arbeitsstoffe

**TRGS** Technische Regeln für Gefahrstoffe

**TÜV** Technischer Überwachungsverein

*u* standardisiertes Merkmal (Schwellenwert)

**UEG** untere Eingriffsgrenze

**UGW** unterer Grenzwert (auch USG – untere Spezifikationsgrenze – genannt)

**UVV** Unfallverhütungsvorschrift

**UWG** untere Warngrenze

*V* Varianz

**VA** Verfahrensanweisung(en)

**VbF** Verordnung über brennbare Flüssigkeiten

**VdTÜV** Vereinigung der Technischen Überwachungsvereine

**VDA** Verband der Automobilindustrie

**VDE** Verband Deutscher Elektrotechniker

**VDI** Verein Deutscher Ingenieure

**VDMA** Verband Deutscher Maschinen- und Anlagenbauer e.V.

**VN** Vertrauensniveau (= $1 - \alpha$ [%])

**VOB** Verdingungsordnung für Bauleistungen

**WG** Warngrenze

**WHG** Wasserhaushaltsgesetz

**WHO** Weltgesundheitsorganisation für Pharma- und Lebensmittelhersteller

*x* Zufallsvariable, Messwert oder Anzahl fehlerhafte Einheiten (fhE)

$\bar{x}$ Mittelwert, Durchschnitt einer Stichprobe

$\tilde{x}$ Mittelwert, Median oder Zentralwert einer Stichprobe

*Z* Zahl, Anzahl

$\alpha$ Signifikanzniveau (= $1 - P$ [%] oder $1 - VN$ [%])

$\mu$ Mittelwert der Gesamtheit oder Prozessmitte

$\sigma$ Standardabweichung der Gesamtheit

$\sum$ Summe

# 7.6 Rundung von Zahlen und Maßangaben

1. Die Dimension und Stellenzahl von Qualitätsforderungen, Analysenergebnissen und Arbeitsanweisungen muss die Genauigkeit der Messung bzw. die Genauigkeitsforderungen an das Messgerät erkennen lassen.
   Mit der Angabe der Stellenzahl wird gleichzeitig festgelegt, dass die vorletzte angegebene Stelle als sicher gilt und die letzte Stelle auf- oder abzurunden ist.

2. Wenn keine zusätzlichen Toleranzen angegeben sind, gelten die Regeln für die Rundung von Zahlen nach DIN 1333-2.
   Für die Auf- und Abrundung auf drei Stellen gilt z. B.:
   $12,348 \Rightarrow 12,3$; $12,351 \Rightarrow 12,4$.
   Bei genau der halben Einheit wird unterschieden, ob die vorherige Ziffer gerade (abrunden) oder ungerade (aufrunden) ist:
   $12,250 \Rightarrow 12,2$; aber $12,350 \Rightarrow 12,4$.

3. Für das zu verwendende Messgerät bedeutet das, dass die Anzeige das Ablesen der vorletzten Stelle genau und der letzten Stelle geschätzt erlauben muss.
   In einer Arbeitsanweisung wird demnach durch die Angabe der Dimension und gültigen Stellen die Genauigkeit des zu verwendenden Messgerätes vorgeschrieben.

4. Elektronische Rechner berücksichtigen diese Regel meist nicht, sie weisen entweder alle ihnen mögliche Stellen aus, oder sie glätten das Ergebnis, z. B.:
   $1/3 = 0,333333$ wird angezeigt, muss aber 0,3 ergeben;
   $1,00/3,00 = 0,333333$ muss 0,33333 ergeben;
   $3 \cdot 3 = 9$ wird richtig angezeigt, aber
   $3,00 \cdot 3,00 = 9$ wird geglättet angezeigt, muss 9,00 sein.
   Dieser Fehler kann und muss dadurch behoben werden, dass für jeden Sachverhalt eine prinzipielle Stellenangabe festgelegt und angegeben wird, z. B.:
   Die Genauigkeit dieses Messverfahrens beträgt $x$ Stellen; oder die Forderung der Vorschrift $A$ beträgt $x$ Stellen und die Forderung der Vorschrift $B$ beträgt $y$ Stellen.

Beispiel: Handelsgewichte (Massen) haben die Einheit Gramm [g].
Zur Dimensionsangabe ist außerdem üblich:

| Vergrößerung | | oder | Verkleinerung | |
|---|---|---|---|---|
| Kilo (kg) | $10^3$ fache | | Milli (mg) | $10^{-3}$ fache Teil (Minuszeichen beachten) |
| Mega (Mg) (= Tonne) | $10^6$ fache | | Mikro (µg) | $10^{-6}$ fache Teil (Minuszeichen beachten) |

Mit der Dimensionsangabe ist auch die erzielte oder geforderte Genauigkeit verbunden, z. B.:

| Sollvorgabe | 0,1 kg | 0,10 kg | 0,100 kg = 100 g | | 100,0 g |
|---|---|---|---|---|---|
| mindestens | 0,05 | 0,095 | 0,0995 | = 99,5 | 99,95 |
| höchstens | 0,14 | 0,104 | 0,1004 | = 100,4 | 100,04 |
| geforderte Genauigkeit der Waage, Skala/Anzeige | 0,1 kg | 0,10 kg | 0,100 kg = 100 g | | 100,0 |

Aus vorstehender Tabelle wird deutlich: Die Angabe 0,1 kg enthält eine wesentlich andere Genauigkeitsangabe als die Angabe 100 g! Der Einwieger erhält mit der Angabe der Dimension und/oder der Festlegung gültiger Stellen auch angezeigt, welche Waage er benutzen muss. Es ist unsinnig und falsch, eine genauere oder ungenauere Waage zu benutzen. Diese Aussage gilt analog für alle Maßeinheiten und die Genauigkeit ihrer Messmittel.

## 7.7 Auflösung der Übungsaufgaben
### Übungsaufgaben zu statistischen Grundlagen (Kap. 4.1.7)

**Übungsbeispiel 1:**
zwei Wege zur Lösung:
a) $P(6 \text{ und } 6 \text{ und } 6) = P(EI) \cdot P(EI) \cdot P(EI)$
$\phantom{a) P(6 \text{ und } 6 \text{ und } 6)} = P(6) \cdot P(6) \cdot P(6)$
$\phantom{a) P(6 \text{ und } 6 \text{ und } 6)} = 1/6 \cdot 1/6 \cdot 1/6 = 1/216 = \underline{0{,}463\ \%}$
b) $P(E) = Z_i/\sum Z$ drei „6er" sind einmal möglich:
$\quad Z_i = 1$ zusammen sind $6 \cdot 6 \cdot 6$ Kombinationen möglich
$\quad \Rightarrow 1/(6 \cdot 6 \cdot 6) = 1/216 = \underline{0{,}463\ \%}$

**Übungsbeispiel 2:**
Pasch „1" oder „2" oder „3" ... $\Rightarrow Z_i = P(1) + P(2) + ... + P(6) = 6$
die möglichen Kombinationen $Z_x$ und $Z_x \Rightarrow \sum Z = 6 \cdot 6 = 36$
$P(\text{Pasch}) = Z_i/\sum Z = 6/36 = 1/6 = \underline{16{,}67\ \%}$

**Übungsbeispiel 3:**
und $\Rightarrow$ Multiplikationssatz: $P(P_o \text{ und } S) = P(P_o) \cdot P(S)$
$P(P_o \text{ und } S) = 0{,}01 \cdot 0{,}005 = 0{,}00005 = \underline{0{,}005\ \%}$

**Übungsbeispiel 4:**
Gesamtzahl der möglichen Ereignisse: $\sum Z = 380$
a) Interessant sind die fehlerfreien $Z_i = 380 - 15 = 365$
$\quad P(\text{ffT}) = Z_i/\sum Z = 365/380 = 0{,}9605 = \underline{96{,}05\ \%}$
b) Interessant sind die fehlerhaften $Z_i = 15$
$\quad P(\text{fhT}) = Z_i/\sum Z = 15/380 = 0{,}0395 = \underline{3{,}95\ \%}$
$\quad$ Kontrolle: $P(\text{ffT}) + P(\text{fhT}) = 1(100\ \%) \Rightarrow 96{,}05 + 3{,}95 = 100\ \%$

**Übungsbeispiel 5,**
**grafische Lösung:**

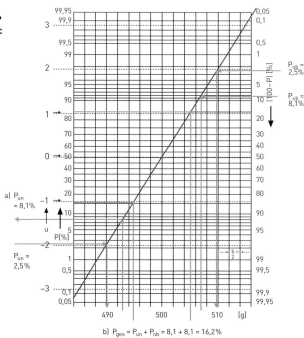

b) $P_{ges} = P_{un} + P_{ob} = 8{,}1 + 8{,}1 = 16{,}2\ \%$
c) $P_{un} + P_{ob} = 5\ \% \rightarrow 500 \pm 9{,}7\ g$

**Übungsbeispiel 6, grafische Lösung**

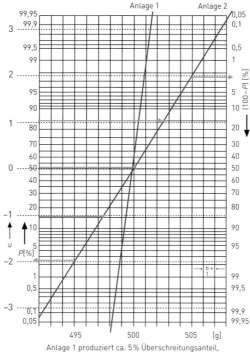

Anlage 1 produziert ca. 5% Überschreitungsanteil,
Anlage 2 produziert ohne Überschreitungen

## 7.8 Übungsaufgaben zur AQL-Stichprobenprüfung (Kap. 4.2.5)

**Übungsbeispiel 7:**
Qualitative Prüfung nach DIN EN ISO 2859-1, Kennbuchstabe $F$ (T-3a).
a) $(n - c) = 20 - 10$ (T-4a)
b) Doppelstichprobenplan $(n - c_1/d_1 - c_{1+1}) = 13 - 3/7 - 8$ (T-4b)
   und/oder reduzierte Prüfung

**Übungsbeispiel 8:**
$c_1 < 6 < d_1 \Rightarrow$ 2. Stichprobe

**Übungsbeispiel 9:**
a) Kennbuchstabe $M$, $(n - c) = 315 - 1$; $(n - c_1/d_1 - c_{1+1}) = 200 - 0/2 - 1$
b) Kennbuchstabe $H$, $(n - c) = 50 - 0$; Doppelplan nicht sinnvoll

**Übungsbeispiel 10:**
Sehr kleine AQL-Werte, PN III: Es dürfen <u>keine Fehler zulässig</u> sein!

**Übungsbeispiel 11:**
Kennbuchstabe $J$
a) $(n - c) = 80 - 1$
b) $(n - C_1/d_1 - c_{1+2}) = 50 - 0/2 - 1$
c) $x = 1 \Rightarrow$ 2. Stichprobe; $x = 2 \Rightarrow$ Rückweisung
d) $c_{1+2} = 1 < x = 2 \Rightarrow$ Rückweisung

**Übungsbeispiel 12:**
Wenn die Messwerte nahe einem Grenzwert liegen, kann $\bar{x} \pm k \cdot \sigma$ diesen überschreiten.

**Übungsbeispiel 13:**
Kennbuchstabe $G$, (T-3b)
a) s-Plan (T-5b) $\Rightarrow (n - k) = 15 - 1,79$
b) o-Plan (T-5a) $\Rightarrow (n - k) = 6 - 1,78$

**Übungsbeispiel 14:**
a) $(n - c) = 8 - 0$ (Proben aus 8 Gebinden), (T-3a, T-4a)
b) keine fehlerhafte Probe $\Rightarrow$ Annahme
c) eine Probe mit $\sum 6g > 10\,\%$ fehlerhaft $\Rightarrow$ Rückweisung
d) $(n - c) = 50 - 1$ (Proben aus 50 Gebinden), (T-3a, T-4a)

**Übungsbeispiel 15:**
a) $(n - c_1/d_1 - c_{1+1}) = 32 - 0/2 - 1$
b) $32/50 = 0,64 = 64\%$
c) im schlechtesten Fall: $64/50 = 1,28 = 128\,\%$

## 7.9 Übungsaufgaben zur Fertigungsüberwachung (Kap. 4.3.6)

**Übungsbeispiel 16:**

a)

| $j$ | 1 | 2 | 3 | 4 | 5 | 6 | 7 | 8 | 9 | 10 |
|---|---|---|---|---|---|---|---|---|---|---|
| $\bar{x}$ | 238,8 | 241,8 | 239,8 | 235,8 | 236,0 | 234,2 | 237,4 | 234,4 | 236,4 | 235,4 |
| $\tilde{x}/R$ | 239/24 | 242/24 | 238/20 | 235/23 | 236/23 | 233/14 | 235/24 | 237/21 | 237/24 | 234/15 |
| $s$ | 8,84 | 9,36 | 8,14 | 9,47 | 8,69 | 5,45 | 9,21 | 9,07 | 10,83 | 5,68 |
| $V = s^2$ | 78,2 | 87,7 | 66,2 | 89,7 | 75,5 | 29,7 | 84,4 | 82,3 | 117,3 | 32,3 |

$\bar{\bar{x}} = \hat{\mu} = 237,0$; $(\hat{\mu}_{\tilde{x}} = 236,6$     (Tab. 8b)
$\bar{s}^2 = 74,37 \Rightarrow \hat{\sigma} = 8,62$; $R = 21,2 \Rightarrow \sigma = \bar{R}/d_n = 21,2/2,326 = 9,11$

b)
$\hat{C}_p - (260 - 220)/(6 \cdot 8,62) = 0,77 \Rightarrow$ nicht prozessfähig
$\hat{C}_{pk} =: (237 - 220)/(3 \cdot 8,62) = 0,66$

**Übungsbeispiel 17:**
$\bar{x}$-Karte:  $OEG = 237,0 + 2.576 \cdot 9.13/\sqrt{5} = 247,518$ [HB]
       $OWG = 237,0 + 1,960 \cdot 9,13/\sqrt{5} = 245,003$
       $M = \mu = 237,0$
       $UWG = 237,0 - 1,960 \cdot 9,13/\sqrt{5} = 228,997$
       $UEG = 237,0 - 2,576 \cdot 9,13/\sqrt{5} = 226,482$

$s$-Karte:  $OEG = 9,13 \cdot 1,927 = 17,594$ [HB]     (Tab. 8a)
       $OWG = 9,13 \cdot 1,669 = 15,238$
       $M = 9,13 \cdot 0,94 = 8,58$
       $UWG = 9,13 \cdot 0,348 = 3,177$
       $UEG = 9,13 \cdot 0.227 = 2,073$

**Übungsbeispiel 18:**

|  | $n = 5$ | $n = 11$ |
|---|---|---|

s-Karte: $OEG$: $0,205 \cdot 1,927 = 0,395$     $0,205 \cdot 1,587 = 0,325$
        $OWG$: $0,205 \cdot 1,669 = 0,342$     $0,205 \cdot 1,431 = 0,293$
        $M$: $0,205 \cdot 0,94 = 0,193$     $0,205 \cdot 0,975 = 0,200$
        $UWG$: $0,205 \cdot 0,348 = 0,071$     $0,205 \cdot 0,570 = 0,117$
        $UEG$: $0,205 \cdot 0,227 = 0,047$     $0,205 \cdot 0,464 = 0,095$

**Übungsbeispiel 19:**

$k = 2{,}576 - 1{,}282/\sqrt{7} = 2{,}0914$   (Tab. 7)   $u(1 - 0{,}005) = u(0{,}995) = 2.576$
                                              $u(1 - 0{,}9) = -u(0{,}9) = -1{,}282$

$OEG = 15{,}2 - 2.0914 \cdot 0{,}005 = 15{,}1895$ mm
$UEG = 15{,}0 + 2{,}0914 \cdot 0{,}005 = 15{,}0105$ mm

**Übungsbeispiel 20:**

Aus den jeweils drei aufeinander folgenden Messwerten werden die Durchschnitte ermittelt und in der QRK eingetragen.

0,986; 0,993; 0,980; 0,987; 0.988; 0,982; 1.001; 1,021; 1,034; 1,022; 1,011; 1,008; 1.022; 1,028; 1.032; 1,023

Aus der QRK wird deutlich:
Nach der 15. Messung hätte wegen Run eingegriffen werden müssen.

**QRK für gleitende Mittelwerte:**

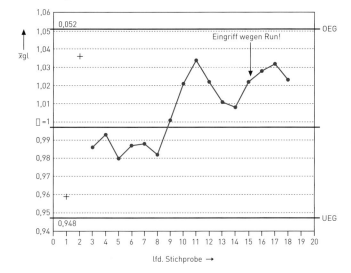

# Sachwortverzeichnis